高等职业院校公共课系列精品教材

U0879930

高职体育与健康教程

（上册）

谢章勇　陈发昌　熊子博　主编

闵学藩　应祉旗　杨志军　赵乐兰　副主编

電子工業出版社
Publishing House of Electronics Industry
北京 • BEIJING

内 容 简 介

本书依据《全国普通高等学校体育课程教学指导纲要》和《国家学生体质健康标准》对高等学校体育教育的要求，以“健康第一”为指导思想和主线，结合高职院校体育公共课的教学实际和特点；以培养高职学生的体育与健康意识和实践能力为重点，为学生提供身体锻炼的指南，结合作者团队多年的体育教育经验编写而成。

本书分为理论篇和实践篇两个部分，内容简明扼要、通俗易懂，同时坚持知识够用、内容实用的原则，吸收了本学科较前沿的理念、知识，构建了相对完整的理论知识体系。技能实践布局直观，方便学生学习运动技能。本书注重实用性、专业性与普适性的结合与统一，兼顾课内体育教学与课外体育锻炼指导，具有广泛的实用价值。

本书可作为高职院校普通体育课程的教学用书，同时也可作为广大体育爱好者自主锻炼的指导用书。

图书在版编目（CIP）数据

高职体育与健康教程. 上册 / 谢章勇，陈发昌，熊子博主编. —北京：电子工业出版社，2023.6
ISBN 978-7-121-44719-8

Ⅰ. ①高… Ⅱ. ①谢… ②陈… ③熊… Ⅲ. ①体育－高等职业教育－教材②健康教育－高等职业教育－教材 Ⅳ. ①G807.4②G717.9

中国版本图书馆 CIP 数据核字（2022）第 241152 号

责任编辑：薛华强　　特约编辑：李　红
印　　刷：三河市良远印务有限公司
装　　订：三河市良远印务有限公司
出版发行：电子工业出版社
　　　　　北京市海淀区万寿路 173 信箱　　邮编：100036
开　　本：787×1 092　1/16　印张：15.5　字数：416.6 千字　彩插：1
版　　次：2023 年 6 月第 1 版
印　　次：2023 年 6 月第 1 次印刷
定　　价：49.80 元

凡所购买电子工业出版社图书有缺损问题，请向购买书店调换。若书店售缺，请与本社发行部联系，联系及邮购电话：（010）88254888，88258888。
质量投诉请发邮件至 zlts@phei.com.cn，盗版侵权举报请发邮件至 dbqq@phei.com.cn。
本书咨询联系方式：（010）88254569，xuehq@phei.com.cn，QQ1140210769。

前　言

大学体育是我国高等教育的重要组成部分，其重要的作用、功能、地位已得到普遍的认可。2020 年，中共中央办公厅、国务院办公厅印发的《关于全面加强和改进新时代学校体育工作的意见》（简称《意见》）指出："学校体育是实现立德树人根本任务、提升学生综合素质的基础性工程，是加快推进教育现代化、建设教育强国和体育强国的重要工作。"

为全面落实习近平总书记在全国教育大会上提出的"帮助学生在体育锻炼中享受乐趣、增强体质、健全人格、锤炼意志"的育人目标，深入贯彻《关于全面加强和改进新时代学校体育工作的意见》精神，加强体育课程建设，进一步提高教育教学质量，依据《全国普通高等学校体育课程教学指导纲要》和《国家学生体质健康标准》的基本要求，结合体育工作实际，编写了《高职体育与健康教程》（上、下册），希望这两本书能为新时代体育课程的改革建设提供一定的借鉴和参考。

本书为《高职体育与健康教程》（上册），分为理论篇和实践篇两部分。本书第一章至第四章为理论篇，分别阐述了体育锻炼与健康概念的认识和理解，体育教育在高职教育中的重要性，体育运动与大学生身心健康及体育运动与卫生保健方面的知识。第五章至第八章为实践篇，重点介绍了球类、田径、新兴体育和民族传统体育等体育项目的技战术学习和训练，以及基本竞赛规则。应该说本书兼顾理论性和实用性，在导出理论知识的同时，强调了实践途径。

本书由谢章勇、陈发昌、熊子博担任主编，闵学藩、应祉旗、杨志军、赵乐兰担任副主编，余德润担任主审。其中，谢章勇编写第一章、第三章和第五章；陈发昌编写第二章和附录；应祉旗编写第四章；赵乐兰编写第六章；杨志军编写第七章第一节、第二节；闵学藩编写第七章第三节、第四节、第五节；熊子博编写第八章。本书由谢章勇负责全书的统稿工作。

本书在编写过程中，参考了有关的图书和资料，但是因本书体例的限制，难以一一注明，再次向原作者和出版社致以诚挚的谢意。由于编者水平有限，本书尚有许多不完善之处，恳请同行和读者批评指正。

编　者

目　　录

理　论　篇

实　践　篇

理论篇

第一章　体育锻炼与健康

模块导读

体育，是一种复杂的社会文化现象，它是以身体与智力活动为基本手段，根据人体生长发育、技能形成和机能提高等规律，达到促进全面发育、提高身体素质与全面教育水平、增强体质与提高运动能力、改善生活方式与提高生活质量的一种有意识、有目的、有组织的社会活动。我国学校体育的目的是：促进学生身心发展，增强他们的体质，并对他们进行道德品质的教育，使他们能很好地完成学习任务，从事社会主义建设和保卫祖国的光荣使命。

“健康=情绪稳定+运动适量+饮食合理+科学的休息”。健康教育是通过有计划、有组织、有系统的社会教育活动，使人们自觉地采纳有益于健康的行为和生活方式，消除或减轻影响健康的危险因素，预防疾病，促进健康，提高生活质量，并对教育效果做出评价。健康教育应该从小学开始，不同学段开设不同深度的健康教育课，让学生成为身体健康、人格健全、心理健康的完整社会人，养成终身体育锻炼的习惯和技能，成为一个全面发展的劳动者。

通过本模块的学习，能使大学生树立正确的体育价值观，形成积极参与体育锻炼的良好意识；养成良好的行为习惯，形成健康的生活方式；能自觉通过体育活动改善心理状态，建立良好的人际关系，养成积极乐观的生活态度。

能力目标

1. 了解体育的起源和功能。
2. 了解学校体育的要求和作用。
3. 了解健康的概念、内涵和标准，了解健康观的发展趋势。
4. 了解健康教育、健康促进和终身体育的内涵。
5. 在运动中体验运动乐趣和成功的感觉，同时表现出良好的体育道德和合作精神。
6. 能认知体质健康状况。

第一节　体育与学校体育

导入案例

完全人格，首在体育

提起北京大学首任校长蔡元培，大家最熟悉的莫过于他提出的“思想自由，兼容并包”，但很少有人知道，在我国近代体育的发展中，蔡元培先生同样是一位举足轻重的人物。作为中国近代体育的积极倡导者，在他的教育思想和实践活动中，包含着丰富的体育内容。

蔡元培先生所倡导之体育，始终与他所倡言的“完全人格”联系在一起。早在 1912 年

5月，蔡元培先生就提出“普通教育养成国民健全之人格，教育者是养成人格之事业”。1919年2月在《教育之对待的发展》一文中，他提出“盖群性与个性的发展，相反而适以相成，是今日之完全人格，亦即新教育之标准也”。在“完全人格”中，蔡元培先生将体育置于首位，他说：“体育最要之事为运动，凡吾人身体与精神，均含一种潜势力，随外围之环境而发达，故欲其发达至何地位，即能至何地位。”在谈及体育与德育的关系时，他再一次论证了体育的基础地位，“凡道德以修己为本，而修己之道，又以体育为本。忠孝，人伦之大道也，非健康之本，无以行之。”“于国家亦然……一切道德皆非羸弱之人所能实行者，苟欲实践道德宣力国家，以尽人生之天职，其必自体育始矣!”

一、体育概念的起源和发展

（一）体育的概念

“体育”一词最初于18世纪60年代诞生于法国，其含义是“对身体的教育”。20世纪初我国也以相同的含义使用了“体育”一词，并将其作为教育的一个组成部分。随着社会的不断发展，特别是竞技运动和健身运动的发展，体育的内涵及外延不断扩大。如今，在奥林匹克运动的推动下，以提高运动成绩为主要目的的竞技运动蓬勃发展，以健身、娱乐为主要目的的社会体育日益普及，因此，现代体育一词已从原来的教育范畴引申出更加广泛的外延。

根据体育的演变和发展过程，通常把体育的概念分为广义体育和狭义体育两种。

广义体育是指以身体练习为基本手段，以增强人的体质，促进人的全面发展，提高运动技术水平，丰富社会文化生活和促进精神文明为目的的一种有意识、有组织的社会活动，它属于社会文化教育的范畴，受一定社会政治、经济的影响和制约，也为一定社会政治和经济服务。

狭义体育是一个发展身体，增强体质，传授锻炼身体的知识、技术和技能，培养道德、品质和意志的教育过程。它是学校教育的重要组成部分，是培养全面发展人才的一个重要的方面和手段。

（二）体育的起源和发展

体育是随着人类社会的发展而产生和发展的。时光追溯到原始社会，人类的身体活动大致有以下几种：一是为了谋生而进行的活动，如狩猎、捕鱼等，发展了走、跑、跳、投掷、攀登、游泳及其他多种身体活动；二是为与其他群体、动物搏斗而进行的攻击或防卫的身体活动；三是日常生活中所必需的活动技能；四是非生产性的原始祭祀、教育中的身体活动。这些活动是原始人为了生存所掌握的一些运动能力，体现了他们不同层面的需求，如生产的需要、战争的需要、精神信仰的需要和娱乐的需要等，正是在各种需求的推动下，这些活动得以不断地强化和发展。在从事这些活动的过程中，原始人获得了与疾病抗争的能力、情感的交流、心情的抒发，最初的体育也就诞生了。可见，最初的体育是在生活和劳动中萌生的，并以原始人的搏斗练习、生活技能学习、宗教祭祀等活动相互交融的形式而存在的。

随着社会生产力的发展，体育活动在人类的社会活动中所占比重逐渐增大，在许多古代的灿烂文化中都能发现体育的繁荣发展史。

在古希腊，人们把体育作为造就健全公民、增强国力、抵御外侵的手段而大力提倡。他们兴建了规模宏伟的竞技场，造就了一批又一批的竞技者。体育的发展不仅增强了古希腊国民的体质，还促进了古希腊经济的发展和文化的交流，使社会变得文明、和谐、昌盛。斯巴达就提倡尚武教育，特别重视对青少年的身体训练，提出“人民的身体、青年的胸膛便是我们的国防”。476—1640 年，欧洲进入了黑暗的封建社会阶段，经济、文化发展受到了严重的阻碍，体育也被列为禁欲范围，在“身体罪恶论”的影响下，体育的发展受到了严重的影响。

文艺复兴时期给体育带来了生机，第一个倡导“三育”学说的英国哲学家、教育家洛克明确提出了体育、德育、智育的教育观，并强调健全的精神寓于健康的身体。18 世纪，法国出现了以反对教会权威和封建制度为目的的启蒙运动，其代表人物之一的卢梭提出“体育乃是个人由童年至成年整个发展过程的一部分”。19 世纪，随着资本主义的发展，在德国、瑞典等国家发展起来的体操运动先后在欧美得到了迅速的发展，起源于英国的户外运动也开始广为流行。

我国古代体育是传统文化中的瑰宝，内容极为丰富且源远流长，是宝贵的民族遗产。但由于长期的封建统治，闭关锁国，我国近代和现代体育特别是竞技体育发展缓慢。鸦片战争后我国才引进了近代体育，在此基础上发展了现代体育。1949 年以前，我国固有的民族体育，如气功、武术、龙舟、舞狮等民间运动健身活动也未能得到充分发展。1949 年之后，由于党和政府的高度重视，我国的竞技体育、学校体育、健身运动得到了迅速发展，国家努力研究与发掘民族体育，推陈出新，为提高民族素质和社会主义建设服务。改革开放以来，党中央和国务院十分重视体育工作，在人民生活向小康水平迈进的时候，国务院颁布了全民健身计划，在国际体育方面制定了奥运战略。在夏季奥运会上我们已跻身体育大国的行列，在冬季奥运会上我们已实现金牌零的突破。更值得骄傲的是我国相继成功举办了第 29 届夏季奥林匹克运动会和第 24 届冬季奥林匹克运动会并取得了令人瞩目的战绩，彰显着中国这个古老的东方大国已屹立于世界民族之林。

知识链接

现代体育与古代体育的区别

中国古代没有明确的体育概念，主要分为练武、养生和娱乐三方面，如射箭、蹴鞠、捶丸和围棋等项目为世界体育事业做出重要贡献。现代体育与中国古代体育的区别在于不同的健身机制，以田径、体操、举重为主要内容的体育运动重刚健、激进，少养生、调神，而且这种健身思想和哲理，还从改革、完善体育教育内容和结构出发，从人类进化和未来社会需求等方面进行全面考虑。

（三）体育的分类

体育运动是一个多层次、多类型的系统结构，纵向上可分为基本技术、专项技术、应用技术和工程技术四个层次，每个层次横向上又分为若干类型。基本技术层次分为各种身体练习；专项技术层次分为田径、体操、足球等各种运动项目；应用技术层次分为体育教学、体育锻炼、运动训练和运动竞赛四种活动形式；工程技术层次分为群众体育、学校体育和竞技体育三个组成部分。1995 年颁布的《中华人民共和国体育法》（以下简称《体育法》）对体育事业组成部分所作的法律界定，即当代体育体系由社会体育、学校体育、竞技体育三部分组成，它们的主要目的、主要形式和方法各有不同，具体如表 1-1 所示。

表 1-1　社会体育、学校体育、竞技体育的主要区别

分类	主要目的	主要形式和方法
社会体育	增强体质、休闲娱乐	玩和锻炼
学校体育	增强体质，为掌握技能、技术进行体育运动	体育教学和体育锻炼
竞技体育	创造优异的运动成绩	运动训练和运动竞赛

1．社会体育

社会体育是指公民自愿参加的以增进身心健康为主要目的的群众性体育活动。社会体育也称群众体育或大众体育，是为了娱乐身心、增强体质、防治疾病和培养体育后备人才，在社会上广泛开展的体育活动的总称。社会体育包括职工体育、农民体育、社区体育、老年人体育、妇女体育、伤残人体育等，主要形式有锻炼小组、运动队、辅导站、体育之家、体育活动中心、体育俱乐部、棋社以及个人自由体育锻炼等。开展群众体育活动应遵循因人、因地、因时制宜和业余、自愿、小型、多样、文明的原则。广泛开展群众性体育活动，是发挥体育的社会功能、提高民族素质和完成体育任务的重要途径。

2．学校体育

学校体育即狭义的体育，是指以学生为对象，通过学校教育进行的有计划、有组织地对受教育者的身体方面施加一定的影响，为培养合格人才服务的一种教育过程，包括各类学校的体育教学和课外体育活动等。1990 年，国务院批准发布了《学校体育工作条例》，对学校体育工作提出了具体要求。1995 年颁布的《体育法》从法律的层面为发展学校体育事业提供了法律保障。

3．竞技体育

竞技体育是指在全面发展身体，最大限度地挖掘和发挥人在体力、心理、智力等方面潜力的基础上，以提高运动技术水平和创造优异运动成绩为目的的有计划有组织的训练和竞赛活动。竞技体育具有强烈的竞争性、超人的体力和技艺性、高尚的娱乐性等特征。此外，竞技体育还具有丰富的社会功能，在振奋民族精神、增强凝聚力、提高国家威望、促进国际交往等方面具有突出的作用。

二、体育的功能

体育的功能是指体育以其自身特点作用于人和社会所产生的良好影响和效益。它是在体育的生物效应和社会效应的基础上衍生出来的，是动态的。千百年来，体育之所以能不断地发展，而且越来越受到世界各国的重视，正是人们对体育功能的认识和利用的结果。

体育的功能包括健身功能、促进个体社会化功能、教育功能、娱乐功能、经济功能、社会情感功能和政治功能等方面。

（一）健身功能

体育的健身功能产生于体育的本质和社会的需要，并在促进社会物质文明和精神文明中表现出来。

人的身体素质是思想道德素质和科学文化素质的物质基础，也是一个民族和国家强盛的基础。体育是以身体的直接参与来表现的，这是体育的本质功能，也是体育能在人类社会中长盛不衰和持续不断存在的原因。通过体育手段来实现增强人的体质的目的，促进人自由、全面发展，这正是体育的独特之处，也是体育区别于其他社会活动和事物对人和社会作用的根本点。体育的健身功能主要表现在以下几方面：

（1）体育运动可促进人体骨骼和肌肉的生长。

（2）体育运动可促进血液循环，提高心脏功能。

（3）体育运动能够提高神经系统的功能。

（4）经常从事体育运动可以改善呼吸系统功能。

（二）促进个体社会化功能

体育运动是一种社会行为，人们在活动和比赛中互相交往，相互交流，使人们的人际关系得到改善、社交能力得到提高。体育运动能够提高人的基本生活技能，从初生婴儿的被动体操，到儿童游戏中的跑、跳、攀、爬，以至学会适应社会生活，这些都是后天通过体育活动获得的。人们在体育运动中，要遵循运动的规则，在教师、教练、裁判的教育监督下有组织地进行，这就逐渐培养了人们遵守社会规范的意识。人类社会要健康发展，就要使青少年在生长发育过程中、中年人在健康保健过程中、老年人在延年益寿过程中，获取身体健康和体育运动方面的知识，通过这些知识，指导自己进行健康的体育活动，培养良好的生活习惯。

体育促进个体社会化无处不在，无时不在。人类社会是一个充满激烈竞争的场所，需要团结和协作精神。竞赛是体育最鲜明的特点，通过竞赛，优胜劣汰，决出名次，可以激发人们的荣誉感，鼓舞上进心，能有效地培养人们的竞争意识和团结协作精神。

（三）教育功能

体育是教育的一部分，教育是体育的基本功能。人们参与体育活动的过程，就是一个受教育的过程，从学校、俱乐部、健身中心到训练场和各种活动场所，在锻炼中都要接受教师、教练或同伴的传授和指导。体育是学校教育的一个重要组成部分，几乎所有国家都把体育作为教育的内容之一。由于学生正处于生长发育和世界观的形成时期，体育不仅指导和教育学生进行身体锻炼，而且可以对受教育者进行思想政治、意志品质和道德规范的教育。体育是传播价值观的理想载体，这是由它的技艺性、群体性、国际性、礼仪性、竞技性的特点所决定的。体育在培养人们健康、合理的生活方式，集体主义精神，爱国主义精神，刻苦耐劳、顽强拼搏精神等方面有着重要作用。

（四）娱乐功能

当今社会的发展趋势表明，人们以各种娱乐活动合理安排余暇的愿望变得日益强烈。如何使我们的工作、课余生活过得更有意义，让身心在欢悦中得到积极休息，需要社会提供一种更健康的娱乐方式。而这种娱乐的最佳方式就是进行体育运动。

体育的娱乐功能在人们的余暇生活中反映得十分明显。体育运动由于它的技术高雅、动作优美、配合默契和竞争激烈，使它成为现代人余暇生活的一个重要组成部分，丰富了人们的社会文化生活，满足了人们的精神需要。随着体育运动技术向高、雅、尖、精的方向发展，由它显示的优美的造型、和谐的韵律、鲜明的节奏、高超的技艺和巧妙的配合等，给人以健、力、美的享受，吸引越来越多的人自觉投身其中。

（五）经济功能

现代生产结构方式的改变，引起人们生活结构的改变。人们的物质生活丰富了，闲暇的时间增多了，对文化生活的追求也就强烈起来了。因此，体育越来越成为人们生活内容的一部分，成为人们强身健体、丰富文化生活的一种方式。许多传统运动项目重放光彩，各种现代竞技表演日益频繁，体育消费在人们的消费结构中所占的比重越来越大，使人们运用体育获取可观的经济收入成为可能。正是在此基础上，现代体育产业得到了长足的发展。西方发达国家的体育产业在 GDP 中贡献率已经达到 1%～3%，成为新的支柱产业。我国的体育产业近年来也发展迅速，一批体育用品制造企业已经形成规模，走向集群化发展，并正在把它们的品牌推向世界；一些知名的体育赛事也正在探索适合中国社会的发展道路，并取得了令人可喜的成绩，如上海网球大师赛、环青海湖自行车赛、北京马拉松赛、篮球联赛、乒乓球联赛和围棋联赛等，都发展得有声有色；还有一些体育健身、体育旅游、体育培训等方面的公司、企业，在为社会服务的同时也创造了不可估量的经济价值。我国虽然在挖掘体育经济功能方面积累了一定的成功经验，但是体育产业的发展尚处在起步阶段，要实现中国体育产业走向国际市场的梦想还任重而道远。

（六）社会情感功能

体育的社会情感功能主要是指由于体育竞赛的对抗性和竞赛结果的不确定性，引起社会的极大关注，从而使人们产生各种情绪活动。例如，历届奥运会中中国运动员的精彩表现、中国女排的五连冠、北京两次申办奥运会及中国男足向世界杯决赛圈的冲击等，这些都能使人们体验到各种情感波动，使人的情绪得到宣泄。好的体育社会情感可以正面地、积极地激励和鼓舞社会向前发展。由于体育运动的群众性、竞技性、观赏性，使得其他社会活动都无法产生体育运动那样巨大的社会情感。体育就像一块巨大的磁铁，将人们吸引到一起，共同欢乐，共同宣泄，共同振奋。

（七）政治功能

在体育运动过程中，能增强人与人之间的交流和交往。体育活动是促进人们的友谊和增强团结的重要手段。通过体育活动，能够增强人们的情感交流，增进人与人之间的相互了解，改善人际关系，共同创造和谐文明的社会环境。客观上讲，体育和政治是相互联系、不可分割的，在任何国家，体育都要服从政治的需要，为政治服务。它主要在两个方面起着重要的作用：一是国际比赛和国际交流所起的作用；二是群众体育所起的作用。国际上的体育交往，还能够促进国家与国家之间、不同民族之间的相互了解和相互信任，有利于人类社会的和平与发展。国际比赛是反映一个国家综合国力强弱的窗口，国家的政治、经济、文化、科技水平往往决定了竞技体育水平的高低。我们现在往往将体育竞赛比作和平时期的战争，赢得比赛能够振奋民族精神，提高国家威望，使国人扬眉吐气。体育是一种文化交流的工具，它为本国的外交政策服务，通过国际比赛可以沟通国与国之间的关系，促进国家间的友好往来。

三、学校体育

（一）学校体育的地位

学校的体育教育（简称“学校体育”）是职业教育的重要组成部分，是实施素质教育和培养德智体美劳全面发展的高素质劳动者和技能型人才不可缺少的一个方面。学校体育在帮助学生掌握体育知识、技能、能力，促进身心健康发展，不断提高健康水平，实现职业教育目标方面发挥着独特的作用。学校体育作为校内体育与社会教育的交叉点和结合部，既是全面健身的基础，也是国家体育事业发展的战略重点。《全国普通高等学校体育课程教学指导纲要》明确指出："体育课程是大学生以身体练习为主要手段，通过合理的体育教育和科学的体育锻炼过程，达到增强体质、增进健康和提高体育素养为主要目标的公共必修课程；是学校课程体系的重要组成部分；是高等学校体育工作的中心环节。"

（二）学校体育的作用

学校体育作为全民健身的基础，在人才培养中发挥了其独特的作用。

1．增强体质、促进健康

"增强体质、促进健康"是体育最主要的功能。体育以身体运动为基本表现形式，由它构成的体育锻炼过程，对人体各器官系统产生一定强度和量的刺激，使身体在形态结构、生理机能和生物化学等方面发生一系列适应性反应。这种"适应性反应"对机体产生积极的影响，有利于促进健康和增强体质。

（1）有效地促进身体正常生长、发育。职业院校学生身体可塑性很大，根据他们的生理特点，选择合适的体育锻炼内容，掌握适宜的运动负荷，坚持经常锻炼，能有效地促进职业院校学生的正常生长、发育。例如，体育锻炼可以使骨骼的血液供应充分，骨细胞生长能力增强，身高增长加快，肌纤维变粗，体重、胸围、肩宽、臂围和腿围都会增大，还可以使血液循环得到改善，提高心血管及各器官系统的功能。对于个别学生身体的某些畸形（如脊柱侧弯、驼背、平足等），也可以用特殊的锻炼手段加以矫正，有助于使学生形成健壮的体魄、匀称的体形。

（2）促进身心全面的发展。目前职业院校学生的年龄一般处在 15～18 岁，生理上急剧变化，主要表现在身体形态、身体机能、身体素质等方面向成人化发展并基本定型。随着生理上的急剧变化，职业院校学生的心理也随着变化起来。研究发现，目前职业院校在校学生的生理发展超前，心理发展滞后，在这个时期加强职业院校学生体育教育，通过学校体育的课堂教学、课余锻炼和体育竞赛，能够促进学生身体的正常发育，从而增强体质、强健体魄，全面提高学生的体能和对环境的适应能力，促进其身心的全面发展。这样不仅能够保证学生在校期间身心健康的学习需要，而且也为学生的终身健康奠定基础。

2．奠定学生终身体育的基础

在体育锻炼过程中，学生可以复习巩固体育课教学的内容，从而促进体育课教学质量的提高；另外还可以从事自己所喜爱的活动，能体验到成功的喜悦，对锻炼效果产生满足感，逐渐培养兴趣，形成爱好，养成锻炼的习惯。体育锻炼往往由学生自主去活动，因此，特别有助于培养学生的各种能力。通过体育锻炼，学生自学、自练、自评，组织、裁判、交往、运动等各方面能力都会得到一定的发展，可以培养出许多未来社会的体育骨干。按作息制度安排的早操、课间操、班级体育锻炼等，是学校课外体育锻炼基本的、重要的组成部分，是学生每天学习生活中必不可少的内容，长此以往坚持锻炼，又会促进学生养成良好的锻炼习惯。

学校体育是终身体育的组成部分，是打基础的阶段。课外体育锻炼在培养学生体育兴趣和能力，养成锻炼习惯等方面有着重要的作用，能为终身体育奠定良好的基础。学校体育在激发学生参加体育锻炼的兴趣，使学生掌握体育卫生的基本知识和科学锻炼身体的方法，提高学生的体育文化素养，培养学生良好的锻炼习惯与卫生习惯等方面均发挥着重要的作用。

3．加强校园精神文明建设

学校体育是在校学生文化娱乐活动的重要组成部分，是一种外向型的文化活动，它可以使学生热情乐观，精力充沛，学习生活充满生机与活力。学校体育锻炼内容丰富、具体可行、直观形象，很符合学生的身心特点，易被学生理解和接受，取得较好的效果。学校体育在陶冶学生的情操，锻炼学生的意志，培养学生的爱国主义和集体主义精神，增强学生的组织纪律性，提高学生的思想品质等方面发挥着重要的作用。例如，小型多样的游戏活动可以培养学生团结友爱、互相帮助、集体主义、胜不骄、败不馁的品质；班级乃至全校统一的课外体育锻炼，可以培养学生服从指挥、遵守纪律的品质；各种身体练习可以培养学生不怕困难、坚忍顽强、积极进取等思想意志品质；各种竞赛可以培养学生诚实、公正和竞争意识，优化竞争环境，为校园内各式各样的其他竞争的开展提供良好的示范作用。学校体育在加强学生思想品德教育、促进校园精神文明建设等方面都有重大意义。

（三）学校体育的目标

确定学校体育的目标，必须结合我国的国情，从实际出发，根据不同层次、性质及类别的职业院校来进行；要反映现代学校体育的发展趋势，并认真吸收国外体育的先进理论与实践经验，建立起具有中国特色的学校体育目标体系。

1．学校体育的总体目标

培养职业院校学生的体育意识，提高体育能力，促进身心素质的全面发展，使之成为社会主义现代化建设所需要的身体健康的高素质合格人才。

这个总体目标，从根本上反映了体育的本质特征，制约和影响学校体育的全过程，切实体现了我国社会教育、体育发展的基本要求和职业院校学生的需要。

2．学校体育的具体效果目标

（1）掌握体育锻炼和卫生保健的基本知识和技能，正确认识体育对人类及当代社会的重要意义和作用，增强学生的体育意识，学会选择符合个体兴趣和需要的科学的锻炼原理和方法，养成经常锻炼身体的习惯，提高体育能力，为终身坚持体育锻炼打下良好的基础。

（2）有效地增强学生的体质，促进身心健康的发展，达到《职业院校学生体育合格标准》中规定的指标和规格要求，身心愉快地学习和工作，更好地完成学习任务。

（3）通过体育活动对学生进行政治思想和道德及意志品质教育，加强主体性教育、体育审美教育，促进学生的个性发展。

（4）对具有运动才能的学生进行课余训练，并适当地组织比赛，提高他们的运动技术水平，满足他们对运动竞技的需求，为社会体育培养骨干人才，促进全面健身运动的开展。有条件的院校可组建高水平运动队或运动俱乐部。

上述学校体育的具体效果目标是一个相互联系、相互促进的统一整体，需要综合实现，决不能为追求一时效果，片面突出其中的部分因素，而造成长期的负面影响。

（四）高职院校体育教育的组织形式

高职院校体育教育的组织形式包括体育课教学、课外体育活动、课余体育训练和组织校内体育运动竞赛及参加校外各类体育运动竞赛等。这几种形式互相联系、互相配合，构成学校体育工作，其中体育课教学是最重要的组织形式。

1．体育课教学

体育课教学是学校体育工作的重要组成部分。当前高职院校一般采取选项课、选修课授课形式，一些处于改革开放前沿的职业大学，将计划体育课时的 1/3 分解到课余活动时间进行。主要是通过体育教学和体育锻炼，使大学生掌握体育基本知识和基本技能，培养体育兴趣，树立终身体育的观念。

2．课外体育活动

课外体育活动是大学体育工作的重要组成部分，是课余文化生活的重要内容。它包括早操、课间操、课外体育锻炼等形式。除当天安排有体育课、实训劳动课外，提倡每天锻炼 1 小时的阳光体育活动。

3．课余体育训练

课余体育训练是指学校各运动队、单项体育运动协会、各院系代表队的训练等。开展多种形式的课余体育训练，为有运动特长的学生提供展示才华和提高运动技能的平台，不仅能为学校争取荣誉，而且可以为学校和社会培养体育骨干。实例多次表明，有运动特长的高职大学生毕业时更容易受到用人单位的青睐。

4．体育运动竞赛

学校体育运动竞赛包括校内与校外两部分。校内的竞赛有校综合运动会、田径运动会、单项运动竞赛及院系间的单项比赛等；校外的竞赛有全国、省、市大学生运动竞赛，包括综合运动会与单项比赛。运动竞赛不仅能提升学校的声誉与影响、增进校际间的交往与合作，而且是教育学生爱校、爱集体、团结协作、敢于挑战、锐意进取、尊重对手、增强凝聚力的最生动的教育课堂，对丰富学生课余文化生活，构建和谐的校园文化有着重要意义。

总结案例

体育与德育、智育的关系

毛泽东同志在《体育之研究》一文中指出：“体育一道，配德育与智育，而德智皆寄于体，无体是无德智也。”还指出：“体者，载知识之车而寓道德之舍也。”可见，体育是教育的组成部分，体育与德育、智育互相促进，互相制约。

在体育教学过程中往往包含了德育的任务。体育是培养学生道德品质、树立正确人生观的重要手段。体育活动的丰富多彩吸引了青少年参加到不同的体育运动项目之中，而这些不同的运动项目培养了学生勇敢、沉着、果断、坚定的意志品质。青少年大多乐于参加集体体育活动，在体育活动中通过对组织纪律和规则的遵守，对体育器械设施的爱护，对同伴的帮助，培养了学生的组织纪律性和集体主义精神。体育竞赛的竞争、评比、奖励，能够促进学生的竞争意识，激励学生奋发向上、努力拼搏。通过比赛的胜与败，不断地磨炼学生在胜利面前戒骄戒躁、在失败面前不气馁的思想品质。通过体育比赛的颁奖，特别是国际大型比赛的颁奖，对参与者、参观者都有着精神上的满足，这种情感教育使他们在不知不觉中树立为集体、为国家争得荣誉的责任感。

体育活动是一种积极向上、丰富余暇生活的手段，通过积极参与体育活动，可以防止和纠正学生的不良行为，达到精神文明教育的目的。因此，体育与德育存在有机的联系，并互相促进。

体育与智育之间相互关联、辩证统一，体育对学生的智力发展有着积极的促进作用。通过体育锻炼能够增加大脑的重量和皮质厚度。通过运动技能的学习，刺激大脑皮层处于积极的活动状态，促进大脑神经中枢的发育，使学生思维敏捷，判断迅速、准确。通过体育活动提高血液的携氧能力，改善大脑供氧，提高大脑工作能力，使学生具有丰富的想象力、良好的记忆力和集中思考的能力。

探索与思考

1. 系统阐述体育的功能与分类。

2. 系统说明体育与德育、智育、美育、劳育的互相促进关系（尽可能引用名人名言加以说明）。

第二节　健康及影响健康的因素

一、健康概述

人类在完成自身繁衍与进化的过程中，虽已无数次通过生命的延续，对何谓健康有了丰富的感性认识。但时至今日，有人仍会认为：无病或不进医院就是健康。其实这是一种误解。那什么才是真正的健康呢？

（一）世界卫生组织的健康概念

1948 年世界卫生组织（中文简称“世卫组织”，英文简称“WHO”）最早提出的定义是：“健康不仅是免于疾病和衰弱，而且是保持体格方面、精神方面和社会方面的完美状态。”

1974 年世界卫生组织对健康下的定义是：“健康是人的肉体、精神和社会的康乐的完善状态，而不仅仅指无疾病或无体弱的状态。”

1978 年世界卫生组织又在《阿拉木图宣言》中重申：“健康不仅是疾病和体弱的匿迹，而且是身心健康、社会幸福的完美状态。”

1989 年世界卫生组织将健康重新定义为：“心理健康、身体健康、道德健康和社会适应良好。”甚至还力主把生殖健康也列入其中（参见表 1-2）。

（二）健康的内涵

根据世界卫生组织多次对“健康”的论定，可以认为：自 1948 年提出“三维”健康观，并改变健康的唯生物医学含义之后，已使人们对健康的认识拓宽到生理、心理和社会学领域，甚至还涉及道德等内容。

1．生理健康

早期医学对疾病和健康的看法，更多是强调自然界对人体生理和病理的影响。尽管最初的医学，曾全力以赴研究由自然因素引起的健康受损，但仍无法对生理性疾病进行有效控制。例如，在 20 世纪初期，一场突如其来的流行性感冒，就造成全世界 3 000 万人死亡；在其肆虐的 10 个月内，夺走了 55 万美国人的生命，让所有人都生活在对死亡的极度恐惧中。而面对这场灾难，致力于生理健康的医学却始终显得束手无策，少数幸存者也只是依靠自身的抗体而逃过劫难。为了不让这样的悲剧重演，一直到 20 世纪中叶，防治生理性疾病始终是医学界最重要的任务之一。

引起生理性疾病的自然因素永远存在，包括受阳光、空气、水、气候与季节的影响，以及由病菌引起的抑制因素及自然界的生态平衡等。它们有的为人类健康与生存提供了必要的物质基础，有的则可能起危害作用。如果就目前自然环境的恶化状况看，鉴于更多因素仍朝着不利于人类生存的方向发展，及 1996 年世界自然保护联盟发表的《濒危物种红色名录》，使许多科学家达成共识：地球正逐渐失去保证人类生活质量的能力，环境恶化趋势令人担忧。这些迹象表明，目前由自然因素使肉体受细菌或病毒感染，仍是影响人类生理健康的主要因素，我们必须继续给予高度的重视。

2．心理健康

诚然，在过去相当长一段时间，医学在控制自然因素引起细菌或病毒感染方面，为维护人类健康做出了巨大贡献，今后仍任重道远。但随着诊断学的发展，医学专家又有惊人发现：经现代医学检查，有 50%～70%的人都有心理异常的表现，而这些人尽管未达到须求助医疗诊治的程度，但一旦环境稍有变化，或精神受到某种刺激，健康依然受到威胁。特别是当发现利用许多医学常规手段无法解决由精神引发的疾病时，医学研究开始根据人的社会属性又提出了生理—心理—社会医学模式，从而想到要把社会环境引起的心理活动也包括在健康诊断之中。

关于如何才能确定心理活动的正常与否，心理学家提出了三条原则，即心理活动与外部环境是否具有统一性，心理现象自身是否具有完整性，个性心理特征是否具有相对稳定性。但必须指出，若按以上原则进行判断，就必须考虑具体的时间、地点和条件对心理活动的影响，而决不能把日常生活中暂时出现的情绪反应都视为心理异常。因此，为了寻找更科学的判定手段，许多发达国家通过心理学和医学的结合，不仅研究异常心理产生的原因，以及健康心理的形成过程，还把心理健康问题扩大至整个社会系统，具体包括生活方式、人生价值观、健康管理环境、健康教育者培训等内容，目的在于从各个方面研究与保证健康心理的形成。

3．社会适应

社会适应对健康的影响是综合性的，主要来自社会环境因素，具体包括社会为人类日常生活提供的衣食住行等物质条件，也受社会制度、文化传统、经济发展及与之有关的其他因素所制约。基于上述原因，若仅就局部而言，饮食营养、居住条件、医疗措施、家庭状况、卫生习惯、生活方式和行为规范等，都应视为影响个体健康的社会因素。但从整体考虑，这种影响还取决于社会的发展程度及不同国家为之提供的外部环境。

因此，面对知识经济时代，不但人们获取知识的方式和途径在悄然发生变化，而且随着生活节奏加快，人际关系变得复杂，导致在日趋激烈的社会竞争中，伴随各种不同价值取向而产生的迷惘、困惑、抑郁、孤独与失望情绪，都会在现代人的生活中弥漫。

处于这样的时代背景，人们为适应社会环境所做的努力，势必要以获得合理的社会定位概念与能力为主，即学会选择适合自我的正确价值观和人生态度，并有效建立起促进个人发展的精神背景和自我引导机制，以便能够按社会运行法则，处理好个人遵循和社会条件之间的矛盾，具体包括对健康文化、健康观念、健康行为、健康生产和健康管理等知识的了解与遵循。

4．道德健康

“道德健康”是“新健康教育”的一个重要组成部分，它是以培养道德健康的社会公民为目的，通过运用健康管理的方法，以人文环境的改善为主，校园环境、功能环境的改善相配合，运用知识教学与环境塑造相结合的方式，注重从思想上与行为上培养高尚的道德修养。“新健康教育”配备专业的老师在学校举办道德健康讲座，开展各项活动普及法律知识，让学生们通过爱自己、爱父母、爱同学、爱老师逐步升华到爱家乡、爱祖国，在切身行动中加强道德观念修养，养成良好的道德行为习惯，成为道德健康的人。

道德健康是平衡健康的第一要素，健康应“以道德为本”。“道”，既是指人在自然界及社会生活中待人处世应当遵循的一定规律、规则、规范等，也是指社会政治生活和做人的最高准则。“德”是指个人的品德和思想情操。可以说，道德是人类所应当遵守的所有自然、社会、家庭、人生的规律的统称。违反了这些规律，人们的身心健康就会受到伤害。

关于对个体道德水准与文化修养影响健康的认识，我国古代就有“君子坦荡荡，小人长戚戚”的说法。实践证明，凡与人为善、助人为乐且具有高尚品德的人，总是心胸坦荡。人若处于无烦恼的心理状态，不仅能使人体分泌更多有益的激素、酶类和乙酰胆碱等，还可增强人体的抗病能力，这无疑对促进健康是有利的。但与之相反，倘若一个人有悖于社会道德准则，由于其胡作非为所导致的紧张、恐惧、内疚等不良心态，就会给他带来沉重的精神负担，使之终日食不甘味、夜不能寐，这样的结果自然也就无健康可言了。

现代健康观念突破了千百年来人们对健康认识的局限，使人的自然属性和社会属性得到统一，越来越多的研究证明，人的健康和疾病不但受到生物因素影响，而且越来越多地受到社会、心理和社会适应因素的制约。

（三）健康的标准

根据上述世界卫生组织对健康所下的定义，下面列出世界卫生组织 1989 年为健康所制定的标准，以及世界权威学者制定的健康心理的标准。

1．世界卫生组织的健康标准（见表 1-2）

表 1-2　世界卫生组织的健康标准（1989 年）

类型	序号	健康的主要表现
心理健康与社会适应	1	有足够充沛的精力，能从容不迫地应付日常工作和生活的压力而不感到过分紧张
	2	处事乐观，态度积极，乐于承担责任，事无巨细不挑剔
	3	善于休息，睡眠良好
	4	反应能力强，能适应环境的各种变化
躯体健康	5	能够抵抗一般性感冒和传染病
	6	体重得当，身体匀称，站立时，头、肩、臀位置协调
	7	眼睛明亮，反应敏锐，眼睑不易发炎
	8	牙齿清洁，无龋齿，无痛感，齿龈颜色正常，无出血现象
	9	头发有光泽，无头屑
	10	肌肉、皮肤富有弹性，走路感觉轻松

2．心理健康的标准

随着世界性精神疾病发病率不断上升，为了教育和引导公众主动关注心理健康，美国心理学家马斯洛和米特尔曼提出了十条心理健康的评价标准：

（1）有充分的安全感。

（2）充分了解自己，并能对自己的能力做适当的估计。
（3）生活目标切合实际。
（4）与现实的环境保持接触。
（5）保持人格的完整与和谐。
（6）具有从经验中学习的能力。
（7）能保持良好的人际关系。
（8）适度的情绪表达与控制。
（9）在不违背社会规范的条件下，对个人的基本需求予以恰当满足。
（10）在不违背社会规范的条件下，能有限度地进行个性发挥。

（四）健康观的发展趋势

从现代社会发展总的趋势来看，人类面临着来自自身生活、消费方式引起的健康问题。人类为了自身的幸福和长寿，更加追求健康，身心健康将成为人们生活价值观中的首要追求目标。调查表明，人们在追求生活目标的选择中，健康总是被列在首位，体育锻炼将成为人类生活的重要内容。人们对健康的观念已出现如下发展趋势。

1．健康第一

随着科学技术的迅速发展和边缘学科的出现，人类对健康的认识日益深入，对健康的要求日益提高。人们更加注重身体的锻炼、保健及越来越认识到体育锻炼对心脑血管系统功能的重要性。无论是青年还是老年，将更多地从事步行、跑步和水上运动等体育锻炼。中国的太极拳，被认为是增强心血管功能的最好方式之一。女性更加注重减肥和健美的锻炼，但不再像20世纪那样单纯追求苗条，而是更加注重保持健康状态和强壮的身体。

现代人讲究科学饮食、营养平衡，而营养过剩正日益引起人们的重视，健康食品和天然食品备受青睐。

2．注重物质生活和精神生活的平衡

人们努力寻求一种物质生活和精神生活更加和谐平衡的生活方式。在快节奏、多变化、竞争空前激烈的现代社会，追求物质生活和保持心理平衡与健康，已成为现代人提高生活质量的重要课题。

知识链接

亚健康

亚健康（也称第三健康状态、灰色健康、亚临床期等）是一种自感不爽、检查无病、介于疾病与健康之间的身心状态。亚健康是国际医学界在20世纪80年代提出的医学新思想，是医学的一大进步。世卫组织一项全球性的调查显示，全世界真正健康的人仅占5%，诊断有疾病的人也只占20%，而75%的人处于亚健康状态。其症状有食欲不振、疲乏无力、失眠多梦、烦躁、健忘、胸闷、头晕、头疼、感觉迟钝、注意力不集中等。亚健康是一个动态的状态，它不会停留在原有的状态中。或者向疾病状态转化，这是自发的；或者向健康状态转化，这是需要自觉的，就是需要付出代价和努力的。健身运动、消遣娱乐恰恰是治疗亚健康状态的一种最积极、最有效、最廉价的手段。

二、健康的影响因素

人类健康受各种因素的影响（见图 1-1），主要有生物学因素和非生物学因素两大类。生物学因素是指细菌、寄生虫等病原微生物或基因遗传因素。非生物学因素是指环境、行为和生活方式、营养、体育运动和卫生服务等。

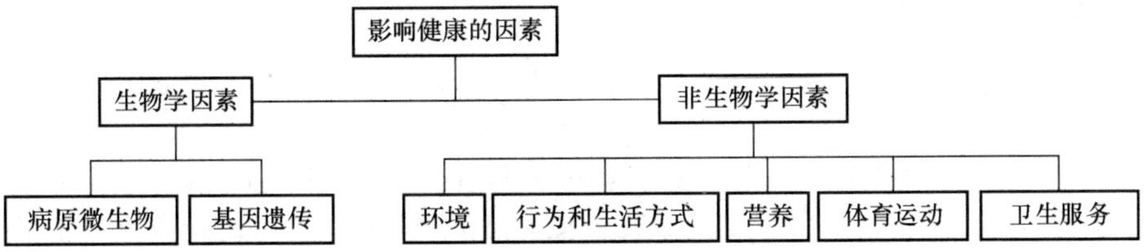

图 1-1　影响人类健康的因素

（一）遗传和心理因素

1．遗传因素

后代形成和亲代相似的多种特征称为遗传特征。遗传不仅使后代在形态、体质以及性格、智力、功能等方面和亲代相似，而且还把亲代的许多隐性或显性的疾病传给了后代。某些遗传病不仅影响个体终身，而且是重大的社会问题。

2．心理因素

消极的心理因素能引起许多疾病，如心血管病、高血压、肿瘤等。积极的心理状态是保持和增进健康的必要条件，是人们适应环境的良好表现。

（二）环境因素

1．自然环境

大自然在为人类提供各种营养物质的同时，也在传播着对人体健康有害的物质，如广泛存在的有害微生物（细菌、病毒）、空气中的污染物、溶于水中的有害物质等。另外，气候的突然变化（如酷暑、严寒、空气湿度异常等）也会影响人体健康。

2．社会环境

社会是人类生存和发展最基本、最重要的环境。一方面人们享受着社会生产的成果（例如科技的进步、工业的发展，使人们拥有丰富的物质文明）；另一方面社会生产的发展（例如现代工业的发展同时带来了废水、废气、废渣、噪声等）也会对人体健康造成危害。

（三）生活方式因素

生活方式指的是人们长期受一定的民族文化、社会经济、风俗特别是家庭影响而形成的一系列的生活习惯。不良的行为和生活方式是影响人类健康的主要原因。

（四）卫生保健设施因素

保健是包括对疾病患者进行治疗在内的康复训练、普查疾病、促进健康、预防疾病、预防伤残及健康教育等一系列活动的总和。健全的社会保健制度是维护和促进健康的重要保障。社会保健制度涉及多个方面，而其中最重要的是建立和健全初级卫生保健制度。初级卫生保健是最基本的卫生保健制度，它的特点是能针对本区域人群中存在的主要卫生问题，相应地提供增进健康、预防疾病、治疗伤病及促进身心健康等方面的卫生服务。

（五）体育锻炼因素

在适宜的运动过程中，人体将产生一系列适应性的良性变化，从而达到健身防病的目的。然而，运动量过大，则可能导致伤害；运动量过小，又达不到刺激体内各组织器官，从而提高生理功能的目的。因此，体育锻炼要想获得健身效果，必须注意其科学性。

三、健康教育

（一）学校健康教育

健康教育作为一种有计划、有目的、有评价的教育活动，按 WHO 健康教育处前处长慕沃勒菲博士提出的观点：“健康教育帮助并鼓励人们有达到健康状态的愿望，知道怎样做能达到这样的目的，每个人都尽力做好本身和集体应做的努力，并知道在必要时如何寻求适当的帮助。”

1．树立现代健康意识

即便你处在生长发育时期，机体代谢能力较强，对轻微的身体异常尚不易觉察，但也要树立“防患于未然”的健康意识。

即便你目前的身体无病，或体格强壮，但仍要树立培养良好的心理素质、适应环境与社会变化的健康意识。

即便你认为自己的身心很健康，但仍要树立养成良好生活方式，使个体行为与社会规范相一致的健康意识。

2．掌握一般卫生知识

根据生命活动的基本特征，通过对人体器官、身体形态、机能及性发育特点的了解，掌握青少年生长发育与青春期发育的生理卫生知识。

根据心理活动的基本规律，通过对心理过程、个性和心理状态的了解，掌握青少年生长发育与青春期发育的心理卫生知识。

根据维持生命与健康、保证生长发育和从事各种活动的基本需要，通过对营养要素、膳食结构和饮食习惯的了解，掌握青少年生长发育与青春期发育的饮食卫生知识。

学校健康教育是一个包括影响学生观念、行为习惯形成和健康状况诸因素在内的综合性概念，其实施范围不仅是学校健康教学，还包括学校健康政策、学校健康环境、学校健康服务和学校社会关系等多个方面。学校健康教育的目的是引导学生树立正确健康观，形成健康的行为和生活方式，并为终生享有健康奠定基础。

追求学校健康教育的有效性是全世界的共同行动。世界卫生组织于 1992 年开始推行“健康促进学校”项目，动员学生家庭、社会的广泛参与和学校共同做出努力，为学生提供完整的经验和结构，以争取最大限度地维护和促进学生的健康。

（二）健康促进

1986 年 11 月 21 日，世界卫生组织在加拿大渥太华召开的第一届国际健康促进大会上首先提出了“健康促进”这一词语，是指运用行政的或组织的手段，广泛协调社会各相关部门及社区、家庭和个人，使其履行各自对健康的责任，共同维护和促进健康的一种社会行为和社会战略。

按世界卫生组织的观点，健康促进是“促进人们提高和控制自己健康的过程”，它应肩负“协调人类与环境之间的战略，规定个人与社会各自对健康所负的责任”的使命。表明“健康促进”更强调改变个人的行为，且注重它与环境保护、社会支持、群团合作之间相互协调所起的社会作用，代表了预防和防护的最高形式，具有比健康教育更广泛、积极的含义。但如何判断行为对健康所起的促进或是危害作用呢？具体可参照以下标准。

1．促进健康的行为

促进健康的行为是指个体或群体表现出的、在客观上有利于自身和他人健康的行为。具体包括：

（1）能注意合理调配营养、保证适量睡眠、从事经常性的体育锻炼。

（2）能定期进行体检、预防接种、合理应用医疗保健服务，避免有害环境对健康的危害。

（3）能做到戒除不良嗜好，不吸烟、不酗酒及不滥用违禁药品。

（4）能事先对潜在危险有防范意识，处事遵守公众有关的安全规定。

（5）能在发现身体有异常情况时主动就医，配合医生治疗与安排护理。

2．危害健康的行为

危害健康的行为是指个体或群体背离个人、他人或社会愿望所表现的行为。具体包括：

（1）吸烟、酗酒、吸毒及饮食无度与性生活紊乱等不良行为。

（2）交友不慎，参与斗殴、赌博与其他潜在犯罪因素的不良行为，以及不符合社会规范的生活方式。

（三）如何维护健康

世卫组织曾宣布：个人的健康与寿命60%取决于自己，15%取决于遗传，10%取决于社会因素，8%取决于医疗条件，7%取决于气候影响。

1．养成良好的生活规律

医学实验证明，人的一切生理活动都有一个固定的规律，就像一座生物钟有节奏地运行，有规律地控制生理活动和功能周期。如果我们的生活作息规律与体内生物钟的节律相吻合，健康自然就能得到保障。

2．纠正不良行为习惯

每个人都有自己的行为习惯，或叫生活方式，包括饮食起居、生活习俗和各种嗜好等，其中对健康影响最大的因素就是不良的饮食习惯和嗜好成瘾。

（1）饮食习惯讲卫生：为了保证营养物质的摄入卫生，有利于消化和保护肠胃活动的正常生理功能，不能随心所欲、按兴趣进食，如吃零食和洋快餐过多、用含糖饮料代替白开水、挑食或偏食、经常不吃早餐、盲目节食减肥等。

（2）避免酗酒成瘾：饮酒作为民间习俗、社交礼仪、节庆祭奠中的一项世界相通的文化，有着极其悠久的历史传统。但是嗜酒成瘾的恶习，会使学习注意力分散，生活意志力消沉，或导致寻衅滋事、打架斗殴，甚至造成严重后果，应注意避免。

（3）戒除吸烟嗜好：烟草中含有4 000多种有毒物质，主要成分为尼古丁、硫氰化合物、烟焦油、一氧化碳等。由吸烟挥发的钋-210放射性核素，不但有损视觉神经，影响肺部代谢，引起基因突变与诱发癌症，而且会削弱人的免疫力，潜藏患白细胞减少症和再生障碍性贫血等危险。

（4）杜绝“网络沉迷”：上网会产生“网络双重人格”，即一个人在网络中的表现及其在现实生活中的表现有很大的反差，甚至判若两人。网络的一大特点就是匿名性，甚至连性别都无从知晓，可以避免面对面交流中出现的顾虑和尴尬，但同时也带来责任感的缺失。久而久之，一些人在网络中“塑造”了一个虚拟的自己，从而满足了这些人猎奇或实现“理想”的愿望，甚至有人为了填补内心的空虚而骗取他人的感情、财物，走上了犯罪的道路。“网络双重人格”不利于个体的健康发展，尤其是青少年，这种人格的分裂将直接导致心理偏差，如社交恐惧、否定和逃避现实等。同时它也给社会带来了一些不稳定因素，如网恋问题、网络信用危机问题等，都是受害人丧失了自我防御意识而陷入虚拟的花言巧语中出现的问题。

（5）远离毒品：早在 1987 年，联合国即向全世界提出“爱惜生命、远离毒品”的忠告，现已确定每年 6 月 26 日为国际禁毒日。青少年大都好奇心强烈，往往为了一时的精神快感而染上毒品，成瘾后则难以摆脱对毒品的依赖，危害极大。

3．注意合理的膳食营养

人体的生命活动，每天都在大量消耗能量，需要不断从膳食中补充营养。但必须规范自己的饮食习惯，使摄入的营养物质有利于健康，保证营养素的平衡。

知识链接

终身体育

终身体育是指一个人终身进行体育锻炼和接受体育的指导。终身体育是依据人体发展变化的规律、身体锻炼的作用，以及现代社会发展对人的要求，伴随着终身教育的发展而发展起来的。人体的活动规律表明，要保持健康的状态就必须坚持体育锻炼，并要持之以恒，否则就不能产生持续锻炼的效果。人们的生活水平和文化素质的提高，要求体育锻炼成为人们日常生活的组成部分。体育运动越来越成为不可缺少的内容。人们闲暇时间的增多使人们的生活方式发生了很大的变化，利用闲暇时间参加体育锻炼，开展各种有益于健康的运动作为现代生活的重要内容，用以防止各种现代“文明病”，终身体育将成为现代人的追求。

总结案例

“新起点”健康生活方式

作为一种健康的生活方式，“NEWSTART”目前在美国十分流行。NEWSTART“新起点”是健康八大基本要素第一个字母的缩略词，基本概念如下：

N：Nutrition（营养）。在美国，超过半数的慢性病患者和过早死亡者是由于饮食不当或饮食过量造成的，目前主张吃要以植物为基础的、各种未经加工精制的食物。特别强调的是控制食盐摄入量。每天每人食盐生理需要量仅为 1 克左右。研究表明，食入盐过量与高血压等慢性病的发病密切相关。

E：Exercises（体育运动）。一个人每天散步 1 小时或慢跑半小时，每星期坚持 5 次，半年后，其心血管功能就增强 50%。

W：Water（水）。身体需要有足够的水分来进行新陈代谢。每天要喝 6～8 杯清水。清晨起床要喝两杯，两餐饭之间再喝 6 杯清水。不主张饮用高糖、咖啡或酒精类饮料。

S：Sunlight（阳光）。适量的阳光照射能增强人的体质和抵御传染病的能力，促进体内维生素 D_3 的合成，维持正常钙磷代谢和骨骼的生长发育。特别是对婴幼儿和孕妇来说，阳光照射更属必需。每天在接受充足阳光的照射时，要注意对皮肤和眼睛的防护。

T：Temperance（节制）。酗酒者的平均寿命比正常人少 12 年。还有大量酗酒者在长期饮酒后精神异常等。为此要自我节制，平衡生活，避免接触损害健康因子如烟、酒、毒品等。

A：Air（空气）。多吸入新鲜空气对健康非常重要。尽可能保持室内及工作环境的空气清洁，倡导无烟草的生活方式。吸烟者制造了一颗定时炸弹在自己体内，它的爆炸必会引起死亡与疾病的发生。主动或被动吸烟均与各种疾病密切相关。避免吸入工厂排出的有害气体和机动车辆排出的废气。

R：Rest（休息）。疲劳会降低人对感冒和其他几百种疾病的抵抗力，并会增加焦虑和烦恼。在人感到疲劳之前就要休息。当忧虑、紧张和情绪不安时，唯一解决的办法就是放松、放松、再放松。减少压力要有充分休息时间。充足睡眠是身体健康的保证。除此之外，适当参加社交活动，听音乐、看电影电视、读小说等也是积极的休息。

T：Trust（信念）。信念是开启健康生活大门的钥匙。每个人要对自己有充分的了解，客观地评价自己的能力，恰当地认同他人，与人为善。加强生活方式概念的灌输，提高认识，增强信心，是健康促进的一个组成部分。

探索与思考

1. 简述健康的定义及健康的生活方式。
2. 影响健康的主要因素有哪些？体育锻炼对健康的影响有哪些？

第三节　体育运动对于健康的益处

体育锻炼是增进健康、增强体质最有效的方法，并且能够起到防治疾病、调节情绪、锻炼意志，提高人们的心理健康水平的作用，还能促进正确姿势、姿态的形成，改善肤色、矫正畸形、塑造健美挺拔的体态。因此，坚持体育锻炼能达到“健身、健心、健美”的效果。

一、适量体育运动可使人体健康发展

（一）促进人体健康发展

人类在其体质发展的过程中既受制于先天条件，又不可忽视环境、体育锻炼等后天因素的影响。

骨骼的构造随其功能完善而有所变异，骨骼的生长决定了身高。通过体育锻炼促进骨骼的健康生长发育，这是体育锻炼的重要作用之一。骨骼的生长发育需要不断地吸收营养物质，体育锻炼能促进血液循环和增加对骨骼的血液供应，同时，体育锻炼中的各种动作，也具有促进骨骼生长的良好刺激作用。

体育锻炼时，为了保证物质能量供给，肌肉内毛细血管的开放数量可达平时的 5～30 倍，长期锻炼可使肌肉的毛细血管管腔加大，血液流量增加，肌肉纤维不断变粗，肌肉的重量可由一般占体重的35%～40%增加到占体重的一半左右，这样体重得到增加，身体显得丰满而结实。

（二）可使人体功能得到充分发展

体育锻炼对维持和增强人体活动具有重要意义，长期从事体育锻炼，能增强体质并具有延年益寿的功效。国外科学家做过一项试验，让健康青年连续在床上躺9天，发现他们的心脏循环系统和呼吸系统及新陈代谢的工作能力平均下降21%，心脏容积缩小10%。

二、适量体育锻炼可促进人的心理健康发展

（一）培养良好的意志品质

体育锻炼无论是有组织的或个人单独进行，对培养和锻炼良好的意志品质都有着积极的作用。坚持经常锻炼，需要具有自觉性和自制力。长期从事体育锻炼的人都有体会，如果没有克服困难的毅力和持之以恒的精神是不可能坚持长久的。在体育锻炼中，需要完成一定的身体练习和承受一定的运动负荷，如果没有自觉性和毅力及果断性，是不可能做到的。

（二）调节人的情绪

从事体育锻炼，可以调节情绪，并在中枢神经系统支配下，对有机体内部各个方面的关系进行相应的调整和平衡，这对情绪和精神也会有良好的作用，尤其对爱好体育的人，这种作用更为显著。

三、适量体育运动可提高人适应社会的能力

（一）提高人体适应环境的能力

有体育锻炼基础的人对外界环境适应能力强的基本原因有两点：一是长期进行体育锻炼，增进了健康，强壮了体格，身体的各个组织系统在中枢神经支配下，承受外界刺激和协调各组织系统的能力得到增强；二是从事体育锻炼，往往是在各种外界环境和条件下进行的，因而使机体得到锻炼，适应能力不断提高。

（二）促进社会交往和增进友谊

体育锻炼是一种社会活动，人们在体育运动过程中，不仅能够锻炼身体，而且在各种锻炼活动中可以促进社会交往和增进友谊。

四、过度运动对健康的影响

过度运动包含两方面的含义：一是运动负荷超过人体的承受能力，机体在精神、能量等方面过度消耗，无法在正常时间内恢复体力；二是指当身体的某些机能发生改变时，因恢复手段无效、营养不良、情绪突变、思想波动等，使正常的负荷变成超量负荷，从而使主动运动变成被动运动的应激刺激。过度运动往往会导致运动能力减退，出现某些不正常的生理状态及心理症状等现象。过度运动可引起心肌毛细血管的持续性损伤，心肌细胞发生缺氧性损

害，心肌收缩性能和舒张性能也会产生较为严重的损伤；可造成骨骼肌收缩机能下降，肌肉细胞内钙离子平衡紊乱，从而引发关节慢性劳损、肌腱损伤、疲劳性骨折；还会使人体内各器官供血供氧失去平衡，导致大脑早衰，扰乱内分泌系统，使免疫机制受损，加速身体各器官的衰老。

五、运动缺乏对健康的影响

运动缺乏包括久坐习惯、机体缺乏运动应激刺激、不运动或很少运动。如果每周运动不足 3 次，每次运动时间不足 10 分钟，运动强度偏低，运动时心率低于 110 次/分，则为运动缺乏。运动缺乏将对人体健康产生不利的影响。长期缺乏运动，人的新陈代谢机能就会降低，由此很容易引起各种肌肉、关节的疾病，如肩周炎、骨质疏松症等，同时也会导致心肺机能下降等不良身体反应。久坐不动还是痔疮、坐骨神经痛、盆腔瘀血等病症的祸根。运动缺乏或久坐不动可使人体的抵抗力下降，极易患疾病。运动不足是 2 型糖尿病发病的独立危险因素。运动缺乏可加速衰老，增加老年人的死亡率，并且使心肌损伤、中风、糖尿病及心绞痛的发病率明显上升。

总结案例

普京爱体育，见一项爱一项，“摔打滚爬”样样行

俄罗斯领导人普京喜爱运动是出了名的。他从 11 岁就开始学习桑勃式摔跤，后来又对柔道产生了浓厚的兴趣。大学时代，普京曾荣获过桑勃式摔跤冠军。1973 年，他从一名学徒成为桑勃式摔跤教练，两年后成为柔道教练。1974 年，普京又成为列宁格勒的柔道冠军，并入选运动健将候选人之列。为表彰普京在培养桑勃式摔跤运动员上所做的特殊贡献，苏联有关部门曾授予他“功勋教练”的称号。

除了摔跤和柔道，普京对山地滑雪、游泳和骑马同样钟爱有加。虽然现在担任总统要职，事务繁多，但普京还是坚持体育锻炼。每天早上起床后，他都要做 30 分钟的体操，然后游泳 20 分钟。

说起骑马，还有一个小故事。当初，俄罗斯联邦巴什科尔托共和国总统送给普京一匹枣红色小马驹，普京从此爱上了骑马。如今他不但能表演跨越障碍，还能表演盛装舞步。

探索与思考

1. 简述体育运动对健康的影响。
2. 如何正确地进行体育运动？

第二章　高职教育与体育健康

模块导读

高职院校是培养国家高级应用型人才的基地，担负着为国家培养高素质技术技能人才的重任。对这些未来的人才而言，健康的身体是为国家与人民做贡献的前提，同时也是民族活力的表现。高职院校的毕业生将会成为国家兴旺发达的建设者，因此高职院校应该抓好学生身心素质教育，以学生为主体进行体育健康工作。从个人层面分析，个人身心素质好将会对保持昂扬的工作状态起到积极的作用。身体是革命的本钱，学习、生活的开展都不离开健康身体的支撑。从教育层面分析，体育与健康教育是高职教育的重要内涵，是素质教育的重要内容。高职院校应规范开展体育课，积极引导课外体育活动与体育竞赛等，同时要结合学生所学专业，培养有体育素养、健康自信的高素质实用型的职业人才。

能力目标

1. 了解体育与高职教育的内涵。
2. 了解高职学生体育兴趣与内容。
3. 了解高职学生体育竞赛组织与管理。
4. 了解高职学生健康标准、状况及健康促进内涵。

第一节　体育与高职教育

导入案例

李同学的休学申请

小李是高职院校的一名学生，他十分喜欢自己所学的专业，可是由于学业的压力，他长期都是寝室、食堂、教室三点一线的生活，忽视了体育锻炼，因此导致身体健康状况越来越差。经过了一年半的学习生活后，因为身体原因小李不得不向学校提出休学申请。本来应该顺利毕业的小李，只因为平时没有注意身体健康和体育锻炼，不得不休学一年，延期毕业，让人为他感到惋惜。

一、高职教育中体育的地位与作用

体育教育在培养高素质技能人才中具有不可忽视的重要作用，对高职教育而言，体育教育是一个重要的组成部分，在高职教育中具有特别重要的地位。

（一）高职教育中体育的地位

高职教育即“高等职业教育”，在我国，它是职业教育与高等教育相结合的产物，可理解为在高等教育中具有较强职业性和应用性的一种特定的教育，是培养处于较高层次的职业技能人才的教育。高职教育的目标是培养以“能力为中心”，在生产、建设、管理、服务等一线工作岗位上的实用型、技能型的高素质人才。高职教育的教育过程注重理论与实践相结合，尤其注重与用人单位的需求相结合，在职业性、技术性、行业性、灵活性、前瞻性等方面培养学生的实践能力。

体育是学校教育的重要内容之一，是高职教育的重要组成部分，德、智、体、美、劳全面发展也是现代高职教育的特点。随着社会的竞争越来越激烈，结合人才培养与职业发展的需要，体育对高职院校学生的影响不容忽视。进入 21 世纪，世界范围内高新技术的迅猛发展，新技术、新行业在形式与数量上都呈现出成倍增长的趋势，且仍在不断变化革新中，对职业技能人才的综合能力及素养也提出了更高的要求，体育能力正是现代高素质人才综合能力及素养的具体体现。高职学生只有在学校得到全面、和谐的发展，在德、智、体、美、劳等方面达到较高层次的平衡，才能成为国家和社会发展的栋梁。

（二）高职教育中体育的作用

众所周知，健康的身体是个人发展的基础。如果没有健康的身体，一切都将成为空谈，只能是水中之月、镜中之花。由此可见，身体的健康是多么重要。特别是高职学生，面对新时代的重重考验，他们首先要有健康的体魄，才能有足够的精力接受考验，克服困难，永远立于不败之地。作为祖国未来的建设者，他们要用健壮的肩膀挑起建设国家的重担，所以高职教育中体育的作用不言而喻。

1．增强体质，增进健康

增强体质，增进健康，是高职体育的首要作用。体质是一种状态，具有一定的遗传性，但在后天不同条件的影响下，体质是可以改变的。如有计划地改善生活条件、加强体育锻炼，可以增强体质、促进健康。高职学生正处在生长发育的高峰期，可塑性极强，科学合理地安排体育锻炼十分重要，养成体育锻炼的习惯也将受益终身。

2．提高技能，增长自信

通过体育学习，高职学生在校期间可以掌握 1～2 项体育专项技术技能，良好的体育技术技能有助于增强学生参与体育的主动性与自信心，而体育的自信也将影响或迁移到自身发展的其他方面。未来的社会，体育将更加广泛地走进每个人的生活，懂体育、会体育将成为衡量一个现代人生活质量、精神层次的重要标准之一。

3．发展体能，提升素质

高职教育培养的人才将服务于社会各行各业，而不同专业、不同岗位对人的身体能力有着不同的要求。体育体能锻炼与竞赛活动参与等能很好地培养符合职业特色学生的对口专项体能和素质。例如，导游类、医护类专业的学生要求有很好的耐力、耐心，较强的记忆和识别能力，组织和解决突发事件的能力，这些素质和能力可通过定向运动、有氧健美操、阳光长跑等获得提高；商务文秘和酒店管理类专业学生需要有良好的气质、苗条的体形、大方的仪态，可通过体育舞蹈、形体健身、瑜伽塑身等进行塑造；建筑类、机电类专业学生需要有强壮的体魄、较强的腰腹臂力量来完成一些较重的体力工作，可通过球类运动、健身健美、力量训练等进行锻炼。

4．陶冶情操，塑造人格

一方面爱美之心人皆有之，体育运动本身就是人体美的展示。运动过程是力与智慧的结合，能让人感受到智慧的美；运动造型是形体与艺术的结合，能让人感受到动作的美；运动完成的成功喜悦与成就感，能让人感受到情感的美。总之，美的旋律、美的运动培养高职学生美的思想、美的心灵、美的行为，从而陶冶美的情操。另一方面体育能培养人的道德意志品质。不同的体育活动有不同的规则，能培养人的纪律意识、规则意识；任何体育竞赛都是身体的对抗，能培养人吃苦耐劳、艰苦奋斗、坚韧不拔、精诚合作、勇攀高峰等意志品质；此外，体育竞技能产生强烈的精神共鸣，能引导人们对“真、善、美”价值的健康追求，能培养人的使命感、自豪感、荣誉感，从而塑造健全的人格。当然，丰富的体育人文知识学习还能让高职学生更多地了解自己、他人和社会，从而更科学地认识自我，更合理地发展自我、帮助他人、服务社会。

二、高职教育中体育教育的内容

高职教育中体育教育的内容可以分为两个部分，即课堂体育内容和课外体育内容。

（一）课堂体育内容

课堂体育是高职学生以身体练习为主要手段，通过合理的体育教育和科学的体育锻炼过程，达到增强体质、增进健康和提高体育素养等主要目标的公共必修课程。体育是高职院校课程体系的重要组成部分，是高职院校体育工作的中心环节，是促进身心和谐发展，思想品德教育、文化科学教育、生活与体育技能教育寓于身体活动之中并有机结合的教育过程，是实施素质教育和培养全面发展人才的重要途径。

课堂体育旨在使高职学生正确了解体育与健康基本理论知识，树立正确的体育与健康观，建立对体育运动的兴趣，掌握两项以上运动项目的基本知识与技术技能，达到提高身体素质和运动能力，改善身体形态和机能，增强体质、心理素质和社会适应能力的目的。

（二）课外体育内容

课外体育是以体育锻炼、体育竞赛、体育协会（俱乐部）活动、体质测试等为主要手段，通过科学合理的参与，达到增强体质、增进健康和提高体育综合素养的目标，是课堂体育的延伸与补充。

课外体育旨在使高职学生利用课余时间科学合理运用体育知识技能进行锻炼、竞赛，科学地了解自身体质状况，养成体育锻炼的习惯，建立健康的生活方式，为今后从事的职业奠定良好的体质健康基础。

三、高职教育中体育教育的目标

（一）课堂体育目标

1．知识目标

了解“健康中国”背景下体育发展的基本理论、相关人文知识、相关运动竞赛规则和裁判法；了解常见运动损伤急救处理和康复保健知识；了解基本的体能锻炼知识和方法。

2．能力目标

具备运用所学知识技能从事运动健身的基本能力；树立健康意识和终身体育意识，能应对一般性运动损伤；具备一定的评价鉴赏运动技术、比赛的能力。

3．德育目标

塑造勤学苦练和坚定、勇敢、顽强的学风，培养良好的创新能力和合作精神，端正实事求是、严肃认真的科学态度，养成尊重对手、爱岗敬业和爱国主义情操等优良的人格品质。

（二）课外体育目标

1．知识目标

鼓励广泛参与形式多样的课外体育活动，最大限度地提高运动技能、发展体育兴趣；通过不同的体育锻炼，丰富课余文化生活，发展和保持身体体能；通过每年的体质健康测试，了解自身体质健康状况，积极加强锻炼，从而保持良好的体质健康状态。

2．能力目标

能运用课堂体育知识技能参与或组织各种校内外体育竞赛活动；养成体育锻炼习惯，懂得制定一般性运动方案和基本的自我体质健康评估与管理；能运用所学传递体育健康正能量，基本具备参与社会体育的能力。

3．德育目标

懂得将良好的体育道德品质迁移到学习、工作、生活中，通过体育锻炼磨砺自己，不断完善人格修养。

总结案例

目前高职学生身心健康概况

为清楚了解到学生的健康状况，经调查及翻阅一些文献资料，得知影响高职学生群体的健康状况的主要因素。对学生开展的问卷调查结果显示，大部分的同学表示需要改善目前的健康状况。影响高职学生体质健康的因素有以下几个方面。

1．疾病

一些学生经常患流感，身体出现乏力、精神不振等情况，还有一些学生出现记忆力及学习能力欠佳，容易失眠、紧张或抑郁、易怒、皮肤油脂分泌过多、神经衰弱等情况。

2．饮食

多数学生有不进早餐习惯，不能很好满足身体需要。数据显示，大多数学生达不到中国营养协会饮食标准进餐，由于不科学的饮食习惯造成身体体质水平下降，影响了学生身体健康。

3．心理健康

据相关文献记载，我国高职学生中的大多数属心理健康正常者，随着社会竞争压力加大，有大约20%的学生存在不同程度的心理健康问题。可见，高职学生的心理健康状况面临着严重威胁，因此，开展好学校心理健康教育课，加强学生心理干预，积极疏导学生心理十分必要，已经成为我国高职教育的一项重要内容。

探索与思考

1. 高职教育中的体育教育有哪些内容？
2. 高职教育中的体育教育需要达到哪些目标？

第二节　高职学生体育与健康

导入案例

体育锻炼让她恢复了心理健康

小白同学是个胖胖的很可爱的女生，新生报到的时候也没有什么问题。但在新生军训期间，由于分配营队，没有和新同学处在一个营队，这件小事触发到她的情绪，她开始放声大哭，情绪失控。经过谈话，辅导员和心理辅导老师了解到，小白同学初一开始被同学欺负，同学觉得她很差劲，之后她就出现情绪不稳定的状况，随后父母带她去看了心理医生，进行心理辅导，可效果不佳。她总会因小事发脾气，和朋友说心里话也被传得尽人皆知，心情很受打击。辅导员和心理辅导老师根据小白的实际情况，和家长沟通，制定了利用体育锻炼恢复心理健康的方案，尤其是鼓励她参加集体性的体育活动。经过一年多的努力，小白同学逐渐改变了自己不合群、不善于交往的性格，培养了良好的心理素质，而且与同学们的人际关系也得到了很大的改善。小白同学深深体会到体育锻炼对她心理健康恢复的帮助。

一、高职学生体育

（一）体育与学生个人兴趣爱好

“兴趣是最好的老师”，兴趣是一种无形的动力，会对人的认识和实践活动产生积极的影响。体育兴趣就是个人对体育特殊的、积极的认同倾向，是高职学生从事体育实践最强有力的动力。

影响个人体育兴趣的原因很多，归纳起来主要有以下 5 个方面：①认识不足，认为体育既辛苦又枯燥，对自己没什么好处，不参加体育锻炼不影响身体健康；②参与不足，从小到大很少参与，怕累、怕出汗，自己宁可做忠实的观众；③技能不足，认为学不会体育技能，没有运动天赋，也没有参与体育的自信；④学习压力大，平时时间少、任务重，无暇也不想参加体育锻炼；⑤场地不足，学校场地设施少，没有喜欢或合适的体育组织或场所等。

改善体育兴趣的外在因素，主要有以下 3 点：①开展好课堂体育，学校开设丰富多样的体育项目，最大限度地满足学生的体育学习需求；②利用好体育资源，充分利用学校体育场馆、师资等，最大限度地满足学生的体育活动供给；③组织好课外体育，通过学校体育行政管理、学生体育社团和班团等，组织丰富多彩的阳光体育及竞技体育活动，营造校园体育文化氛围。

提高体育兴趣的内在路径，主要有以下 4 种：①主动学习理论，尤其是了解体育运动的本质和内涵，形成正确的体育价值观、健康生活观；②主动接触 1～2 项适合自己的运动，尝试参与，体会运动带给自己身心的愉悦与轻松感受；③主动并定期参加相关课外体育社团（俱乐部）活动，长期坚持，通过提高技能获得运动自信；④主动参与感兴趣的体育竞赛项目或组织工作，感受丰富的体育精神，并用欣赏的目光观赏竞赛，感受竞技体育的魅力。

（二）高职院校学生的体育运动项目

运动项目是体育手段，是人们在长期的社会实践中逐步形成的各种身体活动，其中对身心有益的内容被人们有意识地加以运用，逐渐产生和形成了运动项目。

经过多年的发展，高职院校学生体育运动的常见项目主要有田径、游泳、篮球、排球、足球、乒乓球、羽毛球、网球、武术、健美操、啦啦操、健美运动、体育舞蹈、形体训练、跆拳道、冬季项目（北方）等，新兴项目有轮滑、瑜伽、街舞、广场舞、定向运动、毽球、高尔夫、龙舟、健身跑等。高职学生可根据环境条件和自身兴趣爱好选择适合的运动项目。

（三）高职学生余暇体育

随着体育功能的不断扩展，高职学生余暇体育也开始向着多价值、多方向发展。余暇体育作为一种体育手段，不仅能够有效地提高高职学生的体质，增进健康，强健体魄，而且作为一种促进个人自我完善的重要手段，对高职学生成长发展具有深远的意义。

余暇体育能够使高职学生的闲暇时间得到更科学、更合理、更积极的安排，用一种时尚健康的文明习惯来充实学生生活，有利于高职学生形成一种文明健康的生活方式，克服不良的生活习惯，培养高职学生良好的生活态度和积极向上的人生观。余暇体育强调在运动中体验运动乐趣和成功满足感，有利于高职学生身心全面发展，培养和发展高职学生的个性和情商。余暇体育有利于高职学生在从事体育活动的同时，加强相互之间的沟通和交往，培养高职学生开放型人格，发展和提高高职学生的社交能力。余暇体育有利于高职学生运动习惯的养成和终身体育观的形成，培养高职学生的自控能力和独立性。

1．高职学生余暇体育行为状况

活动内容：主要是球类项目，其次是跑步，再次是形体塑身运动。

活动时间：每周 1～4 次，活动时间大部分安排在下午，也有部分在早晨，每次活动时间为 30～90 分钟。

活动形式：主要是与熟悉的同学一起活动，其次是有相对固定的锻炼集体，最后是个人活动。

活动伙伴：最多是同学，其次是朋友，再次是独自活动。

活动场所：依次是学校体育场地、学校校园空地、家附近的运动场所或公园。

活动指导：依次是无人指导、体育教师指导、体育社团指导。

活动组织：依次是无人组织、班级社团组织、学校组织。

2．高职学生余暇体育心理状况

参与目的：强身健体与放松，同时可供娱乐、丰富业余生活和培养个性心理品质。

参与需求：体验运动乐趣，做到精神释放与挑战。

3．高职学生余暇体育组织管理状况

组织形式：以自主选择为主，学校体育行政部门无明确目标，多数缺乏必要的制度保证，无管理、引导行为，学生凭兴趣自由活动，缺乏必要的指挥、组织与服务。

管理形式：以自主管控为主，除高职院校体育行政部门每年组织 1～2 次综合运动会，组织几次院系级的单项比赛外，大部分余暇体育活动都是学生体育社团组织自主管理或体育小团体松散的自治管理。

（四）高职学生体育竞赛

1．高职学生课余体育竞赛的主要措施

（1）加强对课余体育竞赛的组织管理。

课余体育竞赛活动离不开有效的组织管理。当前我国高职院校开展的课余体育竞赛主要是在学校体育行政部门（学院、系、部或教研室）组织下开展的，一般统一安排竞赛内容，统一组织开展活动。学校体育行政部门负责落实具体实施办法和制订体育竞赛计划，各院系有计划地组织学生参与，并在竞赛中开展先进集体与个人评选。为提高学生积极性，应充分发挥学生自创自练、自律自管的积极性，大胆让学生组织、指导和管理课余体育竞赛，全面发挥学校学生体育社团的作用，放手让学生自己组织校内各种课余体育竞赛；充实体育竞赛内容，开展全校性或年级、班级、宿舍之间的体育竞赛。此外，还可以通过学生体育社团联系校际邀请赛、友谊赛、公开赛等。

（2）课余体育竞赛融健身、娱乐、竞争于一体。

课余体育竞赛活动需面向普通学生，应充分调动广大学生的参与积极性，这样既能丰富他们的课余文化生活，也能促进其锻炼身体和自我表现。高职院校课余体育竞赛活动内容集健身、娱乐、竞争于一体，符合学生身心特点，有利于拓展学生的体育人文知识。因此，在项目设置上应注重选择简便、大众、低难度、趣味性、娱乐性的团体或个人项目，这样既能营造良好的团结、竞争和娱乐氛围，又能达到强身健体、培养体育精神的目的。

（3）以协会（俱乐部）为主体的课余体育竞赛组织。

高职院校的体育协会（俱乐部）是以学生为主体组建的，能最大限度发挥学生的主动参与性。学校应建立相关管理制度，体育协会（俱乐部）不断完善和提高服务质量，优化运作模式，做到健身性、趣味性、知识性和实用性，充分调动广大学生的参与热情，逐步实现体育社团管理自治。

（4）不断改善课余体育竞赛环境。

学校可以通过课内外体育宣讲、讲座、专题片等形式向学生传授各种体育知识，使学生能对课余体育竞赛有更多的了解，让学生懂得科学健身、恰当调节、合理评价自我。学校要充分利用广播、墙报、简报、摄影等形式宣传课余体育竞赛动态，并开展评选集体体育道德风尚奖、个人突出奖等活动。学校应加大经费投入，加强学生裁判队伍建设，安排体育教师定期指导学生课余体育竞赛。

2．高职学生课余体育竞赛的目标定位

高职学生课余体育竞赛是高职院校教育计划的组成部分，高职院校应积极组织开展。以健身娱乐为主的高职学生课余体育竞赛是丰富高职学生课余文化生活的具体体现。以学生体育协会（俱乐部）为主要形式开展规范的运动竞赛，有助于提高学生运动技术水平，增强学生体质。

高职学校课余体育竞赛目标主要有以下几个方面：

（1）鼓励积极开展各种形式的体育竞赛活动。

（2）完善各类体育竞赛活动的管理。

（3）不同的体育竞赛活动都有专门的组织形式。

（4）制定学生参与课余体育竞赛活动的各种制度。

（5）明确高职院校开展课余体育竞赛活动的方向，为学生体质健康服务，为选拔竞技体育后备人才服务。

3．高职学生课余体育竞赛规程编制

竞赛规程应根据相关竞赛计划，结合竞赛规模、目的任务和主办单位条件而定，一般由主办单位起草，主管竞赛的机构审批。竞赛规程是举办体育竞赛的法律文件，任何单位和个人无权修改，规程的最终解释权属于主办单位。

竞赛规程应简明扼要、准确具体，使参赛单位和个人不会产生误解，能按规程进行赛前各项准备。竞赛规程一经确定，应在赛前的特定时间发出，以便各相关单位和参赛者能按照规程的相关规定做好充足的准备。

竞赛规程一般包括如下内容：

（1）根据组织方案拟定竞赛的名称、目的要求、比赛日期和地点、参赛单位以及组别。

（2）比赛项目。

（3）参赛办法，包括每单位可参加多少人、每人可报几项、每项可报几人，以及明确参赛者资格。

（4）报名办法，规定报名的截止日期、报名条件及体检规定等。

（5）计分与奖励办法，说明各项录取名额，单项与集体项目、破纪录、团体等总分计算法与奖励法等。

（6）竞赛办法、比赛规则。

（7）竞赛组成员、裁判组成员。

（8）参加单位应注意的事项，各队报到时间、地点等。

4．高职学生课余体育竞赛办法

竞赛办法的选择是竞赛组织工作中的一项重要内容，受到竞赛的目的、运动专项的特点、参赛人数、场地器材、裁判队伍、竞赛时间及竞赛经费等诸多因素的影响。常见的竞赛办法有单淘汰赛制、单循环赛制、混合赛制、记录优选赛制和评分优选赛制等。

（1）单淘汰赛制：是指将所有参赛的选手（或队）编排成一定的比赛秩序，由相邻的两名选手（或队）进行比赛，败者淘汰，胜者进入下一轮比赛，直到剩下最后一名选手（或队），这名选手（或队）就是本次淘汰赛的冠军。这种赛制常见于乒乓球、羽毛球单项比赛。

（2）单循环赛制：是指参加比赛的各方相互之间进行一次直接比赛的赛制。这种竞赛办法能使参赛各队或各选手之间都能得到比赛的机会，有利于项目学习、交流经验，比赛结果偶然性小，能大体反映出各参赛队或选手的技术水平。这种赛制常见于大球类比赛、小球类团体赛。

（3）混合赛制：是指将淘汰赛制和单循环赛制加以混合的赛制，如循环—淘汰赛制、淘汰—循环赛制，常见于大球类比赛、小球类团体赛。

（4）记录优选赛制：特指在田径、游泳、划船、滑雪、自行车、举重、射箭、射击等竞赛活动中所采用的竞赛办法。这种竞赛办法的特点在于让选手在某个阶段比赛中尽量创造好成绩，依次进行全员比赛，然后优选出一定数量的选手参加下一阶段的比赛，直至最后决出名次。

（5）评分优选赛制：特指体操、花样游泳、花样滑冰、跳水等表演类运动项目在竞赛活动中所采用的竞赛办法。评分优选赛制是以评分高低进行全员比较而优选。评分优选赛制中裁判员的主观意识起着重要作用，因此裁判自身的修养和素质至关重要。

5．高职学生课余体育竞赛欣赏

体育是人们朝气蓬勃的生活中不可缺少的部分，其中一个重要因素就是体育竞赛活动中蕴含着丰富多彩的美，竞技场已成为人们进行审美活动的重要场所。运动竞赛之美使人陶醉，要懂得欣赏体育竞赛，文明参赛、文明观赛应成为高职学生的重要素养。

（1）文明参赛。第一，爱护运动场馆设施器材，不随意抛扔或损坏器材。遇到运动场地器材不足，应主动谦让。第二，要身着运动装竞赛，遵守比赛规则，不弄虚作假骗取荣誉。第三，比赛时尊重、服从、理解裁判员的裁决。如遇争议判决，应按照程序向有关人员提出，不得与裁判进行任何形式的争执。第四，尊重队友，与队友团结协助。队友失误应给予鼓励，不能责骂埋怨队友。第五，尊重对手，不故意伤害对手，对于对手的冒犯要克制，防范时做到动作规范。

（2）文明观赛。一是遵守赛场规则，有秩序地进场和出场。要在赛前坐到自己的位置上，比赛中不要在过道或人流密集处停留。二是举止文明，不在赛场内嬉戏、说笑、打闹和随意走动。比赛精彩处要鼓掌、加油，不说脏话、不喝倒彩。不向赛场内乱投物品，离场时主动清理自己使用过的物品，不乱扔垃圾，保持运动场环境卫生。三是在比赛开始时保持安静，避免手机等发出任何声音影响运动员的正常发挥。四是尊重双方运动员和教练员。当捡到比赛中飞来的器械时，应在合适的时间主动交回场内，避免干扰比赛。五是有兴趣拍摄比赛时，一定要注意不可影响比赛进程，尽量避免使用闪光灯。

大型赛事观赛礼仪修养主要有以下 10 点：

① 准时到场。

② 不要在人群拥挤的入场口逗留或说闲话。

③ 不在赛场内吸烟、吃东西、随地吐痰、乱扔东西。

④ 在赛前升国旗、奏国歌时，不论是哪个国家的，都应面向国旗庄严肃立。

⑤ 不要起哄、辱骂裁判。

⑥ 介绍运动员时应用掌声表示鼓励。

⑦ 有些比赛中间不能加油鼓掌，需保持安静，尽量不要用手机。

⑧ 如厕尽量在比赛间隙，且应自觉排队等候；赛场发生意外时不要慌乱，应按工作人员指引有序退场。

⑨ 比赛结束，除特殊情况外要等场内所有仪式结束后再离场；不尾随、堵截运动员或他们的车辆，不纠缠运动员签名留念。

⑩ 不对比赛结果进行赌博（国家发行的足球彩票例外），私自赌博属违法行为。

二、高职学生健康

人最宝贵的是生命，而生命最宝贵的是健康。健康是人类生存、发展、提升的最基本、最重要的条件，是人们通向一切美好愿望的原生动力和必要前提，是人们达到事业成功的必备护卫军。对于高职学生来说，健康在现代社会日益激烈的竞争中，不亚于知识、能力的竞争，未来的世界只属于那些拥有健康的一代人。

（一）高职学生健康标准

现代人的健康内容包括生理健康、心理健康、社会适应良好和道德健康等。健康是人的基本权利，是生活质量的基础，是人类自我觉醒的重要方面，是生命存在的最佳状态。高职学生健康的标准主要包括以下四个方面。

（1）生理健康方面：发育正常，体格匀称；精力充沛，富有活力，组织器官功能正常；免疫功能无异常。

（2）心理健康方面：愉快而稳定的情绪，对负面刺激反应适度；意志健全，有正确的自我意识，良好的人际关系；自尊、自信、自强；严于律己，宽以待人；真诚守信，人格健全；有一定的幽默感；心理特点符合生理年龄；能发挥气质的积极特征并控制不良性格的外显，个性张扬适度。

（3）社会适应良好方面：有较高的环境保护意识；遵守校规和社会公德；能与家庭、社会正常交往；人际关系融洽；具有正确的社会角色意识；有适应高校独立生活的能力；不吸烟、不酗酒；关心他人和集体，乐于助人；言语举止文明；文化娱乐有度；恰当地运用医疗保健服务；自然环境适应能力强。

（4）道德健康方面：道德健康即健康者履行应尽的对社会、对他人的义务；不违背自己的良心，不以损害他人的利益来满足自己的需要；具有辨别真善美与假恶丑、荣誉与耻辱等是非观念的能力；能按照社会道德行为规范来约束自己，以此获得心境平和，并产生一种价值感和崇高感。

（二）高职学生健康状况

1．身体形态整体向好

身体形态是指人体外部的形态特征，通常是以人体解剖学特征的、自然的长度、厚度、维度、重量等及其比例关系作为评价指标。它能够反映出人体的体形、身体比例、营养摄入及身体成分等状况。其中身高和体重是评定身体形态最常用的指标。监测统计表明，近30年来我国高职学生的体重大体上保持增长，男生体重增长较快，女生保持小幅增长。

2．身体机能基本平稳

身体机能是人体在新陈代谢作用下，各器官系统工作的能力，常用的衡量指标有脉搏、血压、肺活量等。肺活量是检测呼吸系统机能最直观的指标。监测统计结果表明，近30年来我国高职院校男生肺活量略有回升，女生肺活量基本平稳。

3．身体运动素质一定程度降低

身体运动素质是指人体机能通过肌肉活动所表现出来的基本活动能力，是评价人体运动能力和健康状况的重要指标。身体运动素质主要包括速度素质、灵敏素质、柔韧素质、力量素质和耐力素质等。监测统计结果表明，近30年来我国高职院校学生50米跑成绩不断下降，尤其女生50米跑成绩下降较快；男女生立定跳远、男生引体向上成绩均持续下降；群体耐力素质持续下降。

4．不良行为和生活方式、心理问题突出

随着社会竞争、就业、情感等压力的增加，生长在当今优越社会环境中的高职学生，受到社会、文化、风俗等影响，存在诸多不良行为和生活习惯，同时心理问题呈明显上升趋势。主要表现在吸烟、酗酒；挑食、偏食；不注意个人卫生；作息时间不规律；缺乏运动；新生适应、情感、人际关系、自我意识、毕业就业心理等一般心理问题；焦虑症、抑郁症、恐惧症等常见神经性心理障碍；性生理成熟年龄提前，性心理发育明显滞后，性知识缺乏、性教育缺失等伴随的紧张、困惑；常见疾病、急救、保健知识缺乏等心理困扰。

（三）高职学生健康促进

世界卫生组织指出：健康促进需要个人、家庭、社会和国家一起采取措施，鼓励健康的行为，增强人们改进和处理自身健康问题的能力。由此可见，健康促进在促使人们采纳健康行为生活方式中采取的措施，不仅是增加人们的健康知识、转变观念，还包括为人们提供政策、环境支持，它的内涵比健康教育更为广泛。作为新时代的高职学生应积极参与到认识、掌握、履行、传播健康知识与方法中，制约和抵制不健康行为，从而推动健康促进。

1．提出健康促进的五大优先领域

世界卫生组织在第一届国际健康促进大会上发表《渥太华宣言》，提出健康促进的五大优先领域。

（1）制定健康的公共政策。健康促进超越了保健范畴，它把健康问题提到了各个部门、各级领导的议事日程上，使他们了解各部门的决策对健康后果的影响并承担相应的责任。健康促进的政策由多样而互补的各方面综合而成，包括政策、法规、财政、税收和组织改变等。

（2）创造支持性环境。健康促进必须为人们创造一种安全的、舒适的、满意的和愉快的生活和工作环境。系统地评估快速变化的环境对健康的影响，以保证社会和自然环境有利于健康的发展。

（3）强化社区性行动。健康促进工作是通过具体和有效的社区行动，包括需先解决的健康问题，做出决策，设计策略及其执行，以达到促进健康的目标。在这一过程中，核心问题是赋予社区以当家做主、积极参与和主宰自己命运的权利。

（4）发展个人技能。健康促进通过提供信息、健康教育和提高生活技能以支持个人和社会的发展，这样做的目的是使群众能更有效地维护自身的健康和他们的生存环境，并做出有利于健康的选择。

（5）调整卫生服务方向。卫生部门的作用不仅仅是提供临床与治疗服务，还必须坚持健康促进的方向。调整卫生服务方向要将“以病人为中心”的观念转变为“以健康为中心”的观念，改变只重视“病”而忽略“人”的现象，立足于把一个完整的人的总需求作为服务对象。

2．高职学生健康促进参与

（1）学习宣传《健康促进学校规范》政策。健康促进学校是全球兴起的健康促进活动的重要组成部分。中华人民共和国卫生行业标准《健康促进学校规范》于 2016 年 8 月 23 日发布，2017 年 2 月 1 日起实施。

（2）积极实践健康促进十项行为。

① 在学校健康教学中学习和掌握健康知识。

② 通过各种渠道获取健康信息，正确理解这些信息，并具备运用这些信息维护和促进自身健康的能力。

③ 师生之间保持良好的沟通，尊重老师，不歧视身体有残疾、有心理障碍和收入低下、具有不良家庭环境条件的学生，了解他们的学习和生活情况，并力所能及地提供相应的帮助。

④ 不吸烟、不酗酒，拥有良好的生活节律和作息时间。

⑤ 积极参加课余体育锻炼，养成坚持锻炼的习惯。

⑥ 保持积极向上的心态，遇到困难能通过寻求老师、同学的帮助获得解决。

⑦ 饮食营养、生活起居、体育运动等方面注意个人卫生。

⑧ 懂得一般性病例症状，出现疾病及时求医，不乱投医、乱用药。

⑨ 能自我调节情感，或通过倾诉、运动等方式合理宣泄，维护并保持心理平衡。

⑩ 懂得诚实守信、爱岗敬业、公平竞争、合理定位。

总结案例

体育锻炼对高职院校学生学习的影响

体育锻炼对高职院校学生学习的影响有以下几个方面。

体育锻炼可以使学生有足够充沛的精力，能从容不迫地应付日常生活和学习的压力而不感到紧张。体育锻炼使学生处事乐观、态度积极、乐于承担责任。体育锻炼使学生能够善于休息、睡眠良好。体育锻炼能够使学生的应变能力增强，能适应外界环境的各种变化。体育锻炼使学生能抵抗一般性感冒和传染病。体育锻炼使学生的身体更健康，使体重得当，身材匀称，站立时头、肩、臀位协调；眼睛明亮、反应敏锐、眼睑不发炎；头发有光泽、无头屑；牙齿清洁、无龋洞、无病感，齿龈颜色正常、无出血症状；肌肉皮肤富有弹性。

体育锻炼能增强学生的体质。天天深陷于繁重的学习生活中，若想应付自如，拥有一个强壮的身体是必不可少的坚强后盾。可想而知，假如身体弱不禁风，迟早有一天会被压力压垮，又何谈学习成绩呢？另外，强健的体质还能帮助学生抵御许多疾病的侵袭，使学生免于疾病的干扰，从而有更多的时间更好地进行学习。还有，比较长远地讲，一个强健的体魄对于寿命的延长也是大有裨益的。

体育锻炼有助于智力的发展和提高。经常参加体育锻炼，可以促进大脑的开发，使神经系统的兴奋和抑制过程更加集中，对外刺激的反应更加迅速、准确，还可以提高人的视觉、听觉、感觉、神经传导速度、神经过程的均衡性和灵活性，促进神经系统功能的增强。

探索与思考

1. 结合自己的个人兴趣爱好，你准备参加哪些体育活动？
2. 在学习期间，你准备怎样通过体育锻炼来促进身体健康？

第三章　生活方式与健康

模块导读

生活方式是指人们日常衣、食、住、行的个体的、群体的生活习惯和行为。人的一生，从胚胎开始到死亡的全过程，几乎身体每个时期的疾病都与生活方式、不良嗜好有关。例如，饮食结构不合理易导致肥胖、高血压、脂肪肝、糖尿病等。科学研究表明，个人的健康和寿命60%取决于自己的生活方式，15%取决于遗传因素，10%取决于社会因素，8%取决于医疗条件，7%取决于气候影响。因此，生活方式对我们每个人的健康影响巨大。我们每个人都很有必要审视自己的生活方式，从现在开始改变种种不良的生活行为和习惯，逐渐形成健康的生活方式。

通过本模块的学习，能够让人们了解典型的不良生活方式，从而管理自己的健康，结合自己的兴趣和所具备的条件，选择适宜的健身方法，逐步形成健康的生活方式。

能力目标

1. 了解什么是不良的生活方式。
2. 了解现代社会有哪些不良的生活方式。
3. 能够管理自己的健康。
4. 能够选择适宜的健身方法。

第一节　不良的生活方式

导入案例

不健康的生活方式有哪些？

上海市健康促进委员会办公室、上海健康医学院、上海市健康促进中心曾共同开展过一次“影响市民健康的不良生活方式”的社会调查，其中列举出 10 条影响青少年健康的不良生活方式。

1. 经常吃油炸、烧烤食品；
2. 三餐饮食无规律，经常不吃早餐或深夜餐食；
3. 常吃外卖，暴饮暴食，用零食点心代替正餐；
4. 常常喝含糖饮料；
5. 久坐不动，缺乏体育锻炼；
6. 吸烟；
7. 长时间使用电子产品（电脑、手机、游戏机等）；

8. 不注意用眼卫生；
9. 作息不规律，经常熬夜，睡眠不足；
10. 染发、烫发次数过多。

一、生活方式

人类的行为可以划分为两类：一类是生产，包括人口生产、物质生产和精神生产；另一类则是生活。因此，就有了生产方式和生活方式。生活方式是指人们在生存过程中，衣食住行、休息、消费、爱好、嗜好和各种活动，包括工作、学习、运动、休闲、文化娱乐以及民俗民风、对待事物的心态等方面。它是人们采取的生活模式，是以经济为基础，以文化为导向的，也是指人们长期受一定的社会文化、经济、风俗习惯、家庭等的影响而形成的系列生活习惯、生活制度和生活意识。生活方式是社会整体结构及其运行状况具体而生动的反映形式。健康的生活方式是维护与保障健康的有效手段。先天遗传因素对健康的影响占 15%，社会因素占 10%，气候因素占 7%，医疗因素占 8%，而生活方式占 60%。很多疾病，如高血压、冠心病、肥胖病、血脂异常、糖尿病、脑血管疾病、痛风等的发病诱因都与不健康的生活方式和习惯密切相关。研究表明，健康的生活方式可使高血压发病率降低 55%，糖尿病发病率降低 50%，脑卒中、冠心病的发病率降低 75%，肿瘤的发病率下降 33%，平均寿命可延长 10 年以上。养成健康的生活方式，注重健康的维护，是提高生命质量的有效途径。世界卫生组织预测，如果能做到合理膳食、适量运动、戒烟戒酒、心理平衡，人类的平均寿命将有望延长 10 年。

有学者将生活方式分为广义和狭义两种：广义上的生活方式是指人们为满足自己的生存与发展而进行的全部活动的总体模式，即人的全部实践活动方式；狭义上的生活方式是指个人、家庭及相关人群在一定社会环境中，为谋求自己的生存与发展而选择确立的日常生活方式。

二、不良生活方式

（一）不良生活方式的含义

危害健康的不良生活行为习惯是指个体或群体在偏离自身、他人和社会健康期望的方向上，所表现出的客观上不利于健康的各种生活行为习惯。由于危害健康的不良生活方式往往发生在日常生活中难以引起人们的重视，而且，不良生活方式具有动力定型的特点，这都使不良生活方式改变起来比较困难。正因为如此，不良生活方式比其他危险行为对人体的健康危害更大、更不易被重视。世界卫生组织专家指出，因生活方式不良引发的现代文明病而导致死亡的人数，在发达国家占总死亡人数的 70%～80%，在不发达国家中也占到 40%～50%。

危害健康的行为，往往是个体在后天的生活经历中习得的，且行为非偶然发生，有一定强度的行为维持，可保持相当长的时间。不良的生活方式对个体、他人乃至整个社会的有序发展都有着直接或间接的危害，它广泛存在于人们的日常生活中，且具有这样或那样不良生活方式的人为数较多，其对健康的危害是广泛的。在不良生活方式形成以后，往往要经过较长时间才能对健康产生显著影响，出现明显的致病作用。所以，一旦危害形成，身体出现症状，治疗就困难了。不良生活方式对健康的危害大小、发生时间早晚存在着明显的个体差异。

此外，即使是同时开始的不良生活方式，以同样的程度作用同样长的时间，其结果也不尽相同。当多种不良生活方式同时存在时，各因素之间会产生协同作用，相互加强，这种协同作用最终产生的危害将大于每个单一因素的单独作用之和。与致病行为模式的特异性不同，不良生活方式与疾病之间没有明确的对应关系，表现为一种不良生活方式与多种疾病和健康问题有关，而一种疾病或健康问题又与不良生活方式中的多种因素有关。

（二）不良生活方式的分类

1．不良生活方式与习惯

不良生活方式是一组习以为常的、对健康有危害的生活行为习惯，包括能导致各种成年期慢性退行性病变的生活方式，如吸烟、酗酒、缺乏体育锻炼、高盐高脂饮食、不良进食习惯等。不良的生活方式与肥胖症、糖尿病、高脂血症、脂肪肝、心血管系统疾病、癌症的发生都关系密切。

2．致病行为模式

致病行为模式是导致特异性疾病发生的行为模式，国内外研究较多的是 A 型行为模式和 C 型行为模式。前者是一种与冠心病密切相关的行为模式，其核心表现为不耐烦和敌意。相关研究表明，具有 A 型行为者冠心病的发生率、复发率和死亡率均显著高于非 A 型行为者。后者是一种与肿瘤发生有关的行为模式，其核心行为表现是情绪过分抑郁和自我克制，爱生闷气。研究表明，C 型行为者肿瘤的发生率高于其他人 3 倍左右。

3．不良疾病行为

疾病行为指个体从感知到自身有病到疾病康复全过程所表现出来的一系列行为。不良疾病行为可能发生在上述过程的任何阶段。不良疾病行为常见的表现形式有疑病恐惧、讳疾忌医、不及时就诊、不遵从医嘱、封建迷信、自暴自弃等。

4．违反法律、道德的行为

违反法律、道德的行为既直接危害行为者个人的健康，又严重影响社会健康与正常的社会秩序，包含吸毒、卖淫等危害健康的行为。吸毒者会直接产生上瘾行为，导致吸毒者自身器官的衰竭，静脉注射毒品还可能导致感染乙型肝炎和艾滋病。

知识链接

A/C 型行为模式

A 型行为模式的提出是心理学对于身心疾病研究的一大贡献。长期以来医学界认为诱发心脏病的原因是高血压、血清胆固醇、吸烟等，但这些因素解释或预测不到心脏病的半数。后来心理学提出易患心脏病的人有一种共同的行为模式，称为 A 型行为模式。

A 型行为表现为：

1. 运动、走路和吃饭的节奏很快。
2. 对很多事情的进展速度感到不耐烦。
3. 总是试图同时做两件以上的事情。
4. 无法处理休闲时光。
5. 着迷于数字，他们的成功是以每件事情中自己获益多少来衡量的。

A 型行为模式的两个最大的缺点：

具有较强的竞争性。如果是平衡有度的竞争感并没有坏处，但是具有 A 型行为模式的人却失去了平衡点。他们高度竞争感的动机来自胜利的喜悦和对失败的厌恶。在工作上、游戏中、家庭里，甚至对自己都抱有竞争的态度。在他们身边的人很难有喘息的机会。

缺乏耐性。任何的拖延或中断都将使之发怒，但是他们却容许自己打断别人，告诉别人一个更好、更快的做事方法。他会抢别人的话；一次又一次地不停按电梯按钮，只为了让它走快一点；不断地看手表、看时钟以注意时间。他不仅把自己的行程排得满满的，而且也想让别人照着做。他具有多重的行为和思想，这表明他希望能在同一段时间内做许多不同的事情。可以看到他一边喝茶，一边看杂志，还与别人通电话，并同时向进入办公室的人打招呼。他们对于自己的思考能力、精力源泉，甚至消化功能都有极端的要求。

C 型行为就是容易使人患癌症的心理行为模式，主要表现为过度压抑情绪，尤其是不良的情绪，如愤怒、悲伤等，不能让它们得到合理的发泄。C 型行为的特征在气质上好压抑自己的情绪，特别是压抑怒气，怒而不发，也不善于发泄自己的情绪；在性格上忍让，过分谦虚，过分依从社会，回避矛盾。研究发现，C 型行为模式的人肿瘤发生率比一般人高 3 倍以上，并可加重癌的转移，使癌症病情恶化。

C 型行为由 Baltrusch（1988）首先提出，认为其主要特征如下。

1. 童年形成压抑、内心痛苦不向外表达及克制的性格。如童年丧失父母，父母分居，缺乏双亲抚爱等，这种压抑性格可使正常细胞原癌基因转变为癌基因，称之为遗传性致癌因素。

2. 行为特征为：过分合作、协调，姑息，谦虚，不过分自信，过分忍耐，回避矛盾，调和行为，愤怒不向外发泄而压抑，屈服于外界权势，压抑自己的情绪，焦虑，应激反应强。

3. 伴有生理、免疫改变：压抑愤怒，导致体内细胞免疫和体液免疫功能降低；社会依从性增高，使交感神经活化，皮肤电位升高；内源性阿片肽神经活化，通过改变甲状腺、肾上腺、性腺功能，使循环、消化、呼吸、行为免疫功能发生相应变化。通过降低免疫功能、减少内脏器官血流量、代谢障碍、DNA 自然修复损伤等成为诱发癌症的危险因素，虽有相关的报道，但尚需更系统、深入的研究。

如何判断一个人是不是“C 型行为”模式以及该如何去纠正这些错误模式？

1. 怕伤害别人，怕因为发怒伤害到别人或伤了别人的心。

2. 怕被别人看到你的怒容，如果你要永远做“好好先生”，那么别人会开始占上风，并继续刺激你的情绪。

3. 怕失去控制，假如能适时表达感触，并不会失去自我控制，因为愈是熟悉自己的情绪，愈不会失去控制。如果你一直都想抑制情绪，万一真的发作了，反而容易不可收拾。

4. 怕被拒绝，虽然正式关系中（如工作场合）发怒容易损及二人的关系，但是在非正式（如朋友、家人）的人际关系中，适当地表达气愤反而能让对方知道你的感受，有助于关系的再建立。这种关系也能长久持续。

5. 怕捣毁一切，其实对某一极端不满的情绪表达愤怒，反而能让对方察觉到你对这个议题的态度是严肃且关心的。

6. 怕被报复或引起反弹，生怕自己的愤怒会使对方很生气，但事实证明，表达情绪比不表达情绪更能澄清事态。不表达情绪，容易“怀恨在心”，久而久之，反而伤害自己的健康。

三、现代社会的典型不良生活方式

现代生活方式是指人类社会进入工业文明之后形成的生活方式，具有时代性、创新性、多样性、更加追求精神消费等特征。现代生活方式在带给现代人更多的精神愉悦和物质享受的同时，不可避免地给人类带来前所未有的健康隐患。机械化、信息化的文明造成人体各项机能的退化：饮食结构的改变，高营养、低消耗的能量与物质代谢造成体内物质的积累；快节奏、压力大的社会竞争造成各种各样的心理疾病；高危险、高密度的拥挤造成形形色色的意外事故；高科技忽视人们的情感需求，使人变得冷漠浮躁；食品添加剂的大量使用和农作物生长过程中各种化学物质的使用、环境污染造成的城市居民生存条件恶化等不利因素，极大地危害人们的健康。

在传染病得到有效控制之后，生活方式和行为因素在现代人的健康中扮演着越来越重要的角色。慢性病造成的过早死亡占我国潜在寿命损失的63%，我国近20年总死亡率有所下降，但慢性病死亡率却有所上升。2015年，我国学生体质健康调研和我国第二次国民体质监测所显示的超重、肥胖明显增多，这都成为影响我国国民健康的重要社会问题。在各级各类的学生方面，据统计，体育锻炼不足、膳食不合理、睡眠不足和精神紧张是影响学生体质的主要原因：对于40～60岁的人群，主要存在体重增加、血压升高、肺活量下降、肌力衰减、灵敏性减弱等问题，除衰老这一自然因素外，更与不能保持积极的生活态度和良好的生活习惯有着直接关系。

（一）健康管理的科学知识不足

人类几百万年来，强大的遗传惯性与近百年来人体力学环境突变这一对矛盾，产生了由于体力劳动不足而引发的各种现代文明病。以往人类主要是靠体力劳动来生存和发展的，人类遗传的惯性方向就是让人体保持适应繁重的体力劳动状态，在体力劳动过程中，人体的骨骼、肌肉、韧带和关节每时每刻都受到力量刺激，肌肉的每一次收缩活动都伴随着以燃烧血糖为物质基础的能量代谢，同时人体的肌肉和皮肤内的力学传感元件也在每时每刻向大脑传递运动和感觉信息。也就是说，人类的生产方式是以肌肉收缩为本质特征的体力劳动，直到蒸汽机时代来临，工业革命使人类进入了机械化时代，现代人的生活正是现代文明病的土壤。

建立健康的生活方式需要懂得健康知识。当今新知识层出不穷，健康知识不断更新，只有注意不断学习新的健康知识，抵制各种错误信息的影响，才能使自己的生活方式更健康。健康知识的匮乏，是不良生活方式产生的一个主要原因。世界卫生组织前总干事中岛宏博士指出，“许多人不是死于疾病，而是死于无知。只要争取预防措施，就能减少一半人的死亡。”在世界卫生组织研究的报告中，说明了健康教育的实际意义，人体三分之一的疾病通过预防可以避免，三分之一的疾病通过早期发现可以得到有效控制，三分之一的疾病通过信息的有效沟通可以提高治疗效果。

随着现代文明病人群逐渐壮大，各种高致死性、高致残性的心脑血管病的发生率亦不断增加，然而这些严重危害人们健康的现代文明病却呈现出“高患病率、低知晓率、低治疗率”的状况，这提醒我们要提高健康管理意识，健康知识需要长期积累，并随时进行更新和补充。应经常留意报纸、电视和网络上的健康专栏或健康专题节目，随时关注实用的医学和保健知识。把健康管理纳入人生规划，让自己成为自己的医生，提高健康意识首先应落实对健康体检的重视，体检主要是为了预防慢性病的发展，应当定期进行完整的健康检查，根据体检结果有针对性地改善自己的健康，制订短、中、长期的健康改善计划；应当正确地对待疾病，既不要不当回事，也不要失去信心，甚至自暴自弃，应当在保持乐观豁达心态的同时，重视医疗，谨遵医嘱，顽强与疾病做斗争。

（二）不良的饮食习惯

1．三餐饮食不能按时定量

一日三餐的比例上，早餐一定要吃好，许多人称早餐为早点，即意味着少量，但其实这是一种常见的健康误区，因为早餐既应求“量”，也应求“质”。早餐在质量上不应少于一日三餐的25%～30%，要保证高蛋白。午餐更要吃好，注重种类多，即富含各种营养物质，保证膳食均衡，量上要保证占到三餐的45%～50%，保持在八九分饱。晚餐应以清淡、低脂、多菜和易消化的粗杂粮为宜，约占三餐的30%，吃七八分饱为好。

目前，由于各种各样的原因，现代人往往早餐少吃或不吃，且营养不均衡，午餐又不能准时保质进食，晚餐反而吃足“质量”，如进食大量高脂肪、高蛋白食物。吃得太油腻，血脂骤然升高，睡眠后由于人体的血液流速明显减慢，大量血脂容易沉积在血管壁上，导致动脉粥样硬化，引起冠心病、高血压等疾病。此外，热量摄入不平衡也易导致胆固醇增高，晚餐质优量多还会刺激肝脏过多地制造低密度和极低密度的脂蛋白，使过多的胆固醇在血管壁上堆积起来。

若将一日的副食集中安排在晚餐，而晚上又是人们活动量减少的阶段，这些物质存留在大肠的时间一久，就会产生氨、吲哚等有害物质，这些毒素一方面刺激肠壁，还易被吸收进入血液，增加肝脏、肾脏等排毒器官的负担，对大脑也是一种毒性刺激。晚餐高脂膳食还会使胆汁分泌增多，胆汁酸在肠道厌氧菌的作用下，生成脱氧胆酸等致癌物质，直接刺激肠壁、损害健康；睡眠时肠蠕动减少，相对延长了这些物质在肠腔内停留的时间，增加了内源性和外源性致癌物质的作用，易促使大肠癌发病率增高；如果晚餐过饱，饱胀的肠胃会压迫周围的脏器，如心脏、肝胆等，使其产生信息并传入大脑，使大脑相应部位的细胞活动起来，一旦兴奋的“波浪”扩散到皮质的其他部位，就会做各种各样的噩梦。

2．进食狼吞虎咽，暴饮暴食

进食时细嚼慢咽不仅是祖国饮食文化的组成部分，也是养生的有效手段。从中医的角度说，“食宜细缓，不可粗速”，主张“饮食有节”，即细嚼慢咽，食不过饱，量有节制。每顿饭应维持在20分钟以上的时间，每口饭咀嚼15～20下。狼吞虎咽首先不利于食物的充分研磨，加重了肠胃负担，进而不利于食物的消化、吸收。其次，狼吞虎咽不利于面部肌肉的运动，细嚼慢咽可以锻炼咬合关节，有利于美容和固齿。最后，狼吞虎咽不能使口腔消化腺体充分分泌，口腔内有许许多多小的唾液腺，其分泌的液体就是唾液，唾液中含有氨基酸、球蛋白、黏液蛋白、溶菌酶、唾液淀粉酶以及钠、钾、钙等多种矿物质，且唾液可以保护口腔黏膜，在进食时软化食物，防止粗硬的食物损伤食道黏膜，食物进入口腔通过咀嚼可以刺激口腔内各类味觉感受器，将信息传达给大脑中枢神经系统而增进食欲。细嚼慢咽可引起胃、胰脏、肝脏、胆囊以及十二指肠等相关器官进入工作状态，且能促进消化酶的分泌。如果突然进食大量油腻食物，特别是进食过快、过量，消化系统就要加大工作量，增加胆汁的排出，更刺激胰液的排出，使胰腺负担加重，引发胰腺组织的水肿，出现胰腺管和胰腺泡的破裂、胰液流出等病理变化。

3．饮食结构失衡

“民以食为天”，人之所以能维持生命、工作和思维，都是依靠食物中的营养供应。目前已确认的人体必需营养素有42种，包括蛋白质中的9种氨基酸，脂肪中的2种多不饱和脂肪酸，1种碳水化合物，14种维生素，7种常量元素，8种微量元素和水。它们中任何一种营养元素的缺乏，都会引起相关的营养缺乏病。在现代社会，人们的饮食范式和膳食结构有了急剧变化，基本表现为肉类食物比重增加，果蔬比重减少；油脂甜食比重增加，维生素比重减少；精米精面比重增加，粗粮杂粮比重减少；热量摄入更多，运动消耗减少。由于饮食结构不科学，患高血脂、高血糖、高体重、高血尿酸症等生活方式病患者迅速增多。因此，正确的饮食理念应为提高生存质量而食，而不仅仅是为追求饱腹感和口感。

健康的饮食结构首先要做到食物多样，谷类为主，粗细搭配，人体所需的蛋白质、脂肪、碳水化合物、矿物质、维生素、水、膳食纤维七大营养素要合理搭配，每人每天摄入的食物品种不应低于25种，世界卫生组织提出，应以30～32种为宜。谷类食物是人体能量的主要来源，也是最经济的能源食物，人们应保持每天适量的谷类食物摄入，一般成年人每天摄入250～400 克为宜。粗细搭配不仅要做到多吃粗粮，而且要尽量对食品进行粗加工。多吃粗粮有利于补充B族维生素，维生素B_1有营养神经、维持心脏生理功能正常运行的作用，缺乏维生素B_1会引起脚气病，临床表现为心动过速、双下肢水肿、多发性神经炎、肌肉酸痛等。

其次，要做到多吃蔬果和薯类，《中国居民膳食指南》中建议，我国成年人每天应吃蔬菜300～500克，水果200～400克，谷类、薯类及杂豆250～400克。新鲜的蔬菜水果富含大量人体所需的各种维生素、矿物质和膳食纤维，能有效提高人体免疫功能，防止肥胖。各种蔬菜有着不同的营养特点，深色蔬菜的营养价值一般优于浅色蔬菜。水果中不但富含各类维生素、矿物质，还富含有机酸，苹果酸、柠檬酸、酒石酸等，都比蔬菜含量丰富，能刺激人体消化腺分泌，有机酸还能稳定维生素C。水果中的可溶性膳食纤维能与肠道中的有害物质融合，促进其排出体外。水果中的黄酮类物质、芳香物质、香豆素等都具有特殊生物活性，有益于机体健康。

最后，每天要保证奶类、大豆或其制品的摄入。奶类是一种营养成分齐全、易于消化吸收的天然食品，主要提供优质蛋白、维生素A、维生素B_2和钙质。牛奶中的蛋白质含量平均为3%，消化率高达90%，属于优质蛋白。奶类中所含的碳水化合物主要为乳糖，并能促进钙、铁、锌等矿物质的吸收，以及柱状肠道乳酸杆菌繁殖，抑制腐败菌的生长。牛奶中的钙、磷、钾等容易被人体吸收，是膳食中钙的最佳来源。植物中的优质蛋白则主要来自大豆，大豆中含有丰富的优质蛋白、不饱和脂肪酸，豆制品发酵后蛋白质部分分解，较易消化吸收。《中国居民膳食指南》建议，成年人每人每天应摄入大豆和豆制品40克，约相当于200克豆腐、700克豆腐脑或800克豆浆。

（三）不规律的生活作息

1．不规律作息习惯的危害

在一天的24小时中，人体在生活上呈现周期性的活动：何时睡眠、何时进食、何时工作、何时学习、何时锻炼几乎会按照一定的时间顺序进行作息。有人把人体内的生命节奏形象地比喻为“隐形时钟”或“生物钟”。科学家研究证实，每个人从诞生之日直至生命终结，体内都存在着多重自然节律，如睡眠、体力、智力、情绪、血压、经期等。人体内存在决定人们睡眠和觉醒的生物钟，生物钟根据大脑的指令，调节全身的各器官以 24 小时为周期发挥作用，如大脑皮层的机能状态上午 9:00 至 11:00 为最佳，出现第一个工作能力高峰，然后逐渐下降，到下午活动能力又上升，出现第二个工作能力高峰；夜晚，大脑皮层进入休眠状态，如果马上睡觉，能够很快入睡，第二天早上也会准时醒来。如果破坏了睡眠规律，延长了学习、工作时间，或者学习、生活杂乱无章，就会增加大脑皮层的负担。久而久之，不仅影响学习和工作效率，还打乱了人体生命节奏，导致大脑皮层功能紊乱，甚至诱发神经衰弱等神经症。

在正常情况下，人的一生约有三分之一的时间是在睡眠状态下度过的。睡眠对于大脑组织是最好的生理保护机制，是解除心理性疲劳的有效措施。保证睡眠质量还能有效地预防癌症的发生。睡眠质量是生命质量的保证，研究证明，人的睡眠时间与人的寿命长短有着密切的正相关。每日平均睡眠 7～8 小时的人寿命最长，每日平均睡眠不足 4 小时的人死亡率是前者的两倍。每天睡 5～6 小时的人，平均比每天睡 7～8 小时的人重 3～4 千克。当正常睡眠时间被剥夺时，身体会产生大量的抗压激素，以减缓新陈代谢的速度，同时第二天的食欲也会增强。

作息不规律不仅体现为睡眠时间不定、晚睡晚起，还会感觉睡眠不足。懒散贪睡的危害至少体现为以下三个方面：一是扰乱了人体生物钟的节奏，人体各系统有关的脏器活动都有一定规律，如晚上 11:00～凌晨 1:00，肝脏开始排毒；凌晨 1:00～3:00，是胆排毒的时间；凌晨 3:00～5:00，人的肺开始排毒了；到了早晨 5:00～7:00，就是人大肠在排毒的时间了，此时也是一个人排便的最佳时机。二是会造成心肌的收缩与舒张力减弱，心率缓慢，不利于促进全身血液循环，心率减慢将影响心脏功能。三是会导致内分泌系统出现异常，感觉白天无精打采、记忆力衰退、情绪低落，夜晚则兴奋异常、难以入睡，长此以往，会导致疾病的发生，如神经性头疼、神经衰弱等，使身体处于亚健康状态。

2．作息习惯的改善

改善睡眠质量首先要了解睡眠过程。一个晚上会交替出现慢速眼动和快速眼动的睡眠阶段，整个快波睡眠和慢波睡眠的周期大约需要 90 分钟。普通成年人睡眠时长为 7.5 小时（5 个全周期），其中 20%是在快波睡眠状态。快波睡眠时，眼珠在闭着的眼皮内快速转动，可能经常会做一些生动逼真的梦，大脑兴奋，整个脑部的代谢水平将升高且超过清醒时的水平。慢波睡眠时，大脑皮层活动、心率、呼吸、血压和新陈代谢降低，体温下降较大，机体达到静止状态。

睡眠有规律：根据美国改善睡眠委员会的研究分析，若一个早晨起得晚，另一个早晨起得早，将导致“家庭式的生理节奏破坏现象”。为了保持体内生物钟的正常，遵守有规律的作息时间表是保证睡眠质量的最好办法。

减少刺激因素：如果睡前 6～8 小时摄入含有咖啡因的物质，如咖啡、软饮料、药物等，就会导致难以入眠，减少深度睡眠，并且导致夜晚睡眠不安。在睡觉之前，若能解决那些焦虑、担心或有待解决的问题，睡眠才会有所改善。

床的选择要注意：一个人如果睡的床太小、太软、太硬或太冷，会影响睡眠质量，甚至会对骨骼、神经系统的健康造成影响。一般来说，身材肥胖的人适合较软的床铺，身材偏瘦的人适合较硬的床铺。睡前不要吸烟，饮酒适度。尼古丁是比咖啡因还强烈的刺激剂，睡前大量吸烟会使人难以入睡，即使睡着也容易苏醒，减少了快波睡眠和慢波睡眠的时间。酒精在晚上能抑制快波睡眠和慢波睡眠，而且能加速睡眠各阶段之间的转变。

睡前不宜太饱或饥饿：晚上吃得太饱，会使消化系统工作时间延长，导致夜间睡眠时辗转反侧，睡前空腹也会影响睡眠。

（四）不适度的体育锻炼

中国疾病预防中心营养与食物研究所在全国八个省的研究发现，每天仅仅增加摄入不多的能量，相当于米饭 40 克、水饺 25 克（约二三个饺子）、烹调油 5 克，累积起来，一年大约可增加 1 千克体重。而运动不仅有助于保持健康体重，还能够降低患高血压、中风、2 型糖尿病、结肠癌、乳腺癌和骨质疏松等慢性疾病的风险，同时还有助于调节心理平衡，缓解压力，缓解抑郁和焦虑症状。建议成年人每天进行累计相当于步行 6 000 步以上的身体活动，最好进行 30 分钟中等强度的运动。

1．缺乏体育锻炼

世界卫生组织估计，全球因缺乏运动而引发的死亡人数，每年超过 200 万。因此强调，长期不参加体育锻炼会使身体的免疫能力下降，某些疾病和病毒不能得到有效免疫而诱发猝死。还有一个重要的情况，如果儿童不进行足够多的体育锻炼，他们的大脑发育会受影响，以致影响其智力。因为长时间缺乏运动，机体的免疫系统功能偏低，缺少抵御病菌和病毒的能力。另外，现代人伴随快节奏、高效率的工作方式，产生的以焦虑、忧郁等一系列情绪改变为主要特征的心身疾病，更是与缺乏运动有着十分密切的关系。对于因为缺乏运动而遭到的健康损害，若一味地打针、吃药或是依靠这样那样的所谓补剂来被动地改善身体状况是无济于事的。

2．过度的体育锻炼

首先，在健身运动中，一旦发生过度运动，就会导致健身运动徒劳无益，反而对健康造成伤害。长期运动过度，会使人产生精神依赖。大运动量会使人体产生的“吗啡样物质”增加，这种物质大量释放到血液中，能使人感到兴奋，可抑制各种不适与疼痛。时间一长便会成瘾，一旦停止运动，便会产生沮丧、抑郁、易激动、焦虑不安等不适的感觉。运动过度还能抑制生殖功能，使妇女月经不调、子宫内膜异位、男子不育。因此，对于健身运动，如长跑、游泳、登山等，要注意适量，不能盲目追求大量，否则对健康不利。

其次，运动过度可使机体免疫功能受到损害，影响健康。人们在剧烈运动时，可产生免疫抑制蛋白，也可引起免疫细胞凋亡，使免疫细胞数量减少，淋巴细胞数量减少，中性白细胞功能减退，最终导致机体免疫力降低。在机体免疫能力降低的情况下，当遇到病菌、病毒侵袭时便容易罹患感冒、肺炎、胃肠道感染性疾病。运动过度还可造成运动能力下降。过大的运动量，会使各器官系统的功能都有所下降，增加运动性贫血的发生率，这种贫血多为缺铁性贫血，原因不明。反之，贫血可造成运动能力不足，机体的反应能力下降，平衡感降低，肌肉弹性减小。一到运动场地，就头昏恶心，同时还伴有食欲下降、失眠易醒、易怒、便秘、抑郁、焦虑、易感冒等症状，这些都有可能影响运动能力的正常发挥。

最后，运动过度还可使机体受伤的机会增加。运动过量，会引起中枢神经疲劳，大脑皮层功能下降，运动者会出现反应迟缓、判断失误、精力不集中、动作不协调现象，导致运动中跌倒、撞伤的机会增多。超负荷的剧烈运动还使诱发意外伤害的概率增加。未经过特殊训练的人，运动强度要适当，尽量避免突然超负荷运动。超负荷运动会使心脏循环系统不堪重负，需要的血液量和氧气量会突然增加，而供给量却相对减少，在这种血、氧供不应求的状态下，运动者的心脏会出现急性缺血，继而出现心搏骤停和脑血流中断。

（五）情绪管理不当导致心理状态失衡

随着现代科学技术突飞猛进的发展，面对社会生活领域的急剧变革和社会信息的空前丰富，人们的心理负担也在日益加重，人们所要处理的心理问题更加复杂。面对日益激烈的社会竞争和更加复杂的社会关系所带来的挫折与压力，容易使人处于烦躁、愤怒、忧郁和压抑的状态之中，出现心理失衡及恶劣情绪。心理失衡是指各种刺激作用于人体，引起身心紧张状态，产生一系列心理、生理反应的结果。这种心理失衡在一定程度上是机体主动适应环境变化的需要，表现为警觉、敏感、注意力集中、情绪适当唤起，使机体处于一定的精神紧张状态。它能够提高机体对环境变化的调整能力，有助于集中精力。但如果这种状态过于强烈或持久，超过了机体的调节和控制能力，可能妨碍人的感知和判断，干扰思维能力，造成认知能力障碍，或者不能有效地控制情绪，造成情感障碍，甚至导致各种精神障碍和身体疾病。

1. 情绪管理不当的危害

古人云：“忧则伤身，乐则长寿。”现代医学证实，心理状态对健康长寿的影响是很显著的，欢乐的情绪不仅可以提高工作效率，而且能够延缓衰老；而持续的心理紧张和心理冲突会造成精神疲劳，使免疫功能下降，容易引发疾病。情绪体验的中枢部位在大脑的边缘系统，而边缘系统又直接控制着下丘脑、脑干网状结构和整个植物性神经系统，并控制着人体所有脏器的活动。精神损伤、精神刺激常可引起人体的许多生理变化，如持续波动可使心跳显著增快，血压急剧上升，儿茶酚胺浓度增高，血黏度增高。长期的恶劣情绪会引起行动的迟钝和精神的疲惫，使进取心丧失，严重时会使自我控制力和判断力下降，意识范围变窄，正常行为瓦解，给人带来非常大的伤害。美国生理学家爱尔玛曾设计过一个实验，将人们在不同情绪状态下呼出的气体收集在玻璃试管中，冷却变成水后发现：当一个人心平气和时，他呼出的气体变成的水清澈透明无杂色；悲痛时呼出的气体变成的水，有紫色沉淀。另外，他将生气时呼出的水注射到小白鼠身上，几分钟后白鼠死亡。因此他得出结论，人在生气时生理反应十分剧烈，会分泌出许多有毒物质。不良的情绪可导致疾病，而良好的情绪则可以治疗疾病。大量的事实告诉我们，轻松乐观的情绪可以增加人体的免疫能力，甚至增强抗癌能力。

因此，要学会自我珍重，努力培养安定而乐观的心态，不因小事而引起情绪波动，学会体谅和谅解，善于发现生活中的美，心胸开阔，保持平和的心态，努力达到“知足常乐”“助人为乐”“自得其乐”的境界，从容面对生活。更重要的是要正视挫折，从挫折中吸取教训，正视自己的弱点，调整努力方向，永不放弃，以便减轻工作、学习的疲劳和烦恼，使心情调整到最佳状态。

2. 情绪调节的方法

保持心理平衡应注意以下技巧：一是主动寻找快乐情绪，不必对自己过分苛求；二是不对别人期望过高；三是疏导自己的愤怒情绪；四是善于倾诉排解，能屈能伸，怀抱着“塞翁失马焉知非福”的心态，看到“坏事”好的一面。常用的情绪调节方法有以下 5 种。

（1）理智调节法：一般分为三个步骤，当事者首先承认不良情绪的客观存在，之后分析原因，最后有针对性地找出适当的排除途径和方法。如果是由于缺乏沟通而造成的隔阂，使人产生不被理解的苦恼，就要主动与人交谈，让别人理解自己的立场；如果是领导处理不公引起的不快或是不良气氛，可以设法向领导提出自己的意见和看法。

（2）语言调节法：利用语言来调节和放松心理的紧张状态，使不良情绪得到缓解的方法。当一个人说出“气死我了”“暴跳如雷”等语句时，心跳会加快，进入生气发怒状态；反之，如果默念“真令人愉快”“高兴极了”等语句，就会产生轻松快乐的体验。因此，可以充分利用语言的这种引导暗示功能来缓解不良情绪。

（3）活动转移法：即借助其他活动把紧张情绪所积聚起来的能量排解出来。需要注意的是，我们应选择无害的方式把过度紧张、愤怒等情绪发泄出去，如健身、摔打无用物品等方式发泄情绪。

（4）交往调节法：即所谓“话疗”，在忧伤或苦闷时，一定不要将其封锁在心中，应主动向亲友倾诉自己的苦恼，发泄内心的郁闷和痛苦，卸掉心中沉重的担子，在交谈中可以获得他们的同情、鼓励和帮助，还可以和他们一起分析不幸发生的原因，排除恶劣的情绪。

（5）目标转移法：一个人的奋斗目标常常会因为主观或客观的原因受挫，在暂时的失败面前，要意识到在某一领域的失利不代表终身一事无成，退一步海阔天空，不妨根据自己的实际情况转移奋斗目标，充分发挥自己的长处，反而可能收获意想不到的成功。

总结案例

不良生活方式危害学生的健康

由于人们生活水平的提高，很多学生家长都希望能够为学生创造优渥的生活环境，追求现代化生活方式，使学生过着“衣来伸手，饭来张口”的“贵族生活”，没有想到这些不良生活方式将直接影响到学生的行为，甚至影响学生的健康。

不良生活方式首先表现在起居、作息无规律，必然破坏了人体的生物钟，给学生的健康带来极大危害。有些学生从儿童时期开始，就不爱活动，甚至不愿意走路，总觉得“累”，不少学生上课总是打哈欠，眼直、发呆，打不起精神。之所以产生这些不良的反应，归根结底是不良的生活方式所导致的心理疲劳。现代人习惯夜生活，不遵守作息制度，甚至电视、音响、麻将等噪声通宵不止，使人无法入睡。因此，很多学生在家长不良生活方式的影响下，成了“手机控”，睡眠普遍少于 8 小时。因此，造成上课时无精打采，不停地打哈欠，注意力不集中，所有这些必然导致学生体质和学习效率下降。

不良生活方式其次表现在不合理膳食，用餐不定时，偏食和暴饮暴食。有些学生喜欢吃高热量、高脂肪的“肯德基”“麦当劳”等快餐食品，用餐不定时或暴饮暴食都会导致肥胖。由于这些学生的异常肥胖会导致心脏负荷加重，无论走路还是爬楼就像背着沉重包袱一样，心跳加快，呼吸急促，感到超乎寻常的“累”。通过医学健康教育，人们已开始认识到，肥胖是一种与生活方式相关的疾病，初步意识到肥胖会导致成年人心血管疾病，具有一定损伤率。肥胖是一个全球性的健康问题，而导致肥胖的原因，一是过度营养，二是体力活动不足，三是偏离日常生活行为。为此，必须有针对性地引导学生建立合理的饮食习惯，保持适度运动和科学的日常生活卫生行为。

不良生活方式最后表现在缺乏良好的卫生习惯。有的家长因为自己吸烟危害了学生的健康。成人吸烟时吐出来的烟雾会毒害孩子，所造成的危害比成人自身吸烟更大，且影响孩子的一生，导致孩子发育迟缓，学习效率低，记忆力差，长大后易患癌症和心血管等疾病。有些学生不讲究个人生活卫生与环境卫生，尤其是室内卫生。学生一定要养成勤洗勤打扫自己的宿舍，开窗通风的良好习惯；要养成良好的个人卫生习惯，平时必须做到饭前便后洗手，吃东西前要用流动的水清洗；餐具要洗净消毒，不可让寄生虫留在体内，致使学生自身营养不良。

探索与思考

1. 你有哪些不良的生活习惯需要改正？
2. 你的生活作息规律有哪些需要改进？

第二节 健康管理

导入案例

健康管理出健康

前不久，小李在医院检查出自己患上了糖尿病，医生为他提供了改善生活方式的个人健康计划及相关建议。小李认真地按照计划执行，并收到了良好的效果。小李知道生命在于运动，但对于糖尿病人来说，运动量小了达不到治疗的目的，运动量大了会加重病情，因此掌握好运动量是非常关键的。医生制订的运动计划，小李每天按时完成，从未间断过。通过科学、定量的运动，小李的身体状况越来越好，医药费用越来越少，这是他没有想到的。小李深切地感受到健康管理的重要性。

一、如何管理自己的健康

（一）健康管理新理念

现代健康管理的出现是时代发展的需要，与生产力和人力资源观念的演变密切相关。老龄化、急性传染病和慢性病的双重负担及环境恶化导致医疗卫生需求的不断增长。健康管理的新理念源自美国，美国有研究发现，在人群中，最不健康的1%的人和患慢性病的19%的人共用了约70%的医疗卫生费用。健康管理的理念来自无法遏制的医疗费用增长以及疾病预防和健康维护的需求。健康管理，就是针对健康需求进行计划、组织、指导、协调和控制的过程，也就是对个体和群体健康进行全面监测、分析、评估、提供健康咨询和指导以及对健康危险因素进行干预的过程。这是一个长期而连续的过程，健康管理中的健康改善是个体化的，即根据健康评估中得出的疾病危险因素，由医生进行个体指导。目前全世界还没有一个大家都能接受的健康管理定义，综合国内外学者对于健康管理的研究，有人提出理念比较简明的健康管理定义：健康管理是一种对个人和人群的健康危险因素进行全面管理的过程，这种新理念就是要变人类健康被动管理为主动管理，并帮助人们科学地恢复健康、维护健康、促进健康。

美国行为科学家布瑞斯洛等对7 000名成年人进行了多年研究后指出，只要采取7种日常促进健康的行为习惯，即可明显提高人们的健康状态。这7种日常行为习惯包括每晚睡眠7～8小时，定时进早餐，维持正常体重，每周锻炼3～5次（每次30分钟以上），适量饮酒，不吃零食，不吸烟。

现代社会，人们对于健康的理解普遍认为，健康需要追求和管理，很大程度上要依靠自己，注重了健康的维护才能谈及健康生存和生命质量。要树立管理自己健康的意识，在日常生活中对健康要有明确的认识，并将其内化成为健康的行为习惯。健康管理对于个人而言，可使身体状况得到改善，节约更多的治疗经费；对社会来说，可节省大量的医疗资源。健康管理最重要的意义在于对健康问题的处理，通过一种管理使健康功能变得井然有序。在互联网新技术推动下，可以借助佩戴可穿戴设备等多种科技手段实时收集身体指标数据，利用云端计算模型分析相关数据，随时监控自己的身体状况。从科学饮食、适量运动、戒烟限酒、预防保健、社会适应、心理调整着手，形成完整全面的健康理念，调动个人参与健康管理的积极性，最终达到维护健康的目的。

通过健康管理，可以达到以下目标：

一是保持健康，通过有目的的养生和保健，使处于健康状态的人群得到科学化、系统化和个性化的健康教育和指导，保持健康的生活方式，并进行定期健康评估，保持低风险水平，享受健康人生。二是通过健康管理达到不得病的目标，使处于亚健康的人群定期监控健康状态，改善其不健康的生活方式，降低危险因素，提高整体健康水平。三是使处于疾病状态的人群享受到便利快捷高质量的诊疗服务，同时促进其积极参与自身健康改善计划，延缓疾病进程，提高生命质量。

（二）体质健康的评价标准

体质是指一个人的身体素质，即人体活动的能力，是反映人在运动、劳动、生活中所表现出的力量、速度、耐力、灵敏度、柔韧性等方面的能力，同时还能反映人体血液循环和新陈代谢等方面的状况，如速度不仅表现动作快慢，更影响到心率的快慢。耐力是指全身耐力、肌肉耐力和心肺耐力的综合效果，反映人体的有氧代谢水平；关节及其周围组织包括韧带、肌腱、肌肉与皮肤的伸展性，这些软组织的好坏，可影响到人体的协调性、动作幅度的大小和肢体的灵活性；灵敏性是各项技能在大脑皮层的反映和身体素质的综合表现，是通过在突发情况下能迅速改变身体位置而表现出来的。

有的国家将心脏机能和精神素质水平也列入体质中进行衡量，体质中的各项指标不是独立存在的，它们是相互制约、相互促进的整体，单项素质好不等于个人体质好。

1．基本身体特征评价

（1）体温

体温是维持人体的生命活动的基础，正常人需要有一个恒定的体温环境才能保证生存和生理功能正常运转，体温升高或降低均属于不正常状态。

① 正常体温的范围及测量方法

舌下测量（口表）：36.5℃～37℃。

腋窝下测量：36℃～37℃。

肛门直肠内测量：36.5℃～37.7℃。

② 体温变动

口腔温度比腋窝下温度平均高 0.2℃～0.5℃。

肛门直肠内温度比腋窝下温度平均高 0.4℃～0.6℃。

儿童体温高于成人，成人体温高于老年人，女性体温高于男性。

笑、哭、饮食或运动后体温略有升高，剧烈运动后体温升高幅度大，妇女在月经前一周及妊娠期体温高于月经期。

同一天内，凌晨 2～5 时体温最低，起床后逐渐升高，晚上 6～8 时体温相对高于其他时段，24 小时早晚变动不应超过 1℃。

③ 体温与脉搏的关系

体温每升高 1℃，脉搏每分钟就增加 10～20 次。

④ 发热

低热：指体温在 37.3℃～38℃之间；

中等发热：指体温在 38.1℃～39℃之间；

高热：指体温在 39.1℃～41℃之间；

超高热：指体温高于 41℃。

（2）视力

视力是指人的眼睛分辨物体的细微结构的最大能力，通常以视角的范围大小为指标。检测视力的视力表制作原理就是根据视角而设定的，视力表排列为 12 行，在 5 米远的距离单眼看清第 10 行 E 的缺口，则为正视 1.0，1.0 以上为正常视力。

正常远距视力（5 米）1.0～1.5 为正常。近距视力是指单眼在 30 厘米距离检测，正常为 1.0～1.5。

（3）听力

听力是指人的听觉器官所能感受到声音的能力，一个听力正常的人可以听到 20～2 000 赫兹（Hz）的纯音（赫兹是指每秒钟振动的次数）。

成年人的听力测试一般采用语音测试法，在长于 6 米以上的安静环境中进行，地面画出距离标志，患者立于距检查者 6 米处，但身体不能距墙壁太近，以免产生声音干扰。受检耳朝向检查者，另一耳用油棉球或手指堵塞并闭眼，以免看到检查者的口唇动作影响检查的准确性。检查者利用气道内残留空气先发出 1～2 个音节的词汇，嘱咐患者重复说出听到的词汇。应注意每次发音力量应一致，词汇通俗易懂，高低音相互并用，发音准确、清晰。正常者耳语可在 6 米距离处听到，如缩短至 4 米，表示轻度耳聋，1 米为中度耳聋，短于 1 米者则为严重的以至完全性耳聋。记录时以 6 米为分母，测得的结果为分子，如记录为 6/6、4/6、1/6。

（4）身高和体重

体重指数应体现在三个方面：正常体重；超出正常范围的体重；肥胖指数。

① 简便计算方法：

男性标准体重（千克）=身高（厘米）−105

女性标准体重（千克）=身高（厘米）−100

② 体重指数（BMI）=体重（千克）/［身高（米）］^{2}

根据身高推算出标准体重，超过理想体重的 20%为超重，超过 30%为轻度肥胖，超过 40%为中度肥胖，超过 50%为重度肥胖。

根据世界卫生组织的标准，用体重指数推算，体重指数正常为 18.5～24.9，超重为≥25.0，肥胖为≥30.0。世界卫生组织 2002 年为亚洲人群制定的标准是：正常为 18.5～23.0，超重为≥23.0。

《1999 年中国高血压指南》提出的标准为：正常中年男性为 21.0～24.5，正常中年女性为 21.0～25.0，超重为>25.0，肥胖为>28.0。

需要注意的是，以下几种人群不宜用体重指数来衡量超重与肥胖：生长期儿童，肌肉发达者，孕妇，患有水肿、腹水等疾病的人。

（5）胸围、腰围与臀围

胸围一般为身高的一半，双上肢平行伸展，其卡度等于身高的卡度，即身高卡度=肢距。男女性别不同，腰围、臀围的标准值也不同，男性的正常腰围在 95 厘米以下，女性在 85 厘米以下。

腰臀比的测定是近年来增加的检查项目，经研究发现，中心型肥胖不仅与心血管疾病有密切的关系，同时更容易发生胰岛素抵抗，从而激发高血压、高脂血症、糖尿病、心脑血管疾病。用腰围除以臀围，男性大于 0.92，女性大于 0.81，为中心型肥胖。中心型肥胖主要有苹果型肥胖和梨型肥胖两种，苹果型身材的人腰腹过胖，男性腰臀比大于 1、女性比值大于 0.9 者为苹果型肥胖；男性腰臀比小于 0.8、女性比值小于 0.7 者为梨型肥胖。

需要注意的是，在检测腰围时，要测量以肚脐为标点的周长度，臀围是以髂前上棘（肚脐与大腿根之间的中点）为标点的周长度；在检查腰臀围时，要紧贴内衣，被检查者要挺胸直立；在判断是否肥胖时，应将体重指数、腰臀围比值结合起来。

（6）身体成分

身体成分指身体脂肪和非脂体重的数量，非脂体重又称去脂体重，包括肌肉、骨骼、水、皮肤、血液和其他非脂肪类的组织。身体成分的测量与评价主要是对人体脂肪成分进行测量与评价。同样年龄、性别、身高、体重的人，其身体成分并不一定相同。脂肪成分过少的人，说明营养不良或有某种疾病。而脂肪成分过多的人，则表明运动不足、营养过剩或有某种内分泌系统的疾病。通过身体成分的测量评价，对了解人体的营养状况、科学指导膳食和预防某些疾病均有重要的作用。

身体成分常常用体脂的百分比来表示。健康成年男性的体脂率在 15%以下，而女性则应在 23%以下，肥胖症与冠心病、几类癌症、中风、糖尿病、关节炎、高胆固醇、高血压等疾病的关系都会被关注。有关研究表明，中国青年男子体脂百分比一般在 10%～15%，女子为 20%～25%。随着年龄的增长体脂百分比会有所增加，中年时期最高。除个别运动项目外，长期从事运动的人及运动员体脂百分比较一般人低。人体要保持良好的机能状况，适宜的脂肪是必不可少的。体脂率表如表 3-1。

知识链接

表 3-1　体脂率表

体脂率	男性	女性
低值	4%	10%
运动员	10%	17%
最佳值	15%	23%
高值	25%	32%

现代医学研究表明，人体过剩脂肪堆积的部位不同，则最终影响健康的情况也不一样，腹部脂肪多的人要比臀部和腿部脂肪多的人患病概率高，换言之，躯干部和腹部脂肪多的人

患病风险要比臀部和腿部脂肪多的人大。

2．身体形态评价

从体质人类学的角度而言，将人体在某个阶段由于受遗传性体质、营养、环境或疾病等因素的影响而形成的身体外形特征称为体形。成年人在成长发育过程中形成了各自不同的体形，这与遗传基因、生长环境、营养状况等先天和后天的因素有关，但后天因素占有很大比例，是影响健康的重要因素之一。

3．心肺功能评价

心肺功能是指长时间坚持进行大肌肉群抗阻运动的能力，也叫有氧运动能力，它包括心血管系统和呼吸系统在进行下述运动时的工作及恢复的能力，如快走、跑步、游泳、骑自行车和其他中等偏上强度的运动。心肺耐力被认为是与健康与否密切相关的因素，一旦人的心肺功能处于低水平，人体会明显地出现许多致病、致死因素的早期征兆。美国运动医学院的观点是：心肺功能与身体的健康紧密相连，缺乏运动的人的健康状况会与许多致病、致死因素密切相连，特别是引发心脏病的危险性较高。VO_2max（最大摄氧量）被定义为人体在承受最大运动量时氧气被消耗的比例，它常常被表述为每公斤体重所消耗的氧气的毫升数，当体重被代入后，VO_2max 就可以说明不同环境中不同体重的人的耗氧能力了。

4．身体素质评价指标

身体素质也称身体适应性，是指人体在运动过程中所表现出来的力量、速度、耐力、柔韧性、灵敏性、协调性及平衡性等技能的总称。运动系统能力是指人体在运动中掌握并有效完成专门动作的能力，这种能力主要体现为在大脑皮层主导下的不同肌肉的协调性。身体素质和运动能力是体质的重要组成部分，两者与人的体形、体格、机能、神经反应和心理等均有密切关系。另外，身体素质和运动能力也具有非常密切的关联，一般来说，运动能力强的人身体素质也好，身体素质好的人运动能力也比较容易提高。因此，可以通过考量运动能力来反映一个人的身体素质。

5．体质综合评价

每项体质类健康因素在测量时都可以彼此区分开来，并且各自都有特定的运动形式来提高它们的水平，很重要的一点是“总健康”可以通过执行长期有效的训练计划并发展各项体质因素来达到。然而有些人致力于发展肌肉力量和耐力，却疏于通过有氧运动来发展心肺功能。另外，还有一些跑步运动者虽然心率水平较高，却忽视了锻炼上肢力量的问题。有些运动模式为全能型运动，如划船、越野滑雪、游泳等，这些项目可以同时动用上下肢的肌肉并有效地锻炼心肺系统。

二、选择适宜的健身方法

选择健身方式首先要遵循一些基本原则，才能使健身方法的选择更科学、合理。

（一）健身方法的选择原则

1．目标明确

在选择健身方法之前，首先要明确健身的目的，可从直接目的和间接目的两方面考虑，然后再使直接目的和间接目的相统一。例如，为了治疗慢性疾病，首先应从医疗价值高的体育项目中寻找对症之法，再从长计议，考虑如何使身体一步步康复。锻炼的目的应尽量具体，多种锻炼目的或抽象的目的将导致健身的内容有很大的随意性。

2．方法可行

确定健身方法、制订健身计划必须从实际出发，充分考虑健身计划的客观条件，如场地条件、身体条件、经济成本等。且从事任何形式的健身活动都要注意安全，如果健身方法选择不当，可能会对身体造成永久性损伤。因此，制定的健身方案不仅要包含健身环节，还要考虑到准备活动、应急措施等环节，保证安全性。

在开始健身运动前，不要忽略必要的热身运动。当肌肉越松弛时，它们也越容易被驾驭和扩展，做这些运动将使你减少受伤危险。因此，花上 5 分钟的时间，让你的身体完全地活动开，有稍稍出汗的感觉是最好的。在健身结束之后，要进行必要的伸展运动，当你锻炼一处肌肉的时候，它会变得紧绷而缩短，伸展运动就是帮助你放松肌肉，从而防止第二天的肌肉酸痛。

3．因地制宜

选择健身方式时，不仅要注意根据每个人的年龄、性别、爱好、身体条件等不同情况做到区别对待，还要注意选择的健身项目本身是否有季节、气候要求，也要根据自己的身体在不同时节的变化随之调整。如果你盲目地试图举起超过身体负荷的重量，就有可能导致肌肉拉伤、扭伤，甚至伤及背部。

4．循序渐进

健身过程中循序渐进很重要。很多健身爱好者在健身初期兴趣很高，运动量大，但坚持几天就失去健身热情，身体或心理上也会出现不良反应。产生这种现象的原因可能有多种，如机体无法适应突然增加的运动量，造成身体疲劳甚至损伤；或者由于对健身效果的期望值过高，认为只要进行体育锻炼就会立竿见影，结果效果并不如预期，因而对健身锻炼大失所望。还可能会出现以下的情况：在达到某种程度后，你的身体变化和感受通常进入一个停滞的状态，而大部分人可能会认为“我并没看到身体的任何变化”，于是就会加快步伐，给自己制造更大的挑战，如加大运动量，以期达到使身体有所改变的效果。然而，此时迫切的心情却让你步入了误区。最好逐步地提高运动的持续时间和程度。可以从 20 分钟延长到 30 分钟，把所用的 2.3 千克重量的哑铃改换为 3.6 千克的。只是不必一次性同时做到，时间和强度取其中之一就可以。

因此，在进行健身活动时，应逐渐增加运动量。以跑步为例，开始时可先进行快步走等强度不大的练习，并在心理上做好准备工作，坚持一周到十天左右，待身体机能适应后，再进行慢跑训练，之后再逐渐增加跑步的速度和距离。另一方面，在健身过程中，使身体既有一定程度的疲劳，又有一定的负荷耐受力，这种状态下的运动锻炼才能有效地掌握某项健身技能，并有效地增强体质。为了不断提高体力，就要经过一定时间不断提高运动强度或难度方能达到目的。

5．全面发展

在体育锻炼时，要注意活动内容的多样性和身体机能的全面提高，否则如果执着于提高某一局部的机能，可能对身体整体机能造成不利影响。例如，青年人在进行力量练习时如果只注重右臂力量的训练，长此以往，就会出现右臂粗、左臂细甚至脊柱侧弯的现象；老年人如果只注重运动系统的机能提高，忽视了脏腑器官的保护，特别是心脏功能，就会造成心脏不适应运动系统的活动而出现意外事故。

（二）健身项目的选择方法

1．根据体型来选择项目

不同体型的人应选择不同的运动项目，使锻炼更有针对性。

（1）瘦弱、脂肪少、肌肉力量不强、体能不佳的人。这类人群应先练好体力，逐渐强化肌肉力量及身体耐力，然后再进行力量训练。可以选择快走、跑步、游泳等项目，同时多摄取含丰富蛋白质的食物，以增进内脏机能，增强肌肉力量。

（2）看起来瘦弱，但有很多脂肪的人。这类人适合的运动是爬楼梯、跳绳、跳舞等能使脂肪燃烧的运动，还要少吃脂肪含量高的食品。

（3）体重在标准体重范围内，但臂、腰、臀部及大腿的脂肪超过标准的人。这类人可参加球类、瑜伽以及健身房器械训练等，重视热身运动和体操，强化肌肉力量。

（4）身体各部分皮脂太厚，体重过重、肌肉少的人。这类人应综合多种运动，加大运动强度，以帮助消耗脂肪，同时经常做静态的舒展，以强化肌肉骨骼。

2．根据自身性格来选择健身方式

除考虑年龄、职业、生活环境等因素外，将个人的性格因素考虑进去，将会取得事半功倍的效果。运动不仅影响人的身体健康，还会影响人的心理健康状况。体育心理学研究表明，不同的项目对人的心理所起的作用也不同。现实生活中，有些人缺乏正常人拥有的心理调节和适应能力，或是表现出明显的性格缺陷和感情缺陷，通过有针对性的适当运动，可以纠正不良性格缺陷，改善心理和精神状态。

有学者列举出6种类型的人应选择的运动项目：

（1）紧张型。有的人心理素质缺乏锻炼，应多参加竞争激烈的运动项目，如足球、篮球、排球等项目。这些项目的场上形势多变，紧张激烈，只有冷静沉着应对，才能取得优势。若能经常在这种激烈的场合中经受考验，遇事就不会紧张，更不会惊慌失措，从而给工作和学习带来好处。

（2）胆怯型。有的人天性胆小，动辄害羞脸红，性格腼腆。这些人应多参加游泳、滑冰、拳击、单双杠、跳马等项目。这些项目要求人们不断克服胆怯心理，以勇敢、无畏的精神去战胜困难，越过障碍。经过一个时期的锻炼，胆子就会变大，为人处世也就显得更加从容。

（3）孤僻型。有的人性格内向、孤僻、不合群，不善于与人交往，缺少竞争力。这些人应选择足球、篮球、排球、接力跑、拔河等团队运动项目，坚持参加这些集体项目的锻炼，能增强自身活力和合作精神，逐渐改造性格。

（4）多疑型。有的人生性多疑，对他人缺乏信任，处理事情不果断。这些人可选择乒乓球、网球、羽毛球、跳高、跳远、击剑等项目。这些项目要求运动者头脑冷静、思维敏捷、判断准确、当机立断，长期从事这些活动将有助于走出多疑多虑的思维模式。

（5）虚荣型。有的人虚荣心强，遇事好逞强，这些人可选择一些难度较大或动作较复杂的运动项目，如跳水、马拉松等，也可以找一些实力水平超过自己的对手下棋、打乒乓球或羽毛球等，以不断提醒自己，戒骄戒躁。

（6）急躁型。有的人处事不够冷静沉着，易冲动急躁，这类人可以选择下象棋、打太极拳、练习健身气功、长距离散步、游泳等项目，这类活动多属静态、独立的运动，不会带来情绪的大幅度波动，有助于调节神经功能，增强自我控制能力，修身养性。

总结案例

体育锻炼对学生心理健康的影响

体育锻炼具有调节人体紧张情绪的作用，能改善生理和心理状态，增强自身的意志品质，恢复体力和精力；体育锻炼能增进学生身体健康，使疲劳的身体得到积极的休息，让学生精力充沛地投入学习中去；舒展身心，有助安眠及消除学习带来的压力；体育锻炼可以使学生更接近自然、接近自己本源，丰富社会交往；体育体现出自由开放精神，使其成为人们和睦相处的良方，起到净化学生身心的作用。

体育锻炼可以培养健康行为，促使良好生活习惯的养成，防止疾病发生。体育活动是快速生活节奏的心理调节器；体育运动可以缓解现代社会竞争给学生造成的压力，保持心理健康。体育锻炼可以陶冶情操，保持健康的心态，充分发挥个体的积极性、创造性和主动性，从而提高学生的自信心和培养正确的价值观，使个性在融洽的氛围中获得健康、和谐的发展；体育锻炼中的集体项目与竞赛活动可以培养学生的团结、协作及集体主义精神。

苏格拉底说过一句这样的话："丧失了自尊心的个人，是一个没有出息的个人；丧失了自尊心的民族，是一个无望的民族。"自尊是人不断向上发展的一种原动力，自信则使人勇敢地面对挫折和困难。不同的体育运动项目会从不同的方面来影响学生个性的发展，集体项目如篮球、足球等有助于从团队方面发展良好伙伴交往关系；个人项目如长跑、跨栏等会从体能、身体魅力、教师期待等方面影响学生的自信。体育运动是人类"挑战自我、挑战自然"精神的体现，在体育锻炼中克服各种困难和障碍并获得成功，有助于增强学生的自信；学生在坚持体育锻炼中，不断战胜自我，超越自我，生理机能和身体素质得到增强，运动技能技巧得以提高，当取得这些成绩后，就会产生自我成就的认识和情感体验，从而产生愉快、振奋和成就感。因此，适宜的体育锻炼可以使人们重新认识自我，把握自我，提升自我，尤其能使有忧郁情绪的锻炼者获得心理满足，产生积极的情绪体验，从而增强自信心，消除忧郁，体会成就的乐趣。另外，体育锻炼还有助于培养学生勇敢顽强、坚持不懈的作风，团结友爱的集体主义精神与机智灵活、沉着果断的品质，并能使学生保持积极向上的心态。

探索与思考

1. 在学校里，你将如何进行自己的健康管理？
2. 你将选择哪一个适合自己的健身项目？

第四章　体育运动与卫生保健

模块导读

随着生活水平的提高，人们越来越关注自身的身体健康，运动健身已经成为许多人增进身体健康、增强体质的主要途径。但是由于许多人缺乏体育锻炼卫生常识，不按科学规律锻炼身体，这样不仅会造成运动效果大打折扣，还会严重损害身体健康，长期不科学的锻炼最终也会导致人体疾病的发生。因此，体育必须与卫生保健相结合，体育锻炼时，必须了解有关的运动生理卫生知识。为了使广大运动健身爱好者科学地进行体育锻炼，本模块将从运动卫生保健常识和运动损伤的防治两个方面进行介绍。

通过本模块的学习，能帮助锻炼者掌握自我监督，把握自己的健康状况的方法，能自觉通过体育活动改善心理状态，建立良好的人际关系，养成积极乐观的生活态度。

能力目标

1. 了解安全锻炼及自我监督的概念。
2. 了解体育锻炼过程中身体的适应性。
3. 了解运动损伤及发生运动损伤的处置方法。
4. 能粗略评定运动负荷的大小，分析自己选用的锻炼方法，以避免运动性伤病、锻炼过度及其他有损身体健康的现象发生。
5. 遇到运动损伤可以采取有效的处置方法。
6. 了解常见职业性疾病的体育疗法。

第一节　安全锻炼与运动损伤处置

导入案例

球员带伤上阵对与错？

在 2020 年 8 月 7 日的 CBA 比赛中，虽然一度在末节反超比分，但是新疆队还是遗憾地以 113∶119 输给辽宁队，总比分 0 比 2 被淘汰出局。带伤上阵的曾令旭透露，自己是吃了止痛片上场的，将此役当成赛季的最后一场比赛来打。这已经是曾令旭本赛季第二次伤停强行复出，在此之前的 7 月 17 日，当时有伤在身的曾令旭为了球队战绩强行复出，结果又一次意外受伤，最初的诊断结果是腹股沟拉伤，但是经过北京专家们后来的诊断，确定为耻骨肌拉伤。当时认为他至少需要 6～8 周的恢复时间。无独有偶，在此之前，辽宁队的内线主力李晓旭也是有伤在身的情况下带伤上阵，意外受伤，导致赛季报销。当我们在为球员的“硬汉”精神感动时，是否应该思考他们这样的行为会对职业生涯和身体健康带来哪些巨大的影响呢？

安全锻炼与自我监督的主要任务是，对个人的身体健康和功能状况，以及在体育运动影响下发生的变化进行系统观察。通过自我监督，帮助锻炼者把握自己的健康状况，粗略评定运动负荷的大小，分析自己选用的锻炼方法，以避免运动性伤病、锻炼过度及其他有损于身体健康的现象发生，并及时发现问题，以便配合医务检查及合理处置创造必要的条件。

一、身体适应性诊断与处置

在锻炼过程中，由于每个人的身体情况、学习负担及机体承受能力存在差异，因此当运动负荷超越身体承受能力时，就会产生由身体不适应而引起的不良反应。为了免于出现伤病而使身体健康受损，锻炼者有必要通过自身感觉和对客观指标的检查，得出反映身体状况的客观材料和数据，以判定运动负荷与自身承受力之间的合理界限，并最终达到正确指导体育锻炼的目的。

（一）精神情绪变化

精神情绪作为人类最基本的心理活动方式，直接受中枢神经的支配。影响精神情绪变化的因素很多，既有生理原因又受社会制约。但由它反映的生理过程，都与机体的健康有着密切的联系。

当运动负荷适宜时，人的精神感觉是良好的，它表现为体力充沛、活泼愉快及精神饱满。如果身体患病或锻炼过度，则会出现身体软弱无力、倦怠或容易激动、精神萎靡不振等不良反应。有无参加锻炼的愿望，也是衡量一个人日常状态是否健康的重要标志。

监督内容：自我感觉，包括情绪、疲劳恢复情况、食欲、睡眠等情况。测量体重、胸围、肺活量、握力、背肌力，以作为锻炼是否适当的重要资料。清晨起床前自行测脉搏。锻炼前后必要时也可测量。做简单的心血管机能试验。已开始月经的女学生，应记载月经情况，包括月经来潮日、持续天数和数量等经期的自我感觉（如痛经、情绪激动）以及经期进行体育锻炼的反应等。

（二）睡眠食欲情况

睡眠被认为是体力恢复的最佳方式。通常认为，合理的体育锻炼和生活规律能改善睡眠状态。但只要身体状况稍有变化，正常睡眠又极易受到影响。因此，睡眠作为一种身体适应性诊断指标，可以为锻炼者正确选用体育锻炼方法，合理安排运动负荷及判断身体疾病提供依据。正常睡眠的表现是，入睡快、睡得沉、少梦或无梦、晨起后身体感觉爽快、精神振奋且体力充沛。如果在体育锻炼之后，出现嗜睡、易醒、失眠、多梦或入睡迟等现象，以及晨起感到头晕或精神疲惫，即表明正常睡眠状态已受到破坏。

食欲是反映机体状况十分敏感的一项适应性诊断指标。体育锻炼不正常、身体不适或睡眠不足，均可在食欲上反映出来。机体的活动，特别是体育锻炼引起的能量消耗和代谢过程的加强，对饮食量的需求就更为明显。如果体育锻炼过度使身体健康状况受到影响，不仅食欲会减退，甚至还容易出现口渴现象。

（三）脉搏频率检查

脉搏频率是指单位时间内（分钟）心脏搏动的次数。健康成年人安静时每分钟心率的变动范围在60～100次之间，平均为70～75次。心率作为反映人体心血管系统功能的客观指标之一，可通过自我监测观察其一般变化情况，以便对心脏功能在体育锻炼中的适应能力进行判断。

1．基础脉搏的测定诊断

基础脉搏是指清晨起床前的卧位脉率。由于基础脉搏所具有的相对稳定性（平均65～70次/分钟），故在自我监督中，常以此作为评定锻炼水平和身体功能状况的客观指标。通常认为，经体育锻炼后，基础脉搏稳定或逐渐下降，说明机体机能状态良好，对运动量适应。但负荷逐渐加大之后，机体往往会有一个逐步适应的过程，此时的基础脉搏一般都略有加快，但涨幅大致不超过6次/分钟。在未受其他因素影响的情况下，基础脉搏波动幅度若超过12次/分钟，应考虑是否负荷安排不当或过大。

2．运动脉搏的测定诊断

一般认为，运动后即刻心率达180次/分钟以上为大强度运动，150次/分钟左右为中等强度运动，140次/分钟以下为小强度运动。这样在体育锻炼中，就可以根据上述参数估计运动负荷，然后通过测定运动和恢复期的心率，进而判断自己的机能水平。在通常情况下，体育锻炼后20分钟，脉率应逐渐恢复到正常水平，若30分钟后仍未恢复，则表明还要经常参加锻炼，以继续提高心脏功能水平。

（四）学习效果评价

学校生活是丰富多彩的，在学习之余，有着广阔的第二课堂，诸如各种文艺团体、体育活动、书画诗社、摄影协会等。但任何第二课堂活动的开展，都必须以保证良好的学习为前提。因此，课余体育锻炼的合理性，仍应以不影响日常学习效果为原则。若因体育锻炼引起上课精力不集中、易瞌睡、无心做作业、学习成绩下降，就应考虑是不是由于锻炼持续时间过长或运动负荷过大所造成。

二、身体应急性诊断与处置

身体应急性诊断指标是指在体育锻炼过程中，反映身体突然出现异样感觉的指标。运动中出现的异样身体感觉有的是正常现象，有的则属于运动性病理状态。它们往往由准备活动不充分、运动方法不正确、锻炼水平不高或运动负荷超出机体承受能力等原因所致。

（一）腹部疼痛现象

在体育锻炼中，有时会突然发生腹痛，痛感部位多为右上腹、左上腹、脐部周围及下腹部等处，一般表现为钝痛、胀痛或绞痛。

原因：腹部疼痛主要是由于剧烈运动引起血液循环不畅，从而导致血液不能及时回流心脏，而导致肝脾脏淤血并刺激神经引起痛感的结果。

处置：充分做好准备活动，使身体能有一个良好的适应过程，是防止这种现象发生的必要措施。如果在运动时产生疼痛，那么只要适当降低运动强度，可采用稍减慢速度，调整呼吸节奏并做些舒展练习，疼痛就会减轻或消失。经上述处理后，若疼痛仍未减轻，则应立即停止运动。

还有一种是肠胃震动引起的疼痛，一般为牵拉性胀痛，可设法降低运动幅度，或者稍休息一段时间后再继续锻炼。为了避免这种现象发生，饭后不应过早参加体育锻炼，锻炼前不要吃得过饱，喝水过多。

（二）运动性晕厥

原因：运动中产生的晕厥，多见于剧烈运动时因骤停或马上坐下来停止肌肉活动而出现的“重力休克”。其主要原因系脑部缺血所致。体育运动时，血液大量流向下肢。为了完成血液循环，此时唯有依靠心脏的有力收缩和腿部肌肉的交替收缩和放松，方能压迫下肢末梢的静脉血顺利回到心脏。如果突然停止运动，失去肌肉压挤静脉的作用，加之受重力影响，血液大量滞留腿部，从而导致回心血量骤减，脑部暂时缺血。

处置：运动前的准备活动和运动后的整理运动同样重要，切忌剧烈运动后马上停下来。一般运动后，要慢跑逐步停下，一旦发生这种情况，就必须及时采取应急措施，平躺下，头部稍低，休息片刻，以帮助血液回流。

（三）肌肉痉挛现象

原因：在对抗性激烈或游泳等运动项目中，有时突然会发生肌肉的强直性收缩，即肌肉痉挛，俗称抽筋。这一方面是因为运动时间过长，强度过大，或由于大量出汗丧失盐分，致使身体失去钠、氯等矿物质，从而改变了肌肉的内环境；另一方面则可能是由于受寒冷刺激，人体温度发生突然变化所致。

处置：充分做好准备活动，冬季锻炼注意保暖，运动不要过于疲劳，游泳注意体温变化等，都是积极的预防措施。特别是当大量出汗，感觉肌肉有紧张感时，就应及时喝些淡盐水来适当进行补充。如已经发生肌肉痉挛，可牵拉或重按正在挛缩的肌肉，促使其放松和伸长。如小腿后部肌肉或脚底抽筋时，只要脚趾背屈，脚跟用力前蹬，并施以局部按摩，肌肉痉挛现象一般即可消除。

（四）长跑“极点”现象

原因：进行长跑锻炼时，在途中会感到胸部发闷、呼吸困难、动作失调、两腿沉重、速度明显减慢，甚至有不想再继续坚持跑完全程的感觉，运动生理学称这种现象为“极点”。产生极点的原因是由于中枢神经系统工作的暂时失调。因为运动神经远比植物性神经进入工作状态要快，所以往往会因供氧不足、引起肌肉中酸性物质不断堆积，刺激神经，引起上述现象。

处置：出现极点现象，只要适当降低跑速、加深呼吸、调整跑的节奏，再稍微坚持一段时间，那么胸闷、气急等不舒服感就会全部消失，之后即转入“第二次呼吸”。动作开始感到轻松，呼吸又逐渐均匀。通常认为，当刚出现“极点”先兆感觉，就立即采取调节措施，一般转入“第二次呼吸”的时间就更快。“极点”可多次出现，至于出现时间的早晚，又是衡量与检查锻炼水平高低的标志。

三、运动损伤的预防与处置

（一）运动损伤的原因

在体育锻炼过程中，不管是直接的还是间接的身体损伤，统称为运动损伤。造成运动损伤的原因是非常复杂的、多方面的。据国内外大量综合研究分析，可以分为以下几方面的原因。

1．思想麻痹大意

这是造成运动损伤最主要的因素，特别是一些青少年缺乏运动经验，争强好胜，盲目或冒失地进行锻炼而致伤害，也有的因急于求成造成身体某一部位的损伤。

2．准备活动不当

运动前缺乏必要的准备活动或准备活动量过小，机体尚未达到较高的运动状态；或者准备活动量过大，时间过长，机体已经处在疲劳状态，再去锻炼；再或者因准备活动不当，缺乏针对性等。

3．技术上的缺点和错误

例如，传接排球时，不正确的手形引起手指扭伤，举重时上体过于后仰，跳水时两腿过于后摆，都可造成腰部受伤。

4．运动量过大或过于剧烈

例如，运动时间过长，作业内容过多，特别是身体局部重复练习次数多，超过了生理负荷承受能力时，最易发生运动损伤。

5．身体机能状态和心理状态低下

身体机能低下，固然容易发生运动损伤，但心理状态低下，同样会造成伤害事故的发生，甚至是更严重的运动损伤。例如，精神上受某种刺激或者受到慢性病的困扰，又缺乏自我保护能力，此时参加锻炼最易致伤。

6．教学组织不当

特别是当练习者过于拥挤，又缺乏科学严密的组织，以及运动场地、设施布局不合理时，都可能发生运动损伤，或者气温过高时容易发生中暑，气温过低时易引起肌肉僵硬，身体不协调，也可引起运动损伤。

（二）运动损伤的预防

预防运动损伤的方法有多种，主要应当学会和牢记以下方法。

1．克服麻痹思想

锻炼者要提高预防运动损伤的意识，遵守体育锻炼的原则，切不可随心所欲。同时要有团结互助精神，发扬良好的体育道德作风。

2．做好准备活动

要根据个人的机体情况和运动特点，有针对性地做好准备活动，既要做好身体方面的准备，更要做好心理方面的准备，方可参加运动。

3．加强保护与自我保护，提高自我保护能力

如摔倒时，要顺势做好屈膝、弯腰、低头、含胸、团身滚动，切不可用直臂或肘部撑地。平时要加强跳跃、滚翻等动作练习，以提高身体的灵敏性和应变能力。

4．合理的组织

在教学、训练、比赛中，要根据学生的年龄、性别、健康状况和运动技术水平，做好严格的预防措施。

5．重视科学锻炼

科学锻炼包括五个要素，即全面性、个别性、渐进性、量力性及医务监督。特别是当身体出现不良反应时，要分析原因，采取必要的保健措施。必要时需经医生诊治后，确定是否参加锻炼和施行多大运动量。

6．要创造安全、适宜的锻炼环境

具体包括运动场地平坦、运动器材设备坚固、安全及个人衣着适宜等。

（三）常见的运动损伤与处置

1．肌肉拉伤

原因：发生的机制与症状。肌肉拉伤通常是由于肌肉猛烈收缩或用力牵伸时超过肌肉本身承受的能力所引起的。

损伤后伤处肿胀，有压痛，肌肉痉挛，严重时可出现肌肉撕裂，产生剧烈疼痛。

处置：轻者可即刻冷敷，局部加压包扎，抬高患肢，24 小时后可施行按摩或理疗。如果肌肉已大部分或完全撕裂时，在加压包扎后应立即送往医院手术治疗。

预防：做好运动前的准备活动，防止运动量过大和过度疲劳，注意提高身体的协调性和动作技巧，切勿操之过急。

2．肌肉挫伤

原因：发生的机制与症状。练习者与器械发生碰撞，或练习者之间发生冲撞而造成肌肉挫伤。

单纯挫伤在损伤处出现红肿、皮下出血，并有疼痛。严重者会造成内脏器官损伤，并可出现头晕、脸色苍白、心慌气短、出虚汗、四肢发凉、烦躁不安，甚至休克。

处置：立即施行冷敷后加压包扎，抬高患肢，以防止继续出血。24 小时后可施行按摩或理疗，也可用热敷，以活血消肿。如果怀疑内脏损伤，则送医院做进一步诊治。

预防：练习者要控制好适宜的运动量，避免在过于疲劳状况下继续进行锻炼。锻炼时要注意身体的协调性、灵活性，避免不必要的冲撞，特别是要提高自我保护能力。

3．韧带扭伤

原因：韧带有较强的抗伤能力，以保护关节的正常活动，防止关节出现异常。但如果外力使关节活动超越韧带所能承受的范围时，就会发生韧带损伤。

韧带轻度扭伤，只是产生轻微的疼痛或局部水肿，关节功能不会有明显的影响。严重时，会造成韧带撕裂，并丧失其功能。其主要症状，表现为伤处疼痛、肿胀和皮下淤血。

处置：受伤后，应立即冷敷，加压包扎，抬高患肢，24 小时后对伤部热敷或按摩，重度损伤乃至韧带撕裂时，可用绷带固定伤处，之后立即送医院治疗。

预防：韧带扭伤易发部位是踝关节、腕关节和膝关节，所以平时要加强这些易伤关节周围韧带、肌肉的练习，以提高其抗伤能力。对曾经发生扭伤的部位，锻炼时可采用护踝、护膝、护腕等保护措施。

4．腰扭伤

原因：腰部扭伤后，当场疼痛，有时会听到瞬间“咯咯”响声，有时出现肌肉痉挛，活动受阻。

处置：发生腰扭伤后，立即停止运动，让患者平卧，一般不应搬动。如果疼痛剧烈，则应送医院诊治。处理后，应卧硬板床，腰下可垫个薄软枕头，以放松腰部肌肉，减轻疼痛。腰扭伤 24 小时后，可采用热敷和外敷伤药，也可施行按摩、针灸。

预防：运动前要做好全身性准备活动，特别是腰部准备活动。如前后弯腰，左右转身，身体绕环，上伸下蹲等，运动时注意姿势的正确性、动作的协调性，用力要得当，平时要加强腰部肌肉的锻炼，以提高腰部肌力。

人体的腰椎是由5个脊椎骨连接起来的，连接腰椎骨的有很多条韧带和细小肌肉群，腰部活动就是靠这些韧带、肌肉收缩牵动来进行的。但如果人体运动超越了肌肉韧带的伸展限度，或收缩不协调，就会造成腰部扭伤。例如举重时上体过于后仰，跳水时两腿过于后摆，均可使腰部直接致伤。

5．骨折

原因：造成骨折的原因有两种，一种是受直接暴力撞击所致，如足球练习或比赛时，小腿直接被踢，造成胫骨骨折；高处跳下或奔跑时跪倒，引起髌骨骨折。第二种是间接暴力，如从单杠上摔下，用手撑地，发生肱骨骨折或尺骨、桡骨骨折，足球守门员扑球时摔倒引起锁骨骨折等。

骨折可分为完全性骨折和不完全断裂，骨折后的症状一般都比较严重，主要表现为疼痛、肿胀、皮下淤血、功能丧失、肌肉发生痉挛，有时在骨折部位出现畸形，移动时可听到摩擦声。严重时，伴有出血、神经损伤、发烧、口渴，直至休克。

处置：骨折发生后，立即停止运动，并进行急救。如果患者有休克症状，应先进行点按人中穴，必要时进行口对口人工呼吸或心脏胸外挤压，如伴有伤口出血时，应同时实施止血和包扎。骨折后切忌移动患肢，应用夹板或其他代用品固定伤肢，随后护送医院诊治。

预防：运动前要做好充分的准备活动，运动时要提高动作的协调性和机体的灵敏性，并尽量减少冲撞性动作。

6．脑震荡

原因：脑震荡是脑部损伤中最轻而又多见的一种，系头部受到外力打击后神经细胞和神经纤维受到震荡后所引起的意识和机能的一时性障碍。例如在体育运动中，头部直接被足球、棒垒球打击，或者从高处摔下，头部撞地等，都可发生脑震荡，其症状表现为：

意识障碍。一般有轻度意识障碍，严重者可发生一时性意识丧失，直至昏迷，时间短则几秒钟，长则几分钟至二三十分钟不等。在意识丧失时，呼吸表浅，脉搏徐缓，肌肉松弛，瞳孔放大，但对称，神经反射减弱或消失。

逆行性健忘。意识恢复后，不能回忆起受伤时情境。

自觉症状有头痛、头晕、恶心、呕吐（轻重不一）。

此外还可出现情绪不稳定、易激动、不耐烦、注意力不集中、耳鸣、心悸、多汗、失眠等一系列植物性神经功能紊乱症状。

处置：立即让患者安静、平卧，头部冷敷，身上保暖。若有昏迷，可指压人中、内关穴；若呼吸发生障碍，立即施行人工呼吸。若昏迷时间较长，两瞳孔放大且不对称，或耳鼻口内出血，表明情况严重，进行一般处理后，应立即送医院诊治。在运送途中，要让患者半卧，头部固定，避免颠簸。

脑震荡一般都可自愈，无须住院治疗。但要注意休息和必要的药物治疗，保持情绪安定，减少脑力劳动。

（四）运动损伤的急救方法

急救是指在运动中对突然发生的损伤进行紧急和合理处理，并为转送医院进一步诊治创造条件。正确和有效的处置，对减轻患者的痛苦，预防并发症和感染乃至挽救生命，都具有十分重要的意义。

1．止血法

（1）冷敷法：这种止血法常用于急性闭合性软组织损伤。最简便的方法是用冷水冲洗或冷毛巾敷于伤处，有条件的可使用氯化烷喷射。冷敷可以使血管收缩，减少局部充血，降低组织温度，抑制神经感觉，从而有止血、止痛和减轻局部肿胀的作用。

（2）抬高伤肢法：即将出血的肢体抬高超过心脏水平。抬高伤肢可以降低出血部位的血压，以减少出血。如果已采用加压包扎后，仍应抬高伤肢。

（3）压迫法：可以分为指压法、止血带法、包扎法等。

① 指压法：常用于动脉出血。方法是在出血部位盖上消毒纱布后，用手指腹压迫出血部位，也可指压出血部位的上端动脉管，以切断血流渠道。

② 止血带法：常用止血带有布条、皮带、皮管、毛巾等。进行时先将伤肢抬高，然后在患处上方缚扎止血，缚扎时最好在伤处加垫，其宽紧适中，以防肢体组织坏死。

③ 包扎法：主要用绷带包扎，并根据不同部位和伤势进行不同方法的包扎。如环形包扎、螺丝形包扎、反折螺旋形包扎等。

2．搬运法

伤员经过现场急救后，应迅速和安全地转运到救护站或医院治疗，其中包括扶持法、托抱法、椅抬法和三人托抱法等。

（1）扶持法：此法适用于神志清醒、伤势较轻、自己基本能步行的伤员。施救时挽住伤员的腰部，并让伤员一臂搭扶在自己肩上。

（2）托抱法：急救者托抱住伤员，并让伤员一臂挽住自己的肩颈部位。此法适用于身体虚弱的伤员。

（3）椅抬法：两名急救者两手搭成像椅子一样，让患者像坐椅子一样进行运送。

（4）三人托抱法：三人站在同一侧，将伤员托抱起来，并协调地行走。此法适用于体力严重衰弱和神志不清的伤员。

3．人工呼吸法

人工呼吸法有举臂压胸法、仰卧心脏胸外挤压法、俯卧压背法、口对口呼吸法等。其中以仰卧心脏胸外挤压法和口对口呼吸法效果最好。

（1）仰卧心脏胸外挤压法：将患者仰卧，急救者两手上下重叠，用掌根置于患者的胸骨下半段处，借助于体重和肩臂力量，均匀而有节奏地向下施加压力，将胸骨向下压 3～4 厘米为度，然后迅速将手轻轻提起，胸骨也自然地弹回，如此反复进行，每分钟以 60～80 次的节律进行，直至恢复心脏跳动为止。

（2）口对口人工呼吸法：将患者仰卧，头部后仰，托住下颌，捏住鼻孔，压住环状软骨（即食道管），防止空气吹入胃里，急救者深吸口气，两口相对，将大口气吹入患者口中，吹气后将捏鼻子的手松开，如此反复进行，吹气频率每分钟 16～18 次，直至患者恢复自主呼吸为止。如患者牙关叩紧，一时撬不开，则采取口对鼻吹气法。进行时，其他操作方法同上。

4．溺水及其急救

原因：溺水窒息昏迷后，患者脸色苍白而肿胀，双眼充血，口鼻充满泡沫，肢体冰冷，又因胃内充水，上腹部胀大，甚至出现呼吸、心跳停止。

处置：

第一步：立即就地抢救，清除口腔中分泌物和其他异物，并迅速进行倒水。

第二步：若心跳已停止，应同时施行心脏胸外挤压法（以 1∶4 频率进行）和口对口人工呼吸法。急救者之间应相互协调配合，积极、耐心，直至溺水者恢复自主呼吸为止。

第三步：苏醒后，立即护送到医院，做进一步检查和治疗。在运送途中，必要时继续进行人工呼吸。

四、女子运动卫生

（一）女子生长发育的生理特点

由于女子青春期加速生长阶段比男子同一时期快，所以表现出女孩比同龄的男孩长得高。身体成分受青春期激素变化的影响，女孩的脂肪长得也快。研究证明：青春期身体成分的变化是脑垂体中促性腺激素分泌增多引起的。这种激素有提高女孩雌性激素水平的作用，趋向于使脂肪增多，而肌肉的体积却小于同龄男孩，而且在整个成长过程中也表现出这种特点。

除生殖系统在青春期表现出的女性生理特点外，体态的变化尤为显著。女孩在整个生长过程中，股骨、肱骨的直径、臂长、胸围和肩宽等指标始终小于男孩，相对身体而言，髋部始终大于男孩，由于女性肩带窄小，不利于发展上肢力量，而髋骨宽使股骨角比男性突出，奔跑能力亦很难达到男性的水平。但由于髋部大而重心低，有利于从事平衡能力要求较高的运动。又由于女性肌肉体积小，在力量性、速度性、腾空等运动项目上远不如男性强。

女性的摄氧量低于男性（约 20%），心脏的体积和容积亦比男性小。女性安静时及完成大运动量时的心率较高，只有以较高的心率完成同一运动负荷的需氧量，才能补偿较低的泵血机能。

肺通气量由于男性身体体积大于女性，表现出的能力也强，在青春期就表现出了这种差异。

女性在耐力和短时间、高强度的运动能力方面要比男性低 20%左右。在力量型项目中更为明显，其原因主要在于身体体积（包括肌肉体积）和运输氧的能力的差异。虽然男女肌纤维的数量基本相同，但是肌纤维的横截面大小决定着力量素质的强弱。女性肌纤维的横截面积小于男性，因此表现出的能力差异也就较大，成年后的男女大多数肌群的力量比为 1∶0.7～1∶0.5。

（二）运动对月经周期的影响

女生参加体育锻炼，要注意经期的卫生，锻炼时要根据个人的健康情况、经期反应和训练水平作出不同的安排。若身体健康、经期正常，不必停止必要的体育运动，可适当调整运动量和运动项目。经期从事适当的体育锻炼对促进新陈代谢、改善盆腔的血液循环，减少经期的盆腔充血、小腹下坠及腰痛等感觉是有益处的，运动时腹肌的收缩与放松交替进行有助于经血的排出。经期参加适当的体育运动可使大脑皮层兴奋和抑制作用更加协调，有利于调节经期的情绪，使人精神愉快，从而减轻经期易激动、烦躁的症状。

经期要避免做剧烈的跑、跳、腹压加大的练习，也应避免做强度大的力量、耐力性练习。大强度剧烈的活动，可使生殖器官充血、韧带松弛、子宫位置改变和经血过多。若经期有明显的腰痛、背痛、下肢疼痛较重、流血过多等现象，则应停止体育活动。经期不宜参加剧烈的运动竞赛，一则比赛是在精神高度紧张状态下进行，强烈的精神刺激易引起月经紊乱、经期延长或缩短、闭经、痛经、经血量过多或过少等症状；二则激烈的比赛本身，运动量和运动强度均比平时大得多，经期很难适应高强度的竞争，易引起月经周期的改变。

虽然近代医学研究证明，除耐力型项目外其他运动项目对月经都影响不大，经期参加比赛夺奥运金牌的亦有人在，但应承认运动员之间的个体差异和大学生所处的生长发育时期的特殊性。总之，大量研究都认为：经期可以参加适当的体育活动，这对经期的血液循环很有益处。耐力训练有直接影响月经周期的雌性激素水平下降的作用，所以应尽量避免经期参加大强度的耐力性练习。

（三）女大学生参加运动的安全卫生

大学阶段男女生理差异日渐显著，就与体育运动有关的生理机能来讲，女性长骨的横截面积小，重量也不如男性，骨骼承受压力和拉力的能力较差，肌肉力量低于男性，心脏、胸廓的体积都小于男性，因此胸围、肺透气量等都明显小于男性。根据这个时期女性的生理、心理、身体机能和身体形态的特点，应选择适当的身体练习方法，如仰卧起坐、仰卧举腿、踢腿、摆腿之类的练习，以促进腹肌、盆底肌的正常发育。从运动项目来讲，以体操、艺术体操、健美操、武术、技巧、田径、球类项目为宜。

女生参加体育锻炼应注意适应女性特点和遵循锻炼的基本原则，选择项目或练习方法，要从女性生理特点着眼，做出科学的选择和训练。

运动时还应注意保护乳房。跑步时，未加保护的乳房的颤动可对胸部产生约 30 磅的撞击力，如不加保护，长期运动会导致乳头发炎，致使乳房组织松弛。在从事接触性运动项目中，也应加强自身的自我保护，防止不必要的撞击和损伤。

另外，经期要注意保暖，不宜参加水下活动，以免细菌从阴道进入子宫、输卵管等，引起炎症，影响身心健康。

总结案例

运动损伤急救的 RICE 原则

当运动参与者遇到一般性运动损伤时，需要尽快采取科学有效合理的急救手段进行简单急救，这其中推荐 RICE 原则。

RICE 原则是运动损伤后应当紧急采取的解救手段的英文首字母缩写的组合，可以把它看作运动损伤急救守则来遵守，并且可以将受伤部位疼痛、肿胀和发炎的程度降低到最低，缩短恢复的时间。主要包括：

R（休息）：停止运动，不反复触动受伤部位，休息过程中经常性观察受伤部位好转情况，遵循受伤部位自然恢复的过程。

I（冰敷）：用毛巾包住碎冰（不要用冰块），在受伤部位不断地压揉，让受伤的部位形成保护膜。

C（压迫）：用绷带等辅助器材在受伤部位通过捆绑进行加压包扎，将冰袋固定在受伤的部位。

E（抬高）：将受伤的部位置于高于心脏的位置，降低血液循环速度，防止患部充血。

探索与思考

1. 普通人群减肥和控制体重需要注意哪些问题？
2. 网球肘和腱鞘炎应当如何进行区分？

第二节　常见职业性疾病的运动干预

导入案例

不能承受的“职业之痛”

张师傅48岁，是一名电焊工。最近几个月来，他深受右肘疼痛的折磨，给他的生活和工作带来了巨大影响。起初他是由于使用螺丝刀导致右肘疼痛，休息一段时间后觉得康复了就开始复工，复工后由于长期使用电焊枪工作，导致疼痛复发，并且从肘部逐渐延伸到小臂，疼得厉害的时候右手的中指会感到发麻，胳膊弯曲时甚至会疼到痉挛。类似张师傅这样由于职业特点导致局部疼痛，甚至难以忍受的职场人大有人在，比如程序员的颈椎、腰椎疼痛，保洁员的脚踝、膝盖疼痛等。不能承受的“职业之痛”已经越来越受到人们的重视。

一、职业特征及其职业病的预防

（一）职业范围及其劳动特征

依据职业劳动者的身心活动的基本特征，以劳动者在工作过程中较多出现的身心活动类型为主要依据进行归类，职业劳动者的操作类型可以划分为以伏案操作、站立操作、移动操作为主的三种类型。

1．伏案操作类型

（1）范围：会计、财务、文秘、电脑、制图、描图、仪表、化验、家电维修和珠宝鉴定等。

（2）劳动特征：长期低头、含胸、弯腰、静坐、伏案，工作精确度要求高，心理紧张。长时间坐立，颈前屈，脑部供血受限，眼睛长时间处于紧张状态。

2．站立操作类型

（1）范围：车工、电工、化工、轮机、采掘、建筑、纺织、制模、医护、烹调等。

（2）劳动特征：该类型以站立或行走为主要身体姿势；长时间站立、含胸，导致人体协调机能、心肺器官负担重。

3．移动操作类型

（1）范围：经销、护理、导游、农业、林业、地质、石油、矿产、航海、水上作业、高空作业等。

（2）劳动特征：多为室外劳动操作，客观环境条件比较艰苦复杂，天气、温度、湿度等条件容易对身体产生不良影响；一般劳动强度大，运动系统和心肺功能负担重，付出与消耗体力较多。

（二）常见性职业病

职业病（Occupational Diseases），是指企业、事业单位和个体经济组织（以下统称用人单位）的劳动者在职业活动中，因接触粉尘、放射性物质和其他有毒、有害物质等因素而引起的疾病。要构成《中华人民共和国职业病防治法》中所规定的职业病，必须具备四个条件：①患病主体是企业、事业单位或个体经济组织的劳动者；②必须是在从事职业活动的过程中产生的；③必须是因接触粉尘、放射性物质和其他有毒、有害物质等职业病危害因素引起的；④必须是国家公布的职业病分类和目录所列的职业病。四个条件缺一不可。

中外古代医籍中已提到的有关职业病内容有：古罗马的老普林尼记述了奴工用猪膀胱预防熔矿烟气的办法；瑞士医生帕拉切尔苏斯提出铸造及熔炼中的劳动卫生问题；G.阿格里科拉报告指出，矿工中呼吸病多发；B.拉马齐尼所著《论工匠的疾病》一书，详细分析和记载了多种生产有害因素与职业病的关系。随着大工业生产及自然科学的发展，职业性疾病越来越多。

在生产劳动中，劳动者接触生产中使用或产生的有毒化学物质、粉尘气雾、异常的气象条件、高低气压、噪声、振动、微波、X 射线、γ 射线、细菌、霉菌、长期强迫体位操作、局部组织器官持续受压等，均可引起职业病，一般将这类职业病称为广义的职业病。广义的职业病一般有尘肺、职业中毒、职业性皮肤病等。

导入案例

若干概念解释

尘肺：因长期吸入一定量的生产性粉尘而引起肺组织纤维化的疾病。职业中毒：发生在工作环境中长期接触职业危害的工人中。因长期接触铅、汞、锰、苯、有机磷农药、一氧化碳、三硝基甲苯、砷、磷等生产性毒物而引起的中毒。职业性皮肤病：由于职业性因素（化学、物理、生物）引起的皮肤及附属器官的疾病，主要表现为皮炎（变应性）、痤疮、烧伤、黑变病等。

同样，在日常工作中，由于长期重复性工作，容易使颈椎疲劳，引起颈椎病，出现骨质增生等症状；影响血液循环，出现习惯性头晕等症状。由于工作方式的机械性，经常以固定姿势进行操作，各部分的肌肉容易出现劳损。长时间的坐姿、站姿、弯腰等工作形式，也容易引起腰肌等劳损甚至导致腰椎间盘突出症，容易出现便秘等不良症状。此类由于特殊的工作造成的职业性损伤一般有颈椎病、椎间盘突出、下肢静脉曲张、肩周炎等。这些由于长期以固定的或重复的动作造成的职业病，需要通过一定的体育运动疗法加以治疗。

对其中某些危害性较大、诊断标准明确、结合国情由政府有关部门审定公布的职业病，称为狭义的职业病，或称法定（规定）职业病。我国原卫生部从 1972 年首次公布职业病 14 种，至 1987 年公布的规定职业病名单列有：职业中毒 81 种，尘肺 12 种，物理因素职业病 6 种，职业性传染病 3 种，职业性皮肤病 7 种，职业性眼病 3 种，职业性耳鼻喉疾病 2 种，职业性肿瘤 8 种，其他职业病 7 种，共计 129 种。我国政府规定诊断为规定职业病的，需由诊断部门向卫生主管部门报告，规定职业病患者在治疗休息期间，以及确定为伤残或治疗无效而死亡时，按照国家有关规定，享受工伤保险待遇或职业病待遇。有的国家对职业病患者给予经济赔偿，因此，也有称这类疾病为“需赔偿的疾病”。职业病的诊断一般由卫生行政部门授权，由具有一定专职条件的单位进行。

知识链接

关于职业病的相关文件

（1）《中华人民共和国职业病防治法》。

（2）《职业病诊断与鉴定管理办法》。

（3）《职业病诊断国家标准》。

（三）职业病的诊断原则和程序

1. 职业病诊断原则

职业病诊断政策性强，技术要求高，是一项严肃的工作，须由各级政府卫生行政主管部门认定的专职医疗卫生机构进行。一般采取（诊断小组）集体讨论、诊断的方式。诊断的核心问题是明确职业危害因素与所患疾病是否有确切因果关系，需要收集和分析下述资料：

（1）病因资料：确定患者受职业危害的可能性及其程度，包括职业史、现场劳动卫生调查资料、作业场所有害物质强度（浓度）数据、患者体内特异性生物标志物数据，以及其他特异测试数据。

（2）临床资料：鉴定患者受职业性有害因素损害的后果及其病情程度。应当收集的资料有疾病史，临床症状和体征，常规、生化检查及其他辅助检查，活体组织检查等资料。

（3）综合分析以上两方面资料，确定：①职业危害因素的危害作用与临床表现是否相符；②剂量（强度）与疾病严重程度是否一致；③接触时间、方式是否符合职业病发病规律。一般来说，经过这些步骤即能做出诊断。对一时不能确诊的可疑职业病，必须随访观察，定期复查。

2. 职责

（1）尘肺、中毒、物理因素诊断组和职业病科严格按《职业病诊断与鉴定管理办法》的要求和《职业病诊断国家标准》进行职业病诊断。

（2）各诊断组负责做出科学、客观、准确的职业病诊断结论，并对其职业病诊断结论承担责任。

（3）职业病诊断领导小组负责对所有职业病诊断工作和职业病劳动能力医学鉴定工作的领导，负责对《职业病诊断证明书》的最后审核。

3. 诊断程序

根据《职业病诊断与鉴定管理办法》的有关规定，从事接触性职业危害的劳动者，经职业性健康检查发现异常，可以进行职业病诊断。职业病诊断程序如下：

（1）劳动者可以选择用人单位所在地或本人居住地的职业病诊断机构进行诊断。

（2）申请职业病诊断时应当提供以下材料：职业史、既往史；职业健康监护档案复印件；职业健康检查结果；工作场所历年职业病危害因素检测、评价资料；诊断机构要求提供的其他必需的有关材料。

（3）用人单位和有关机构应当按照诊断机构的要求，如实提供必要的资料。职业病诊断机构在进行职业病诊断时，应当组织三名以上取得职业病诊断资格的执业医师进行集体诊断。

（4）确诊为职业病的患者，用人单位应当按照《职业病诊断证明书》上注明的复查时间安排复查。

（5）职业病诊断的费用由用人单位承担。

（四）工作场所的职业卫生要求

工作场所存在职业病危害因素可以说是难以避免的，除极少数国家明令禁止使用的设备或者材料外，对大部分可能产生职业病危害因素的设备、材料，国家并没有禁止使用，例如，氰化物是剧毒物品，国家并没有禁止使用。触电会致命，火可引起火灾导致重大伤亡，但我们照样要用电、用火，问题是我们是否采取严格、有效的预防措施。

不少企业作业场所缺乏应有的通风、排尘、排毒设施，车间布局不合理，有毒作业场所与无毒作业场所不分开，存在严重的先天不足。随着新材料、新工艺、新技术的不断引进，加上境外不少职业病危害项目往国内转嫁，所带来的职业病危害日趋严重，群体职业病危害及死亡事故不断发生，尤其是到了20世纪90年代中后期，职业病发病已呈上升趋势，不少新的职业病病种也因此而产生。从近年来几十起职业病事故原因分析看，建设项目未实行“三同时”、车间布局不合理、作业场所缺乏必要的职业病防护设施，都是职业病发生的主要原因。

对存在职业病危害因素的工作场所，《中华人民共和国职业病防治法》明确规定应当符合以下职业卫生要求：

（1）职业病危害因素的强度或者浓度要符合国家职业卫生标准。

（2）有与职业病危害防护相适应的设施。

（3）生产布局合理，符合有毒害与无毒害作业分开的原则。

（4）有配套的更衣间、洗浴间、孕妇休息间等卫生设施。

（5）生产设备、工具、用具等生产设施和劳动条件符合保护劳动者生理、心理健康的要求。

（6）符合法律、法规和国家卫生健康委员会关于保护劳动者健康的其他要求。

用人单位如违反上述规定，可被处以8万元以上20万元以下的罚款。

二、常见职业病的体育疗法

由于现代工作的各种特征如长期伏案工作，容易使颈椎疲劳，引起颈椎病、骨质增生等症状；还会影响血液循环，出现习惯性头晕等症状。由于工作方式以上肢活动为主，经常以固定姿势进行柜台操作，肩部的肌肉出现劳损，容易出现肩周炎。长时间的坐姿形式和频繁的柜台迎送服务，也容易引起腰肌劳损甚至导致腰椎间盘突出症，容易出现便秘等消化不良症状。现对颈椎病、腰椎间盘突出症和肩周炎这三种常见职业病的预防及体育疗法进行简单阐述。

（一）颈椎病的体疗方法

颈椎病的体疗方法主要有医疗体操、牵引疗法和按摩法。

1．医疗体操

医疗体操是积极预防和治疗颈椎病的有效方法，下面介绍一套实用的医疗体操。

（1）伸颈拔背。两足分开同肩宽站立，两手叉腰。两肩下垂，同时做引颈向上伸的动作，保持此姿势3～8秒，然后放松，还原至预备姿势。如此连续做8～10次。

（2）与颈争力。两足分开同肩宽站立，双手十指交叉置于头后。头颈用力向后仰，同时双手用力向前拉，保持此种姿势3～8秒，然后放松，还原至预备姿势。如此连续做6～8次。

（3）头颈侧屈。两足分开同肩宽站立，双手叉腰。先向右侧屈颈8～10次，再向左侧屈颈8～10次。侧屈头颈时不能耸肩，尽可能使耳触及肩部，向两侧屈头颈可多做几次，动作宜缓慢、柔和。

（4）回头望月。头向左转，眼望左后上方，然后头向右转，眼望右后上方。左右各做8～10次，动作宜协调、柔和、缓慢。

（5）头颈绕环。头颈向顺时针方向绕环4～6次，然后再向逆时针方向绕环4～6次。动作要柔和、缓慢，活动幅度逐渐增大。医疗体操每天做2～3次。

2．牵引疗法

颈椎病的牵引疗法已被国内外普遍采用，在医生指导下可在家里进行。患者可采取仰卧位或坐位，每天牵引1～3次，每次10～30分钟，总时间为30～60分钟。牵引的重量从3～4千克开始，逐渐增加到体重的1/18～1/10，应根据年龄、颈部肌力情况而定。神经根型的颈椎病患者，在坐位下颈前屈约20度时做牵引的效果更好。一般2～3周为一疗程，需要时可休息1～3周后再做。

3．按摩法

（1）擦、揉、捏颈后肌肉和两侧斜方肌。

（2）缓慢屈伸、旋转头颈3～4次。

（3）打八邪。两手十指分开，手指相互交叉，做两手指根相互冲撞动作，3～4分钟。

（二）腰椎间盘突出症的体疗方法

腰椎间盘突出症的体疗方法主要有医疗体操、牵引疗法和按摩法。

1．医疗体操

医疗体操是积极有效治疗腰椎间盘突出症的实用方法，下面介绍一套医疗体操。

（1）预备姿势：患者仰卧于床上，腰部垫一小枕。

（2）屈踝运动：四肢放松，两踝关节做尽力屈伸运动，重复20～30次。

（3）交替屈伸腿：左腿用力屈曲，膝关节贴近胸部，随后用力踢腿伸直。左右腿交替，重复10～18次。

（4）举臂挺腰：两手用力后举同时用力挺腰，尽量使腰部抬离床面，重复10次。

（5）交替直抬腿：两腿重复做直腿抬高动作，重复18次。

（6）“五点”式挺腰：屈双膝，两手握拳，屈双肘置于体侧，头顶、双肘、双足同时用力尽量抬高腰部，在最高处停留3秒复原，重复10次。

（7）“三点”式挺腰：两手握拳，屈双肘置于体侧，头、双肘同时用力抬起腰部，重复10次。

（8）屈膝屈髋：屈两膝用力贴紧胸部，双手抱住两膝停留2分钟。

（9）抱膝滚腰：完成屈膝屈髋后，继续用腰作为接触面前后轻轻晃动，重复18次。

2．牵引疗法

利用自身的重量进行的牵引。患者在牵引前，先用温水浴（水温37℃，持续15分钟）使背肌松弛，然后用手掌对脊柱由下而上进行轻缓的推摩。床头垫高约30厘米，再在床头上固定两条软带（长180厘米，宽7～8厘米），带中装填棉花，拴套在腋部，利用自身体重进行牵引治疗。牵引时间开始为每次30分钟，若无不适，可逐渐增加到1～2小时。如需要增加牵引力量，可在骨盆上部附加腰带，腰带左右两侧各拴两根布带，布带下端各挂一个3～4千克的重物。

3．按摩法

（1）患者俯卧在硬板床上（床面垫上约6厘米厚的被褥）。先在腰、臀部做擦、揉、滚等动作，反复多遍，然后以肘尖用力点按臀部环跳穴约30分钟。

（2）按摩、揉捏患者大腿、小腿后群肌，用掌根揉小腿外侧部，反复几遍。

（3）用手指点、按、揉承山、承筋、委中、风市穴各约30秒。

（4）双手拍击臀部、大腿和小腿，反复来回几遍，然后双手五指并拢，用指端自下而上敲击患腿后部及外侧部，反复几遍。

（5）斜扳法。即对患者先施行腰臀部一般按摩后，患者取右侧卧位，左腿屈曲，右腿伸直。按摩者面对患者而立，首先双肘分别抵住患者上体前部和髂骨后，然后让患者上体慢慢向左后方旋转，当旋转到最大范围时，按摩者双手略施巧力（切忌暴力），使患者的左臀与左肩做相反方向的轻轻扳动，此时常听到清脆的一声轻响。接着患者取左侧卧位，再做斜扳法一次，方法同前。

（6）晃背法。做晃背法时，患者直立，按摩者背对背立于患者身后，用双肘钩住患者对肘，用臀部顶住患者腰部，把患者背起离地颠3次，再左右晃3次，然后轻轻放下患者。

（三）肩周炎的体疗方法

肩周炎的体疗方法主要有医疗体操和按摩法。

1．医疗体操

（1）弯腰画圈。

两足分开同肩宽站立。

① 向前弯腰90度，患者上肢自然下垂，先顺时针方向画圈20～30次。

② 还原至预备姿势，休息约1分钟。

③ 再弯腰，患者以臂沿逆时针方向画圈20～30次。

④ 还原至预备姿势。画圈的幅度逐渐加至最大，画圈的次数也应逐渐增加。

（2）屈肘摸背。

两足分开同肩宽站立。

① 患者以臂屈肘置于身后，手背贴在腰部，手指徐徐向上摸背，直至最高限度。

② 患者将臂放松，手指沿后背慢慢落下，置于腰部。如此反复做7～8次。

（3）旋转上肢。

两足分开同肩宽站立。

① 患者上臂屈肘上举，先由后向前做肩关节旋转运动18～20次。

② 再由前向后旋转运动18～20次。动作应柔和，运动幅度要逐渐增大。

（4）手指爬墙。

面对墙而立，两足分开同肩宽。

① 患者手指扶墙，沿墙徐徐向上爬行，直至最高限度。

② 手指沿墙下落回至原处。如此做7～8次。手指向上爬墙时，不要扭动身体或提踵，

患者手臂要尽量上举。每次锻炼都要使手指爬墙的高度逐渐增加，直至恢复正常。

（5）滑车举臂。

先在门架或树枝上吊一滑轮，然后用一条细绳穿过滑轮后在细绳两端系一短棒。锻炼时，双手握住短棒，以健肢的活动来带动患侧肩的活动。每次练习 3～4 分钟，中间可以休息一会儿。患侧肩活动要柔和，运动幅度逐渐增加，也要注意用患侧肩的运动来带动健肢活动，以发展患侧肩部肌肉的力量。

2. 按摩法

以疼痛法为主要表现者，应以按摩为主，配合轻微体操活动；在后期，以肩关节活动障碍为主要表现时，则以医疗体操为主，并配合按摩。按摩的操作步骤与方法大体如下：

（1）患者取坐位。患者在肩疼痛时，按摩者用拇指用力点揉下肢的金门、申脉、跗阳、公孙穴各 30 秒，具有解除痉挛、镇静止痛之效果。

（2）按摩者站在患者身后，用单手揉捏颈后肌肉，反复数遍。

（3）揉捏肩部三角肌、肱二头肌、斜方肌，掌根揉背部肌肉，反复几遍；弹拨肩前肱二头肌腱 2～3 次；点揉风池、肩井、外关等穴。

（4）按摩者双手夹住患者肩，一只手在肩前，另一只手在肩后，搓动肩部 30 秒，然后轻轻拍击患者肩 20～30 下。

（5）按摩者站在患者身后，一只手扶住患者肩部，另一只手握住患者臂，做肩关节的外展、旋转等被动活动。动作要轻柔，活动幅度逐渐增大，以不引起明显疼痛为宜。

（6）患者取立位。按摩者一只手握住患者的手，另一只手按住患者肩部，做患肢抖动约 1 分钟。抖动的幅度要小，抖动的频率一般较快。

以上按摩每天 1 次。做完按摩后，嘱咐患者做肩部主动活动或医疗体操，以提高医疗效果。

总结案例

运动处方

从 1969 年开始，世界卫生组织（WHO）开始使用运动处方这一术语，进而得到世界的认可。运动处方的概念是：康复医师或体疗师，以医学检查结果为依据，对需要进行体育锻炼的人群，按其健康、体力及心血管功能状况，用处方的形式规定运动种类、运动强度、运动时间及运动频率，提出运动中的注意事项。运动处方是有目的、有计划地指导人们进行科学锻炼的一种方法。

运动处方的特点是指针对个体的身体状况，因人而异，对“症”下药，以处方的形式固定锻炼的内容和运动量。其针对健康人、中老年人、运动员、肥胖症患者等各类不同人群给出的运动处方，受到广泛欢迎，取得了很好的效果，获得了世界认可，社会效果显著，收到了“运动是良医”的称号。

探索与思考

1. 骨关节病人的运动处方应当如何运用？
2. 腰椎间盘突出症患者应当怎样合理进行运动康复？

实践篇

第五章　球类运动

模块导读

球类运动包括篮球、足球、乒乓球、羽毛球、冰球、排球、垒球、棒球、曲棍球、水球、网球等。当代大学生参与度较高、比较流行的运动项目有篮球、足球、排球、羽毛球、乒乓球、网球。

所有的球类运动都分为对抗性运动和非对抗性运动，而绝大多数都属于对抗性运动。因为球类运动是由多人一起进行的，经常进行这类运动，我们的社交生活的质量就会提升，所以我们可通过球类运动提升自己的人际关系；球类运动往往都是具有跑、跳等动作的运动，经常进行球类运动，就可以帮助我们提升肌肉的灵活度和力量值，从而帮助我们具有更好的肌肉状态；球类运动种类丰富且具有趣味性，长期进行球类运动，可以帮助我们提升对于运动的热情、改善身体素质；球类运动对于我们的身体素质的提升、各个机能的提升、免疫系统的提升、骨骼矿物质密度的提升等方面都可以起到有效的作用，绝大多数的球类运动，都可以帮助我们有效提升身体反应能力，从而帮助我们变得更具灵活度；因为球类运动属于竞技运动，所以我们在进行这种运动的时候，整个人会集中注意力，从而帮助我们锻炼反应等方面的能力。

本模块的学习，能够使大学生树立正确的体育价值观，形成积极参与体育锻炼的良好意识；养成良好的行为习惯，形成健康的生活方式；自觉通过体育活动改善心理状态，建立良好的人际关系，养成积极乐观的生活态度。

能力目标

1. 了解篮球运动的起源和发展，学会基本技术。
2. 了解足球运动的起源和发展，学会基本技术。
3. 了解排球运动的起源和发展，学会基本技术。
4. 了解羽毛球运动的起源和发展，学会基本技术。
5. 了解乒乓球运动的起源和发展，学会基本技术。
6. 了解网球运动的起源和发展，学会基本技术。
7. 能认知各种球类运动的发展现状。
8. 在运动中体验运动的乐趣和成功的感觉。
9. 在进行相关项目运动中能运用所学基本技术规范行为动作。

第一节　篮球运动

导入案例

中国的CBA

中国男子篮球职业联赛（China Basketball Association），简称中职篮（CBA），是由中国篮球协会所主办的跨年度主客场制篮球联赛，是中国最高等级的篮球联赛。其中诞生了如姚明、王治郅、易建联、朱芳雨等球星。CBA 设立季前赛、常规赛与季后赛。大致举办时间为每年 10 月至次年 4 月，CBA 总决赛胜出球队获得当赛季 CBA 总冠军。截至 2021—2022 赛季，总共有 7 支球队夺得过总冠军（广东宏远十一次夺冠，八一双鹿八次夺冠，北京首钢三次夺冠，辽宁沈阳三生飞豹篮球俱乐部两次夺冠，新疆广汇飞虎俱乐部、上海东方大鲨鱼俱乐部、四川金强蓝鲸俱乐部各夺冠一次）。1995 年 CBA 联赛（甲 A 联赛）创办时有 12 支球队参加，每年联赛最后两名降入甲 B，甲 B 联赛的前两名升入甲 A。

一、篮球概述

本小节介绍了篮球运动的起源和发展历程。

（一）篮球运动的起源

1891 年，在美国马萨诸塞州斯普林菲尔德基督教青年会国际训练学校（后为春田学院）任教的詹姆斯·奈史密斯（James Naismith）博士从当地儿童喜欢用球投向桃子筐的游戏中得到启发，创编了篮球（basketball）游戏。为了怀念这位篮球运动先驱，国际篮球联合会（简称国际篮联）于 1950 年将世界男子篮球锦标赛的金杯命名为“奈史密斯杯”。

（二）篮球运动的发展

1904 年，在第三届奥林匹克运动会上第一次进行了篮球表演赛。1932 年，国际业余篮球联合会宣告成立。1936 年第十一届奥运会上，男子篮球被列为正式比赛项目。1976 年第二十一届奥运会上，女子篮球被列为正式比赛项目。自 1992 年第二十五届奥运会开始，职业篮球运动员被允许参加奥运会的篮球比赛。美国“梦之队”的参赛使世界篮坛更为精彩纷呈。

篮球运动以其特有的魅力，深受世界各国人民的喜爱，国际篮球联合会成为单项体育人口最多的国际单项运动协会。奥林匹克运动会篮球比赛、世界篮球锦标赛、美国 NBA 职业联赛，这三大赛事代表着世界篮球运动的最高水平。

二、篮球基本技术

本小节讲解了篮球的进攻和防守技术，阐述了移动，投篮，传、接球，运球，抢篮板球，防守等基本技术。

篮球技术分为进攻和防守两大部分，进攻技术有传球、接球、运球、持球突破、投篮等，防守技术有防守对手、抢球、打球、断球、盖帽等。此外，移动、抢篮板球等技术的攻防含义皆有。

（一）移动

进攻者运用急起、急停、转身、变速变向跑等动作，摆脱防守去完成进攻任务。防守者则运用跑、停、滑步、后撤步、交叉步等动作阻止进攻。这些争取比赛主动权的行动都离不开快速灵活的脚步动作。

（二）投篮

按照持球的方法不同，可分为双手投篮和单手投篮；依据投篮前球置于身体部位的不同，可分为胸前、肩上、头上等不同的投篮动作；就运动员投篮时移动形式而言，又可分为原地、行进间和跳起投篮。

1．原地双手胸前投篮。如图 5-1 所示，两脚左右或前后站立，两膝微屈，两脚脚跟略离地面，上体稍向前倾，两手手指自然张开，握球两侧略后的部位，两拇指相对成“八”字形，掌心空出，持球于胸前、屈肘靠近身体。投篮时，两脚蹬地身体伸展，同时两臂向前上方伸出，拇指向前上方用力推送，手腕稍外翻，使球从拇指、食指、中指指尖投出，球向后旋转飞行。

2．原地单手肩上投篮（以右手为例）。如图 5-2 所示，右手五指自然分开，手心空出，用指根以上部位持球，大拇指和小拇指控制球体，左手扶球的左侧，右手屈肘，肘关节自然弯曲，置球于右肩上方。投篮时，下肢蹬地发力，右臂向前上方伸直，手腕前屈，食、中指用力拨球，通过指端将球柔和地送出。球出手的同时，身体随投篮动作向前伸展。

图 5-1　原地双手胸前投篮

图 5-2　原地单手肩上投篮

3．行进间单手低手投篮（以右手为例）。如图 5-3 所示，在跑动中接球或运球突破上篮时，应先跨右脚接球或拿球，接着第二步跨左脚起跳，左脚跨的步子稍小一些（已能掌握基本动作者，其左脚跨出的步子大小，可根据对方防守的情况和进攻的需要选择），右腿屈膝上抬，身体上升到最高点时，右臂向上伸或向前上方伸，掌心向上，用手指和手腕的力量，将球上拨。

图 5-3　行进间单手低手投篮

4．运球急停跳投（以右手为例）。如图 5-4 所示，在快速运球中，用一步或两步的方式接球停步，两膝微屈，身体重心下降，迅速蹬地起跳，同时两手迅速举球于右肩上。当身体接近最高点处于稳定的一刹那，迅速向上伸臂，用右手的手腕和手指的力量将球投出。

（三）传、接球

1．传球基本技术

（1）双手胸前传球。如图 5-5 所示，两手五指自然分开，拇指相对成“八”字形，用指根以上部位握球的两侧后下方，掌心空出，两臂自然弯曲于体侧，将球置于胸前。肩、臂、腕肌肉放松，两眼注视传球目标，身体成基本姿势。传球时，后脚蹬地，身体重心前移，同时两臂前伸，手腕由下向上翻转，同时拇指用力下压，食、中指用力弹拨，将球传出。双手胸前传球是一种最基本、最常用的传球方法，具有准确性高、容易控制、便于变化的优点。

图 5-4　运球急停跳投

图 5-5　双手胸前传球

（2）单手肩上传球（以右手为例）。如图 5-6 所示，原地右手肩上传球时，两脚前后开立，左脚在前，侧对传球方向，右手肩上托球于头侧，掌心空出，以转体、挥臂、甩腕及手指拨球的力量将球传出。单手肩上传球是一种中远距离的传球方法，其特点是传球力量大、速度快、距离远，在长传快攻和突破起跳分球时经常采用。

（3）单手体侧传球（以右手为例）。如图 5-7 所示，两脚开立，两腿微屈，双手持球于胸前。传球时，左脚向左跨步的同时将球移至右手引到身体右侧，出球前一刹那，持球手的拇指在上，掌心向前，手腕后屈，出球前臂向前做弧线摆动，当球摆过身体右前方时，迅速收前臂，用手腕、手指的力量将球传出。特点是隐蔽、动作快而幅度小。

图 5-6　单手肩上传球

图 5-7　单手体侧传球

（4）反弹传球。反弹传球是一种近距离较隐蔽的传球方法，是小个队员对付高大防守者的有效传球手段。方法很多，如单、双手胸前，单手体侧，单手背后等反弹传球，都可通过地面反弹传球给同伴。所以动作方法与各种传球相同，但运用反弹传球时要掌握好球的击地点，一般应在传球者与接球者之间的距离的2/3的地方。如防守自己的对手距离自己较远，而传球的距离又较近时，可向防守者的脚侧击地传出。球弹起的高度一般在接球者的腰部为宜。

2．接球基本技术

接球时眼睛要注视来球，肩、臂都要放松，手臂应迎球伸出，手指自然分开。当手指触球时，屈肘，臂后引，缓冲来球的力量，两手握球，保持身体平衡，以便做下一个动作。

（1）接反弹球。掌心要向着来球反弹的方向，屈膝弯腰并向前下方伸手迎球，五指自然分开成上、下手接球动作。在球刚刚离地弹起时，手指触球将球接住。接球后，手腕迅速向上翻，持球于胸腹前保持身体平衡，成基本站立姿势。

（2）接球后急停。安全接球后急停已成为进攻技术的基础。要点是正确运用转入下次进攻的衔接点，不要犯带球走违例的错误。

（3）摆脱接球。摆脱接球是抢先一步接球的动作。为了安全准确地接球，无球队员以切入、策应等配合创造接球机会。

（四）运球

运球不仅是个人摆脱防守进攻的有效手段，还是组织全队进攻战术配合的重要桥梁。下面介绍几种主要运球技术。

1．身前换手变换方向运球。如图5-8所示，右手运球向左侧做变向时，右手拍球的右侧上方，使球从右侧反弹向左侧，同时右脚向左侧前方跨步，侧右肩向前，并迅速用左手拍球的正后方继续运球前进。左手运球向右变向时，则与右手动作相反。特点是便于结合假动作，变化突然，易造成防守者错误判断，伺机运、传、从左至右、从右至左改变方向的运球。以娴熟的左、右假动作和反弹高运球突然降低至30～50厘米低运球来控制身体重心是诀窍。

2．胯下运球。如图5-9所示，是使球穿过两腿之间来改变运球方向的运球技术。近来有更多使用胯下运球技术的倾向。其理由是两腿可以保护球，且可以安全转换方向，防守者的手难以够着。

3．后转身运球。如图5-10所示，身体左侧对防守者，左脚在前做中枢脚，右手左后侧运球或向后运球，同时做后转身，换左手拍球的后上方运至左侧，右脚落地贴近防守者的右侧（脚尖向前），然后运球继续前进。特点是转身时便于保护球、改变球的路线幅度大、攻击力强、灵活多变。

4．运球急停急起。如图5-11所示，可用两步急停，两腿屈膝前后开立，跨出第一步时，身体稍后仰。同时，按拍球的上方，降低球的反弹高度，使球在原地反弹，同时降低身体的重心，用腿和异侧臂护球。急起时，拍球的后上方。身体重心移至前脚掌，同时后脚迅速蹬地跨出超越防守者，迅速向前推进。特点是动作突然、起动快、线路多变、攻击力强、易摆脱防守。

（五）抢篮板球

抢篮板球分为抢进攻篮板球和抢防守篮板球两种。

1．抢进攻篮板球。当同伴或自己投篮时，处在近篮的进攻队员首先应判断球的反弹方向，然后先向相反方向的侧前方跨步，利用身体虚晃的假动作，诱开身前的防守队员，绕跨挤到对手的前面或侧前方，抢占有利位置，借助跨步或助跑起跳，跳至最高点补篮或抢篮板球。

图 5-8　身前换手变换方向运球

图 5-9　胯下运球

图 5-10　后转身运球

2．抢防守篮板球。如图 5-12 所示，当对方投篮出手后，首先应注意对手的动向，并根据当时与进攻队员所处的位置和距离的远近，运用上步、撤步和转身抢占有利位置，把进攻队员挡在身后，与此同时还要判断球的落点准备起跳。

图 5-11　运球急停急起

图 5-12　抢防守篮板球

（六）防守

1．防守无球队员。防守队员应站在对手与球篮之间的内侧，保持与对手有适当的距离和角度，做到以人为主，人球兼顾，使对手和球处于自己的视野之内，随对手的动作积极跟进移动，调整防守位置，堵截其移动和接球的路线，手臂配合做出伸出、挥摆、上举等动作，干扰对手接球，争取抢、断球。

（1）防纵切。如图 5-13 所示，A 传球给 B，a 及时偏向球侧错位防守，当 A 向篮下纵切要球时，a 应抢前防守，合理运用身体堵住对方的切入路线，同时伸臂封锁接球，迫使对手向远离球的方向移动。

（2）防横插。如图 5-14 所示，A 持球，C 欲横插过去要球，c 应上步挡住对手，并伸臂不让对手接球，用背贴着对手，随其移动到有球一侧。

（3）防溜底。如图 5-15 所示，A 持球，C 溜底的时候，c 要面向球滑步移动，至纵轴线时，迅速上右脚前转身，错位防守，右臂伸出不让对方接球。

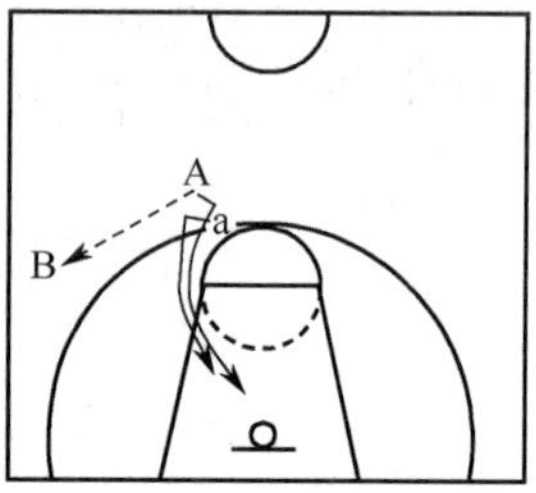

图 5-13　防纵切

图 5-14　防横插

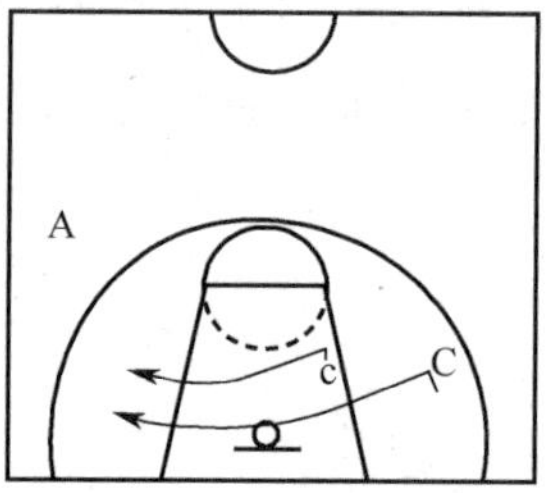

图 5-15　防溜底

2．防守持球队员。当对手接球后，迅速调整防守位置和距离，占据对手与球篮之间的有利位置，还要与对手保持适当的距离（一臂左右）。一般来说，离球篮远则远，近则近，并根据对手的特点（投篮或突破）而有所调整。防守持球队员在离球篮近时采用贴近的攻击步防守，离球篮远时则采用平步防守，无论采用哪一种防守，都要积极移动，阻截和干扰对方传球、投篮，同时伺机抢、断球。

三、篮球基本战术

本小节介绍了篮球的基础配合、快攻与防守快攻、攻防半场人盯人等基本战术。

（一）基础配合

1．进攻基础配合。进攻基础配合，是指二三名进攻队员，为了创造投篮机会，合理运用技术而组成的合作方法。

（1）传切配合。传切配合有两种，分别为一传一切配合和空切配合。

一传一切配合。如图 5-16 所示，A 传球给 D 后，立刻摆脱对手 a 向篮下切入，接 D 的回传球投篮。

空切配合。如图 5-17 所示，A 传球给 D 时，C 突然切入篮下接 D 的传球投篮。

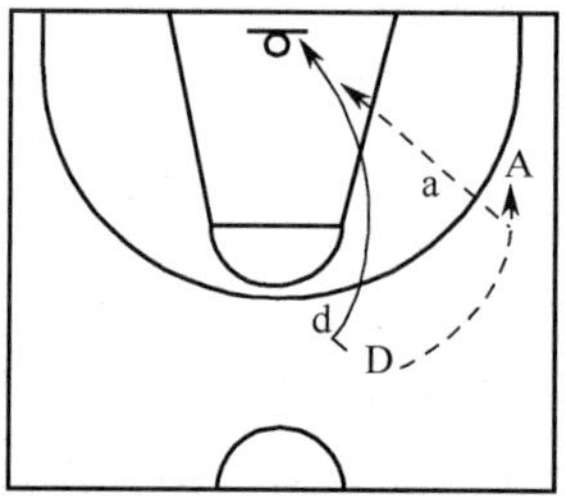

图 5-16　一传一切配合

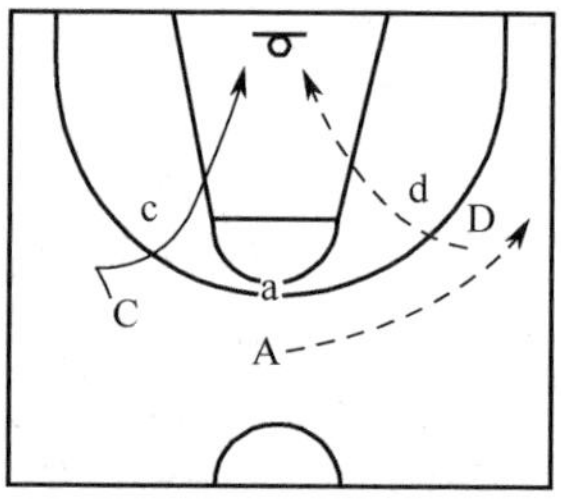

图 5-17　空切配合

（2）突分配合。有球队员持球突破后，主动地或应变地利用传球与同伴配合的方法。其要求是，突破动作要突然、快速，在突破过程中，要随时观察场上攻、守队员行动和位置的变化，既要做好投篮的准备，又要及时、准确地传球给同伴。其他进攻队员要掌握时机及时跑到有利于进攻的位置上接球。

（3）掩护配合。掩护配合是掩护队员采用合理的行动，用自己的身体挡住同伴的防守者的移动路线，使同伴得以摆脱防守，或利用同伴的身体和位置使自己摆脱防守的一种配合方法。掩护配合的形式根据掩护的位置和方向不同，分为前掩护、后掩护和侧掩护 3 种。

2．防守基础配合。防守基础配合，是指二三名防守队员，为破坏对方进行配合，或当同伴防守出现困难时，及时互相协作行动的方法。以下是几种常用的配合。

（1）关门配合。“关门”指两个防守队员靠拢协同防守突破的配合方法。如图 5-18 所示，当 D 从正面突破时，a、d 与 d、c 进行“关门”配合。

关门配合的要求是，防守队员应积极堵住进攻者的突破路线；临近突破一侧的防守队员要及时向同伴靠拢进行“关门”，不给突破者留有通过的空隙。关门配合也运用于区域联防。

（2）夹击配合。指两个防守队员积极防守一个进攻队员的配合方法。如图 5-19 所示，A 从底线突破，a 封堵底线，迫使 A 停球，d 同时向底线迅速跑去与 a 协同夹击 A，封堵其传球路线，迫使其违例或失误。

夹击配合要正确地掌握夹击的时机和区域。行动要果断，出其不意。在形成夹击时要用身体和腿部限制进攻队员的活动，用手臂封堵传球或接球，但要防止不必要的犯规。

（3）补防配合。指防守队员在同伴漏防时，立即放弃自己的对手，去补防那个威胁最大的进攻者，而与漏人的防守队员及时换防的一种协同防守方法。如图 5-20 所示，D 传球给 A，突然摆脱 d 的防守直插篮下，此时 c 放弃对 C 的防守去补防 D，d 去补防 C。

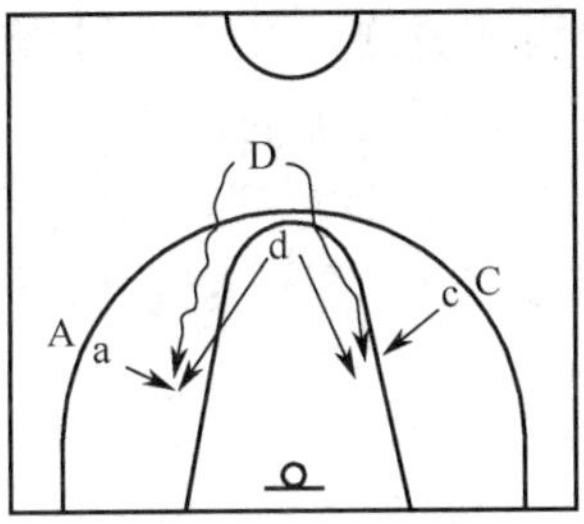

图 5-18　关门配合

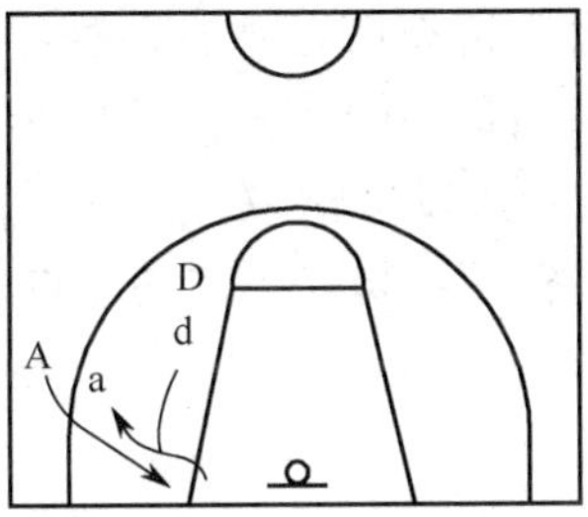

图 5-19　夹击配合

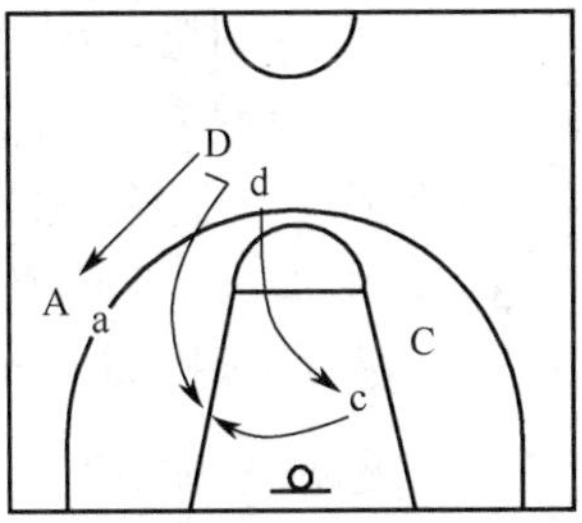

图 5-20　补防配合

重点提示：应特别注意整体配合，包括配合的位置、距离、路线和时机，其中以配合时机尤为关键。此外，还要注意保持攻守平衡。

（二）快攻与防守快攻

1．快攻

快攻是由防守转入进攻时，趁对方未站稳阵脚之前，抓住战机以最快的速度、最短的时间，果断而合理地发动攻击的一种速决性战术配合。发动快攻的时机是在抢获后场篮板球、抢球、断球和跳球获球后。快攻的形式有长传快攻、短传和运球快攻相结合等。

（1）抢后场篮板球长传快攻。如图 5-21 所示，D 抢到后场篮板球后，首先观察场上的情况，寻找长传快攻机会。B 和 C 判断 D 有可能抢到篮板球时，便立即起动快下，争取超越防守队员接 D 的长传球投篮。

（2）断球长传快攻。如图 5-22 所示，c 断球后，看到 b 已快下，可立即传球或运球后传球给 b 投篮。

（3）短传与运球结合快攻。指队员在后场获球后，利用快速的短传球和运球推进相结合的方法迅速推进到前场进行攻击的一种配合。其特点是参加人数多、机动灵活、层次清楚、容易成功，但对队员配合的技巧要求较高。

2．防守快攻

篮板球是发动快攻的主要先决条件之一，积极地与对方争抢前场篮板球是防止发动快攻的重要步骤。

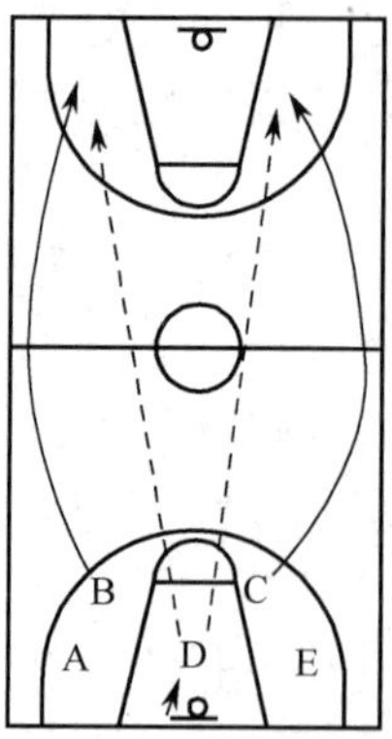

图 5-21　抢后场篮板球长传快攻

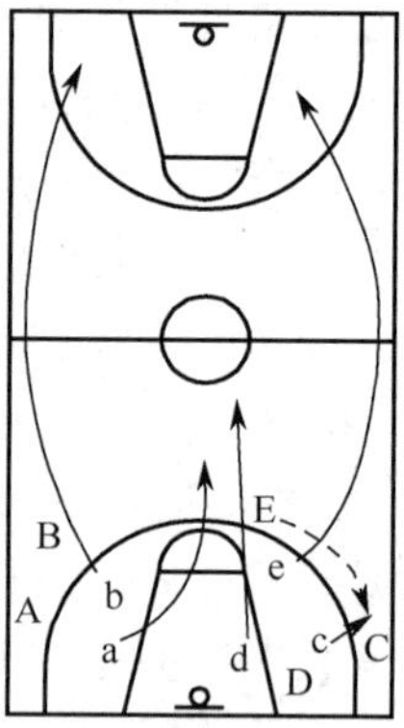

图 5-22　断球长传快攻

（1）有组织的积极堵截对方发动快攻的第一传，是防守快攻的关键。

（2）防守快下队员。快下队员是对方长传快攻的主要成员，如果快下队员接到球，将给防守造成极大的困难。因此，当对方抢获篮板球时，外线队员要迅速退守，在退守过程中，控制好中路，堵截快下路线，紧逼沿边线快下的进攻队员，切断对方长传球的路线。

（3）提高以少防多的能力。当对方发动快攻并迅速地向前场推进时，防守队往往来不及全部退防，出现以少防多的局面。提高一防二、二防三的能力，重点防篮下，为同伴回防赢得时间，这就必须提高个人防守能力，以及同伴之间的相互补防能力。

（三）攻防半场人盯人

1．人盯人防守战术。该战术是在由攻转守时，放弃前场的防守，全队迅速退回后场，每人盯住自己对手的配合方法。它以个人防守为基础，综合运用挤过、穿过、交换、关门、夹击等几个人之间的防守基础配合所组成的全队战术。

防守要点：人盯人防守要从由攻转守时开始。此时，每个队员都要快速退向自己的后场，立即找到对手，形成集体防守；要根据对手、球、球篮选择有利位置，做到球、人、区兼顾，与同伴协同防守。

防守原则：“以球为主，人球兼顾”“有球紧，无球松”“近球紧，远球松”，积极移动，抢占有利位置。

运用时机：半场扩大人盯人防守主要用于对付外围远投较难、突破与篮下进攻能力和后卫控制球能力相对较差的队，而本队需要扩大战果，争抢时间时；半场缩小人盯人防守用于对付中远距离投篮不准、突破和篮下攻击能力较强的队，本队得分已占优势，保持体力再扩大战果时。

2．进攻人盯人防守战术。进攻人盯人防守是根据人盯人防守战术的特点，从每个队员的具体实际出发，综合运用传接球、投篮、运球、突破等个人技术动作和传切、掩护、策应等几个人之间的战术基础配合所组成的一种全队进攻战术。

进攻人盯人战术的要点为：由守转攻后，要迅速到位。

四、篮球运动主要规则

本小节讲解了篮球比赛的基本情况和违例、犯规等违规现象。

（一）篮球比赛的概况

篮球比赛由两个队参加，每队上场 5 人，其中 1 人为队长，替补球员有 7 人。

将球投入对方球篮得 2 分；在 3 分区外投入对方球篮得 3 分；罚球中 1 次得 1 分。

比赛由 4 节组成，每节 10 分钟。在第 1 节和第 2 节（第一半时）之间，第 3 节和第 4 节（第二半时）之间，以及每一决胜期之前有 2 分钟的比赛休息时间；两个半时的比赛休息时间为 15 分钟，以全场得分多者为胜。如果在第 4 节比赛时间终了时比分相等，需要一个或多个 5 分钟的决胜期来继续比赛，直至决出胜负。

比赛中每队的换人次数不限。但是，要登记的暂停在第一半时的任何时间每队可准予 2 次；在第二半时任何时间每队可准予 3 次；每一决胜期的任何时间每队可准予 1 次。

整个比赛过程由裁判员（三人制：包括主裁判员、第一副裁判员和第二副裁判员，二人制：包括主裁判员和副裁判员）、记录台人员（包括记录员、助理记录员、计时员和 24 秒钟计时员）和技术代表管理。

（二）篮球比赛的违规现象

篮球比赛中对规则的违反有违例和犯规两大类。

1．违例

违例是违反规则。处罚则是将球权判给对方队在靠近发生违例的地点掷球入界。

带球走：当持活球的队员用同一脚向任何方向踏出一次或多次，其另一脚（称为中枢脚）不得离开与地面的接触点，如果中枢脚离开了这个接触点就构成带球走违例。

非法运球：队员在运球后，用双手同时触及球或允许球在一手或双手中停留时，运球即完毕。运球结束后，除非失去控球权后又重新控制球，否则不得再次运球，如果再次运球，则为非法运球违例。

拳击球或脚踢球：比赛中队员不得故意用拳击球或用腿的任何部分去阻挡球，否则将判违例。如果球偶然地接触到腿的任何部分，或腿的任何部分无意碰到球，不算违例。

球回后场：在比赛中，前场控制球的队，不得使球再回到后场，否则为球回后场违例。具体判定球回后场有三个条件：（1）该队必须控制球；（2）球进入前场后，在球又回到后场前该队队员（或裁判员）最后触及球；（3）球回后场后，该队队员在后场最先触及球。这三个条件必须依次连续发生。

干涉得分和干扰：投篮（罚球）的球在飞行下落并完全在篮圈水平面之上时，双方队员不可触及球。当投篮的球触及篮圈时，双方队员都不得触及球篮或篮球板，不得从下方伸手穿过球篮并触及球，不得使篮球板和篮圈摇动。如果进攻队员违反这一规定，中篮无效，将球判给对方在罚球线延长部分的界外掷球入界；如果防守队员违反这一规定，不论是否投中，均判投篮（罚球）队员得分。

3 秒违例：当某队在前场控制活球并且比赛计时钟正在运行时，该队队员在对方的限制区内持续停留的时间不得超过 3 秒钟。

5 秒违例：进攻球员必须在 5 秒钟之内掷出界外球；或在被严密防守时，必须在 5 秒钟之内传、投或运球；当裁判员将球递给罚球队员可处罚时，该队员必须在 5 秒钟内将球出手。

8 秒违例：一个球队从后场控制活球开始，必须在 8 秒钟内使球进入前场（对方的半场）。

24秒违例：每当一名队员在场上获得控制活球时，该队必须在24秒钟内尝试投篮。

2．犯规

犯规是对规则的违反，含有与对方队员的非法身体接触和/或违反体育道德的举止。对违反者登记犯规并随后按规则予以处罚。

侵人犯规：是队员与对方队员的接触犯规。无论球是活球还是死球，队员均不应通过伸展其手、臂、肘、肩、髋、腿、膝或脚来拉、阻挡、推、撞、绊、阻止对方队员行进；以及不应将其身体弯曲成“反常的”姿势（超出其圆柱体）；也不应放纵任何粗野或猛烈的动作。有以上任何情况都要给犯规队员登记1次侵人犯规。如果对未做投篮动作的队员犯规，由非犯规队在靠近犯规地点的界外掷球入界重新开始比赛。如果犯规队处于全队犯规处罚状态，则应判给未做投篮动作的队员2次罚球，代替掷球入界。如果对正在做投篮动作的队员犯规，若投篮成功，应计得分并判给1次追加罚球；如投篮未中，则要根据投篮的地点，判给2次或3次罚球。

技术犯规：是包含（但不限于）行为性质的队员的非接触犯规。如不顾裁判员警告；没有礼貌地触犯裁判员、技术代表、记录台人员或球队席人员；使用冒犯或煽动观众的语言和举止；戏弄对方队员或在对方队员的眼睛附近摇手妨碍其视觉；在球穿过球篮后，故意触及球以延误比赛；阻碍迅速地执行掷球入界以延误比赛；假摔以伪造1次犯规等。

队员技术犯规，应给其登记1次技术犯规，作为全队犯规之一计数。教练员、替补队员和随队人员的技术犯规，对每起违犯行为都要登记教练员1次技术犯规，但不作为全队犯规之一计数。

对技术犯规的处罚，是判给对方2次罚球，以及随后在记录台对面的中线延长部分掷球入界或在中圈跳球开始第一节（如犯规发生在第一节比赛前）。

违反体育道德的犯规：根据裁判员的判断，一名队员不是在规则规定的范围内合法地试图去直接抢球，发生的接触犯规是违反体育道德的犯规。应给犯规队员登记1次违反体育道德的犯规。判给对方罚球，以及随后在记录台对面的中线延长部分掷球入界或在中圈跳球开始第一节（如犯规发生在第一节比赛前）。

罚球的次数按如下规定：对没有做投篮动作队员的犯规应判给2次罚球；对正在做投篮的队员发生的犯规，如中篮，应计得分并加判给1次罚球。如未中篮，应判给2次或3次罚球。

总结案例

实现体育强国　普及篮球运动

篮球项目广受人民群众的欢迎和喜爱，在各学校都设有篮球教学课程，普及很广。篮球运动作为高校体育教学内容很具代表性。体育事业在我国经济发展中起着重要作用，党的十九大报告提出，广泛开展全民健身活动，加快推进体育强国建设。因此，我们必须充分认识体育在新时代、在我国现代化建设中的地位和作用，这也是加快体育强国建设的前提和基础。

高校是开展普及篮球运动、奠定篮球人口的重要阵地。普通高校应按需定教，创新教法是挖掘篮球课程教材教育价值的关键。一方面是学生对篮球兴趣所在。以教学大纲为主，以学生的兴趣和能力为重要参考，确定不同的教学内容和教学教法。比如合理设计男、女生篮球不同基础的教学内容；针对兴趣摇摆、篮球基本技术掌握不牢的学生，开展技术学练与乐学氛围共建教学，充分激发这些学生的篮球学习兴趣；针对热爱篮球、喜欢比赛的学生开展技、战术学练与竞赛体验同步教学，积极保持这部分学生的篮球锻炼兴趣。另一方面要以篮球为载体，满足育人健身的需求。不但要满足教材的要求，更要考虑包括篮球课程内在的教育的核心价值。在篮球项目中涉及很多的配合，需要相互协作，缺少了哪一环都不行，可以此来培养学生的合作意识、合作能力、团队精神等。

体育是强国之举，强国是复兴之途。今天的中国比以往任何时候都更接近实现伟大复兴中国梦，体育也比任何时候都更显重要。正如十九大报告指出的那样，中华民族伟大复兴，绝不是轻轻松松、敲锣打鼓就能实现的。实现伟大的体育强国梦要从体育事业着手，不断创新改革，认真踏实地一步一步发展体育。

探索与思考

1. 篮球的基本技术有哪些？
2. 篮球的基本战术有哪些？
3. 篮球的竞赛规则有哪些？

第二节　足球运动

导入案例

蹴　鞠

足球起源于中国东周时期的齐国，当时的足球名为“蹴鞠”，汉代蹴鞠是训练士兵的手段，制定了较为完备的体制。如专门设置了球场，规定为东西方向的长方形，两端各设六个对称的“鞠域”，也称“鞠室”，各由一人把守。场地四周设有围墙。比赛分为两队，互有攻守，以踢进对方鞠室的次数决定胜负。

经过汉代的初步流行，唐宋时期的蹴鞠活动达到高潮，甚至出现了按照场上位置分工的踢法。唐代蹴鞠已有多种方式，有比赛颠球次数的“打鞠”，有场地中间挂网、类似网式足球的“白打”，有多人参与拼抢的“跃鞠”，还有了设立球门的比赛，采用这种方式，每队有一定人数和固定位置，规定队员只能在自己的位置上踢，不能移动。同时，蹴鞠和佛教一起传到了日本，日语及韩语中仍可见称足球为“蹴球”的用法便是受到中国的影响。

宋代《武林旧事》曾列出了“筑球三十二人”竞赛时两队的名单与位置：“左军一十六人：球头张俊、跷球王怜、正挟朱选、头挟施泽、左竿网丁诠、右竿网张林、散立胡椿等；右军一十六人：球头李正、跷球朱珍、正挟李则、头挟张宁、左竿网徐宾、右竿网王用、散立陈俊等。”这被认为是历史上的第一份足球“首发名单”。

从东周时期到明朝，蹴鞠经历了从发展到高潮的过程，但到了清朝，这项活动却走向了衰落。

2005 年 5 月 20 日，在瑞士苏黎世举行的国际足联百年庆典闭幕式上，国际足联主席布拉特先生为足球起源地临淄颁发了“足球起源地证书”。国际足联秘书长乌斯·林茨题词：因为我的名字叫林茨，所以我对足球起源于临淄更感到骄傲，感谢中国为世界创造了足球！

一、足球概述

本小节介绍了现代足球运动的起源，简述了其发展。

（一）足球运动的起源

现代足球［Football（英）/Soccer（美）］运动诞生于英国。1863 年 10 月 26 日，剑桥大学、牛津大学和凯尔波里特专科学校与伦敦周围地区 11 个最主要的俱乐部和学校，举行联席会议，创立了英格兰足球协会。这一天被称为现代足球的诞生日。两个月后，英格兰足球协会制定出世界上第一个统一的足球规则。

（二）足球运动的发展

1872 年，足球运动史上的第一次正式比赛在英格兰和苏格兰之间进行，即泛英足球比赛。此后 30 年，足球运动逐渐风靡英国和欧美各国。1900 年，足球首次在奥运会上露面。1908 年，足球被正式批准为奥运会比赛项目。1930 年，乌拉圭成功举办了第一届世界足球锦标赛。1904 年 5 月 21 日，国际足球联合会（FIFA，简称国际足联）在法国巴黎成立，总部设在瑞士苏黎世。这标志着足球作为一项世界性的体育项目登上了国际体坛，足球运动在更加广泛的范围内开展起来，影响也越来越大。国际足联从最初的 7 个会员国，发展到现在的 190 多个，是世界上最大的国际单项体育组织。其举办的重大比赛包括：四年一届的世界杯足球赛、奥运会足球赛、世界青年足球锦标赛和女子世界杯足球赛，此外还有许多洲际比赛。

二、足球运动基本技术

本小节讲解了踢球、接球、运球、头顶球、抢断、假动作等足球的基本技术。

（一）踢球

踢球指运动员有目的地用脚把球击向预定目标的技术。踢球是足球技术中最重要的技术，主要用于传球和射门。

踢球的方法很多，主要有脚内侧踢球，脚背正面踢球，脚背内侧踢球，脚背外侧踢球，脚尖踢球和脚跟踢球。这些动作结构完全一致，均由助跑、支撑脚站位、踢球腿摆动、脚触球、踢球后的随前动作 5 个环节组成。

1．脚内侧踢球（又称脚弓踢球）

（1）脚内侧踢定位球。如图 5-23 所示，直线助跑，支撑前的最后一步稍大些，支撑脚站在球的侧面约 15 厘米处，脚尖正对出球方向，支撑腿膝关节微屈。在支撑脚着地时，踢球腿大腿带动小腿由后向前摆动，在前摆的过程中大腿外展，当膝关节摆动至接近球的正上方时，小腿做爆发式摆动，在触球前将脚跟送出使得脚内侧部位所形成的平面与出球方向垂直，踢球脚

图 5-23　脚内侧踢定位球

脚尖微微翘起，脚底与地面平行，踝关节功能性地紧张使脚型固定，触（击）球后身体跟随向前移动。

（2）脚内侧踢空中球。如图 5-24 所示，根据来球速度和运行轨迹及时移动到位，踢球腿的大腿抬起并外展，小腿绕额状轴后摆，而后小腿由后向前摆动，当摆至额状面时与球接触，击球的中部。

2．脚背正面踢球（又称正脚背踢球）

（1）脚背正面踢定位球。如图 5-25 所示，直线助跑，最后一步稍大些，支撑脚积极着地支撑，在球的侧面 10～12 厘米处，脚尖正对出球方向，膝关节微屈，踢球腿随跑动向后摆动，小腿弯曲，支撑的同时踢球腿以髋关节为轴，大腿带动小腿由后向前摆动。当膝关节摆至接近球的正上方时，小腿做爆发式摆动，脚趾屈，以脚背正面部位击球的后中部。击球后身体及踢球腿随球前移。

图 5-24 脚内侧踢空中球

图 5-25 脚背正面踢定位球

（2）脚背正面踢反弹球。根据来球的速度、运行轨迹、落点，支撑脚踏在球落点的侧面。在球落地时，踢球腿爆发式前摆，在球刚弹离地面时，用脚背正面击球的中部，并控制小腿的上摆（送髋、膝关节向前平移），出球则不会过高。

（3）凌空踢倒勾球。根据来球的速度、运行轨迹，选好击球点，及时移动到位，以踢球腿为起跳腿蹬地起跳，同时另一腿上摆，身体后仰腾空，眼睛注视来球，蹬地腿在离地后迅速上摆的同时，另一腿则向下摆动，以脚背正面击球的后部。踢球后，两臂微屈，手掌向下，手指指向头部相反方向着地，屈肘，然后背、腰、臀部依此滚动式着地。

3．脚背内侧踢球（又称内脚背踢球）

（1）脚背内侧踢定位球。如图 5-26 所示，斜线助跑，助跑方向与出球方向约成 45 度，最后一步稍大，以支撑脚底积极着地，脚尖指向出球方向，距球内侧后方 20～25 厘米，膝关节微屈。在支撑同时，踢球腿已完成后摆，并开始以髋关节为轴大腿带动小腿由后向前摆动，当大腿摆至与支撑腿接近同一平面时，小腿做爆发式摆动，此时脚尖外转、脚背绷直，以脚背内侧部位触击球。击球后踢球腿及身体继续随球向前。

图 5-26 脚背内侧踢定位球

（2）脚背内侧转身踢球。助跑结束前倒数第二步应向球的侧前方跨出（即与出球方向在支撑脚一侧的侧前方），最后一步略跳动并伴随转身支撑，脚尖对准出球方向，膝关节微屈，身体向支撑脚一侧倾斜，其余各环节与踢定位球同。

（3）脚背内侧踢反弹。根据来球的落点及时移动到位，在球离地（反弹）的瞬间踢球，其他的动作要求与踢定位球相同。这种踢球方法多用于踢侧方或侧前方来的由空中下落的球。

4．脚背外侧踢球（又称外脚背踢球）

由于踢这种球的脚踝灵活性较大，摆腿方向变化较多，且助跑时又是正常的跑动姿势，故其出球隐蔽性较强。足球比赛中各种距离的弧线球及非弧线球均可使用。

（1）脚背外侧踢定位球。助跑、支撑脚站位及踢球腿摆动均与脚背正面踢球技术的 3 个环节相同，脚触球是用脚背外侧部位。此时要求膝关节和脚尖内转，脚背绷紧，触（击）球后身体随踢球腿的摆动前移。

（2）脚背外侧踢地滚球。可用于踢正前方、侧前方及侧后方来的地滚球。踢球的动作、规格要求与踢定位球相同，但支撑脚站位时应考虑球的滚动速度，以保证在脚触球的瞬间支撑脚与球的相对位置符合规格要求。

（3）脚背外侧踢反弹球。与脚背正面踢反弹球的方法相同，只是接触球时用脚背外侧部位触（击）球。

5．脚尖踢球（又称脚尖捅球）

由于脚尖踢球时出球异常迅速，雨天场地泥泞时多使用这种踢法。还可以借助踢球腿的最大长度，踢那些距离身体较远的球。具体方法是用支撑脚跳跃上步，踢球腿屈膝前跨，髋关节尽量前送，两臂上摆协助身体向前，小腿前伸，在踢球脚落地前用脚尖捅球的后中部。

6．脚跟踢球

这是用脚跟（跟骨的后面）接触球的一种踢球方法。球在支撑脚外侧时，踢球脚在支撑脚前面交叉摆到支撑脚外侧用脚跟击球。球在支撑脚内侧时，踢球脚后摆用脚跟踢球。虽然由于人体结构的特点，决定了这种踢球方法（大腿微伸小腿屈）产生的力量小，但其出球方向向后，故有隐蔽性和突然性。

（二）接球

接球是指运动员有目的地用身体的合理部位把运行中的球停下来，控制在所需要的范围内，以便更好地衔接下一个技术动作。接球的方法有多种，常用的有脚内侧、脚背正面、脚底、大腿、胸部、头部等部位的接球。

1．脚内侧接球。由于脚触球面积大，动作简单，较易掌握，比赛中经常使用这种技术接各种地滚球、反弹球、空中球。

（1）接地滚球。如图 5-27 所示，身体正对来球，判断来球的速度和方向，选好支撑脚位置，膝关节微屈。接球脚根据来球的状态相应提起，膝、踝关节旋外，脚趾稍翘，用脚内侧对准来球，触球刹那，接球部位做相应的引撤或变向接球动作，将球控在所需要的位置上。

（2）接反弹球。如图 5-28 所示，接球腿小腿应与地面形成一定的夹角，向下做压推动作时，膝要领先，小腿留在后面。

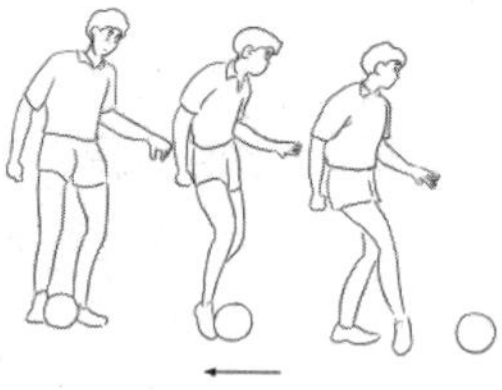

图 5-27　接地滚球

图 5-28　接反弹球

（3）接空中球。如图 5-29 所示，接球腿要屈膝抬起，可根据需要采用引撤或切挡动作，接球落地后应随即将球在地面控制住。

2．脚背正面接球。此方法多用于接有较高/长抛物线的来球。如图 5-30 所示，根据球的落点，及时移动到位，脚背正面上迎下落的球，当球与脚背接触的一瞬间，接球脚与球下落的速度同步下撤，此时接球腿膝关节、踝关节、脚趾均保持适度的紧张，脚尖微翘将球接到需要的地方。

图 5-29　接空中球

图 5-30　脚背正面接球

3．脚底接球。由于脚底接球技术便于掌握，易于将球接到位置，故常被用来接各种地滚球和反弹球。

（1）脚底接地滚球。身体正对来球方向，移动前迎，支撑脚站在球的侧面（或前或后均可），脚尖正对来球方向，膝关节微屈。同时接球腿提起，膝关节微屈，脚背略屈，使脚底与地面约小于 45 度（且脚跟离开地面），一般以前脚掌接触球的上部为宜。在触球瞬间接球脚可轻微趾屈（前脚掌下点）将球停住，也可根据需要在接球同时将球推向前方或拉向身后。

（2）脚底接反弹球。根据来球落点，及时前移迎球，支撑脚站在落点侧后方，脚尖正对来球方向，球落地瞬间，用前脚掌去触球的中上部，微伸膝，用脚掌将球接在体前。若需接球到身后则应在触球瞬间继续屈膝，将球回拉，并伴随支撑脚以前脚掌为轴旋转 90 度以上。

4．大腿接球。大腿接球一般可以用来接抛物线较大的高空球和略高于膝的低平球。

（1）接抛物线较大的高空球。如图 5-31 所示，面对来球方向，根据球的落点迅速移动到位，接球腿大腿抬起，当球与大腿接触的瞬间大腿下撤将球接到需要的位置上。

图 5-31　大腿接抛物线较大的高空球

（2）接低平球。面对来球方向，根据来球高度，接球腿大腿微屈，送髋前迎来球，当球与大腿接触瞬间收撤大腿，使球落在所需要的位置上。

5．胸部接球。由于胸部接球部位较高，加之胸部面积大、肌肉较丰满等特点，动作易于掌握，故是接高球的一种好方法。胸部接球包括挺胸式和收胸式两种方法。

（1）挺胸式接球。接球时，身体正对来球，两腿自然开立，膝微屈，两臂在体侧自然屈抬，上体稍后仰与来球形成一定的角度。触球刹那，胸部主动挺送，使球触胸后向前上方弹起落于体前。一般用于接有一定弧度的高球。

（2）收胸式接球。面对来球，两脚左右或前后开立，两臂自然张开，挺胸迎球，触球瞬间收胸、收腹、臀部后移将球接在体前。若需将球接在体侧时，则触球瞬间转体将球接在转体后相应的一侧。多用于接齐胸高的平直球。

6．头部接球。高于胸部的来球可用头部接球。根据球的运行路线，面对来球，用前额正面接触球的中下部。下颌微抬，两臂自然张开，提踵伸膝。触球瞬间全脚掌着地，屈膝、塌腰、缩颈，全身保持上述姿势下撤将球接在附近。

（三）运球

运球是运动员在跑动中用脚连续推拨球，使球处于自己控制范围内的动作。常用的运球技术有脚内侧、脚背正面、脚背外侧、脚背内侧运球。

1．脚内侧运球。运球前进时支撑脚位于球的侧前方，肩部指向运球方向，支撑腿膝关节微屈，重心放在支撑腿上，另一条腿提起屈膝，用脚内侧推球前进，然后运球脚着地。由于肩部指向运球方向，身体侧转，虽然移动速度较慢，但身体前倾有利于将对方与球隔开，因而这种技术多用在运球中做配合传球，或有对方阻拦需用身体做掩护时。

2．脚背正面运球。运球时身体持正常跑动姿势，上体稍前倾，步幅不宜过大，运球腿提起，膝关节稍屈，髋关节前送，提踵，脚尖下指，在着地前用脚背正面部位触球后中部将球推送前进。

由于脚背正面运球时身体持正常跑动姿势，故可以发挥出较快的速度，因而这种技术多用在运球前方一定距离内无对手阻拦时。

图 5-32　脚背外侧运球

3．脚背外侧运球。如图 5-32 所示，运球时身体持正常跑动姿势，上体稍前倾，步幅不宜过大，运球腿提起，膝关节稍屈，髋关节前送，提踵，脚尖绕矢状轴向内旋转，使脚背外侧正对运球方向，在运球脚落地前用脚背外侧推拨球的后中部。

脚背外侧运球时，身体姿势与正常跑动时相同，因而可以发挥出较快的速度，故与脚背正面运球有相同的用途。另外，利用脚踝关节的动作可以很快改变脚背外侧面所正对的方向，故在运球脚一侧改变方向时也多采用这种运球方法。这种方法能用身体将对手与球隔开，故掩护时也常使用。

4．脚背内侧运球。身体稍侧转并协调放松，步幅小，上体前倾，运球腿提起外展，膝微屈外转，提踵，脚尖外转，使脚背内侧正对运球方向，在运球脚落地前用脚背内侧推拨球，使球随身体前进。

脚背内侧运球由于身体稍侧转，不能采用正常跑动姿势，因而不适用于高速运球。但由于接触部位和支撑位置的特点易于完成向支撑脚一侧的转动，故多用于向支撑脚一侧的变向运球。

（四）头顶球

头顶球技术是传球、射门、抢断的有效手段，特别是争高空球时头顶球技术更为重要。头顶球技术的特点是争取时间，不需要等球落地就可以在空中直接处理来球。因此，它可以争取时间上的优势和主动。

头顶球一般分为正额顶球和额侧顶球两种。具体方法有原地、助跑（单脚和双脚）跳起和鱼跃式顶球等。

1．正额原地顶球。面对来球，两脚前后开立，膝微屈，重心放在两脚上。顶球前，上体先后仰，重心移到后脚上，两臂自然摆动，维持身体平衡，两眼注视来球。顶球时，两腿用力蹬地，迅速伸直，上体由后向前快速摆动，借助腰、腹和颈部力量，用前额正面将球顶出。顶球过程中，身体重心从后脚移到前脚，然后再单脚跳起顶球。

2．助跑单脚跳起顶球。起跳前要有 3～5 步的助跑。最后一步踏跳时要用力，步幅要稍大些，踏跳脚以脚跟先着地再迅速移到脚掌，同时另一腿屈膝上提，两臂向上摆动。身体腾起后上体随之后仰。顶球时，上体由后向前摆动，借助腰、腹和颈部力量将球顶出。然后两脚自然落地。

3．鱼跃式头顶球。对于离身体较远的低空球来不及移动到位处理，必须抢点击球时（如抢救险球、射门等）可使用鱼跃式头顶球技术。当判断好来球的路线和选择好顶球点后，以单脚或双脚用力向前蹬地，身体接近水平态向前跃出，同时两臂微屈前伸，手掌向下，眼睛注视来球，利用身体向前跃出的冲力，以额头正面顶球。顶球后，两手先着地，手指向前，接着以胸部、腹部和大腿依次着地。

（五）抢断

抢断技术是一种积极有效的防守手段。抢断是防守技术的综合体现，是用争夺、堵截、破坏等方式的延续或阻拦对方进攻的一种技术。一旦把球争夺过来，这就意味着组织进攻的开始。

1．正面抢断。在对方带球队员迎面而来时，便可采用这种抢断方式。

两脚前后稍开立，两膝稍屈，身体重心下降，并均匀落在两脚上，面向对手。当对方带球或触球即将着地或刚刚着地时，立即抢球。抢球脚的脚弓正对球，并跨出一步，膝关节弯曲，上体前倾，身体重心移至抢球脚上。如对方已有准备，在双方脚同时触球时，脚触球后要顺势向上提拉，使球从对方脚背滚过，身体迅速跟上，把球控制住。双方上体接触时，抢球人可用合理部位冲撞对方，使之失去平衡，从而将球控制在自己脚下。

2．侧面抢断。当防守队员与带球进攻的队员并肩跑动，或二人争夺迎面来球时，双方都可采用这种抢断方式。

当与对方平行跑动争球时，身体重心要降低，两臂贴紧身体。在对方靠近自己的脚离地时，可用肩和上臂做合理的冲撞动作，使对方身体失去平衡，从而把球抢过来。

3．后面抢断（铲球）。这是抢断技术中较困难的一种，一般是在用其他方法抢不到球时才采用铲球方式。

铲球有两种方法：一种是脚掌铲球，另一种是脚尖或是脚背铲球。

当防守人追至离运球人右后方 1 米左右时，可用右脚掌或左脚尖（脚背）进行铲球。在运球人的左侧时，则用左脚掌或是右脚尖（脚背）进行铲球。如用右（左）脚掌铲球，可在运球人刚刚将球拨出时，先蹬左（右）腿，跨右（左）腿，膝关节弯曲，以脚外侧从地面滑出，用脚掌将球踢出。然后小腿、臀部、上体依次着地，身体随铲球动作向前滚动。

重点提示：铲球脚离地面超过球的高度，易伤害对手造成犯规。

（六）假动作

假动作是指运动员在比赛中，为了隐蔽自己真实动作意图，利用各种动作的假象，来调动迷惑对方；使对方对其动作产生错误的判断或失去身体重心，造成对自己有利的形势，从而取得时间、空间位置的优势，达到自己真实动作的意图。

1．踢球假动作技术。如图 5-33 所示，运动员已控制球或正准备控制球，准备与同伴配合及接球时，对手前来堵抢，挡住其路线时，先可向一方做

图 5-33　踢球假动作技术

假动作，当对手以假当真去封堵假动作路线时，应突然改变踢球脚法将球传或接向另一方。

2．头顶球与胸接球假动作技术。当队员面对胸部以上的高空来球，准备接时，对手迎面逼近准备抢截，此时接球的队员做出胸或头、接或顶的假动作诱使对手立定，以假当真，在其封堵接、传路线时，突然改变动作，用头或胸将球顶出或接住。

3．运球假动作技术。运球假动作技术在比赛中是最常见的，它不仅用来突破正面对手，而且可以用来摆脱来自侧面和后面的对手。

如图 5-34 所示，对手迎面跑来抢截球时，可用左（右）脚的脚背内侧扣拨球动作结合身体的虚晃动作，诱使对手的重心发生偏移，然后用左（右）脚的脚背外侧向同侧方向拨运球越过对手。

图 5-34　运球假动作技术

对手从侧面来抢截球时，先做快速向前运球动作，诱使对手紧追，这时突然减速扮作停球假动作，当对手上当时，再突然起动加速推球向前甩掉对手。

当对手从身后来抢截球时，运球者用左（右）脚掌从球的上方擦过，做大交叉步，身体也随动作前移，诱使对手向运球者的移动方向堵截，然后以运球脚后前脚掌为轴，突然向右（左）后方转身，再用右（左）脚脚背内侧将球扣回，把对手甩掉。

三、足球运动基本战术

本小节讲解了比赛阵形、进攻战术、防守战术等足球运动的基本战术。

（一）比赛阵形

为了适应攻守战术的需要，全队队员在场上的位置排列和职责分工称为比赛阵形。比赛阵形是本队攻守力量搭配和分工的形式。

根据队员的职责和排列的层次分为后卫线、前卫线和前锋线。阵形的人数排列原则是从后卫数向前锋的，守门员不计算在内。

目前，世界上普遍采用的阵形有“4-3-3”“4-4-2”“4-1-2-3”“3-5-2”等。在以上阵形中，除“4-4-2”阵形以防守为主、反击为辅外，其他阵形均以进攻为主。尤以“3-5-2”阵形最为突出。

选择阵形要以本队队员的特长、技能、技术水平与赛队的特点为依据。此外，阵形绝不是僵化的规定，每个队员都应在明确基本位置和主要职责的前提下，进行创造性的活动。

（二）局部配合进攻战术

1．“二过一”战术配合。“二过一”战术配合是指两个进攻队员在局部地区通过两次或两次以上的连续传球配合，越过一个防守队员的战术行动。“二过一”是集体配合的基础，可以在任何场区、任何位置上运用这种方法来摆脱对方的抢断或突破防线。“二过一”是进攻的两个队员之间相距 10 米左右，进行一传一切的配合。要求传球平稳及时，一般多用“脚内侧”“脚外侧”等脚法，以传地平球为主。球传的位置，尽可能是接球人脚下或前面二三步远的地方。

2．“三过二”战术配合。“三过二”是在比赛场地中的局部地区，通过 3 个进攻队员的连续配合突破两个防守队员的防守。由于这种配合有两个同队队员可以同时接应传球，因此使持球人传球路线更多，且进攻面也更大。

（三）整体进攻战术

整体进攻战术是指在比赛中一方获得球后，通过队员之间的传递配合达到射门的目的而采用的配合方法。与局部进攻战术相比较，整体进攻战术具有进攻面更加扩大、进攻和反击速度更加快速等特点。

1．边路进攻。边路进攻一般是围绕边锋进行的配合方法，因此边锋的速度要快，个人突破能力要强，传中技术要突出。其方法是由守转攻时，获球队员将球传给边锋或其他边路上的队员，从边路发起进攻，经过局部配合突破后，一般采用下底和回扣传中方式，将球传到中央，由其他队员包抄射门。

2．中路进攻。中路进攻时，必须要求边锋拉开，借以牵制对方的后卫，诱使对方中间区域出现较大的空隙，为中路进攻创造有利条件。前场和中场队员要机动灵活地跑位，以有效调动来拉开对方的防线。进攻的推进应有层次和梯队。传球要准确，技术动作应在跑动中准确简练地完成。

3．快速反击。比赛中当攻方进攻时，后卫线往往压至中场附近，防守人数也由于插上进攻和助攻而相对减少，此时如防守方能抓住对方防区空隙较大和回防速度较慢的机会，趁攻方失球之机发动快速反击，往往能取得良好的效果。但其难度较大，既要冒险，又要有准确、快速的传切配合技能。

（四）局部配合防守战术

1．补位。补位是足球比赛中在局部地区队员集体进行配合的一种方法。当防守过程中，一个防守队员被对手突破时，另一个防守队员应立即上前进行封堵。

2．围抢。围抢是足球比赛中在某局部位置上，防守一方利用人数上的相对优势（通常是二三个队员）同时围堵对方的持球队员，以求在短暂时间内达到抢断球或破坏对方进攻（防守）的目的。

3．造越位战术。造越位战术是利用规则而设计的一种防守战术，是一种以巧制胜的省力打法，因而成为一种重要的防守手段。由于该战术配合难度较大，搞不好会适得其反，让对手钻空子，因此，往往为水平较高的球队所采纳，但也不宜过多运用。

（五）整体防守战术

整体防守战术主要有盯人防守、区域防守和综合防守 3 种。

1．盯人防守。盯人防守是指被盯防的对手不管跑到哪个位置就盯防到哪里。盯人防守分为全场盯人和半场盯人。这种防守方法是对口盯人，分工明确，但体力消耗大，一旦被突破，很难补位，会使整个防线出现很大的漏洞。因此，在比赛中，单纯采用人盯人防守方法是不利的。

2．区域防守。由攻转守时，根据场上位置的分布，每个防守队员负责防守一定的区域，当对方队员跑到本区域时，就负责盯防，离开这个区域，就不再跟踪盯防。这种战术较为省力。但是，对方可以任意交叉换位，容易造成局部以少防多的被动局面。因此，目前在比赛中已很少采用这种防守方法。

3．综合防守。综合防守是指盯人防守与区域防守相结合的防守方法。综合防守是目前在比赛中普遍采用的一种防守方法，它集中了盯人防守和区域防守的优点，从而在防守中能根据场上情况进行逼抢、盯人、保护与补位，以达到防守的目的。

四、足球运动主要规则

本小节讲解了足球运动的基本竞赛规则，包括赛制，运动员和裁判员，任意球，罚球点球，红、黄牌，伤停补时，越位，暂停比赛，进球等。

（一）赛制

正式的国际足球比赛分为上、下两个半场，每半场45分钟，中间休息不得超过15分钟。

正式的国际比赛，在国际足联公平竞赛旗及参赛双方国旗的引导下，参赛队伍伴随国际足联公平竞赛曲列队入场；按规定位置站定，然后先奏客队国歌，再奏主队国歌。比赛场地的选择以裁判员掷硬币的方式决定，猜中者选择上半场比赛的进攻方向，另一方开球开始比赛。

足球比赛分组循环赛期间的积分为胜一场积3分，平1场积1分，负1场积0分，最终以积分多少决定小组名次。如积分相等，则根据赛前规程确定的不同名次判定标准的规定来排定名次。

（二）运动员和裁判员

每队上场队员不得多于11名，其中必须有一名守门员。如果场上一队的队员少于7人，则比赛不能开始。奥运会足球比赛中，每场比赛最多可以使用3名替补队员；场外和场上队员未经裁判员许可不能擅自进出场地。比赛时，守门员和其他队员的位置不能随意交换，如需要交换，须经过裁判员同意。

一场正式的足球比赛由一名裁判员、两名助理裁判员、一名第4官员担任裁判工作。

裁判员的职责：有场上最终判决权，决定比赛时间是否延长、比赛是否推迟和中止。

助理裁判员的职责：示意越位及球出界，协助裁判员的场上判罚，但没有最终判决权。

（三）任意球

足球比赛的任意球分两种：第一种是直接任意球，主要是针对恶意踢人、打人、绊倒对方的行为，另外用手拉扯、推搡对方，手触球也属于这一类，还有辱骂裁判员、辱骂他人也要判罚直接任意球。这种任意球可直接射门得分。如果这些行为发生在罚球区，就要判罚球点球。第二种是间接任意球的判罚，危险动作、阻挡、定位球的连踢就属于这一类。这种任意球不能直接射门得分，只有当球进门前，触及另外一名队员才可得分，罚球区内这种犯规不能判罚点球。

无论是直接任意球还是间接任意球，防守方都要退出9.15米线以外。如果不按要求退出9.15米，裁判员可出示黄牌。

（四）罚球点球

在罚球区内直接任意球的犯规要判罚球点球。罚球点球时，双方队员不能进入罚球区。

如防守方进入罚球区，进球有效，不进则重罚；如进攻方进入罚球区，进球应重踢，如不进则为防守方球门球。在罚球点球时，守门员可以在球门线上左右移动，但不可以向前移动。

（五）红、黄牌

足球裁判员在判罚时，根据犯规性质不同可出示两种不同颜色的牌。对于足球比赛中出现的一些严重犯规，裁判员要出示红、黄牌。如果是恶意的犯规或暴力行为要出示红牌。故意手球、辱骂他人或同一场比赛同一人得到两张黄牌时，也要被出示红牌。

比赛中，有违反体育道德行为，用语言和行为表示不满的队员就要被出示黄牌。连续犯规、故意延误比赛、擅自进出场地的队员也要被出示黄牌。

（六）伤停补时

足球比赛有时根据场上情况在比赛时间上需要补时。有时是一两分钟，最长时可达五六分钟，时间长短的确定由裁判员决定。造成补时的原因主要有三方面：一是处理场上受伤者；二是拖延时间；三是其他原因。

（七）越位

足球比赛构成越位要满足以下条件：在同伴传球时，脚触球的瞬间，在对方半场内如果同伴的位置与最后第二名对方队员的位置相比更靠近对方球门线，这时该队员处于越位位置。需要说明的是，与对方最后第二名队员处于平行时不判越位。对于处于越位位置的队员，裁判员在下列情况中判罚越位犯规：干扰比赛、干扰对方队员、利用越位位置获得利益。

（八）暂停比赛

在正式足球比赛中，一般场上不能暂停，只有在极特殊的情况下，如队员受伤或发生意外纠纷才鸣哨暂停。恢复比赛是在比赛停止时球所在的地点坠球，重新开始比赛。现在足球比赛道德水准普遍很高，通常一方如看到场上有受伤队员，都会将球踢出界。恢复比赛时，对方也会将球踢回。

（九）进球

当球的整体从球门柱间及横梁下越过球门线，而此前未违反竞赛规则，为进球得分。有时在比赛中会看到球打到横梁后落地又弹回场内，裁判员可以根据自己的观察来确认球是否越过球门线，这种判决有时会引起很大争议。

总结案例

足球教育是群性与个性的美好结合

在伦敦、马德里、米兰、慕尼黑、里约热内卢、布宜诺斯艾利斯，每一天都有成千上万的职业或业余球员，飞奔在各自的球场上，挥洒着青春能量，追逐着心中梦想。同时，现代通信和传媒技术的高度发达，也令球场内外的每个瞬间被无限放大，或温情，或激昂，或黯然，或感伤。现代足球，早已不是一项单纯的运动，而是汇集了竞技、商业、社群、媒体、教育和文化等元素的综合性社会活动。其中，人才培养是连接这一切元素的核心所在。尤其值得称道的是，来自德国蒂宾根大学的足球队，在世界名牌大学足球赛上 5 场全胜，打进 30 球，且一球未失。如果说由职业球员组成的国字号球队的夺冠，代表了金字塔顶的上限，那么大学生球队的优异战绩，反映的则是德国先进的青少年教育理念和足球运动广泛的业余参与度。

包括德国在内的许多欧洲足球强国普遍认为，作为一种教育方式，足球能让孩子们在锻炼身体的同时，懂得观察、总结、沟通、交流和协作的重要性，在球场上，他们不仅有身体和战术的对抗，也要学会接受生活赋予的种种经历，例如强者也会感受失败的滋味，身处逆境时亦要燃起对胜利的渴望等。因此，无论是卡灵顿、拉玛西亚、卡斯蒂亚、维斯马拉这些豪门青训营，还是广泛植根于学校和社区的各个业余训练中心，都以足球为载体，以兴趣为起点，陶冶着孩子们的性情，磨炼其体魄，塑造其心性。而足球技艺和实力的提升，则是水到渠成的自然结果。

相对于欧洲足球的校园化和社区化，南美作为世界足球版图上的另一块热土，其人才培养则更多地表现为“天赋异禀+伯乐慧眼”的模式。无论是2002年韩日世界杯上扬名天下的3R（罗纳尔多、里瓦尔多、罗纳尔迪尼奥），还是如今当红不让的MSN（梅西、苏亚雷斯、内马尔），这些南美球星的成长史，都是颇具传奇色彩的励志故事。南半球的炽烈阳光，赋予了他们与生俱来的灵巧、奔放与不羁的个性，而经验丰富、慧眼如炬的球探，则适时地发现了他们，把他们推荐给大俱乐部，然后引领他们一步步走到世界足球舞台的中央。

足球是一项鲜明的差异化合作项目，每个人都有自己的优势和短板，而通过团队协作，可以让个体优势无限放大，短板消弭于无形，同时也使团队利益得以优化。无论是欧洲足球严密细致的团队战术理念所熏陶出的年轻球员，还是在南美沙滩、街头巷尾历练出的青年才俊，都可以在同一片绿茵场上迸发出耀眼的光芒，用奇思妙想和精湛技艺诠释自己的成长。

著名教育家蔡元培先生1919年2月在《教育之对待的发展》一文中提出：“盖群性与个性的发展，相反而适以相成，是今日之完全人格，亦即新教育之标准也。”青少年的成长，以及与社会的接触和融合，就其自身而言，从不缺乏热情、潜能和好奇心，最重要的其实是一个正确的方向。足球这项魅力四射的运动，为青少年个性塑造和团队属性磨合搭建了完美的平台，而足球文化的不断营造和持久深耕，则可以保障有志趣的青少年在正确方向上奋力前行、茁壮成长。

探索与思考

1. 足球的基本技术有哪些？
2. 足球的基本战术有哪些？
3. 足球的竞赛规则有哪些？

第三节　排球运动

导入案例

排球运动在中国

排球运动自1895年创始于美国，迄今已有一百多年的历史了。排球也从一开始少数人的消闲娱乐的活动手段，发展到今天成为遍及五大洲、为广大群众所喜闻乐见的体育运动项目。而排球项目自1905年传入中国，已有117年的历史，中国早期的排球活动是由一些热心排球运动的先驱者和开拓者，在南方沿海地区和经济文化比较发达的都市首先开展的。1914 年，从第二届全国运动会起就设有排球项目，但其规模与水平，不可与现在同日而语。中华人民共和国成立后，在中国共产党和人民政府的重视与关怀下，排球运动获得了空前的发展。

1954 年，中国正式加入国际排球联合会，加强了同世界各国排球界的友好交往与技术交流。目前，中国排球运动在各省、市、自治区和军队中普遍开展，全国拥有一定数量的男、女排球甲级队、乙级队和青年队，以及各类中学、大学代表队。经过几十年的发展，中国排球运动训练水平逐步提高，技术、战术不断发展，训练经验日益丰富，中国女排曾荣获世界上的第一个“五连冠”，中国男排也曾一度达到世界先进水平。现在，排球在中国仍是一项群众喜爱、水平较高、影响较大的体育运动项目。

一、排球概述

本小节介绍了排球运动的起源，阐述了我国排球运动的发展。

（一）排球运动的起源

排球（Volleyball）运动始于 1895 年，创始人是美国人威廉·摩根。第一部规则发表在 1896 年 7 月出版的美国《体育》杂志上。最初排球比赛没有人数规定，赛前由双方临时商定，只要双方人数相等即可。

在美国，排球很快受到教会、学校和社会的广泛重视，同时也被列为军事体育项目。1896 年，美国开始举行排球比赛。1947 年，国际排球联合会成立；1949 年，第一届世界男子排球锦标赛举行；1964 年，排球运动被列为第十八届奥运会正式比赛项目。世界级排球比赛主要包括世界锦标赛、世界杯赛、奥运会排球赛、世界沙滩排球锦标巡回赛、残疾人奥运会排球赛等。

20 世纪 50 年代初，东欧各国主要依靠高点强攻和个人进攻战术的变化取胜，并一直处于世界领先地位。20 世纪 60 年代，日本女排在国际排坛崛起，创造了垫球、滚翻救球、勾手飘球等技术。1965 年，对排球规则进行了重大修改，允许伸手过网拦网。

（二）我国排球运动的发展

排球运动于 1905 年传入我国时，仅在广东等地开展。1914 年，第二届全国运动会将排球正式列为比赛项目。其后，排球又经历了 16 人制、12 人制、9 人制和 6 人制的演变过程。

中华人民共和国成立后，我国排球运动有了较快的发展，形成了一套以快球为中心的快攻掩护战术，此后男排在掌握“盖帽”拦网技术的基础上，创造了“平拉开”扣球新技术，发展了我国排球快攻打法的特点。20 世纪 70 年代中期，我国首创了“时间差”打法。男排创造的前飞、背飞、拉三、拉四等技术，丰富了快中有变的自我掩护打法，在世界比赛中取得了良好的效果。1979 年，中国男、女排都取得亚洲冠军，实现了冲出亚洲的愿望。1981—1986 年，中国女排五次连获世界冠军，在国际排坛上创造了辉煌的纪录。

二、排球运动基本技术

本小节讲解了准备姿势、移动、发球、垫球、传球、扣球、拦网等排球的基本技术。

发球、垫球、传球、扣球、拦网是排球的 5 项基本击球动作，这种直接触球的动作技术称为有球技术。而各种准备姿势、移动、助跑、起跳、倒地等没有直接触及球的配合动作，称为无球技术。

（一）准备姿势

如图 5-35 所示，按照身体重心的高低，准备姿势可分为半蹲准备姿势、低蹲准备姿势和稍蹲准备姿势 3 种。

（a）　（b）　（c）

图 5-35　发球准备姿势

1．半蹲准备姿势。如图 5-35（a）所示，两脚开立略比肩宽，两膝弯曲，脚跟自然提起，上体前倾，重心靠前，膝部的垂直线应在脚尖前面，两臂放松，自然弯曲置于腹前，两眼平视，注意来球，两脚始终保持微动。

2．低蹲准备姿势。如图 5-35（b）所示，身体重心比半蹲准备姿势更低更靠前，两脚左右、前后的距离更宽一些，膝部弯曲的程度大于半蹲准备姿势。身体重心要更靠前，肩部垂直线过膝，膝部垂直线超过脚尖。两手臂置于胸腹之间。

3．稍蹲准备姿势。如图 5-35（c）所示，两脚左右开立与肩同宽，一脚在前，两膝微屈，身体重心位于两脚之间，并稍靠近前脚，后脚跟稍提起，上体稍前倾，两臂放松，自然弯曲置于腹前。两眼注视球并兼顾场上各种情况，两脚保持微动状态。

（二）移动

移动由起动、移动步法和制动 3 个环节构成。

1．起动。起动是移动发力的开始，它的快慢是移动的关键，起动的速度取决于正确的准备姿势、反应能力和腰腿部的速度力量。

2．移动步法。起动后应根据临场技战术的需要，灵活地采用各种移动步法进行移动。

（1）并步与滑步。并步如向前移动，则后腿蹬地，前脚向来球方向跨出一步，后腿迅速跟上做好击球准备。连续并步就是滑步。

（2）跨步与跨跳步。跨步如向前移动，则后腿用力蹬地，前脚向来球方向跨出一大步，膝部弯曲，上体前倾，身体重心移至前腿上。跨步过程中有跳跃腾空即为跨跳步。

（3）交叉步。以向右交叉步为例，上体稍向右转，左脚从右脚前面向右交叉迈出一步，然后右脚再向右跨出一大步，同时身体转向来球方向，保持击球前的姿势。

（4）跑步。跑步时两臂要配合摆动，如球在侧方或后方时应边转身边跑。

（5）综合步。以上各种步法的综合运用。

3．制动。在快速移动之后，为了保持稳定的击球姿势和克服身体惯性的冲力，必须运用制动技术。

（1）一步制动法。一步制动时，最后跨出一大步，同时降低重心，膝和脚尖适当内转，全脚掌横向蹬地，抵住身体重心继续移动的趋势，并用腰腹力量控制上体，使身体重心的投影落在两脚所构成的支撑面内。

（2）两步制动法。两步制动时，以倒数第二步做第一次制动，接着跨出最后一步做第二次制动，同时身体后仰，重心下降，双脚用力蹬地，使身体处于有利于做下个动作的姿势。

（三）发球

发球是 1 号位队员在发球区内自己抛球后，用一只手将球直接击入对方场区的一种击球方法。发球是排球技术中唯一不受他人制约的技术。

1．正面上手发球。如图 5-36 所示，队员面对球网，两脚前后自然开立，左脚在前，用手托球于身前，用抬臂和手掌的平托上送，将球平稳地垂直抛于右肩前上方，高度适中。在左手抛球的同时，右臂抬起，屈肘后引，肘与肩平，上体稍向右转。击球时，利用蹬地、转体和收腹带动手臂挥动，在右肩前上方伸直手臂的最高点，以全手掌击球的中下部。击球时，手指自然张开吻合球，手腕要迅速主动地做推压动作，使击出的球呈上旋飞行。为了加强发球的力量和攻击性，还可采用一步、两步或多步的助跑发球方法。

2．正面上手发飘球。正面上手发飘球是采用正面上手的形式，发出球不旋转、不规则地飘晃飞行的一种发球方法。

如图 5-37 所示，准备姿势同正面上手发球，但抛球比正面上手发球稍低、稍靠前。击球前，手臂自后向前做直线挥动。击球时，五指并拢，手腕稍后仰，用掌根平面击球的中下部，作用力通过球体重心。击球瞬间手指、手腕紧张，手形固定，不加推压动作，手臂并有突停动作。

图 5-36　正面上手发球

图 5-37　正面上手发飘球

3．正面下手发球。正面下手发球是发球队员正面对网，手臂由后下方向前摆动，在腹前将球击入对方场区的发球方法。

图 5-38　正面下手发球

如图 5-38 所示，发球队员面对球网，两脚前后开立，左脚在前，两膝微屈。上身稍前倾，重心偏后脚。左手持球于腹前，将球轻轻抛起在体前右侧，离手高约 20 厘米，在抛球的同时右臂伸直以肩为轴向后摆动，借右腿蹬地力量，身体重心随着右手向前摆动击球而移至前脚上。在腹前以全手掌、掌根或虎口击球后下方。

4．勾手飘球。发勾手飘球采用侧面对网站位，可利用身体转动和腰部力量带动手臂的快速挥动去击球，比较省力。勾手飘球是目前排球比赛常用的一种主要发球方法，男女队员均可采用。

发球队员应左肩对网，左手将球平衡抛向左肩前上方，抛至相同于击球点的高度。在抛球同时，右臂伸直向身体右侧后下方摆动，身体重心移至右脚。当球开始上升到最高点时，右脚蹬地，身体向左侧转动，带动手臂沿弧线轨迹挥动，在右肩前上方以掌根或半握拳拇指根部坚硬平面击球后中下部，击球一瞬间，手腕稍后仰并保持紧张，用力集中，作用力要通过球体的重心。击球后，可做突停或下拖动作，但不能有推压的动作。

重点提示：无论采用哪种发球动作，都必须做到以下三点：一是平稳抛球，二是击球要准，三是手法要正确。

（四）垫球

垫球在比赛中主要用于接发球、接扣球、接拦回球，以及防守和处理各种困难球。现将几种常用的垫球技术做如下介绍。

1．正面双手垫球。正面双手垫球是双手在腹前垫击来球的一种垫球方法，是各种垫球技术的基础，是最基本的垫球方法，适合于接各种发球、扣球和拦回球，在困难时也可以用来组织进攻。

如图 5-39 所示，正面双手垫球的基本手形有抱拳式、叠掌式和互靠式。

正面双手垫球在垫轻球、垫中等力量来球和垫重球时，其动作方法是有一定区别的。

（1）垫轻球。如图 5-40 所示，采用半蹲准备姿势，当球飞来时，双手成垫球手形，手腕下压，两臂外翻形成一个平面，当球飞到腹前一臂距离时，两臂夹紧前伸，插到球下，向前上方蹬地抬臂，迎击来球，利用腕关节以上 10 厘米左右处的桡骨内侧平面击球的后下部，身体重心随击球动作前移。击球点保持在腹前一臂距离。

图 5-39　正面双手垫球基本手形

图 5-40　垫轻球

（2）垫中等力量来球。动作方法与垫轻球相同，由于来球有一定力量，因此击球动作要小，速度要慢，手臂适当放松。

（3）垫重球。根据来球的高低和角度，采用半蹲或低蹲准备姿势，击球时采用含胸、收腹的动作，帮助手臂随球屈肘后撤，适当放松，以缓冲来球力量。在撤臂缓冲的同时，用微小的小臂和手腕动作控制垫球方向和角度。

2．体侧垫球。简称侧垫，是在身体侧面垫球的一种垫球方法。其特点是控制面宽，但较难把握垫击的方向、弧度和落点。

如图 5-41 所示，左侧垫球时，以右脚前脚掌内侧蹬地，左脚向左跨出一步，身体重心随即移至左脚，并保持左膝弯曲，两臂夹紧向左侧伸出，左臂高于右臂，右肩向下倾斜，再用向右转腰和收腹的力量，配合两臂在体侧截击球的后下部。

3．跨步垫球。队员向前或向身体一侧跨出一步的垫球方法称为跨步垫球。当来球的速度较快，弧线低，距身体 1 米左右时，可采用跨步垫球的方法。如图 5-42 所示，跨步垫球时，当判断来球的落点后，迅速向来球方向跨出一大步，屈膝深蹲，臀部下降，两臂夹紧伸直插入球下，用两前臂的内侧平面击球的后下部，对准垫出方向，将球平稳垫起。

图 5-41　左侧垫球

图 5-42　跨步垫球

4．单手垫球。当来球较远，速度快，来不及或不便用双手垫球时，可采用单手垫球。单手垫球动作快，垫击范围大，但触球面积小，不易控制。单手垫球可采用各种步法接近球，可采用虎口、半握拳、掌根、手背及前臂内侧击球。

（五）传球

传球是排球运动的一项重要技术，是组织进攻战术的基础。传球主要运用在第二传，用于衔接防守和进攻。

按照传球的方向基本上把传球动作分为正面传球、背传球和侧传球，上述三种传球技术是指在原地完成。跳起在空中完成传球动作的，称为跳传。

1．正面传球。面对出球方向的传球动作，称为正面传球。正面传球是最基本的传球方法，是其他一切传球技术的基础。

图 5-43　正面传球

如图 5-43 所示，采用稍蹲准备姿势，当来球接近额头时，开始蹬地、伸膝、伸臂，两手微张从脸前向前上方迎球。击球点在额头前上方约一球距离处。当手触球时，两手自然张开呈半球形，手腕稍后仰，两拇指相对成“一”字或“八”字形，两手间有一定距离，用拇指内侧，食指全部，中指的二、三指节触球的后下部，无名指和小指在球两侧辅助控制传球方向。两肘适当分开，两前臂之间约成 90 度夹角，传球时主要靠蹬地伸臂和手指、手腕力量，以及球的反弹力将球传出。

2．背传球。背对传球目标的传球动作叫背传球。如图 5-44 所示，身体背面要对正传球目标，上体保持正直或稍后仰，身体重心在两脚之间，双手自然抬起，放松置于脸前。迎球时，抬上臂、挺胸、上体后仰。击球点保持在额上方，比正传稍高、稍后。触球时，手腕后仰并适当放松，掌心向上，击球的下部，手形与正面传球相同。背传用力要靠蹬地、展体、抬臂、伸肘和手指、手腕的弹力，把球向后上方传出。

3．跳传球。跳传球是当一传球弧线较高而又接近球网时，所采用的跳起传球技术。目前，它在比赛中运用比较广泛，一般用于二传。跳传可起到加快进攻速度和迷惑对方的作用，并且可使进攻战术多样化，扩大进攻的范围，减少二传环节中的失误。

如图 5-45 所示，起跳时，首先选好起跳点和掌握好起跳时间。起跳后，两臂屈肘抬起，两手放置脸前，击球点保持在额上方，在身体跳至最高点时，用伸臂动作及手指、手腕的弹力将球传出。由于人在空中，无法用上伸腿蹬地的力量去传球，因此，要加大伸臂的幅度和速度。

图 5-44　背传球

图 5-45　跳传球

（六）扣球

扣球是攻击性最强最有效的进攻手段，在比赛中占有非常重要的地位。

1．正面扣球。正面扣球是扣球技术中一种重要的方法，是比赛中运用得最多的一项进攻性技术，适合于近网和远网扣球。

（1）准备姿势。扣球助跑前采用稍蹲姿势，两臂自然下垂，站在离网3米左右处，身体转向来球方向，观察来球，做好向各个方向助跑起跳的准备。

（2）助跑。助跑开始时，左脚先向前迈出一步，紧接着右脚再快速跨出一大步，左脚及时并上，踏在右脚之前，两脚尖稍向右转。两臂绕体侧向上引摆。

（3）起跳。在助跑跨出最后一步（即第二步），左脚并上踏地制动的同时，两臂自后积极向前摆动，随着双腿蹬地向上起跳，两臂配合起跳有力地向上摆动。

（4）空中击球。起跳后，挺胸展腹，上体稍向右转，右臂向后上方抬起，身体呈反弓形。挥臂时，以迅速转体、收腹动作发力，依次带动肩、肘、腕各部位关节向前上方成甩鞭动作挥动。击球时，五指微张，以掌心为主，全掌包满球，在手臂伸直的最高点的前上方击球的后中部，同时主动用力屈腕屈指向前推压，使扣出的球呈上旋。

（5）落地。落地时，以两脚前脚掌先着地再迅速过渡到全脚掌着地，同时顺势屈膝、收腹，以缓冲下落的力量，立即做好下一个动作的准备。

2．调整扣球。调整扣球是指在接发球或后排防守垫球不到位时，二传队员从后场区将球传到网前所进行的扣球。调整扣球技术动作与正面扣球相同，但由于二传球来自后场区，有近网球，也有远网球，还有拉开球和集中球，与球网有一定的角度并且弧线不固定，扣球队员难以判断，所以扣这种球难度较大。因此，扣球队员要准确判断来球的方向、弧线、速度和落点。调整好人和球的关系，选择好起跳点，掌握好起跳时间。根据人和球网的距离，合理地采用不同的扣球方法，控制好扣球的力量、速度、方向、路线和落点。

3．扣快球。扣快球是扣球队员在二传队员传球前或传球的同时起跳，并迅速将二传队员传出的球，击入对方场区的扣球。快球在时间上争取主动，起着攻其不备、突然袭击的作用，可使对方拦网和防守产生判断错误。这种扣球的特点是速度快、力量大、时间短、落点近、突然性强、牵制能力大。快球技术动作方法较多，有近体快球、半快球、短平快球、平拉开快球、背快球、背平快球、调整快球等。

4．自我掩护扣球。

（1）时间差扣球。扣球队员利用起跳时间的差异迷惑对方拦网的扣球，为时间差扣球。这种扣球可用在近体快、背快、短平快等扣球中。扣球时，按快球的助跑、摆臂节奏佯作起跳，以诱使对方起跳拦网。待对方拦网队员下落后，扣球队员立即原地起跳扣半高球。

（2）位置差扣球。扣球队员按原来扣球的时间助跑，在助跑后佯作踏蹬动作逼真，下蹲与摆臂动作明显的起跳扣球，但助跑后不起跳，待对方队员拦网起跳时，突然变向侧跨出一步，动作幅度、挥臂幅度要小，速度要快，用双足或单足“错”开拦网人的位置起跳扣球，即为“位置差”扣球，或称错位扣球。

（3）空间差扣球。扣球队员利用助跑的冲力和专门的踏蹬技术，使身体向前上方跃出，把正面取位盯人拦网的对手甩开，使扣、拦在空中出现差误，即为“空间差”扣球，也叫冲飞扣球。常用的“空间差”扣球有：佯扣短平快球，突然向前冲跳到二传手前扣半高球的“前飞”，佯扣快球而冲跳向二传手背后小弧度球的“背飞”，佯扣前快球而侧身向左起跳追击扣球的“拉三”，以及佯扣短平快球而侧身向左起跳追击扣球的“拉四”。

（七）拦网

1．单人拦网。单人拦网是集体拦网的基础。如图5-46所示，其动作结构分为准备姿势、移动、起跳、空中动作和落地5个互相衔接的部分。

图 5-46　单人拦网

（1）准备姿势。队员面对球网，两脚左右开立，约与肩同宽，距网30～40厘米。两膝微屈，两臂屈肘置于胸前。

（2）移动。常用步法有一步、并步、交叉步、跑步等。无论采用哪种移动步法，都要做好制动动作，以保证向上起跳，避免触网和冲撞同队队员。

（3）起跳。原地起跳时，两腿屈膝，重心降低，随即用力蹬地，两臂以肩发力，于体侧近身处，做画弧或前后摆动，帮助身体迅速跳起。移动后的起跳，其起跳动作与原地起跳一样，但要注意制动并使移动与起跳动作紧密衔接。

（4）空中动作。起跳时，两手从额前沿球网向上方伸出，两臂伸直并保持平行，两肩上提。拦网时，两臂应伸过网去接近球。两手自然张开，屈指屈腕呈半球状。当手触球时，两手要突然收紧，手腕下压盖在球的前上方。

（5）落地。拦球后，要做含胸动作，以保持身体平衡。手臂要先后摆或上提，从网上收回至本方上空，再屈肘向下收臂，以保持身体平衡。与此同时屈膝缓冲，双脚落地，随即转身面向后场，准备接应来球或做下一个动作准备。

2．双人拦网。由前排两个队员互相靠近，同时起跳组成的拦网，称双人拦网。双人拦网是集体拦网的一种，是比赛中最常用的一种拦网形式，主要在对方大力扣球时采用。

双人拦网时，应以一人为主拦队员，另一人为配合队员。但主拦队员不是固定的，一般情况下距对方扣球点近的队员应为主拦队员。主拦队员必须抢先移动到对正扣球点的位置，做好起跳准备，配合队员则迅速移动靠近主拦队员准备同时起跳。两队员之间的距离一定要合适，距离太远，跳起后将出现“空门”；距离太近，起跳时互相干扰，致使双方都跳不高。双人拦网起跳时，两人的手臂应该在体前画小弧向上摆伸，都要尽量垂直向上起跳，要防止互相碰撞或干扰。手臂在空中既不能重叠，造成拦击面缩小，又不能间隔太宽，造成中间漏球。扣球靠近边线时，靠边线近的拦网队员外侧的手应适当内转，以防打手出界。

3．三人拦网。三人拦网也是集体拦网的一种形式。它是在对方扣球进攻力强，路线变化多，但很少轻扣和吊球时采用。三人拦网的动作方法与双人拦网相同，关键在于移动迅速，取位恰当，配合密切。无论对方从哪个位置进行扣球，一般都以3号位队员为主拦队员，2号、4号位队员为配合队员。由于三人拦网对配合的要求高，加之减弱了防守、保护的力量，故要在很有必要的情况下才采用。

拦网队员要在短短的瞬间从防守转为进攻，从被动转为主动，而完成这些任务都要在空中进行，所以难度较大，这就要求拦网应积极主动，判断准、起动快、跳得高、下手狠。

三、排球运动基本战术

本小节阐述了阵容配备、进攻战术、防守战术等排球基本战术。

排球运动是一项集体竞赛项目，因而不仅要求每个队员有比较熟练的基本技术，而且要求全队密切配合，运用得当的战术，发挥每个队员的特长，才能取得比赛的胜利。

（一）阵容配备

1．“三三”配备。由三名进攻队员和三名二传队员组成。站位时，一名进攻队员间隔一名二传队员。目前，采用这种配备形式的队伍比较少。一般适用于初学者和水平较低的球队。

2．“四二”配备。由四名进攻队员（主攻和副攻队员各两名）和两名二传队员组成，他们分别站在对角的位置上。目前，在水平一般的球队中采用这种配备形式的比较多。

“四二”配备的优点是每一轮次前排都有一个二传队员和两个进攻队员，便于组织“中二三”“边二三”进攻，战术配合有一定的稳定性。缺点是前排进攻点相对较少，隐蔽性差，不能适应高水平球队的要求。

3．“五一”配备。由五名进攻队员和一名二传队员组成。位置的安排与“四二”配备基本相同，只是由一名进攻队员站在与二传对应的位置上作为接应二传，其目的是弥补在主二传来不及到位传球时所出现的被动局面，但主要还是承担进攻任务。这种阵容配备在水平较高的球队中普遍采用。

“五一”配备的优点是加强了拦网和前排进攻力量，使全队的进攻队员只需适应一名二传队员的技术特点，有利于统一指挥、相互配合，能够更好地控制比赛的进行，使进攻战术富于变化。缺点是当二传队员轮转到前排时，有三轮前排只有两名进攻队员，影响了前排整体进攻的威力。

（二）进攻战术

进攻战术主要有以下三种形式：“中一二”进攻阵形、“边一二”进攻阵形、“插上”进攻阵形。

1．“中一二”战术形式特点。容易组织，但战术变化少，只能两点进攻，战术意图容易被识破，战术的突然性和攻击性小。其变化形式有：扣球队员通过二传队员传出集中、拉开、背传和平快等各种球，采用斜线助跑、直线助跑和跑动中变步起跳扣球等。

2．“边一二”战术形式特点。形式简单，容易掌握，也是基本战术形式之一。其变化形式有：除“中一二”战术形式变化外，还可组织“快球掩护拉开”“前交叉”“围绕”“快球掩护夹塞”“梯次”“短平快掩护拉开”“掩护活点进攻”等战术变化。

3．“插上”战术形式特点。保持前排 3 人进攻，能充分利用网的全长，发挥每个队员的特点，组成快速多变的各种战术变化。进攻的突破点多，突然性大，使对方难以有效地组织集体拦网和防守。

（三）防守战术

主要介绍“心跟进”和“边跟进”两种防守战术。

1．“心跟进”防守形式。在本方拦网能力强，对方采取打吊结合时采用。当甲方 4 号位队员进攻时，乙方 2 号、3 号位队员拦网，后排中心的 6 号位队员在本方拦网时跟在拦网队员之后进行保护，其余 3 名队员组成后排弧形防守。其优点是加强了前区的防守能力，缺点是后排防守队员之间的空当较大。

2．“边跟进”防守形式。多在对方进攻较强、吊球较少时采用。当甲方 4 号位队员进攻时，乙方 2 号、3 号位队员拦网，其他 4 个队员组成半圆弧形防守。如遇甲方吊前区，由边上 1 号位队员跟进防守。其优点是加强了拦网，缺点是边上的队员既要防直线，又要跟进防前区，比较困难。

四、排球运动主要规则

本小节介绍了发球犯规、位置错误、击球时犯规、暂停和换人等排球运动的规则要点。

（一）排球规则概况

排球是一项集体比赛项目，每队由 12 名队员组成，两队各派 6 名队员在由球网分开的场地上进行比赛。

比赛的目的是各队遵照规则，将球击过球网，使其落在对方场区的地面上，而防止球落在本方场区的地面上。每队可击球 3 次（拦网触球除外），将球击回对方场区。

比赛由发球开始，发球队员击球使其从网上飞至对方场区，比赛由此连续进行，直至球落地、出界或某一队不能合法地将球击回对方场区。

排球比赛采用五局三胜制，胜三局的队胜一场。比赛中，某队胜 1 球，即得 1 分（每球得分制）。接发球队胜 1 球时得 1 分，同时获得发球权，队员按顺时针方向轮转一个位置。每局比赛（决胜局第五局除外）先得 25 分并同时领先对手 2 分的队胜一局。当比分为 24∶24 时，比赛继续进行至某队领先 2 分（26∶24，27∶25……）为止。决胜局先得 15 分并同时领先对手 2 分的队获胜。当比分为 14∶14 时，比赛继续进行至某队领先 2 分（16∶14，17∶15……）为止。

（二）发球犯规

发球犯规包括发球击球时的犯规和发球击球后的犯规。

1．发球击球时的犯规

（1）发球次序错误；

（2）发球队员在击球时或击球起跳时，踏及场区（包括端线）或发球区以外地面；

（3）发球队员在第一裁判员鸣哨允许发球后 8 秒钟内未将球击出；

（4）球未被抛起或持球手未清楚撤离就击球；

（5）双手击球或单手将球抛出、推出；

（6）将球抛起准备发球却未击球。

2．发球击球后的犯规

（1）球触及发球队其他队员或球的整体没有从过网区内通过球网的垂直平面；

（2）界外球；

（3）球越过发球掩护的个人或集体（在发球时，某一队员或两名以上队员密集站位或挥臂跳跃、移动遮挡接发球队员，且发出去的球从他或他们上空飞过，则构成个人或集体发球掩护犯规）。

（三）位置错误

排球规则规定，当发球队员击球时，如果场上队员不在其正确位置上，则构成位置错误犯规。有下列情况之一者均为位置错误犯规：

（1）发球队员击球时，场上其他队员未完全站在本场区内；

（2）发球队员击球时，场上队员未按“每一名前排队员至少有一只脚的一部分比同列后排队员的双脚距中线更近”的规定站位；

（3）发球队员击球时，场上队员未按“每一名左边（右边）队员至少有一只脚的一部分比同排中间队员的双脚距左（右）边线更近”的规定站位。

（四）击球时的犯规

1．连击犯规。排球比赛时，运动员身体任何部分均可触球，但一名队员（拦网队员除外）连续击球两次或球连续触及其身体的不同部位为连击犯规。但在第一次击球时，允许队员在同一击球动作中，让球连续触及其身体的不同部位。

2．持球犯规。排球运动员在比赛中，身体任何部分均可触球，但球必须被击出，不得接住或抛出，否则为持球犯规。

3．四次击球犯规。一个队连续触球四次（拦网除外）为四次击球犯规。队员不论是主动击球还是被动触及，均算该队员击球一次。

4．借助击球犯规。队员在比赛场地内借助同伴或任何物体的支持进行击球，皆为借助击球犯规。

5．队员在球网附近的犯规。队员在球网附近的犯规包括过网击球犯规、过中线犯规、触网犯规和网下穿越进入对方空间妨碍对方比赛犯规等。对方进攻性击球前或击球时，在对方空间触及球为过网击球犯规。比赛进行中，队员整只脚、手或身体其他任何部分越过中线并接触对方场区，为过中线犯规。比赛过程中，队员触网或触标志杆不是犯规。但队员在击球时或干扰比赛情况下的触网或触标志杆为犯规。队员击球后可以触及网柱、全网长以外的网绳或其他任何物体，但不得影响比赛。比赛过程中，在不妨碍比赛的情况下，允许队员在网下穿越进入对方空间。若网下穿越进入对方空间的队员妨碍了对方比赛则为犯规。

6．同时击球。双方队员或同队队员可以同时触球。同队的两名或两名以上队员同时触到球，被计为两次或两次以上击球（拦网除外）。双方队员在网上同时击球后，如果球落入场内，应继续比赛，获得球的一方仍可击球三次。

7．拦网犯规。拦网犯规包括过网拦网犯规、后排队员拦网犯规、拦发球犯规和从标志杆外伸入对方空间拦网犯规几种情况。在对方进攻性击球前或击球时，在对方空间拦网触球为过网拦网犯规。判断过网拦网的依据是进攻队员与拦网队员触球时间的先后。后排队员或后排自由防守队员完成拦网或参加了完成拦网的集体，为后排队员拦网犯规。拦对方发过来的球为拦发球犯规。从标志杆外伸入对方空间拦网并触球为拦网犯规。

8．后排队员进攻性击球犯规。后排队员在前场区内或踏及进攻线（或其延长线），将整体高于球网上沿的球，击过球网垂直面或触及对方拦网队员，则为后排队员进攻性击球犯规。

（五）暂停和换人

在比赛中，每局最多可以请求 2 次暂停和 6 人次换人。暂停时间限制为 30 秒钟。第 1～4 局，每局另外有 2 次时间各为 60 秒钟的技术暂停，每当领先队达到 8 分和 16 分时自动执行。决胜局（第 5 局），没有技术暂停，每队在该局中可请求 2 次 30 秒钟的普通暂停。

自由防守队员的有关规定。排球比赛的各队可以在最后确认的 12 名队员中选择 1 名作为自由防守队员（Libero）。自由防守队员身着区别于其他队员颜色的服装。比赛前，自由防守队员必须登记在记分表上，并在旁边注明“L”字样，其号码必须登记在第一局上场阵容位置表上。自由防守队员仅作为特殊的后排队员参加比赛，在任何位置上（包括比赛场区和无障碍区）都不得将高于球网的球直接击入对方场区完成进攻性击球。自由防守队员不得发球、拦网或试图拦网。自由防守队员在前场区进行上手传球且所传球的整体高于球网上沿时，其同伴不得在高于球网处完成对该球的进攻性击球。

总结案例

与中国女排一起砥砺前行

排球世界杯赛、世界排球锦标赛和奥运会排球赛是代表世界最高水平的三个大型排球比赛。1979 年底，在中国恢复国际奥委会席位仅一个月之后，中国女排就夺得了亚锦赛冠军，成为“三大球”中第一个冲出亚洲的项目。

1981 年，中国女排以亚洲冠军的身份参加了在日本举行的第三届世界杯排球赛。经过了 7 轮 28 场比赛的激烈争夺，11 月 16 日，中国队以 7 战全胜的成绩首次夺得世界杯赛冠军。袁伟民获“最佳教练奖”，孙晋芳获“最佳运动员奖”“最佳二传手奖”“优秀运动员奖”，郎平获“优秀运动员奖”。随后，在 1982 年的秘鲁世锦赛上，中国女排再度夺冠。紧接着，在 1984 年的第 23 届奥运会上，中国女排实现了三连冠的梦想。中国女排并未就此止步，在 1985 年的第四届世界杯和 1986 年的第十届世界女排锦标赛上，中国女排又连续两次夺冠。于是，从 1981 年到 1986 年，中国女排创下的世界排球史上第一个“五连冠”，开创了我国大球翻身的新篇章。

1981 年 11 月，中国女排首次夺得世界冠军后，当时的《人民日报》就曾报道，截至 1981 年 12 月 4 日，中国女排收到贺信、贺电和各种纪念品达 3 万多件。北京商标一厂、无锡钟表厂等生产单位的职工在信中表示，要“学习女排精神，保证完成和超额完成生产任务”。受“女排精神”鼓舞的北大学子则喊出“团结起来，振兴中华”的时代最强音。

女排夺得五连冠后，各种媒体更是加大了对女排精神的宣传力度。诸如有媒体报道，“某工厂女工看了女排的事迹之后，每天早来晚走，精心操作，班产量天天超额完成计划”“某煤矿工人看完女排比赛之后，自觉加义务班，日日超产”等。《人民日报》还开辟了“学女排，见行动”的专栏。

更多的中国人则通过女排精神，真实地体会到一种从未有过的自豪感。“学习女排、振兴中华”成为口号，在全社会掀起了一股学习中国女排的热潮。女排精神简而言之，就是拼搏精神。这种精神在当时的中国被大力提倡，有着深刻的时代背景。

1986 年，中国女排实现历史性的五连冠后，女排精神开始被人们口口相传。

实际上，女排精神从一开始就超出体育竞技范围，而对各行各业的劳动者起到了激励、感召和促进作用。国务院及国家体委、共青团中央、全国青联、全国学联、全国妇联号召全国人民学习“女排精神”，为民族腾飞和社会主义建设而努力奋斗。“女排精神”的广为传颂，其实就是在向国人和全世界庄严宣告中华民族崛起的信心和能力。

看着女排姑娘们一次一次地飞身鱼跃救球，一次一次地带伤参加比赛，这种不抛弃、不放弃的精神，一直延续影响到各个行业。

探索与思考

1. 排球运动的基本技术有哪些？
2. 排球运动的基本战术有哪些？
3. 排球运动主要规则有哪些？

第四节　羽毛球运动

导入案例

羽毛球届的四大天王都是谁？

世界羽毛球四大天王之陶菲克：

陶菲克以细腻的技术闻名，最经典的是反手吊对角，反手杀球。他将双打中使用的平球技术运用到单打中，大大加快了比赛的节奏，使单打比赛也像双打一样紧张激烈、扣人心弦。陶菲克的这一技术特点使他很容易将比赛节奏抓在手中，调动对手前后场的跑动。陶菲克的潇洒随性，能反拍杀球，甚至反手起跳杀斜线，网前控制后场大力跳杀。

世界羽毛球四大天王之林丹：

林丹左手握拍，以拉吊突击为主打法，进攻意识强，场上速度快，进攻落点好，攻击犀利，步法灵活，扣杀较具有威胁。林丹的鱼跃，头顶杀直线，以及后期的拉吊如打太极，都很有观赏性。

世界羽毛球四大天王之盖德：

盖德年轻时主要打进攻，年纪大了后主要打控制球，最经典的是他的假动作技术和头顶大对角技术。盖德最突出的感觉是他对羽毛球的执着，而且脸上总挂着纯真的笑脸。他的假动作做得非常好，被誉为羽毛球界的常青树。

世界羽毛球四大天王之李宗伟：

李宗伟是公认的防守最强对手。近两年，他的打法越来越像陶菲克，首先他已有接近陶菲克的网前技术，平抽反手过渡都很稳定，进攻也很强。李宗伟攻守全面，整体技术没有明显的短板。劈杀、劈吊，各种假动作、弹簧腿，恐怖的速度，加速杀上网都是他的主要得分手段。

一、羽毛球运动概述

（一）羽毛球运动的起源

一般认为现代羽毛球运动源于英国。相传，1873 年，在英格兰格拉斯哥郡的伯明顿镇的鲍弗特公爵举办的社交聚会上，有位从印度退役的军官向大家介绍了一种隔网用拍来回击打毽球的游戏。该游戏趣味横生，引人入胜，此后，这项游戏活动便不胫而走，并逐步发展成为当今人们所熟悉和喜爱的羽毛球运动。伯明顿庄园的英文名称 Badminton 也成了羽毛球的英文名称。

（二）羽毛球运动的发展

1893 年，世界上最早的羽毛球协会——英国羽毛球协会成立，并于 1899 年举办了第一届“全英羽毛球锦标赛”。1934 年，国际羽毛球联合会成立，通过了第一部国际公认的羽毛球竞赛规则。1978 年 2 月，世界羽毛球联合会成立。1981 年 5 月，国际羽毛球联合会和世界羽毛球联合会正式合并。2006 年 9 月，国际羽毛球联合会改名为羽毛球世界联合会。

1988 年，在第二十四届汉城奥运会上，羽毛球运动被国际奥委会列为表演项目。1989

年 5 月，在印尼雅加达举办了首届苏迪曼杯羽毛球大赛。1992 年，在第二十五届巴塞罗那奥运会上，羽毛球运动被正式列为比赛项目，设男、女单打和男、女双打 4 个项目。1996 年，第二十六届亚特兰大奥运会又增设了男女混合双打比赛项目。从此，羽毛球运动进入了新的发展阶段。

二、羽毛球运动基本技术

（一）握拍

羽毛球的握拍一般分为正手握拍方法和反手握拍方法。

1．正手握拍法。右手虎口对准拍柄窄面内侧斜棱，小指、无名指、中指自然并拢，食指和中指稍分开，大拇指的内侧和食指贴在拍柄的两个宽面上将球拍柄握住。握拍时掌心不要贴紧拍柄，要使掌心与拍柄保持一定的空隙。

2．反手握拍法。在正手握拍的基础上，将大拇指伸直用其第一指节内侧顶贴在拍柄内侧的宽面上，食指收回，与拇指同（或略）高，用大拇指和食指将球拍稍向外转，中指、无名指、小指紧握拍柄，拍柄端靠近小指根部。握拍手心与拍柄之间留有空隙，以便能充分利用手腕力量和大拇指的内侧压力击球。

（二）发球

羽毛球运动的发球技术，按其动作分为正手发球和反手发球两种。按球在空中飞行的弧线可分为发高远球、平高球、平快球和网前短球等 4 种（见图 5-47）。

1．正手发高远球。所谓高远球，主要是把球发得又高又远，使球飞行到对方底线上空时，几乎垂直下落。

如图 5-48 所示，发球时，重心由后脚前移至前脚，带动转腰，同时右手持拍沿着向下而上的弧线自然地沿着身体向前上方挥拍。球拍触球前刹那，小臂带动手腕向前上方闪动发力，手紧握拍柄，利用手腕、手指爆发力及拍面的前半部击球。击球瞬间，拍面正对出球方向，击球点在发球员的右前下方。出球飞行弧度与地面仰角一般大于 45 度。

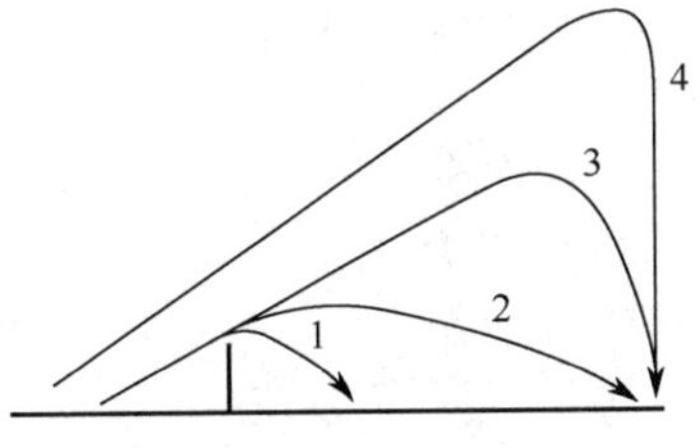

注：1．网前短球；2．平快球；3．平高球；4．高远球

图 5-47　发球技术

图 5-48　正手发高远球

2．正手发网前短球。如图 5-49 所示，发网前短球是把球发至对方发球区内前发球线附近。球的飞行速度较慢，飞行弧度较低，使球“贴网”而过。它是双打比赛最常用的发球方法，在单打比赛，用于对付接网前球较差的对手，有时也可以作为过渡性的发球，或发球抢攻战术的手段。在发球时，挥拍幅度较小，击球瞬间不需紧握拍柄，而是利用手腕和手指的力量从右向左横切推送，将球轻轻发出，使球贴网而过。

图 5-49　正手发网前短球

3．正手发平快球。又称发平球，是把球发得又平又快，使球快速落在对方场内端线附近。平快球突袭性强，往往能使对手措手不及而造成被动或失误。准备姿势同发高远球，站位稍靠后些。击球瞬间紧握球拍柄，利用小臂挥动力量带动手腕、手指力量快速向前击球，球的飞行路线与地面形成的仰角小于 30 度。

图 5-50　反手发网前球

4．反手发网前球。如图 5-50 所示，准备击球时手腕内屈，击球瞬间利用小臂带动手腕、手指力量向前横切推送，将球击出。发球时，挥拍较慢，力量较轻，球的落点近网，当球“贴”网而过后即往下坠落在对方发球区内前发球线附近。

（三）接发球

单打站位一般是在离发球线 1.5 米处，站在右发球区靠近中线的位置；在左发球区则站在中间的位置。双打发球多以发网前球为主，所以双打的接发球站位要在靠近前发球线的地方。

1．接平高/高远球。可以用平高球、吊球或扣杀球进行回击（见图 5-51）。一般来说，接高远球是一次进攻的机会，回击得好就能掌握主动权。因此，初学羽毛球者必须努力提高后场进攻的能力。

2．接网前球。可以用平高球、高远球、放网前球或平球进行回击（见图 5-52）。如果对方发球的质量不高，或球离网顶较高过网，则可采用扑球进攻。若对方企图发球抢攻，而自己防守能力较差，则以放网前球或平推球为宜，落点要远离对方站位，控制住球，不让对方进攻。

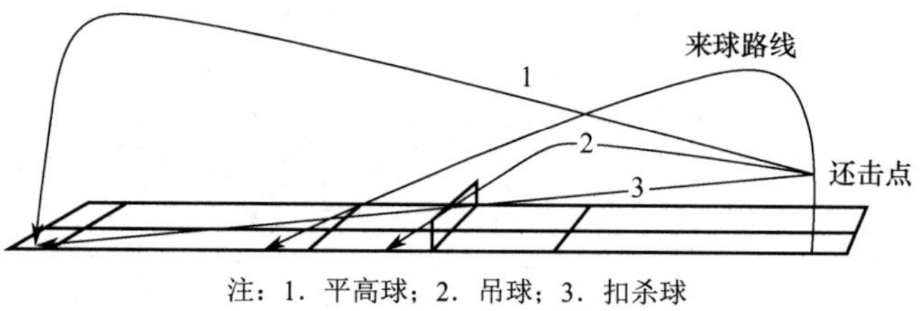

注：1．平高球；2．吊球；3．扣杀球

图 5-51　接平高/高远球

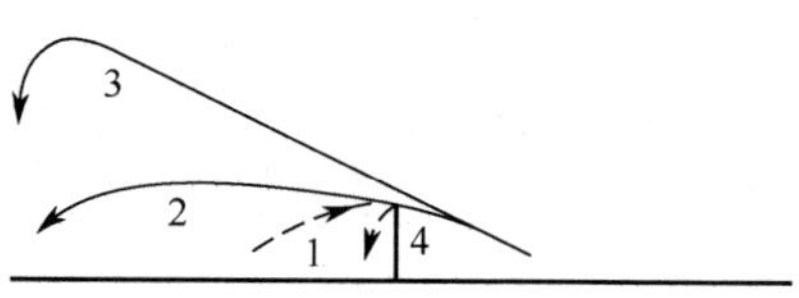

注：1．虚线为发网前球；2．平球；3．平高/高远球；4．网前球

图 5-52　接网前球

（四）后场击球

后场击球主要由高远球、平高球、扣杀球和吊球等几项技术及相应的后退步法组成。其特点是击球点高、力量大、速度快、威力大。

1．高远球

高远球飞行弧度高、速度慢，主要是迫使对方离开中心部位去击球；或者是当自己位置错乱时，击这种球来争取回位时间，所以比赛中在被动情况下常采用这种球进行过渡。

（1）正手击高远球。如图 5-53 所示，用后场退步法迅速向来球方向移动，调整好身体与来球间的位置，使球恰好在右肩稍前方上空。当球落到一定的高度时，右手肘上抬，手臂后倒引拍，以肩为轴做回环动作，同时身体左转，前臂充分向后下方摆动并外旋，手腕充分伸展。击球时，前臂迅速内旋带动手腕加速向前方挥动，手腕屈，收手指屈指发力，将球击出。

图 5-53　正手击高远球

（2）反手击高远球。准备击球前，右脚在前（先不着地，与击球动作完成的瞬间同时着地），身体背向球网，持拍臂向上抬举，身体稍向左转，含胸收腹，左腿微屈，同时手臂回环内旋引拍，握拍手尽量放松，手腕稍向外展。当球下落至右肩前上方一定高度时，以上臂、前臂迅速外旋带动手腕加速，由左下方经胸前向右前上挥动。击球时手腕由伸展至屈收快速屈指发力，用反拍面将球击出。

2．平高球

击平高球与击高远球一样，可分为正手、头顶和反手三种击球技术，是一种进攻性的击球技术。其技术动作与击高远球基本相同，所不同的是引拍、击球动作较高远球小而快，击球的瞬间运用前臂内旋带动手腕，向前快速发力击球。

3．扣杀球

扣杀球从动作结构上可分为重杀、点杀、劈杀；从击球点距身体的位置可分为正手扣杀、头顶扣杀和反手扣杀三种。而正手扣杀球是各种扣杀球的基础，初学者必须首先掌握好这一扣杀技术。

正手扣杀球如图 5-54 所示，准备姿势、击球动作与正手击高远球大致相同，不同的是在击球瞬间需用全力，充分利用右腿的蹬力、腰腹力、手臂腕力及重心的转移，快速将球向前下方击出。球拍触球时拍面前倾向前下方用力，手握紧球拍，击球点在右肩稍前上方。

4．吊球

吊球技术按球的飞行弧线和击球动作的不同分为劈吊、轻吊和拦截吊。其准备姿势与击高球、扣杀球相似，只是击球时用力不同。击球瞬间前臂突然减速，快速“闪”动手腕击球托的偏右侧（头顶吊球及反手吊球击球托的偏左侧）。打对角吊球时，当对方来球较高时，手腕向下切削的角度要大些，力量稍大些；当对方来球较平时，手腕向前推的动作要大些，向下切削的力量要小一些。吊直线球时，拍面正对前方，向前下压。

图 5-54　正手扣杀球

不论是劈吊还是轻吊，都要注意手腕灵活闪动，即注意爆发力的运用，同时还要注意掌握好击球点和控制好击球力量，将球吊准。拦截吊球和假动作配合运用便具有一定的威力。拦截对方击来的半场球或弧线较低的平高球能出其不意地达到进攻的效果。

（五）前场击球

前场击球包括网前的放、搓、推、勾、扑、挑球等。因球飞行距离较短，落地快，常使对手措手不及而直接得分。即使不能直接得分，也能迫使对方被动回球，创造下一拍的机会。现介绍几种常用的前场击球技术。

1．放网前球

（1）正手放网前球。如图 5-55 所示，准确判断来球路线和落点，快速上网，最后一步右脚在前左脚在后成弓箭步，上体前倾重心在右脚，侧身对网。右手正手握拍向前下方伸臂，小臂外旋展腕，左臂自然后伸，起平衡作用，拍面几乎朝上迎击来球。击球瞬间，手腕稍内屈轻轻闪动，食指和大拇指控制拍面角度和用力大小，球拍向前上方轻轻一托，把球轻击送过球网。

图 5-55　正手放网前球

（2）反手放网前球。快速向前左侧上网，右脚前跨成弓箭步，侧背对网，上体前倾重心在右脚。右手反手握拍向前下方伸臂，小臂内旋展腕，左臂自然后伸，起平衡作用，拍面几乎朝上迎击来球。击球瞬间，伸腕轻闪动，食指和拇指控制拍面角度和用力大小，球拍向前上方轻轻一托，把球轻击送过球网。

2．搓球

网前搓球是羽毛球技术中动作较细腻的一种，是网前技术中的高难击球动作。

（1）正手搓球。用正手上网步法迅速向来球方向移动，当右脚向前跨出时，持拍手向来球方向伸出，争取高的击球点。左手于身后拉举与右手对称，以保持身体的平衡。挥拍时，手腕动作由展腕至收腕发力，由右向左以斜拍面切击球托的右后侧部位，此时球呈下旋翻滚过网；或者手腕动作由收腕至展腕发力，由左向右以斜拍面切击球托的左后侧部位，球则呈上旋翻滚过网。

（2）反手搓球。如图 5-56 所示。用反手上网步法迅速向来球方向移动，其余动作与正手网前搓球相同。反手网前搓球也有两种击球方式：一种是手腕动作由展腕至收腕发力，由左至右切击球托左后侧部位；另一种是手腕动作由收腕至展腕发力，由右向左切击球托的右后侧部位。

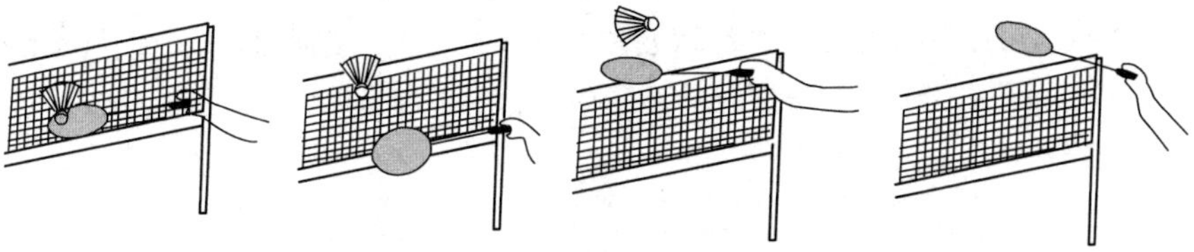

图 5-56 反手搓球

3．扑球

扑球是在对方回球刚越过网顶上空时，运用跨步或蹬跳步迅速上前，利用前臂、手腕和手指的力量，快速地由高向下将球击回对方场区的击球方法。

（1）正手扑球。如图 5-57 所示，对方来球距网较高时，快速蹬步上网，身体向右前倾，手臂充分伸展，同时迅速变换握拍手法，使拍面与球网平行正对来球。击球时，主要利用中指、无名指、小指突然紧握拍柄和手腕闪动，将球向前下方击出。击球后，随前动作甚微，右脚落地制动。

图 5-57 正手扑球

（2）反手扑球。反手握拍于左侧前，当身体向左侧前方跃起时，持拍手小臂前伸上举，手腕外展，拍面正对来球。击球时，手臂伸直，手腕由外展到内收闪动，手握紧拍柄，拇指顶压，加速挥拍扑击球。击球后即刻屈肘，球拍回收，以免球拍触网违例。

4．挑球

挑球是指将对方击来的网前区域低手位的球以较高的弧线向上击至对方端线附近上空。它是在被动情况下运用的一种过渡球。

（1）正手挑球。如图 5-58 所示，右脚向网前跨出一大步，左脚在后，侧身向网，重心在右脚上。同时左臂向后摆，自然伸腕，使球拍后引。以肘关节为轴，屈臂内旋，并捏紧球拍。用食指及手腕的力量，从右下向右前方至左上方挥拍击球，将球向前上方击出。

图 5-58　正手挑球

（2）反手挑球。如图 5-59 所示，右脚跨步向前成弓箭步，重心在右脚，侧身背对网。反手握拍，手臂向左前方伸出，小臂内旋屈肘屈腕，左臂自然后伸起平衡作用。击球时，以肘关节为轴，小臂带动手腕、手指快速由左下方向前上方呈半圆形挥拍击球。

图 5-59　反手挑球

（六）中场击球

中场击球技术主要包括接杀球、平抽、平挡技术。它要求判断反应快，出手击球快，引拍预摆动作弧度小和由防转攻或由攻转防的意识要强。

（1）接杀球。把对方扣杀过来的球还击回去，称为接杀球。接杀球主要由挡网前、挑后场和平抽球 3 种技术组成。

接杀球的站位一般在中场，两脚屈膝平行站立。右侧来球用正手挡，身体重心移向右脚。右手向右侧伸出，放松握拍，拍面略后仰对准来球。左侧来球用反手挡，身体重心移向左脚，右脚向左前方跨出一步，换成反手握拍，拍面略向后仰对准来球回击。

（2）平抽。平抽球是指击球点在肩以下，以较平的弧度、较快的球速、接近球网的高度，将球还击到对方场区的一种进攻性技术。击球时，应借助腰部的转体带动前臂、手腕和手指的力量快速协调地发力。击球点尽可能地在身体的侧前方，这样有利于转动腰部和前臂旋内、旋外的发力。如果来球正对自己而又来不及闪让时，一般不要用正手击球。因为当来球靠近自己身体时，即使击球点在自己右侧腋下，反手也比正手容易发力还击。

（3）平挡。平挡和平抽的动作结构基本相同，其区别主要在于：发力较小，通常无须身体部位发力，当对方来球力量较大时，还应有所缓冲；由于发力较小，通常击球时不要握紧球拍，以免影响击球时对力量和出球方向的精确控制；羽毛球的飞行路线较短，一般落在对方前半场。

（七）基本步法

羽毛球步法一般分为起动、移动、到位配合击球和回位四个环节。根据场上移动的方向和场区的位置，可以将羽毛球步法划分为：上网步法、后退步法和两侧移动步法。

（1）上网步法。从中心位置移动到网前击球的步法，称为上网步法。上网步法可根据个人习惯采用交叉步、并步、垫步或蹬跨步。不论是正手还是反手，根据来球远近，上网步法可采用三步、两步或一步上网击球。

① 右边上网步法。可采用两步或三步交叉步加蹬跨步移动的方法；也可采用垫一步再跨一大步移动的方法上网（见图 5-60）。

② 左边上网步法。同右边上网步法，只是移动方向是朝左边网前，如两步跨步上网（见图 5-61）。

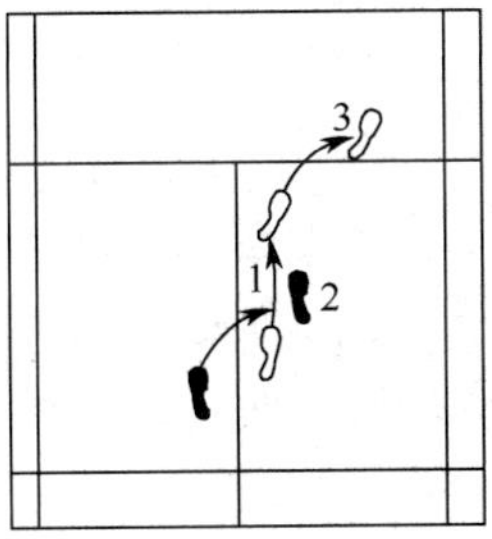

图 5-60　右边上网步法

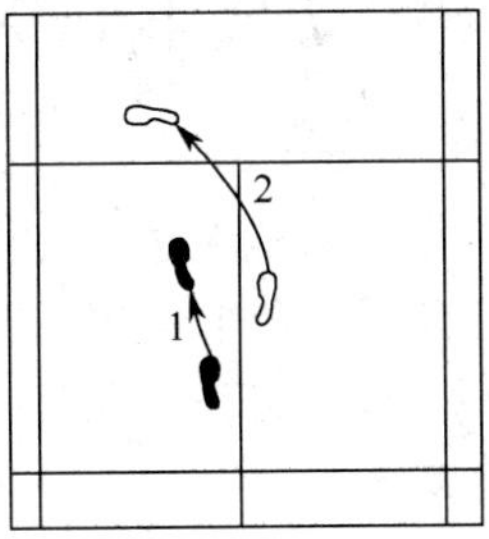

图 5-61　左边上网步法

（2）后退步法。从中心移动到后场各个击球点的位置上击球的步法，称为后退步法。

① 正手击球后退步法（见图 5-62）。分为侧身并步后退和交叉步后退两种。主要动作方法：在对方击球刹那间，判断来球，迅速调整重心至右脚。接着右脚蹬地快速向右后撤一小步，上体右转侧身对网，以交叉步或并步移动到接近击球点的位置。在移动的同时必须完成举拍准备动作，最后一步利用右脚（或双脚）蹬地起跳并在空中转体，击球后左脚后撤落地缓冲，右脚前跨以利于迅速回动。

② 反手击球后退步法（见图 5-63）。调整重心后，右脚后撤一步，接着上体左转，左脚随即向左后退一步，右脚再跨出一步，背对网，做底线反手击球。反手击球后退步法应根据来球距离的远近调整步法。如离来球较近，可采用两步后退步法，上体向左后转，左脚同时后撤一步，右脚再向左后跨一步，做底线反手击球。如距来球较远，则采用三步或五步后退步法：右脚先垫一步，而后左脚向后方跨一步，再按右、左、右向后退。但无论是几步，反手击球后退步法最后一步应右脚在后，重心在右脚上。

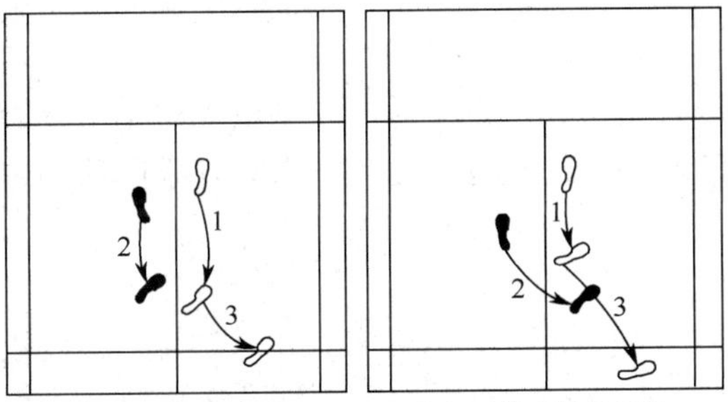

（a）三步并步后退　　（b）三步交叉步后退

图 5-62　正手击球后退步法

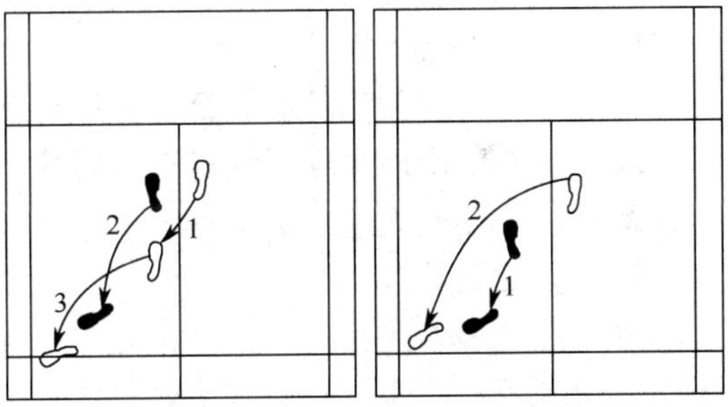

（a）三步交叉后退　　（b）两步后退

图 5-63　反手击球后退步法

（3）两侧移动步法。两侧移动步法多用于接对方的杀球和击来的半场低平球。其站位和准备姿势与上网步法基本相同。

① 向右侧移动步法。两脚左右开立，脚跟稍提起，根据来球，调整重心，上体稍倒向左侧，左脚掌内侧用力起蹬，右脚同时向右侧转跨大步。如距来球较远，左脚向右垫一小步再起蹬，右脚同时向右侧转跨大步。

② 向左侧移动步法。根据来球，调整重心，上体稍倒向右侧，右脚掌内侧用力起蹬，左脚同时向左侧转跨大步。来球较远时，左脚先向左侧移半步，上体向左转身的同时右脚向

左前交叉跨大步。

三、羽毛球运动基本战术

（一）单打战术

（1）发球抢攻战术。这是运动员利用发球使对方被动，为自己创造进攻的一种战术。这种战术一般用发网前球结合平快球、平高球，争取第三拍的主动进攻。运动员使用这一战术，可以打乱对方的整个战略部署，令对方措手不及。运用此战术时，要求运动员应具有高质量的发球，否则难以成功。

（2）攻前击后战术。这种战术是先以吊球、放网前球、搓球吸引对方到网前，然后用推球、平高球或杀球突击对方的后场底线。它一般用于对付上网步法较慢或网前球技术较差的对手。采用此战术，要求运动员首先具有较好的网前击球技术。

（3）打四方球战术。这种战术是以快速、准确的落点攻击对方场区的四个角落，逼迫对方前后奔跑、被动应付，并在其回球质量下降或露出破绽时乘虚而攻之。它用于对付体力差，反应和步法移动慢的对手。

（4）打对角线战术。这种战术无论是进攻还是防守均以打对角线为主。从而迫使对方在移动中多做转体，多走曲线。它用于对付身体灵活性差、转体较慢的对手。

（二）双打战术

（1）攻人战术。

攻人战术是双打比赛常用的一种战术。攻人战术，即“二打一”或避强击弱战术。对方两个队员的技术水平一般是不均衡的，集中力量攻击对方较弱的队员，尽量使对方的特长得不到发挥，充分暴露对方的弱点，是此战术的目的。两个人对付对方的强者，消耗其体力，减弱其进攻威力，伺机突击空当，这也是“二打一”。

（2）攻中路战术。

当对方队员分边站位时，要尽可能将球攻到对方两人之间的空隙区，以造成对方争夺回击或相互让球而出现失误。这对于一些配合较差的对手，比较行之有效。当对方成前后站位时，将球还击到两人之间靠边线的位置上。

（3）软硬兼施战术。

软硬兼施战术先用吊网前球或推半场球迫使对方被动防守，而后大力扣杀进攻。若硬攻不下，则重吊网前球，待对方挑球欠佳时，再度强攻。此时，攻击对象最好是选择对方刚后退而立足未稳者。

（4）后压前封战术。

当本方取得主动欲采取攻势时，站在后场者见高球则强攻杀球或吊网前球，迫使对方被动还击；站在前场者则应立即积极移位，准备封网扑杀。这种战术要求打法比较积极，前半场技术要好，步法移动要快，配合要默契。

四、羽毛球运动的主要规则

（一）挑边

赛前，采用挑边的方法（抛硬币）来决定发球方和场区。挑边赢者将优先选择是发球或接发球，还是在一个半场区或另一个半场区比赛。输者选择余下的一项。

（二）计分方法

羽毛球世界联合会于 2006 年 5 月在日本东京举行的年度代表大会上，正式决定实行 21 分的新赛制。2006 年 5 月在日本东京举行的汤姆斯杯和尤伯杯赛上率先试行 3 局 21 分的赛制。这一赛制成为之后所有羽毛球国际大赛的通用赛制，第二十九届奥运会也采用了这一赛制。21 分的赛制对于提高运动员的积极性、减少运动员受伤及电视转播等方面较 15 分制有更大的优势。

羽毛球世界联合会决定的 21 分制实行每球得分制，所有单项的每局获胜分皆为 21 分，最高不超过 30 分。每场比赛采取三局两胜制，先到 21 分的一方赢得当局比赛。如果双方比分为 20 : 20 时，获胜一方需超过对手 2 分才算取胜；直至双方比分打成 29 : 29 时，那么先到第 30 分的一方获胜。首局获胜一方在接下来的一局比赛中先发球。

（三）站位方式

1. 单打。当发球方的分数为 0 或偶数时，双方运动员均在各自的右发球区发球或接发球；当发球方的分数为奇数时，双方运动员均在各自的左发球区发球或接发球。

2. 双打。比赛中，当比分为 0 或偶数时，球由右发球区对角发向对方场地的右接发球区；当比分为奇数时，球由左发球区对角发向对方场地的左接发球区。比赛中，只有当一方连续得分时，发球者必须在右或左发球区交替发球，而接发球方队员的位置不变。其他情况下，选手应站在上一回合的各自发球区不变，以此保证发球者的交替。

双打比赛无论是在开始还是在赛中，皆为单发球权，也就是说每次一方只有一次发球权。发球方失误不仅丢失发球权也将丢失 1 分，如果这时得发球权的一方得分为奇数时，则必须是位于左发球区的选手发球，如果此时得发球权的一方得分为偶数时，则必须是位于右发球区选手发球。

双打比赛只有接发球队员才能接发球，若其同伴接发球或被球触及则“违例”，判发球方得分，当发球被回击后，球可由二人中任一人击回，不得连击，如此往返直至死球。双打比赛发球时，发球队员和接发球队员必须站在规定的发球区和接发球区内发球和接发球，他们的同伴站位可以不受限制，但不得妨碍对方。运动员发球和接发球顺序有误，已得比分有效，纠正方位或顺序。

（四）赛中间歇方式

每场比赛均采用三局两胜制。当任一方在比赛中得到 11 分后，比赛将间歇 1 分钟；两局比赛之间的间歇时间为 2 分钟。

（五）比赛中常见的违例

过手违例：发球时，在击球的瞬间，发球员的拍杆应指向下方。否则，将判违例。

过腰违例：发球时，在击球的瞬间，整个球应低于发球员的腰部。否则，将判违例。

挥拍有停顿：发球开始后，挥拍动作不连贯，将判违例。

脚移动、触线或不在发球区内：自发球开始至发球结束，发球员或接发球员的两脚都必须有一部分与球场地面接触，不得移动，且都必须站在斜对面的发球区内，脚不得触及发球区或接发球区的界线。否则，将判违例。

最初击球点不在球托上或发球时未能击中球，将判违例。最初击球点不在球托上是指发球时，球拍先触及羽毛或同时击中羽毛和球托。

发球时，球没有落在规定的接发球区内，将判违例。如发出的球没有落于对角的场区内或不过网，或挂在网上、停在网顶等。球从网下或网孔穿过或触及天花板或运动员的身体或衣服，将判违例。

球触及球场或其他物体或人，将判违例。击球点超过网的向上延伸面，即在对方场区上空击球，将判违例。

运动员的球拍从网上、网下侵入对方场区导致妨碍对方或分散对方注意力或妨碍对方、阻挡对方靠近球网的合法击球，将判违例。

同一运动员连续两次挥拍击中球，或双打的同方两名队员连续各击中球一次，将判违例。

球停在球拍上，紧接着被拖带抛出，将判违例。

运动员严重违反或屡次违反比赛的连续性的规定或运动员行为不端，将判违例。如擅自离开比赛场地喝水、擦汗、换球拍、接受场外指导等，或故意改变球形、破坏羽毛球、举止无礼等。

（六）重发球

重发球时，原回合无效，由原发球员重新发球。

除发球外，球过网后，挂在网上或停在网顶，判重发球。

发球时，发球方和接发球方同时被判违例，将重发球。

发球方在接发球方未做好准备时，将球发出，判重发球。

球在飞行时，球托与球的其他部分完全分离，判重发球。

裁判员对该回合不能作出判决时，将判重发球。

出现意外情况，判重发球。

（七）交换场区

第一局比赛结束时，双方应交换场地。

若局数为 1 : 1 时，在第三局比赛开始前，双方应交换场地。

在第三局比赛中，领先一方比分达到 11 分时，双方应交换场地。

若应交换场地而未交换时，一旦发现应立即交换，已得分数有效。

总结案例

羽毛球运动的价值在于全民健身

羽毛球作为一项全身运动项目，受到广大健身爱好者的青睐。因为羽毛球运动不受场地限制，无论是在室外还是在室内都可以进行，所以在全民健身热潮中，越来越受追捧。

羽毛球这项体育运动，对男女老少都适合。根据相关调查统计，青少年参加羽毛球运动的占 70%，老年人一般占 16%，儿童则占 14%。青少年参加羽毛球运动，可以促进其生长发育，增强体质，还可以开发智力。

繁重的学习压力、就业、疾病、情感等问题给青少年、大学生、老年人带来巨大的心理压力。青少年因为学习压力过大，导致情绪高度紧张，甚至开始厌倦学习，对学习失去信心。每年有一些应届大学毕业生，面对强大的竞争环境，产生抑郁、烦躁、对社会报以反感的情绪。老年人时常伴有心血管和神经系统方面的疾病，饱受疾病困扰。参加羽毛球运动可以有效促进人们的心理健康。青少年参加羽毛球运动，能暂时忘掉繁重的学习压力，在球场上挥洒汗水。中青年在工作之余，参加羽毛球运动，能宣泄工作带来的压力，忘记失意，重新振作。老年人参加羽毛球锻炼，在运动中锻炼了身体，陶冶了情操，放松心情，享受生活。

羽毛球除了增强体质，促进心理健康，还可以改善人际关系。比赛过程中，赛前，需和队友讨论战术，这无形之中，促进了人际交往能力。和对手之间，也形成了良好的对抗互动。同时，在偌大的体育场中，有的时候因缺少队友或对手，可以临时组成搭档，以球会友。慢慢地，开始熟络起来，从陌生到熟悉，再到融入各自生活，促进人与人之间的交流互动。

探索与思考

1. 羽毛球运动的基本技术有哪些？
2. 羽毛球运动的基本战术有哪些？
3. 羽毛球运动的竞赛规则有哪些？

第五节　乒乓球运动

本章概述了乒乓球运动的起源、发展、锻炼价值、规则等，并详细讲解了其基本动作、战术技巧等。

一、乒乓球运动概述

（一）乒乓球运动的起源与发展

乒乓球运动始于英国，英文译为 Table Tennis，直译为“桌上网球”。19 世纪末，网球运动在整个欧洲非常流行，英国也不例外，但由于受到场地和天气的限制，英国有些大学生便把网球移到室内，找来桌子和书作为球台和球网，用羊皮纸作为球拍，在桌上打来打去，当时对此项活动的名称、球台大小和球网的高低均无统一规定，发球的方法也无严格限制，可以把球先击到本方台面再落到对方台面，也可以将球直接发到对方台面，只是要求在本方球台后方，并保持台面以上高度。最初这种游戏叫“弗利姆-弗拉姆”（Flim-Flam）。大约在 1890 年，有位名叫詹姆斯・吉布（James Gibb）的英格兰人到美国旅行时，偶然发现了一种用赛璐珞制成的空心玩具球，弹跳力很强。于是，他将这种球稍加改进后，逐步在英国和世界各地推广起来。也许因为此球在桌上打来打去发出了“乒乒乓乓”声音的缘故，英国一家体育用品公司，首先用“乒乓”（Ping-Pong）一词做了广告上的名称，就这样，乒乓球才开始得此绘声之名。

1959 年，容国团获得了第二十五届世界乒乓球锦标赛男子单打冠军后，中国运动员开始登上了国际乒坛。20 世纪 70 年代以来，由于国际交流加强，国际性大赛逐步开展，使乒乓球技术得到了更快的发展和提高。比如，中国近台快攻、直拍快攻结合弧圈球、横拍快攻结合弧圈球等打法和技术，均有所发展和创新，在国际比赛中取得了优良的成绩。乒乓球在我国被誉为“国球”，广大民众普遍习惯我国运动员在国际比赛中包揽冠亚军的优良表现，甚者一度认为全世界没有几个国家开展乒乓球运动，但根据国际乒乓球联合会公布的数据，截至 2019 年国际乒联的成员协会已达到 226 个国家和地区，也就是说全世界所有有登记的国家和地区，都加入了国际乒联。这个数字不仅是对乒联全球推广工作的肯定，更是让我国广大人民群众深深体会到我国乒乓健儿在国际赛场取得优异成绩的不易。

（二）乒乓球运动的锻炼价值

1．乒乓球运动可以有效地提高人体各项机能指标。长期参加乒乓球运动，机体的速度素质、力量素质和身体的灵敏性、协调性都会明显增加，而且使肌肉发达、结实、健壮，关节更加灵活稳固。

2．乒乓球运动可以调节改善神经系统灵活性。增强中枢神经系统对其他系统与器官的调节能力，提高反应速度。打乒乓球时，球在空中高速来回飞行，在这样短暂的时间内，要求运动员对高速运动的来球方向、旋转、力量、落点等进行全面观察，迅速作出判断，并及时采取对策，迅速移动步法，调整击球的位置与拍面角度，进行合理的还击。而这一切活动都是在大脑指挥下进行的。经常参与乒乓球运动，可大大提高神经系统的反应速度。

3．乒乓球运动可以改善心血管系统和呼吸系统的功能。经常参加乒乓球运动，能使心血管系统的结构和机能得到改善，心肌变得发达有力，心容量加大，每搏输出量增多。提高心脏的工作效率，有利于身体的新陈代谢，提高整个身体机能水平。

4．乒乓球运动可以提高心理素质。乒乓球是竞技运动。由于激烈的竞争，成功和失败的条件经常转换，参赛者情绪状态也非常复杂。参赛者经受这些变幻莫测、胜负难料的比赛局面必须在短时间内做出心理调整，从容面对。这使得乒乓球爱好者们在生活中出现困难局面时，能够冷静面对，找出解决问题的办法，对我们当代大学生来说也是一个非常好的锻炼平台。

5．乒乓球运动可以促进交流，增加友谊。通过参加乒乓球运动，运动者可以相互交流经验，切磋球技，以乒乓球为媒介相互学习、共同提高，达到建立良好人际关系的目的。历史上的“乒乓外交”就是典型的成功案例。

二、乒乓球基本技术

（一）基本站位

站位动作要点：站位的范围指运动员离球台端线的远近距离和左右距离。

不同类型打法及个人的打法特点不同基本站位也不同，应与其打法相适应，打法类型不同则基本站位的范围大小也不相同。站位正确，有利于保持稳定的击球姿势和向任何一个方向迅速移动。比如：

（1）基本站位在中间偏左的打法为左推右攻。

（2）基本站位在近台中间的打法为两面攻。

（3）基本站位在中台偏左的打法以弧圈球为主。

（4）基本站位在中台附近的打法为横拍攻削结合。

（5）基本站位在中远台附近的打法以削球为主。

（二）准备姿势

准备姿势：指准备击球或还击球时的身体各部位姿势。规范的姿势有利于脚、腿蹬地用力及腰、躯干各部位的协调配合，保持正确的发力点及击球姿势。两脚开立，比肩稍宽，左脚稍前，右脚稍后，前脚掌内侧着地，脚后跟略提起，两膝自然微屈，重心在两脚之间，含胸收腹，身体略前倾，肩关节放松，执拍手位于身前偏右处，球拍略高于台面。如图 5-64。

图 5-64　准备姿势

（三）握拍技术

1．直握拍法

（1）快攻型直握拍法。拍柄贴在虎口上，拇指的第一指节压住球拍左肩，食指的第二指节压住右肩，拇指第一指节和食指第一、第二指节位于球拍前面成钳形，两指尖距离 1～2 厘米，其他三指自然弯曲叠置于拍后。见图 5-65。

（2）弧圈型直握拍法。食指扣住拍柄与拇指共同形成环状，其他三指在拍背面自然微伸叠置于拍后。见图 5-66。

（3）削球型直握拍法。拇指弯曲紧贴拍柄左侧，稍用力下压，其余四指分开并自然伸直托住球拍的背面。见图 5-67。

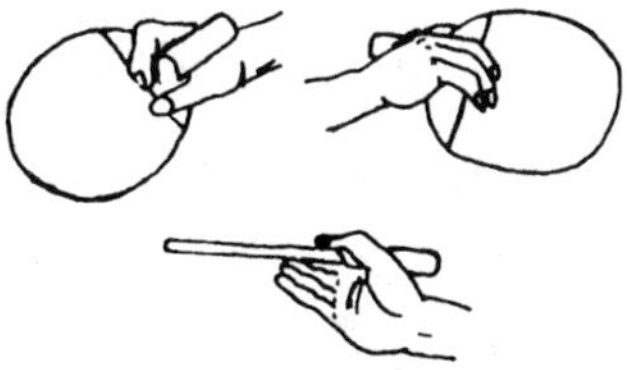

图 5-65　快攻型直握拍法

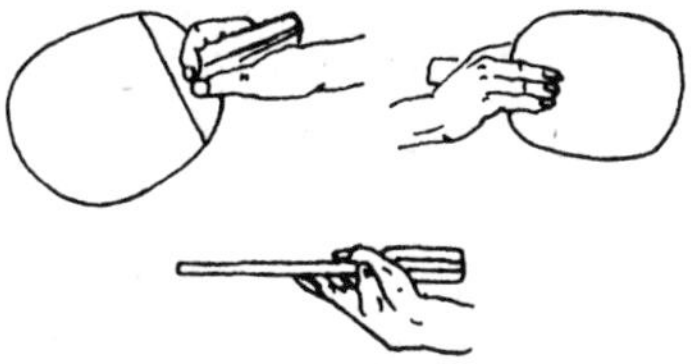

图 5-66　弧圈型直握拍法

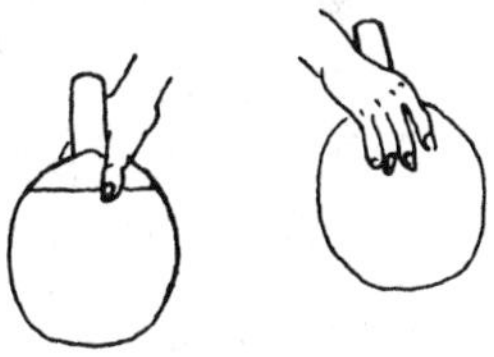

图 5-67　削球型直握拍法

2．横握拍法

（1）攻击型横握拍法。拇指自然斜伸，贴于拍面。食指自然斜伸，贴于球拍背后，用第一指节顶住球拍，顶点略偏上。见图 5-68。

（2）削攻型横握拍法。拇指在前自然弯曲贴于拍柄，食指在拍后自然斜伸贴于拍面，其他各指自然握住拍柄。见图 5-69。

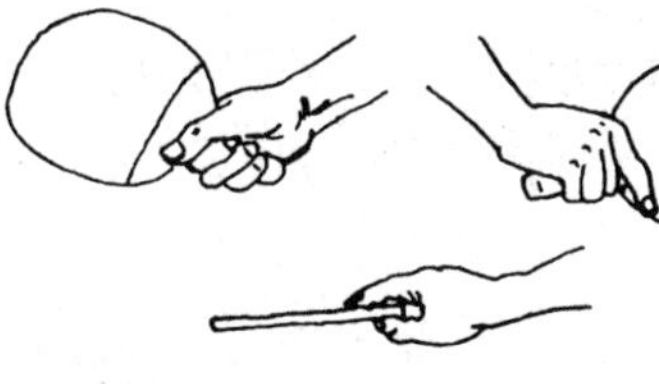

图 5-68　攻击型横握拍法

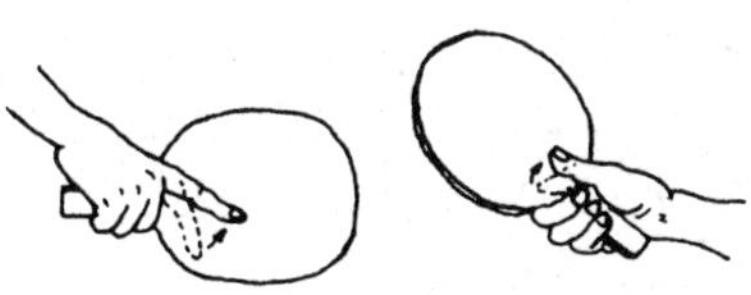

图 5-69　削攻型横握拍法

（四）基本步伐

1．单步。以一脚为轴，另一脚向前、后、左、右不同方向移动，重心随之跟上。其特点是移步简单、灵活，重心平稳。它适用于来球速度快，在离身体不远的小范围内击球，如接近网球、搓球、推挡球、离身体不远的削球等。

2．并步。先以来球异方向的脚向同方向的脚迈一步，然后同方向的脚再向来球的方向迈一步，重心随之交换。其特点是身体不腾空，重心起伏小且很稳定。并步一般为攻球、削球选手在左右移动时采用。

3．换步（即跟步）。先以来球同方向的脚向来球方向跨出一步，另一只脚跟着移动一步，重心随之交换。其特点基本上同并步。一般运用于来球稍远的情况，还运用于侧身攻球。

4．跨步。以一脚蹬地，另一只脚向来球方向腾空跨出一大步，身体重心随即移到摆动脚上，另一只脚跟着移动。其特点是速度快，比单、并、换步移动范围大。进攻型选手多用于扑打正手球，削球选手多用于应对对方的突然攻击。

5．跳步。以来球异方向的脚用力蹬地为主，使两脚同时或几乎同时离地向来球的方向跳动。蹬地用力大的脚先落地，另一只脚紧跟着落地，可以原地或向左、右、前、后跳动。其特点是快速、灵活，移动幅度比单、并、换步大，有短暂的腾空时间，靠膝关节和踝关节的缓冲来减少重心的起伏。快攻打法用跳步侧身抢攻较多，弧圈球打法在中台左右移动或侧移动时常用，搓球、削球时用跳步调整位置较多。

6．交叉步。先以靠近来球方向的脚作为支撑脚，远离来球方向的脚向来球方向移动，并超过另一脚，然后另一脚随即向来球方向再迈一步。其特点是移动幅度比上述步法的移动幅度都大。主要用于来球离身体较远的情形，如快攻、弧圈球打法在侧身进攻后扑右空当或削两边大角度来球时，常用此种步法。

7．小碎步。它是在原位高频率的小垫步或在小范围内的小跑动。可用于原地的重心调整、小范围的取位移动、击球后的还原、不同步法间的衔接、回击中路追身球的取位移动，以及离台很远进行大范围步法移动前的预动。

基本步法的练习方法如下：

（1）徒手的设想性练习，熟练各种步法。

（2）采用多球训练法，一组球单个步法或多种步法组合练习，逐渐加大供球速度和难度。

（3）与身体素质练习相结合，如各种姿势的突然性起跑、加速跑、折返跑、变速跑、双摇跳绳、抬腿跳绳等。

（4）练习某一种步法时，规定组数和次数，或要求在规定时间内完成。

（五）发球与接发球

乒乓球比赛是从发球和接发球开始的，两者的好坏都能直接得分或失分，因此要重视发球和接发球技术的练习。

发球是比赛的开始，它不受对方来球的制约和限制。在比赛中，发球可以直接得分，可以为发球抢攻创造条件，充分发挥自己的技术风格和特点，限制对方技术特长发挥，破坏对方的战术；造成对方心理恐惧，增强自己比赛的信心。

1．平击发球

动作要点：正手发球时左脚在前，身体稍向右转，左手掌心托球，置于身体右侧，右手持拍也置于身体右侧。持球手将球向上抛起，同时右臂稍向后引拍，在球略低于网时，持拍手从身体右后方向前挥拍，拍形稍前倾，撞击球的中部靠上。击球后，前臂和手腕继续随势向前挥动，身体重心移至前脚。击出的球应先落在本方台面的中区。反手发球时，右脚在前，球向上抛起后，右手持拍从身体左后方向前挥动，拍形稍前倾，击球中部靠上，身体重心移至前脚。这种方法球速一般，基本不转或略带上旋。

2．反手发急上旋长球

动作要点：右脚稍前，持拍手位于身前，球向上轻轻抛起，同时持拍手向后引拍。上臂自然地靠近身体右侧，当球从高点下降到低于球网时，持拍手以肘为中心，前臂向右前方横摆发力击球。触球时拍面稍向前倾，摩擦球的中上部，使球快速前进并具有一定的上旋。球离拍后，第一跳要落在球台端线附近。这种方法球速快，弧线低，前冲力大，是快攻型打法常用的发球技术。

3．反手发轻短球

动作要点：手臂先向后上方引拍，当球下降至网稍高时，前臂向前下方轻微用力送出，拍面后仰，接球中下部并向底部摩擦。球离拍后，第一跳要在本方台面近网区弹起，越网落到对方近网区的地方。这种方法动作小，出手快，力量轻，落点靠近球网，使对方不易发力还击，可牵制对方。

4．反手发急下旋长球

动作要点：拇指要用力压拍的左肩，使拍面稍后仰。发球前前臂先向后上方引拍，当球下降到低于球网时，前臂迅速向前下方用力推切球，拍面触球的中下部使球快速前进并具有一定的下旋。手腕在球拍触球一刹那，要略加一点弹击动作，以加快急下旋球的速度。球离拍后，第一跳要落在球台端线附近。这种方法球速较快，带有一定的下旋，对方接球时不易借力。

5．正、反手发转与不转球

动作要点：球拍触球时，拍面较平，摩擦球的中下部或偏底部，并向前下方发力为加转球。触球时拍面稍立，不是摩擦球体而是将球推送出去为不转球。这种方法动作相似，出手迅速，线路短，不出台。

6．正手发右侧上旋急球（奔球）

动作要点：持拍手向右后上方引拍，上臂向后引拍时手腕要放松，拍面较垂直。当球从高点下降时，上臂带动前臂由右后方向左前方挥摆，同时腰髋也由右向左转动。拍面触球的一瞬间，拇指用力压迫拍子左肩，手腕同时从后向前使劲抖动，球拍沿球的右侧中部向中上部摩擦球。这种方法球速快，角度大，突然性强，并向对方右侧偏拐。

发球时应注意：抛球要稳定，击球部位要准确。

发球技术的练习方法如下：

（1）徒手做抛球、引拍与挥拍击球模仿练习。

（2）先发斜线，后发直线；先发不定点，后发定点。

（3）练习发各种旋转性能的球。

（4）用同一动作发单一速度、线路、落点、旋转的球。

（5）用近似动作发不同速度、线路、落点、旋转的球。

（6）采用多球训练法，结合个人技术特点，练 1～2 套质量高的特长发球。

接发球的特点是处于被动地位，它的难度主要是分析判断对手的发球意图及旋转、速度、落点等因素从而决定自己的回接方法。接发球既是受控于对手的发球，又要反控制对手的一板抢攻。接发球技术的优劣对比赛胜负起着重要的作用。回接球的质量，直接影响自己技术、战术的发挥和是否能将对手控制在被动状态，同时也直接影响到自己的心理状态。接发球技术运用得好，可直接得分或为抢攻创造有利条件。

接发球技术包括点、拨、搓、拉、攻、推、削、摆短、撇侧旋球等。具体采用哪一种方法接发球，应根据对方发球的旋转、落点及双方打法特点等因素而定。首先是站位的选择：站在球台左半台，在离球台端线的远近距离视来球的落点而定，便于前后移动接长、短球。其次是对来球的判断，判断是接好发球的前提。如何才能准确无误地判断出对方发球的旋转性质、旋转程度或缓、急、落点变化，主要应依据对方球拍在接触球的瞬间的挥动方向和掌握击球的部位与用力方向来判断球的旋转性能。

接发球技术的练习要点：

首先是接好台内短球，可采用快搓摆短、快捅底线长球、快挑多种落点、撇大角、拧搓左右侧旋、拧挑左右侧旋、推送下沉球等技术手段；其次是要突出“快”和“变”，以快为主，如点球快，拉球快，挑球快，运用搓球、推挡球也要快。变就是落点、速度、旋转的变化。落点和速度的变化包括拉、挑、拨斜直线，推两角、压中路、快搓短球、快捅底线长球等。旋转变化包括撇侧旋、拉小弧圈、拧挑左右侧旋、拧搓左右侧旋、搓转与不转球等。接发球要力争做到有拉、有攻、有点，快摆、快捅，时长时短、忽左忽右等多种旋转变化，给对方制造难度，使其不能随心所欲，要力争变被动为相持，甚至转为主动，为第四板创造进攻机会。接发球后，应迅速还原成准备姿势。

（六）推挡球技术

推挡球是推球和挡球的总称，是初学者首先学习的一项基本技术，推挡球站位近、动作小、速度快、落点变化多，也有一些旋转变化。推挡是左推右攻想打法的主要技术之一，也是其他类型打法不可缺少的技术。各种推挡技术配合使用时，能利用速度、落点和旋转变化争取主动和创造进攻机会。在被动或相持时可起到积极防守的作用，并可变被动、相持为主动。推挡球可分为平挡、反手快推、加力推、减力挡、推下旋、推挤等。

1．平挡

动作要点：拍面近半垂直，略高于台面，手指手腕控制拍形，在上升前期击球，触球中部靠上，借助来球反弹力，前臂和手腕向前上方挥动，将球平挡过网。这种方法借力还击，力量轻，速度慢，线路短。

2．反手快推

动作要点：上臂、前臂向后下方稍引拍（动作要小），手臂迅速迎前，在球的上升期击球。击球一刹那手腕外旋用力，使拍面触球的中上部，手臂要向前稍微向上辅助用力快推。这种方法速度快，变化多，灵活，命中率较高，一般运用于相持、接弧圈球、拉球和中等力量的突击来球。

3．加力推

动作要点：前臂提起，上臂后收，肘部贴近身体，在上升后期或高点期击球，适当运用伸髋转腰动作，加大手腕发力，并用中指顶住拍背向前用力，身体重心同时向前移动。这种方法力量大，速度快，并有落点变化。主要运用于助攻，常迫使对方离台造成被动，为抢攻创造条件。还可适当用于对付速度较慢、旋转较弱的上旋来球或力量较轻的攻球和推挡球。

4．减力挡

动作要点：力量轻、动作小，能减弱来球的反弹力，故弧线低、落点近、不旋转、前进力极弱。多半在对方来球力量大或上旋强烈（特别是在对方站位较远）的情况下使用，能调动对方前后奔跑，取得主动权。如推后配合攻球或加力推，效果更好。

5．推下旋

动作要点：身体离台约 40 厘米，站位在球台中间或偏左。两脚平站或左脚稍前，两膝微屈，收腹含胸，身体向前或略向左转。右上臂和肘关节靠近身体右侧，前臂略内旋并提起，引拍至身前或偏左，与球网同高或略高，拍面微微后仰。来球从台面弹起后，前臂和手腕向前下方挥拍迎球。在来球的上升后期或高点前期推击球的中部。球拍击球瞬间，上臂、前臂和手腕用力使球拍向前下方摩擦球。击球后，手和臂顺势向前下方挥动，并迅速还原成准备姿势。动作过程中，身体重心放在双脚上。

6．推挡

动作要点：球台中间或偏左站立，身体离台约 40 厘米。两脚平站或左脚略前，两膝微屈，收腹含胸，身体向前，右上臂和肘关节靠近身体右侧。手臂自然弯曲，前臂上提并外旋，引拍至身前，使拍面稍前倾。来球从台面弹起后，前臂和手腕向左前下方挥拍迎球。在来球的上升前期，以稍前倾的拍形推击球的中上部，球拍击球瞬间，前臂和手腕向左前下方发力。击球后，手和臂顺势向左前下方挥动并迅速还原成准备姿势。动作过程中，身体重心在两脚之间。

推挡球技术的练习要点：

首先教师应该先做各种推挡技术的完整示范，使学生初步建立完整的动作概念。学生在原地徒手模仿动作已初步掌握的基础上，结合下肢步法，在移动中做徒手动作练习。由于推挡动作引拍受身体阻碍，在准备击球时，一定要向前探腰收腹加大引拍距离，以便发力。推挡练习时移动范围较小，但不能忽视步法的重要性。虽然推挡动作是上肢动作，但要利用腰、髋的转动和移动身体重心来获得更大的力量。推挡后迅速还原是下一步动作实施的有力保障。

（七）攻球技术

攻球技术分为正手攻球、反手攻球和侧身攻球三大类，包括快攻、快点、快拉、突击、扣杀、快带、杀高球、中远台攻球、攻打弧圈球等各种技术，它们的特点不同，所起的作用与运用方法也不一样。

1．正手快攻

动作要点：右脚稍后，两膝微屈，身体略向右转，重心在右脚。前臂在腰的带动下横摆引拍（忌大臂后拉抬肘，引拍过大或过小），前臂与台面略平行。拍形与台面垂直或略前倾，手腕手指持拍自然放松，球拍呈半横状（忌手腕上翘或下吊）。击球时，右脚稍用力蹬地，膝髋稍向前挺，腰向左转，带动手臂向前挥动迎球。击球点在体前右侧，触球瞬间前臂快速用力收缩，向前打为主，略有摩擦。在来球的上升或高点期击球，触球的中上部。手腕手指调节好拍形辅助发力，触球瞬间有一摩擦球的动作。这种方法站位近，动作小，速度快，进攻性强。

2．正手快拉

动作要点：击球前的准备动作和引拍动作与正手快攻相似，不同之处是身体重心稍下降，前臂略下沉，球拍略低于球。拉球时，前臂发力为主，在来球的高点期或下降前期击球，手腕同时向前、向上用力转动球拍摩擦球，以便制造弧线。应注意判断好来球下旋的强弱，若来球下旋强，球拍向上摩擦球的力量要大些，弧线要高些；反之，向上摩擦球的力量要小些，弧线应低些。拍面角度和触球部位也要根据来球下旋的强弱来调节。这种方法速度较快，动作较小，线路较活，并与突击动作较接近。用它快拉不同落点，配合拉大小力量和旋转变化等，伺机进行突击、扣杀。

3．正手扣杀

动作要点：站位视来球长短而定，若来球较短，站位应靠近球台；当来球较长时，应稍向后移位；左右来球，应向左右移位。击球前，整个手臂应随步法、重心、腰髋转动向后引拍，要适当加大引拍距离，便于提高触球瞬间的挥拍速度。击球时，主要靠腰髋的转动及腿的蹬力，带动手臂向前发力。手腕手指除控制落点外，还应辅助手臂一起向前下方爆发用力，在来球高点期击球，亦可在上升期击球。扣杀一般来球，拍面稍前倾，击球中上部；扣杀强烈下旋球时，拍形与台面垂直，高点期击球中部，发力以撞击为主，略带摩擦。若来球高且近网，可直接将球向下方稍前扣杀。这种方法力量大，球速快，威力大，攻击性强，常用于还击各种机会球。

4．正手中远台攻球

动作要点：站位中远台，上臂带动前臂向左前上方发力为主，手腕控制拍面角度。右脚蹬地，上体左转，重心前移，在来球高点期或下降前期击球的中上部或中部。手臂挥动要快，用力要集中，适当运用腰、腿的力量。这种方法力量较大，进攻性较强，常用于侧身后扑正手球和正手打回球。

5．正手攻打弧圈球

动作要点：高手引拍，拍形稍前倾，相对固定。发力以大臂和腰髋的转动为主，触球瞬间前臂有一收缩动作。击球点一定要在身前，发力方向为向前、向下，击球时间在上升后期。这种方法速度快，力量大，威胁性强。

6．反手攻球技术

（1）直拍反手攻球动作要点：两脚开立，身体略向左侧，右髋和腰右侧略向左后方压转重心，两膝微屈，前臂稍向后摆，引拍稍高。髋关节略向右转，前臂向右前方用力，肘部内收，左肩稍向后拉，击球中部稍偏左侧，手腕辅助发力，稍带摩擦球，食指掌握好拍形，拍后中指决定发力方向。

（2）横拍反手攻球动作要点：腰髋部略向左转的同时，带动前臂略向后引拍，手腕稍后屈。在腰髋部略向右转的同时，前臂和手腕向前右方发力，触球的中部或中上部。前臂和手掌背部的运行方向决定击球的方向，拇指控制拍形和击球弧线。

这种方法出手快，突然性强，能快拉、快攻，也能发力。

攻球时应注意正手攻球时不要抬肘，手腕不要下垂；反手攻球时，拍面角度要调节好，不要过于前倾或后仰。

攻球技术的练习要点：

由于攻球技术内容很多，所以在教学中，应注意掌握循序渐进的教学原则。示范讲解各种攻球技术动作，着重动作要领的讲解，以及该技术在比赛中的应用时机与作用。先做各种攻球技术的完整示范，使学生初步建立完整的动作概念。攻球是在快速运动中进行的，所以动作方法难以定型，初学时一定要按动作结构反复进行台下徒手模仿练习。加强步法移动的练习，在走动中击球。扭转只注意上肢动作，忽视下肢移动的偏向。在击球时，不但要注意上肢手法和下肢步法的运用，同时还要加强腰、髋、身体重心移动等辅助力量的运用。

（八）搓球技术

搓球类似削球的动作，又称为“小削板”，它是过渡性技术。其特点是站位近、动作小、出手快。回球多在台内进行，用它对付下旋来球是一种比较稳妥的方法，也是学削球的入门技术。搓球可分为快搓、慢搓、快摆（摆短）、搓侧旋等。

1．快搓

动作要点：站位近台，两脚开立，左脚在前。拍面稍后仰，手臂要迅速前伸迎球。在上升前期击球。若来球下旋强，拍触球的底部，前臂和手腕向前用力摩擦要大些；若来球下旋弱，拍触球的中下部，前臂和手腕向下向前用力切摩要大些。根据来球旋转强弱调节拍形。这种方法击球时间早，回球速度快，可以变节奏。主要用于对付近网下旋球，可以回搓近网球和底线长球。

2．慢搓

动作要点：击球时间为下降前期，触球中下部，拍形稍后仰，前臂配合手腕动作向前稍下切摩用力。正手搓球以拇指和中指用力为主，横拍以靠近虎口处的肌肉和拇指、食指的协调用力为主。根据来球旋转程度，调节拍面角度和用力方向。若来球旋转强，触球靠近底部，向前摩擦用力大；若来球旋转弱，触球中下部，向下向前切摩用力。搓加转球时，用球拍的下部触球，前臂和手腕手指向前下用力摩擦击球，以摩为主；搓不转球时，用球拍的上部或中部触球，前臂和手腕手指向前下撞推送用力，以撞为主。这种方法击球时间晚，回球速度慢，利于加转，同快搓结合运用可改变击球节奏。

3．快摆

动作要点：站位近台，身体迎前，重心前移，在上升前期击球。拍面后仰，触球的下中部或底部。击球时动作幅度很小，前臂向前伸的动作和快搓相似，触球时手臂和手腕用力很小，可借助来球的反弹力，有时还有一定的减力动作。这种方法速度快，落点短，弧线低。主要是对付近网下旋球，限制对方抢拉或抢攻。

4．搓侧旋

（1）反手搓右侧旋。动作要点：在高点期或下降前期击球，球拍先迎球，触球的中下部，手臂向右发力摩擦球，同时手腕辅助用力。直拍手腕向右拧挑动作，也可向右上拧挑出右侧上旋球。

（2）正手搓左侧旋。动作要点：手臂略提起，右脚和身体迎前，在高点期或下降前期击球。击球时手腕要略后屈，触球的左侧中下部，手臂向左侧发力摩擦球体，同时手腕辅助用力。直拍选手的手腕向左有一勾挑动作，也可向左上勾挑出左侧上旋球。

这种方法使回击过去的球向两侧拐弯，会造成对方回球弧线较高。

搓球时应注意动作不要太大，要充分利用前臂和手腕转动的力量；搓转与不转球时，其动作要力求相似。

搓球技术的练习要点：

搓球多在台内进行，常受台面阻碍，所以动作不宜过大，发力要集中，要多用前臂和手腕。搓球虽然移动范围较小，但一定要做到每球必动，击球到位。这样，不但能够提高搓球质量，而且能够随时发动进攻。练习搓球，一方面要认识到它是一项为进攻服务的过渡技术，另一方面又要认识到，只有提高搓球质量，才能达到主动过渡，真正为进攻服务。

（九）弧圈球技术

弧圈球是一种上旋力非常强的进攻技术。弧圈球可分为加转弧圈球、前冲弧圈球和侧旋弧圈球。

1．正手拉加转弧圈球。左脚在前，两膝微屈，身体略向右转，球拍低于来球。右脚掌内侧蹬地，以腰、髋扭转带动手臂由后向前挥动，快速收缩前臂，在高点期或下降前期，向前上方摩擦球的中部或中上部。拍形与台面垂直或稍前倾，触球瞬间甩动手腕。

2．正手前冲弧圈球。持拍手引至腰部右侧与台面同高，手腕相对固定，拍面前倾。击球时，上臂带动前臂向左前方挥拍，上体随势转动，触球瞬间，手腕略微转动发力，在高点期擦击球的中上部直至顶部。

3．正手侧旋弧圈球。持拍手向右后下引拍，手腕内屈、固定。击球时，上臂带动前臂由右侧后方向左前上方挥出，上体随势向内扭转，在下降前期擦击球的右侧中部偏下。

4．反手弧圈球。拍形前倾，引至腹下。当球弹起时，以肘为轴，前臂迅速向上挥动，结合手腕向上转动的力量，在下降期摩擦球的中部或中上部，在击球过程中，两腿向上蹬伸。

拉弧圈球时应注意击球的时机和部位以及发力方向。

弧圈球技术练习要点：

引拍的幅度大，尽可能增大挥拍的动作半径。加快挥拍速度，在球拍达到最大速度时触球。单纯用上肢发力，向前的冲击力不够，因此需要利用腿、髋、腰的配合移动中心来获得更大的冲力。摩擦力要大于撞击力。

三、乒乓球运动主要规则简介

（一）场地

场地应不小于 14 米长、7 米宽、5 米高，应有 0.75 米高的深色挡板围起。光源距地面不得少于 5 米。从台面高度测得的照明度不得低于 1 000 勒克斯，四周应为暗色。

（二）球台

球台上层表面叫作“比赛台面”，是与水平面平行的长方形，长 2.74 米，宽 1.525 米，距离地面高度为 0.76 米。球台四边应有一条 2 厘米宽的白线，各台区应由一条 3 毫米宽的白色中线划分为两个相等的“半区”。台面可用任何材料制作，但应具有均匀一致的弹性。

（三）球网

球网包括悬网绳、网柱及将它们固定在球台的夹钳部分。整个球网的顶端距台面为 15.25 厘米，网长为 183 厘米。

（四）球

球应为圆球体，重 2.79 克，直径 40 毫米，呈白色或橙色。应用赛璐珞或类似塑料制成，且无光泽。

（五）球拍

球拍的大小、形状和重量不限。击球的拍面应用颗粒向内或向外的海绵胶覆盖，连同黏合剂，厚度不得超过 4 毫米，必须无光泽，如为两面粘胶皮，其中一面为鲜红色，另一面则须为黑色。

（六）发球

（1）发球开始时，球自然地置于不持拍手的手掌上，手掌张开，保持静止。

（2）发球时，发球员须用手将球几乎垂直地向上抛起，不得使球旋转，并使球在离开不执拍手的手掌之后上升不少于 16 厘米，球下降到被击出前不能碰到任何物体。

（3）当球从抛起的最高点下降时，发球员方可击球，使球首先触及本方台区，然后越过或绕过球网装置，再触及接发球员的台区。双打中，球应先后触及发球员和接发球员的右半区。

（4）从发球开始，到球被击出，球要始终在台面以上和发球员的端线以外，而且不能被发球员或其双打同伴的身体或衣服的任何部分挡住。

（5）在发球员发球时，球与球拍接触的一瞬间，球与网柱连线所形成的虚拟三角形之内和一定高度的上方不能有任何遮挡物，并且其中一名裁判员要能看清运动员的击球点。

（七）击球

对方发球或还击后，本方运动员必须击球，使球直接越过或绕过球网装置，或触及球网装置后，再触及对方台区。

（八）失分

（1）未能合法发球；

（2）未能合法还击；

（3）击球后，该球没有触及对方台区而越过对方端线；

（4）阻挡；

（5）连击；

（6）用不符合规则条款的拍面击球；

（7）运动员或运动员穿戴的任何物件使球台移动；

（8）运动员或运动员穿戴的任何物件触及球网装置；

（9）不执拍手触及比赛台面；

（10）双打运动员击球次序错误；

（11）执行轮换发球法时，发球一方被接发球一方或其双打同伴，包括接发球一击，完成了 13 次合法还击。

（九）一局比赛

在一局比赛中，先得 11 分的一方为胜方；10 平后，先多得 2 分的一方为胜方。一场单打比赛的淘汰赛采用七局四胜制，团体赛中的一场单打或双打采用五局三胜制。

（十）次序和方位

（1）在获得 2 分后，接发球方变为发球方，依此类推，直到该局比赛结束，或直至双方比分为 10 平，或采用轮换发球法时，发球和接发球次序不变，但每人只轮发 1 分球。

（2）在双打中，每次换发球时，前面的接发球员应成为发球员，前面的发球员的同伴应成为接发球员。

（3）在一局比赛中首先发球的一方，在该场比赛的下一局中应首先接发球，在双打比赛的决胜局中，当一方先得 5 分后，接发球一方必须交换接发球次序。

（4）一局中，在某一方位比赛的一方，在该场比赛的下一局应换到另一方位。在决胜局中，一方先得 5 分时，双方应交换方位。

（十一）间歇

（1）在局与局之间，有不超过 1 分钟的休息。

（2）在一场比赛中，双方各有一次不超过 1 分钟的暂停。

（3）每局比赛中，每得 6 分球后，或决胜局交换方位时，有短暂的时间擦汗。

（十二）竞赛方法

已经举办过的几届奥运会乒乓球比赛，竞赛方法大同小异，但均不完全相同，主要是采用分组预选和单淘汰加附加赛或排名淘汰赛加附加赛的方式。

（十三）裁判员技术用语

裁判员技术用语有练习 2 分钟、停止练习、时间到、暂停、侧面、交换方位、准备、发球、擦网、重发球、发球犯规、两跳、连击、擦边球、阻挡、得分、台面移动等。

总结案例

国球“乒乓”

当今社会在不断发展进步，全民健身的热潮也越来越高，每个人的身心健康是一切人类社会活动的最根本要素。全民健身这一概念提倡的是每个人都积极参与，通过健身锻炼，增强自身的身体素质和心理健康。全民健身活动在我国的体育事业中有着重要的作用，它不但关系着人民的身心健康，更关系着整个中华民族的良好发展。如果要衡量一个国家的体育事业发展的好坏，首先要看的就是这个国家全民健身活动的发展情况。就乒乓球运动而言，它的适应性高、健身效果好，不受时间、空间和年龄与性别的限制，适用于每个年龄段的人群，而且它具有很强的娱乐性，能够从根本上提高人们的身体素质，促进身心健康，对全民健身来说是一项效果极佳的运动。总之，乒乓球作为中国的国球，在世界体坛中占据着重要地位，不仅有着小球转动大球的传奇，更在全民健身中起着重要的作用。乒乓球运动作为我国的国球，在世界各级别的乒乓球体育赛事中摘金夺银，多年来乒乓球运动深受广大国人的喜爱与追捧。在我国，乒乓球运动是贯彻全民健身活动的重要体现，是实施我国全民健康措施的重要环节。它在实践上真正实现了全民参与、全民健康。在今后，乒乓球运动的发展会越来越职业化、多元化，会越来越多地渗透到人们平时的体育锻炼中。人们在从事这项运动的时候，不但能够锻炼身体，还有利于生活压力的释放，促进身心全面的健康，人们可以在从事这项运动的时候，满足自己的兴趣爱好，点燃运动的激情。

探索与思考

1. 乒乓球运动的基本技术有哪些？
2. 乒乓球运动的基本战术有哪些？
3. 乒乓球运动的竞赛规则有哪些？

第六节　网球运动

导入案例

李娜的网球人生

李娜，1982 年出生于湖北省武汉市，中国女子网球运动员。2008 年北京奥运会女子单打第四名，2011 年法国网球公开赛、2014 年澳大利亚网球公开赛女子单打冠军，亚洲第一位大满贯女子单打冠军，亚洲历史上女单世界排名最高选手。

1989 年，6 岁的李娜开始练习网球。1999 年转为职业选手，2008 年，在北京奥运会上，李娜获得女子单打第四名。2011 年，李娜在澳大利亚网球公开赛上个人第一次打进大满贯单打决赛并夺得亚军；同年，在法国网球公开赛女单比赛中登顶封后。2013 年，在 WTA 年终总决赛中获得亚军。2014 年 1 月 25 日，第三次跻身澳大利亚网球公开赛决赛并最终收获女单冠军。

2014 年 9 月，李娜正式宣布退役，同年 12 月，李娜被英国《金融时报》评选为 2014 年年度女性人物。

12 月 23 日，李娜入围“2014CCTV 体坛风云人物年度评选”的年度最佳女运动员。在李娜 15 年的职业生涯里，21 次打入 WTA 女单赛事决赛，共获得了 9 个 WTA 和 19 个 ITF 单打冠军，职业生涯总战绩为 503 胜 188 负，并以排名世界第六的身份退役。

一、网球运动概述

网球运动最早起源于 12—13 世纪法国传教士在教堂走廊里用手掌击球的一种游戏。到了 14 世纪中叶，法国的一位诗人把这种球类游戏介绍到法国宫廷中，作为皇室贵族男女的消遣。在 1358—1360 年间，这种球类游戏从法国传到了英国。现代网球运动的历史一般是从 1873 年开始的。国际网球联合会（International Tennis Federation，ITF），简称国际网联，1913 年在法国巴黎成立。ATP 是 Association of Tennis Professionals 的缩写，可以译为职业网球联合会。国际女子职业网联 WTA 成立于 1973 年，球员总部设在佛罗里达的圣彼得斯堡。网球四大满贯：澳大利亚网球公开赛、温布尔登网球公开赛、法国网球公开赛、美国网球公开赛。

1885 年前后，网球运动传入我国，先是在上海、广州等大城市的外国传教士和商人之间出现网球活动，然后一些教会、学校也开展起这项运动，1898 年，上海圣约翰书院举行斯坦豪斯杯赛，这是中国网球史上最早的校内比赛。

1906 年，北京汇文学校、协和书院、清华大学之间，上海圣约翰大学、南洋公学、沪江大学，以及南京、广州的一些学校开始举行校际网球赛，促进了网球运动在中国的传播。我国女子网球运动员创造了历史性的突破是在 2004 年雅典奥运会，李婷/孙甜甜夺得女子双打冠军。2011 年我国优秀网球选手李娜获得历史性突破取得法网女单冠军的好成绩，对我国网球运动的推动起了巨大作用。

网球运动是世界上最流行的运动项目之一。经常打网球能够强身健体，增强体魄，同时网球运动可以提高人们的综合素质，影响着人们的思想和行为。由于网球运动的运动量和运动强度可以调控，可快可慢、可张可弛，使得参与者在不知不觉中相当于跑完几公里的运动量。实现了增强体质、增进健康的目的。

二、网球入门基础

学练网球，关键在于如何能做到准确地击球，落到对方的场地内。网球击球三要素，即“看、跑、打”。学生在进行网球技术以及进行对打练习时，强化打球过程的“一看，判断”“二跑，跑位”“三打，击球”，建立打球三要素的意识，对提高网球专项技术起着关键性的作用。

1．“看”——判断

击球的第一阶段，要先能够看到球，看准球，再进行步伐移动；找到打球最佳击球点，再进行挥拍，用所学的技术动作把球打出去。

判断练习方法：两个同学隔网站立，相互的投球、接球。眼睛跟随来球，判断球在空中的飞行路线，同时配合小步的移动接球，如图 5-70 所示。

图 5-70　判断练习方法

2．“跑”——专项步伐

球从对面飞行过来，要快速移动步伐，比较准确地跑到打球的位置。以下介绍两种专项步伐移动练习，把脚下的基本功打牢固。

（1）摸线跑练习。

① 由场地中线开始，向两边的单打边线做交叉步、小碎步移动，重心下降摸边线。

② 如果没有网球场地，任意找块空场，进行左右、前后的身体移动摸地练习即可。

（2）地滚球练习。

两个同学一组，一人固定位置不动，给步伐移动的另一同学进行左右、前后地滚球喂球，这名同学快速跑动拿到球，再以地滚球方式把球送回来，20 次地滚球两名同学相互交换。注意练习者进行专项左右步伐练习，拿到球后再送回来，喂球人固定不动，向左右方向送球。

3．“打”——击球

在打球实践过程中，每次击球都要通过以下步骤：知觉—决策—动作—反馈。也可解释成：判断（看球）—跑位（步伐移动）—击球（正反拍技术）—回位准备，所以挥拍打球是在判断、移动的基础上进行的。

注意：同学们相互练习的时候，如果你的球打到隔壁的场地里了，一定不能即刻冲过去捡球。这是非常危险的，容易被球打到，同时对正在打球的同学很不礼貌。

三、网球基本技术

同学们要想打好网球，合理地运用网球技术，并经过一个学期或一个学年的网球专项学习，同学之间能够相互对打来回球。首先，学习和掌握打球的正反手握拍方法、掌握几种培养球感的练习方法以及底线正、反拍击球技术、发球技术和一些基本移动步法等网球运动的基本技术。同学们能够有效地掌握好以上的技术，就可以自行参与网球锻炼了。

1．握拍方法

初学者掌握适合于自己的网球握拍方法，是打好网球的基础和有效保障。正手击球握拍方法分为东方式握拍方法、半西方式握拍方法、西方式握拍方法、大陆式握拍方法；反手击球握拍方法包括双手握拍方法、单手握拍方法。同学们在学习期间要学会掌握一种握拍方法就能够比较有效地运用到网球练习中，下面介绍大陆式、东方式握拍方法以及双手反手握拍方法，其握拍方法说明如表 5-1 所示。

表 5-1　握拍方法说明

	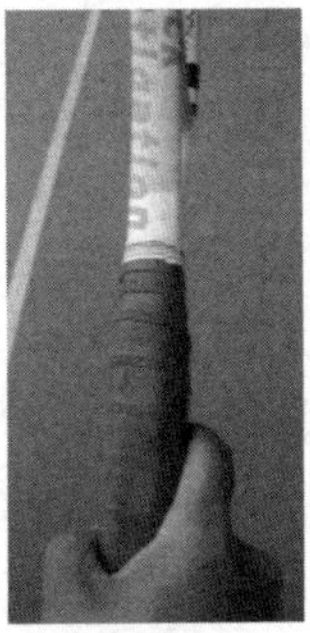	
东方式正手握拍方法： 握拍手五指自然张开，从穿线的拍面向拍把滑行，握住球拍的根底部位，中指、拇指和食指如扣扳机一样固定住拍面	大陆式握拍方法： 拇指与食指自然分开，形成一个 V 形弧口，从拍框向拍面下滑，达到拍子的根底部位，中指、拇指和食指扣住拍把	双手反手握拍方法： 右手从拍框向拍面自然下滑，左手从有弦的拍面向拍把滑动，双手不能重叠地握在一起，自然地分握在拍把上，不能用力地握住球拍，双手处于比较放松的状态

东方式正手握拍方法的适用技术是底线正手击球技术。这种握拍方法，在进行底线正手击球时，持拍手不用上翻与下压拍面，拍面自然达到适宜击球的拍面角度。如果同学们能够比较好地掌握这种握拍方法，提高击球技术效果明显。

大陆式握拍方法的适用技术是上手发球技术，高压球技术、网球截击技术、削球技术，都用到大陆式握拍方法。希望同学们能够很好地掌握这种握拍方法。

双手反手握拍方法的适用技术是双手反手击球。在进行底线对打时，比起单反技术在初级阶段更加稳定。而且，由于两个手一起用力，使得拍面晃动减少，避免了一定的手臂、手腕受伤的风险。

2．底线正拍击球

底线正拍击球动作，主要由准备姿势—侧身引拍—向前挥拍击球—随挥动作组成。

（1）动作要点，如表 5-2 所示。

表 5-2　底线正拍击球动作要点说明

准备姿势：两脚与肩同宽，膝关节弯曲，中心下降，双手持拍在胸前，头向前看，准备判断对方来球	侧身引拍：侧身踏左腿支撑身体平衡，左手指向斜前方的来球方向，右手向侧后方向开拍。初学者特别注意不能开拍过大，容易造成击球点过后的问题	向前挥拍：转动膝关节、腰、上肩的力量，协同发力向前挥拍。 易犯错误：只用手臂的力量挥拍	触球：在身体的斜前方位置上打到球，拍面保持基本平行前方，拍面正对着来球	随挥动作：当身体各部位膝、腰、肩协同发力，击球结束后，挥拍动作不能即刻停下来，要继续向前向上挥行，完成完整的挥拍动作

（2）练习方法。

① 反复多次地挥拍练习。按照动作要求，每次训练课安排 25 次×4 组正手挥拍。

② 进行手持小器械模拟挥拍练习。任何地点，手握书本、水瓶等小器械挥拍，如图 5-71 所示。

（a）　　　　（b）

图 5-71　底线正拍击球动作练习

③ 打多球练习。打多球练习方法过程中，体验正手挥拍技术动作。

3．底线反拍击球

使用双手握拍，对于初学者来说，能够获得更大的击球力量。

（1）动作要点，如表 5-3 所示。

① 双手持拍在体侧，手臂略微弯曲。

② 持拍双手尽量保持放松，击球时握紧球拍，两手臂同时发力。

（2）练习方法。

① 反复多次地挥拍练习。按照动作要求，每次训练课安排 25 次×4 组反手挥拍。

② 进行手持小器械模拟挥拍练习。任何地点，手握书本、水瓶等小器械挥拍，如图 5-72 所示。

表 5-3　底线反拍击球动作要点说明

引拍动作：双手持拍侧身站位，屈膝，身体重心移向来球方向。 易犯错误：两个手臂拿拍僵硬，开拍过大	前挥拍和触球阶段：转膝—转腰—转肩，协调发力，击打球瞬间，球拍拍面正对着球，拍头低于球，形成由下至前上的挥行路径	随球动作：球击出后，顺势向上收拍，左手的上臂与自己的下颚紧贴

（a）　　（b）

图 5-72　底线反拍击球动作练习

③ 打多球练习。打多球练习方法过程中，体验反手挥拍技术动作。

底线正、反拍击球技术动作，是初学者必须要学习掌握的基本技术，要想打好网球，需先把正、反拍的挥拍技术动作掌握好，掌握牢固。

四、发球技术

1．下手发球

网球教学比赛中，通常的发球方法有上手发球和下手发球练习。在初级阶段，同学们不能够很好地掌握上手发球的各项技术环节。所以，同学们通常是先学习下手发球方法，保证先能把球发进场，确保成功率。随着技术水平的逐步提高，再进行上手发球的学习。

（1）动作要点。把球拍的位置摆好，引拍到身体的侧面。左手向身体的斜前方抛球，眼睛盯好发球区域的位置，右手挥拍，使得拍头由下向前向上击球过网，如图 5-73 所示。

(a)　　(b)　　(c)　　(d)

图 5-73　下手发球动作练习

（2）练习方法。

① 站在发球线的位置上，进行下手发球的练习。

② 可以对墙进行下手发球练习。

2．上手发球

（1）动作要点。上手发球的主要环节，要把球抛准、抛稳，抛球高度依据发球人的身高，要有不同的调整，如表 5-4 所示。

表 5-4　上手发球动作要点说明

站在发球线位置，准备进行引拍抛球练习	引拍、抛球同时进行	抛球、引拍蹲腿，前臂做绕背收拍动作	蹬腿向上做伸拍击球	动作结束随挥球拍

（2）练习方法。

① 个人模仿技术练习。学生站在发球线位置，反复地进行引拍抛球练习。

② 个人发球练习。将学生分为发球组和捡球组两组。根据人数、场地情况，可分为两人一组、四人一组或多人一组。发球同学在一侧，其他同学在场地另一侧捡拾场地里的球。

五、熟练球性

“看”——判断，是学练网球的第一个要素，即眼睛看着球运动的轨迹，养成判断球路的习惯。重视培养判断能力，应从第一个熟练球性练习开始，并贯彻始终。

1．颠球

进行腰间位置的上颠球手感练习，50 次一组，练习 2 组。

2．拍球

进行腰高和膝高位置上的拍球练习。

3．隔网来回球

两个同学一组，间距约为 3 米，进行隔网控球手感练习，如图 5-74 所示。如果没有场地，在任意一块空地都可以进行控球练习。

图 5-74　隔网控球手感练习

4．对墙控球

单人练习时，可找一面墙，进行球不落地的控制球练习。首先反复对墙控球 5 次，慢慢过渡到能够控球 10 次、20 次，如图 5-75 所示。

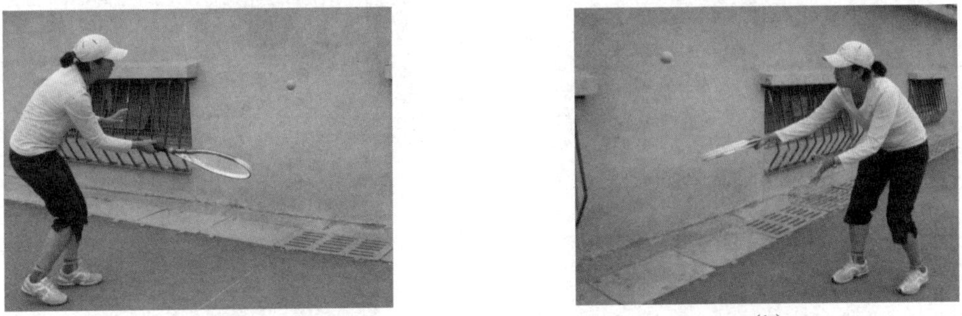

（a）　（b）

图 5-75　对墙控球练习

六、网球专项训练方法

加强击球三要素“看、跑、打”能力练习，为网球基本技术的进一步提高奠定基础。学练者眼睛追随球飞出的方向看，进行同一方向的步伐移动，随即回到准备位置上，养成判断、移动、回位的打球好习惯，这为今后的练习打下良好的基本功和培养专项意识的准备。

1．喂多球方法

同学们在学习网球对打前，要先进行多球的单项训练。同学们之间要相互喂球，进行多球训练。喂球方法说明如表 5-5 所示。

表 5-5　喂球方法说明

身体重心下降，屈膝，右手持拍置于身体斜前方 45 度位置	左手手心向上抛球，右手持拍向下放拍	左手抛球，右手由下至上拍面触球，击球出手。左、右手配合	喂球后动作继续向上完成随挥送球动作

两名同学隔网相站，喂球同学站在发球中线上，侧身站位，持拍手与抛球手置于身体斜前方 45 度位置上。左手抛球，右手顺势地向上喂球。体验左、右手交替配合，左手抛右手喂球。

2．对墙喂球

对着墙壁进行喂球练习，如图 5-76 所示。

（a）　（b）　（c）　（d）

图 5-76　对墙喂球练习

3．多球练习方法

通过运用多球练习，将球连续不断地送向固定区域里，使学习者建立正确的肌肉概念，纠正错误动作，较快地掌握正确动作，形成动作定型。在初学两人相互配合中，需控制喂球力量、送球力量和速度，这样使学生比较容易进行击球练习，有助于判断能力的提升，有助于打下坚固的专项步伐基本功。随着课次增加，逐步过渡到有所变化，如力量加大、速度加快。每名学生击打 20 次一组，做 2 组练习，这样学生的技术动作会有明显的提高。多球教学阶段，使人大脑皮层的活动由泛化进入分化，即对动作技术的掌握，由技术粗糙到技术变得细致阶段。

（1）动作要点。

“看、跑、打”判断是击球三要素。打多球过程中，要特别注意积累判断、跑位、打球的反应顺序，从中找到最佳的击球位置。这对于提高网球专项技术尤为重要。

（2）练习方法。

① 正拍打多球练习：25 次一组，练习 4 组，相互交换，如图 5-77 所示。

（a）　（b）

（c）　（d）　（e）

图 5-77　正拍打多球练习

② 反拍打多球练习：25 次一组，练习 4 组，相互交换，如图 5-78 所示。

（a）　（b）　（c）　（d）　（e）

图 5-78　反拍打多球练习

③ 左右移动多球练习：左右移动打多球练习有一定的难度，给球的速度不能太快了，主要体验正反拍交换打球，20 次×4 组。

④ 不定点多球练习。同学追随对方送球路线、方向进行击球练习，20 次一组，练习 4 组。

⑤ 对着软网自抛自打练习，如图 5-79 所示。

（a）（b）（c）（d）（e）（f）

图 5-79 对着软网自抛自打练习

⑥ 正拍单个动作击球练习。

⑦ 反拍单个动作击球练习。

4．网球对打练习

底线技术正、反拍连续对打，对于很多的初学者来说，是比较困难的，如果没有进行前面介绍过的练习方法的保障，很难完成连续对打。关键在于要把判断、跑位、击球技术动作融合起来运用。其中任何一个环节没有做好，都不能很好地完成有效连续对打。

练习方法：

（1）两人一组，对场站位，进行连续对打球练习。

要求：每个来球都要特别地观察球的飞行路线、落地的位置、球的旋转，并充分地判断来球。

（2）对着墙进行连续的打球练习，如图 5-80 所示。

（a）（b）（c）

图 5-80 对着墙进行连续的打球练习

要求：看准球，盯住拍面触球的瞬间，不断地进行小碎步的移动，控制手上的力量，减少发力打球。

（3）在没有练习场地的情况下，在田径场、空场都可以进行连续的打球练习。

要求：要注意练习时的自身安全问题。不是固定的网球场，身边环境的安全因素要勘察好。

七、网球基本战术

当同学们能把球打过网时，在理论上来说，就具备了打比赛的条件。网球只是一个隔网将球来回击打的游戏运动。即使作为一种娱乐运动，人们也不愿意经常输球。这就有了战术存在的必要。单打战术通常分为底线进攻型、网前得分型、综合型战术。

1．底线进攻战术

同学们在进行网球初级技战术学习期间，能正确掌握底线正、反拍技术，并且能很好地运用正、反拍技术，进行有效的进攻，就能够在同级别的小比赛里崭露头角了。

（1）正拍进攻战术（图 5-81）。

腿由下向前向上蹬起，身体重心由后脚向前脚过渡，整个身体的力量向前向上发力，随着发力动作，致使身体进入场地，明显的全身发力压迫对手。给自己的下拍击球创造有利的条件。

（2）反拍进攻战术（图 5-82）。

同学们由于身体力量的限制，双手同时握拍，拍面的稳定性很强，使得同学们有机会运用反拍打出有质量的回球。初学者要有双手反拍的进攻意识，其成功率往往高出正拍进攻。

图 5-81　正拍进攻

图 5-82　反拍进攻

2．网球教学比赛

教学比赛主要是让同学们感受到比赛带给自己心理的刺激。通过一个学期、一个学年的教学后，同学们基本能够掌握一定的底线技术，能够掌握一定的发球技术，基本上就能够上场打比赛了。在教学过程中，常采用组织同学们进行双打比赛的方法，利用双打比赛过程中两名同学自身技术的配合与发挥，相互弥补技术打法。

在采用淘汰赛制方法时，为了使水平较高的选手不致在初赛时就相遇而被淘汰，在分组时就把他们分在不同的组里，这些选手被称为“种子选手”。一般排名在前 16 位的选手称为种子选手，并尽可能将他们合理分组。校内的网球赛通常采用的是淘汰赛，一旦一场比赛失败，就会被淘汰出局。

网球比赛中时刻充满着战术的变化。网球比赛比的是什么？这是一个关键的问题，比的是控制。它包括对球的控制、对自己情绪的控制、对自己注意力的控制、对力量的控制等。技术是控制的基础，而战术是控制的实施。

总结案例

利用“网球墙”推广高校网球运动

近十年来，随着我国女子竞技网球运动的飞速发展，中国的网球运动在国际网坛上崭露头角。“李娜效应”使得越来越多的中国人开始关注网球、参与网球，推动了网球运动在中国的普及和发展。网球运动具有深厚的文化底蕴和礼仪规范，能够促进学生的身心健康发展，有助于全面提高学生的素质、丰富课外生活、推动校园文化的建设。

虽然各个高校都在积极建造网球场地，但场地状况仍然不能满足教学的需求。对于这一矛盾，“网球墙”可以作为这一问题的解决方案之一。“网球墙”就是为了解决场地少、缺少搭档而兴起的。“网球墙”常常是网球场的附带建筑设施，虽然没有像网球场那样拥有国际标准，但在实际运用中网球墙是有一定标准的。网球墙墙高 5 米左右，是为了避免练习者因击球不规范将球打到墙体以外的地方；中线垂直于地面 1 米；墙体宽度大概在 12～13 米；平整地面距墙体大约在 15 米。在高校网球运动推广中合理地运用网球墙，可以解决高校网球教学中场地少、学生多、教学时间短等一系列矛盾。利用网球墙练习是提高网球选修课学生的综合技术必要的练习方法和手段，在达到网球教学效果和提高教学质量方面起到了重要作用。

探索与思考

1. 网球运动的基本技术有哪些？
2. 网球运动的专项训练方法有哪些？
3. 网球运动的基本战术有哪些？

第六章　田径运动

模块导读

田径运动（track and field sports）是田赛和径赛的合称。它是一种结合了速度与能力，力量与技巧的综合性体育运动。“更高、更快、更强”的奥林匹克运动精神在很多方面都能够通过田径运动得到集中体现。田径是世界上最为普及的体育运动之一，也是历史最悠久的运动项目。田径与游泳、射击被视为奥运金牌三大项目，共有 48 枚金牌，也是奥运金牌最多的项目，“得田径者得天下”由此而来。

田径运动是从人类长期社会实践中发展起来的，包括男女竞走、跑跃、投掷四十多个单项，以及由跑跳、跳跃、投掷部分项目组成的全能运动。以时间计算成绩的竞走和跑的项目，叫“径赛”，以高度和远度计算成绩的跳跃、投掷项目叫“田赛”，田径运动是径赛、田赛和全能比赛的全称。

田径运动各个项目的技术包含着人体走、跑、跳、投掷等基本活动形式，与人们的生活有着密切的联系。人们可以通过学习和锻炼，掌握田径运动的各项基本技术，以达到锻炼身体、增强体质的目的。同时，通过学习和锻炼，能够提高人们田径运动的技术和技能，挖掘自身的运动潜能，并通过参与和观看田径竞赛活动，丰富人们的精神文化生活，达到德、智、体、美、劳全面教育的目的。

本模块介绍了田径运动的起源和发展历程，从田赛和径赛中选取了大学生喜闻乐见的跑、投、跳的部分项目：跳高、跳远、三级跳远、推铅球、短距离跑、中长距离跑、跨栏跑、接力跑，进行了详细阐述。通过本模块的学习能促进学习者树立正确的体育价值观，形成积极参与体育锻炼的良好意识，并能自觉通过体育活动改善心理状态，建立良好的人际关系，养成积极乐观的生活态度。

能力目标

1. 了解田径运动的起源和发展。
2. 了解田赛、径赛的概念和项目。
3. 了解田径运动的基本竞赛规则。
4. 熟悉跳高、跳远、三级跳、推铅球的基本技术动作。
5. 熟悉短跑、中长跑、跨栏跑、接力跑的基本技术动作。

第一节　田径运动简介

导入案例

“古代田径”

远在上古时代，人们为了获得生活资料，在和大自然及禽兽的斗争中，不得不奔跑相当长的距离，跳过各种障碍，投掷石块和使用各种捕猎工具。在劳动中不断地重复这些动作，便形成了走、跑、跳跃和投掷等各种技能。随着社会的发展，人们开始有意识地把走、跑、跳跃、投掷作为练习和比赛形式。

公元前 3500 年，古埃及壁画上就描绘了当时人们的田径运动场景。田径比赛起源于古希腊的古代奥运会，最早的田径比赛，是公元前 776 年在希腊奥林匹克村举行的第一届古代奥运会上进行的，项目只有一个——短距离赛跑，跑道为一条直道，长 192.27 米。到公元前 708 年的第 10 届奥运会上，才正式列入了跳远、铁饼、标枪等田赛项目。当时只准男子参加，女子连观看也不行，违者处以死刑。从那时起，田径运动就作为正式比赛项目之一。公元前 490 年，传说希腊士兵菲利皮迪斯从马拉松城一直跑到雅典城，全程跨度约为 40 公里，为的是报告希腊军队打败了波斯军队的喜讯。跑到雅典时，菲利皮迪斯因精疲力竭而死。为了纪念他，后人就创立了马拉松跑比赛。

中国是一个文明古国，体育是中华传统文化的一个组成部分，也是古代先民文化娱乐的重要组成部分。因此在中国古代史料里，留下了很多在当时极为兴盛的体育活动的记录，以及丰富的文物。因为跑、跳、掷、涉水等活动是人类与自然界斗争中产生出来的生存本领，是人类生活的基本能力，所以成为人类最早的体育运动项目。在古代的史料里，通过各种形式记载了古代的田径运动及游泳活动，如《诗经》《山海经》《淮南子》《列子》《史记》及《二十四史》里都有关于中国古代田径运动及游泳运动的记录。

一、田径运动的起源

田径是世界上最为普及的体育运动之一，也是历史上最悠久的运动项目，被誉为“运动之母”。其起源大致可以归纳为以下几种：生存并与自然界斗争的手段，古代祭祀中的一项活动，战争的需要，教育的内容等。

远在上古时代，田径运动在人类生活中便占据着极其重要的地位。快速的奔跑、敏捷的跳跃和准确的投掷是原始人获得生活资料的必需手段。劳动中这些动作不断重复，长久积累便形成了走、跑、跳、投的各种技能。在古希腊阿尔菲斯河岸的峭壁上，刻有这样一段至理名言。

如果你想聪明，跑步吧！

如果你想强壮，跑步吧！

如果你想健康，跑步吧！

据记载，田径比赛成为正式比赛项目，是公元前 776 年在希腊奥林匹克村举行的第一届古代奥运会上，当时项目只有一个——短距离赛跑，跑道是一条直道，长 192.27 米。1896

年，法国人顾拜旦创立第一届现代奥林匹克运动会，并确立了田径为奥运会的第一运动。

二、现代田径运动的发展

田径运动是由田赛、径赛、公路赛、竞走和越野赛等项目组成的。以高度和远度计算成绩的跳跃、投掷项目统称为田赛，以时间计算成绩的竞走和跑的项目统称为径赛。全能运动由跑、跳、投的部分项目组成，以各单项成绩按《田径全能运动评分表》换算的分数来计算成绩。

1896年在希腊举行的第一届现代奥运会上，走、跑、跳跃、投掷等12个田径项目被列为主要比赛项目，这成为现代田径运动开始的标志。1912年，国际业余田径联合会（IAAI）成立，确立了国际统一的田径竞赛项目和竞赛规则，并开始组织国际田径比赛。

田径运动是比速度、比高度、比远度、比耐力的体能项目，很好地体现了“更高、更快、更强”的奥林匹克运动精神。奥运会中田径设有48枚金牌，是奥运金牌最多的项目，所以有“得田径者得天下”之说。

标准的田径场一般由外场、中场及内场三部分组成。

（1）外场，径赛跑道外侧，主要包括建筑看台或其他有关设施。一般而言，仅供教学和训练的田径场只需几米即可，而标准田径场四周则要留有几十米的空间。

（2）中场，径赛跑道所占有的空间，内圈周长400米，为椭圆形。弯道为半圆形，半径为36.5米。直道要沿南北方向，避免太阳位置低时对运动员造成的炫目影响。一般设8～10条分道，每条分道宽1.22～1.25米。跑道内侧安全区域不少于1米，起跑区不少于3米，冲刺缓冲段不少于17米。跑道左右倾斜度最大不得超过1∶1 000，跑的方向上的向下倾斜度不得超过1∶1 000。

（3）内场，供田赛或球类比赛使用的部分。

总结案例

现代田径运动在中国

20世纪初外国传教士将现代田径运动带进中国，当时只在教会创办的学校之间开展田径比赛，后来逐渐普及到全国的学校。1932年中国首次参加第10届洛杉矶奥运会。当时中国短跑运动员刘长春已具备了世界水平，但由于经费不足，他经过长途跋涉，到达洛杉矶的第3天就参加了100米预赛，以11秒1的成绩名列小组第5名，未能进入下一轮比赛。在200米比赛中，刘长春虽跑出了22秒1的好成绩，获小组第4名，也未能进入复赛。比赛结束后，刘长春没有回国的路费，在当地华侨的捐助下才得以返回祖国。

新中国成立后，田径运动在国内得到迅速普及，运动员的技术水平提高很快。1953年起，我国几乎每年都举行规模较大的全国性的田径运动会，在群众性体育运动广泛开展的基础上，中国田径技术水平缩短了与国际间的差距。1956年，女子跳高运动员郑凤荣以1.77米打破了当时1.76米的世界纪录。60年代中国有10个项目进入了世界前10名。1983年，在上海举行的第五届全运会上朱健华以2.38米打破了他自己的2.37米的世界纪录。同年，徐永久以45'13"4的成绩创女子竞走世界纪录，成为中国第一个在世界比赛中获得冠军的田径运动员。90年代随着马家军的崛起，创造了一批女子中长跑世界纪录，王军霞还赢得了

"东方神鹿"的称号。进入21世纪以来，以王丽萍、刘翔、刘虹等为代表的一大批运动员在全球各项赛事中取得优异成绩证明了我国田径运动在逐步稳健发展。

从近20年来的奥运会情况看，第25届奥运会之后，我国的田径整体水平逐步下滑，第28届奥运会又开始有明显回升。变化的趋势表明我国田径已走出低谷，开始向更高的水平冲击。

探索与思考

1. 系统阐述田径运动的起源与发展。
2. 标准的田径场由几部分组成分别是什么？

第二节　田赛项目

导入案例

田赛赛事

田赛分为跳和掷，其中跳的项目有：跳高、跳远、三级跳远、撑竿跳高；掷的项目有：铅球、铁饼、标枪、链球等。以高度或距离来计算成绩，决定名次。在田赛的各项比赛中，如参加人数过多，可先举行及格赛，达到及格标准的参加正式比赛。远度项目（投掷和跳远）的正式比赛人数超过8人时，每人先试掷或试跳3次，择优选8人，每人再试掷（跳）3次，以6次中的最好成绩为比赛成绩并以此排名次。高度项目（跳高）的正式比赛，裁判员先宣布起跳高度和横杆升高幅度的计划，每个高度运动员都可试跳3次，运动员可以选择起跳高度（不低于规定的高度），可对任何一次高度提出"免跳"。试跳时，连续失败3次，不能再继续比赛。试跳的最高成绩为本人的比赛成绩，并以此排名次。所有田赛项目，运动员必须在规定的时间内完成试掷或试跳，违者作为一次失败，如再无故拖延，不得继续参加比赛（以前的成绩有效）。丈量远度或高度时，除铁饼、标枪、链球以2厘米为最小计量单位（如60.23米计为60.22米）外，其他项目的最小计量单位均为1厘米。

本节介绍了跳高、跳远、三级跳远、推铅球的概况，详细阐述了其技术要领。

田赛包括跳跃项目和投掷项目。跳跃项目分为高度类和远度类，其中高度类有跳高（High jump）和撑竿跳高（Pole Vault），远度类有跳远（Long jump/Broad jump）和三级跳远（Triple Jump/Hop Step and Jump）。投掷项目包括推铅球（Putting the Shot/Shot Put）、掷铁饼（Throwing the discus）、掷标枪（Throwing the Javelin）和掷链球（Throwing the Hammer）。比赛时，人体或人投掷器械位移距离大者名次列前。

一、跳高

跳高是人体利用助跑、起跳产生的水平速度、垂直速度，使人体腾起越过一定高度横杆的一项体育运动。通过参加这项运动的锻炼，可以提高人的弹跳力和协调能力，培养勇敢、果断的意志品质。

跳高起源于古代人类在生活和劳动中越过垂直障碍的活动。从生存的本能到战争的需要，再到健身的手段、娱乐的项目，跳高随着社会经济、文化的发展而演变。最初的跳高比赛是在草地上进行的。运动员面对两根木桩之间的绳子，通过助跑起跳双腿屈膝越过。现代跳高始于欧洲，19 世纪 60 年代开始流行于欧美国家。男、女跳高分别于 1896 年（第一届奥运会）、1928 年（第九届奥运会）被列为奥运会比赛项目。

跳高的技术动作先后出现过 5 次重大演变，即跨越式（见图 6-1）、剪式（见图 6-2）、滚式（见图 6-3）、俯卧式（见图 6-4）和背越式（见图 6-5）。当代跳高运动趋向于速度核心，即要求助跑速度快、起跳速度快、过杆速度快。

图 6-1　跨越式跳高

图 6-2　剪式跳高

图 6-3　滚式跳高

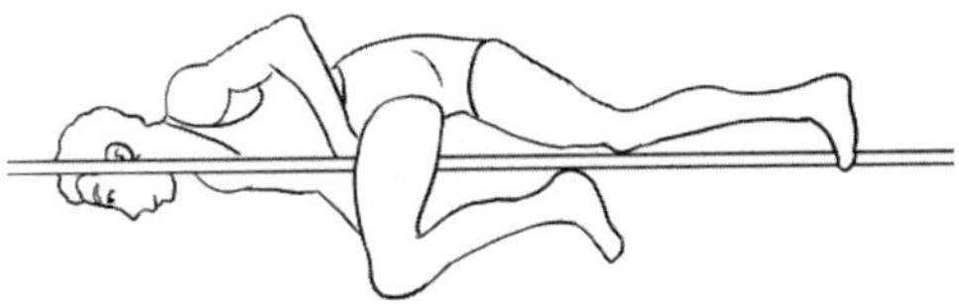

图 6-4　俯卧式跳高

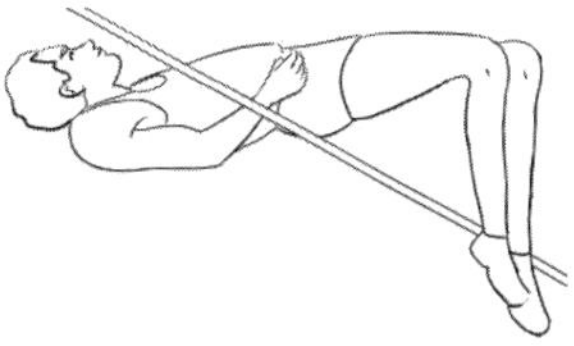

图 6-5　背越式跳高

背越式跳高以特定的弧线助跑，起跳后背对横杆腾起，背越过杆（见图 6-6）。是现代最为常用的一种跳高技术，由助跑、起跳、过杆和落地几个不同的技术环节组成。

图 6-6　背越式跳高连续动作

（一）助跑技术

助跑的任务是获得必要的水平速度和蹬地力量，调整适宜的动作节奏，形成合理的身体内倾姿势，为起跳和顺利过杆创造有利条件。

1．助跑的起动

助跑起动的方式有两种：原地起动（直接从助跑点上开始助跑的方式）和行进间起动（预先走动或跑动 3～5 步，然后踏上助跑点开始助跑的方式）。原地起动有利于助跑步点的准确性，步长相对固定，但动作较紧张，加速较慢。行进间起动则动作自然放松，加速较快，但助跑步点不易准确。

2．助跑的路线

如图 6-7 所示，背越式跳高助跑的前段为直线或近似直线，后段 4～5 步跑弧线。如图 6-8

所示，直线助跑时，上体略前倾，步幅开阔，后蹬充分，身体重心平稳且保持高位；弧线助跑时，身体逐渐内倾，外侧的肩略高于内侧的肩，外侧臂和腿的摆动幅度较之内侧要大。

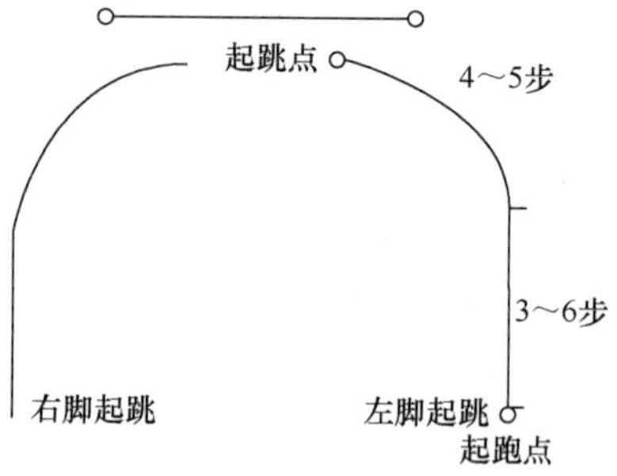

图 6-7　背越式跳高助跑路线

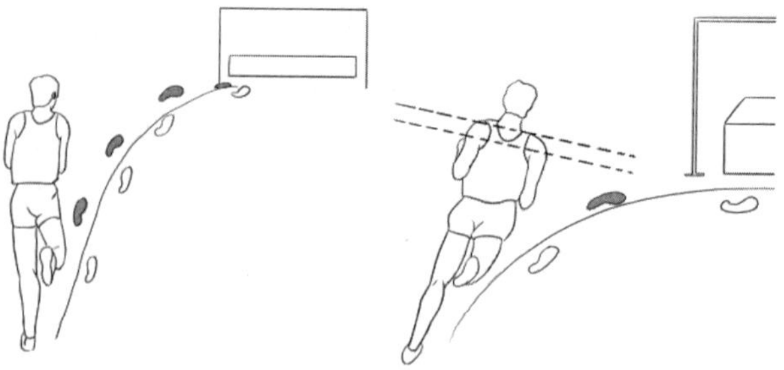

图 6-8　助跑动作要领

3．助跑的距离

助跑距离指从助跑点到起跳点的距离。全程一般 8～12 步，距离最长可达 30 米左右。

4．助跑的节奏

助跑节奏具体表现为步频（单位时间内两腿的交换次数）与步长在助跑中的变化。背越式跳高助跑的节奏要求从慢到快，前几步慢，后蹬充分，腾空较大。最后 3～5 步加快频率，但步长变化要小。最后 1 步，争取最快。

5．助跑的技术要点

整个助跑过程的动作应该自然、放松、快速、连贯，全程节奏明确、逐渐加速。最后 1 步，摆动腿的动作极为关键。腿着地时，积极下压拔地，形成牢固支撑，身体重心迅速前移，进入起跳状态。

（二）起跳技术

起跳是背越式跳高的关键技术。其任务是迅速改变人体运动方向，实现最大垂直速度和合理的腾空角度，为顺利过杆创造条件。

起跳阶段，起跳脚踏上起跳点，起跳腿经过支撑、缓冲、蹬伸，蹬离地面跳起，摆动腿蹬离地面和臂协调摆动，达到最高位置。起跳腿指用于蹬伸起跳的腿，多选择较有力的腿。摆动腿指起跳时用于协调配合起到摆动作用的腿。

如图 6-9 所示，在助跑最后一步身体内倾达到最大程度时，摆动腿有力后蹬，推动髋部迅速前移，使起跳腿快速踏上起跳点，形成肩轴与髋轴交叉扭紧姿势。接着，起跳脚以脚跟外侧着地并迅速过渡到全脚掌，脚尖朝向助跑弧线的切线方向，起跳腿自然屈膝并被压紧。随着身体由内倾转为垂直，起跳腿的髋、膝、踝 3 个关节依次迅猛发力，快速完成蹬伸起跳的动作。

如图 6-10 所示，蹬伸结束时，起跳腿的髋、膝、踝 3 个关节应该充分伸直，使身体垂直于地面，以保证身体向垂直方向充分腾起。

（三）过杆与落地技术

过杆与落地阶段指起跳腾空后，头、肩、背、腰、髋、腿等身体各部分利用合理的技术动作依次越过横杆，并安全地落在海绵包上的技术阶段。

如图 6-11 所示，起跳结束时，充分伸展身体，向上腾起。利用摆动腿的力量尽量提高髋部位置，然后以摆动腿同侧的臂，肩领先过杆，顺势仰头、倒肩、挺髋。头与肩过杆后下沉，髋部高过两膝，身体形成反弓形。当髋部越过横杆时，顺势收腹，带动小腿向上甩，整个身体越过横杆，保持屈髋、伸膝的姿势下落，以肩背先着垫。

图 6-9　起跳阶段技术

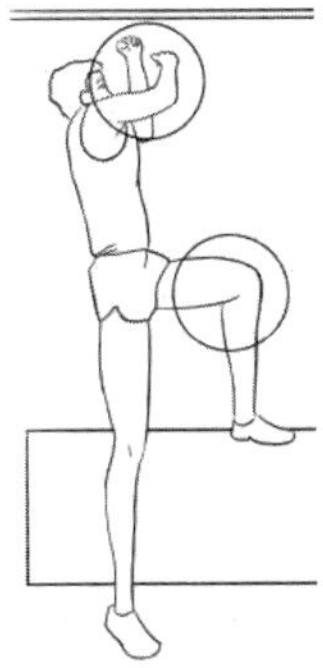

图 6-10　蹬伸结束动作

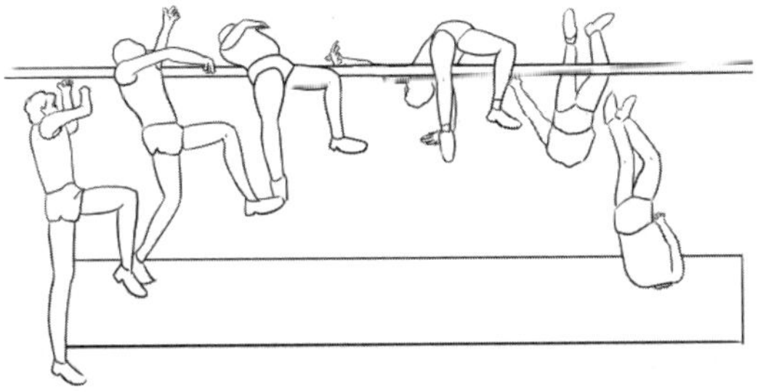

图 6-11　过杆与落地

重点提示：仰头过杆后顺势收下颌，避免头部最先落地，造成颈部受伤。

知识链接

“福斯贝里”式跳高

1968 年的第 19 届墨西哥奥运会上，美国运动员福斯贝里采用了新的跳离姿势，并以 2.24 米的成绩取得冠军，这就是“背越”式，也称为“福斯贝里”式。此后，背越式跳高技术日趋完善并为运动员所广泛采用，最终取代了俯卧式，当今的优秀跳高运动员基本都采用背越式，而现在的男、女跳高世界纪录也都是由背越式创造的。代表性的运动员男子为：美国运动员福斯员里、斯通斯；波兰运动员弗终位；德国运动员韦两格、默根堡；苏联运动员帕克林、阿未杰延科；中国运动员朱建华、张国伟。女子为：德国运动员迈法特；苏联运动员贝科姓；意大利运动员西梅奥妮；保加利亚运动员科斯塔迪诺娃。当今世界跳高纪录由古巴的索托马约尔保持，室外世界跳高纪录 2.45 米和室内世界跳高纪录 2.43 米。

二、跳远

跳远是通过快速的助跑和有力的起跳，采用合理的腾空姿势和动作，使人体腾跃尽可能远的水平距离的运动项目。它能有效地提高速度，提升弹跳力和协调性，增强神经系统、循环系统和运动器官的机能，培养勇敢、顽强的意志品质。

跳远起源于远古人类猎取或逃避野兽时跨越河沟的活动，后成为军事训练的手段。为公元前 708 年古代奥运会五项全能项目之一。现代跳远运动始于英国。男、女跳远分别于 1896 年（第一届奥运会）和 1928 年（第九届奥运会）被列为奥运会比赛项目。

如图 6-12 所示，跳远技术包括助跑、起跳、腾空和落地 4 个环节。

图 6-12 跳远技术包括的 4 个环节

（一）助跑技术

1．助跑的任务是获得最大的水平速度，为准确踏板和迅速有力的起跳做好准备。

2．助跑的起动方式有原地起动和行进间起动两种。前者更适合于初学者。

3．助跑常用的加速方式有两种，即平稳加速（亦称为逐渐加速）和积极加速。平稳加速方式：开始步频较低，然后逐渐加大步长或在保持步长的基础上提高步频，加速过程均匀平稳，时间较长。其助跑动作比较轻松，起跳的准确性好，成绩比较稳定。积极加速方式：上体前倾较大，步频始终保持较高的水平。其助跑动作比较紧张，起跳的准确性差，适合于绝对速度较快的运动员。

4．助跑距离指从助跑起点到起跳脚踏上踏跳板的距离。一般而言，技术水平越高，速度越快，助跑距离越长。男子助跑距离为 35～45 米，18～24 步；女子助跑距离为 30～35 米，16～18 步。助跑距离并非固定不变，可以根据环境条件的变化和个人身体情况进行相应调整。

5．助跑节奏表现为对步长、步频变化的控制，以利于最高速度的发挥及利用。跳远助跑的最后几步呈加速状态，身体重心适当下降，为快速起跳做好准备。

（二）起跳技术

起跳的任务是利用助跑所获得的最高速度，瞬间创造尽可能大的腾起初速度（由助跑、起跳所产生的水平速度与水平速度合成的）和适宜的腾起角度，使身体充分向前上方腾起。

起跳是跳远技术中最重要的环节。如图 6-13 所示，起跳的动作过程可分为起跳脚着地（上板）、缓冲和蹬伸三个阶段。着地要迅速且富有弹性，缓冲时及时积极地前移身体，蹬伸是爆发式动作，要快而有力。

起跳时，抬头挺胸，上体正直，提肩、拔腰，髋、膝、踝 3 个关节要充分蹬直，蹬摆配合要协调，一致用力。

（三）腾空技术

腾空阶段指起跳后人体在空中维持身体平衡，完成各种动作的阶段。如图 6-14 所示，跳远的腾空动作目前主要有 3 种姿势：蹲踞式、挺身式、走步式。

图 6-13　起跳动作

图 6-14　跳远腾空动作的 3 种姿势

1．蹲踞式。起跳成腾空腿（起跳结束时，身体姿势在空中的延续）后，上体保持正直，摆动腿继续向上摆动，起跳腿顺势屈膝前摆，逐渐靠近摆动腿，使两腿屈膝在空中成蹲踞姿势。然后收腹举腿并前伸小腿，两臂由后向前摆动，使身体重心前移，顺势落地。

2．挺身式。起跳成腾空步后，摆动腿下落，膝关节伸展，小腿由前向下向后呈弧形摆动，两臂下垂经由体侧向后上方绕环摆动，起跳腿自然回摆与摆动腿靠拢，形成空中挺胸展髋的姿势。继而收腹举腿，大腿向胸部靠拢，小腿前伸，两臂上举或后摆，顺势落地。

3．走步式。起跳成腾空步后，以髋关节为轴摆动腿，大腿带动小腿，由前向后下方摆动。同时起跳腿屈膝前摆，向上抬起大腿，前伸小腿，在空中自然地完成换步动作。两臂与下肢协调配合做大幅度直臂绕环摆动或自然前后摆动，然后摆动腿顺势前摆，两腿靠拢，收腹举腿，前伸小腿，顺势落地。在空中完成一次换步后落地的称为“两步半”走步式，完成两次换步后落地的称为“三步半”走步式。

（四）落地技术

落地阶段指腾空后落入沙坑的着地动作阶段。其任务是选择合理的技术，获得较大的跳跃距离，并防止伤害事故的发生。

完成腾空动作后，收腹举腿，小腿前伸，脚尖勾起，两臂向后摆动。脚跟触及沙面后，迅速屈膝缓冲，臀部顺势前移，两臂由后向前摆动，上体前倾，呈团身姿势，平稳地落入沙坑。

此外，落地时，还可以采用侧倒式。脚跟着地后，一条腿保持稍紧张状态支撑沙地，另一条腿放松，上身顺势向放松腿的前侧方卧倒。

重点提示：落地时无论采用何种姿势都应顺势缓冲，身体重心前移，以保证安全。

知识链接

“古老的跳远”

跳远是最古老的竞技项目之一，起源于人类猎取或逃避野兽时跨越河沟等活动，后成为军事训练的手段，公元前 708 年成为古代奥运会五项全能项目之一。在古代跳远中，运动员双手各握一只哑铃，起跳时尽力向前摆，以产生一种带动身体朝前跳跃的力，落地时则向后摆，使身体有一股向前的冲力，跳远的距离可以尽量延长。据说如果运动员的双脚不能在沙地上留下清晰的印记，则成绩无效。不过，有人用哑铃做过这种跳远试验，发现要想落地清晰，就得在腾空降落过程中双手高于肩部时抛出哑铃。如果运动员双手拿着哑铃不放，则很可能落地时向后坐在地上；抛出哑铃时若手位较低，身体又会前摔。由此看来，运动员要掌握好跳远的技巧就需要经常锻炼，这就是它的难度所在。古代跳远还有一个重要特色，就是音乐伴奏，即当比赛时，吹笛手同时奏乐，运动员应节起跳。这样既有助于选手更好地发挥技巧，又使动作优雅有节奏感。

三、三级跳远

三级跳远是指经过一定距离的直线助跑后，通过 3 次连续跳跃（单足跳、跨步跳、跳跃）达到尽可能远的水平距离的运动项目，如图 6-15 所示。它能有效地发挥速度和下肢力量，提升人的弹跳力、灵敏度和协调性，增强支撑器官（腿、足、膝、踝等）和内脏器官的功能，培养勇敢顽强、勇往直前的意志品质。

图 6-15　三级跳远

三级跳远起源于爱尔兰，当时的跳法是“单足跳 + 单足跳 + 跳跃”。后来，又出现了希腊式的“跨步跳 + 跨步跳 + 跳跃”和苏格兰式的“单足跳+跨步跳+跳跃”。1908 年，国际田径联合会确定苏格兰跳法为正式的三级跳远比赛技术。

比赛时，运动员助跑后应连续完成 3 次不同形式的跳跃，第一跳为单足跳，用起跳腿落地；第二跳为跨步跳，用摆动腿落地；第三跳为跳跃，必须用双脚落入沙坑。男、女三级跳远分别于 1896 年（第一届奥运会）和 1992 年（第二十五届奥运会）被列为奥运会比赛项目。

三级跳远技术可以分为助跑、第一跳（单足跳）、第二跳（跨步跳）、第三跳（跳跃）四个部分。每一跳均包括起跳、腾空和落地阶段。

（一）助跑技术

水平速度是决定三级跳远成绩的关键因素。助跑的目的就在于获得尽可能大的水平速度，为单足起跳做好准备。

三级跳远的助跑技术与跳远基本相同，但第一跳起跳的腾起角（是指人体离地时，身体重心腾起初速度方向与水平线构成的角度）较小，因此整个助跑过程身体重心较高，加速平稳，强调向前行。最后几步，大腿高抬，上体正直，在保持步长或适当减少步长的情况下，加快步频，准备起跳。

助跑距离取决于个人的加速能力。加速能力强，助跑距离则短，反之助跑距离则长。助跑距离一般为 35～40 米，相当于 18～22 步。

（二）第一跳（单足跳）技术

如图 6-16 所示，三级跳远的起跳是以单足跳的形式完成起跳的。这一跳不仅要达到必要的远度，而且应尽可能减少水平速度的损失，为后两跳创造条件。

图 6-16 第一跳技术

第一跳以有力的腿做起跳腿。助跑最后一步，摆动腿积极蹬地向前送髋时，起跳腿大腿快速下压，小腿自然前伸，用全脚掌迅速积极地踏板。起跳腿着地后，迅速屈膝屈踝缓冲，摆动腿快速向前上方大幅度摆出，两臂配合下肢动作有力摆动，起跳腿迅速及时地进行爆发性蹬伸。

起跳离地后，身体保持腾空步姿势。摆动腿小腿随大腿下放自然地从前向下、向后摆动，同时髋部上提，体后的起跳腿屈膝前摆高抬，带动髋部前移，两臂配合经体前摆向身体侧后方，形成空中交换步的动作，幅度大同时要求平稳。单足跳的腾空轨迹应尽量低而平，理想的起跳角为 12～15 度。

完成交换步的起跳腿前摆蹬伸，迅速有力地用全脚掌拔地式着地，两臂和摆动腿配合起跳腿动作向前摆动。落地点尽量接近身体重心投影点，上体保持正直。

（三）第二跳（跨步跳）技术

如图 6-17 所示，三级跳远的第二跳为跨步跳，在三跳中难度最大，距离最短，身体重心的抛物线最低。起跳角度与单足跳几乎相同，一般为 12～14 度。

图 6-17 第二跳技术

当单足跳落地时，起跳腿积极完成缓冲并快速有力地蹬离地面，髋、膝、踝关节充分伸展。摆动腿迅速屈膝向前上方摆动，足尖上挑，大小腿成 90 度角，膝部应摆至身体重心的上方。同时，上体保持正直或稍前倾，两臂呈弧形向侧后方摆动，完成跨步跳的腾空跨步动作。注意维持身体平衡，并达到必要的远度。

腾空跨步跳结束时，髋部前移，摆动腿大腿下压，膝关节伸展，小腿顺势由前向后用全脚掌落地并积极“后扒”，两臂由后向前上方摆动，完成第二跳的落地动作。

（四）第三跳（跳跃）技术

如图 6-18 所示，第三跳是以第二跳的摆动腿做起跳腿，起跳角应稍大，一般在 18～20 度之间。

图 6-18　第三跳技术

起跳腿着地后应适度屈膝屈踝积极缓冲，上体正直，髋部上提，迅速有力地蹬直离地。同时，摆动腿迅速屈膝向前上方高抬摆动，两臂则由体侧后方积极向前上方摆动，保持腾空步动作。

第三跳的空中和落地动作与跳远时一样，可以选择蹲踞式、挺身式或走步式。

重点提示：三级跳远中必须注意保持身体的平衡，维持较高的水平速度，四肢配合大幅度的协调蹬摆，控制三跳的直线性，从而提高整体技术向前的良好效果。

知识链接

三级跳远的起源

三级跳远起源于 18 世纪中叶的苏格兰和爱尔兰，两者跳法不同。苏格兰采用单足跳、跨步跳、跳跃，而爱尔兰用的是单足跳、单足跳、跳跃。现规定必须使用苏格兰跳法。最早的正式比赛可以追溯到 1826 年 3 月 17 日首次举行的苏格兰地区运动会，比蒂(Andre Beattie)创造了 12.95 米的第一个纪录。比赛时，运动员助跑后应连续做 3 次不同形式的跳跃，第一跳为单足跳，用起跳腿落地；第二跳为跨步跳，用摆动腿落地；第三跳为跳跃，必须用双脚落入沙坑。男子三级跳远于 1896 年被列为首届奥运会比赛项目，女子三级跳远于 20 世纪 80 年代初逐渐广泛开展，1992 年被列为奥运会比赛项目。

四、推铅球

推铅球是一种速度力量型投掷项目，它通过协调利用人体全身力量，以最快的出手速度，将铅球从肩上锁骨窝处单手推出。它能有效地增强躯干及四肢尤其是腰背的肌肉力量，提高速度，发展协调性，培养坚韧、沉着的意志品质。

推铅球起源于古代人类用石块猎取禽兽或防御攻击的活动，大致经历了投掷石块、投掷炮弹和推铅球三个阶段。现代推铅球运动始于 14 世纪 40 年代欧洲炮兵闲暇期间推掷炮弹的游戏和比赛。铅球的制作经历了用铅、铁以及外铁内铅的过程。推铅球的技术大致经历了 4 个阶段的演变，即原地推铅球、侧向滑步推铅球、背向滑步推铅球和旋转推铅球。

正式比赛时，男子铅球的重量为 7.26 千克，直径 11～13 厘米；女子铅球的重量为 4 千克，直径为 9.5～11 厘米。投掷圈直径为 2.135 米，前缘装有抵趾板。扇形有效落地区的角度为 34.92 度。男、女铅球分别于 1896 年（第一届奥运会）和 1948 年（第十四届奥运会）被列为奥运会比赛项目。

如图 6-19 所示，背向滑步推铅球的技术要领包括（以右手为例）：握球和持球、预备姿势、滑步、最后用力、缓冲。

图 6-19　背向滑步推铅球技术要领

（一）握球和持球

如图 6-20 所示，五指自然分开，球体置于食指、中指和无名指的指根处，拇指和小指扶住球体两侧，手腕后屈，防止球体滑动并便于控制出球的方向。

手指力量较强者，可将球适当移向手指上方，有利于拨球和发挥手腕的力量。

握好球后，将球放在右肩锁骨窝处，紧贴颈部，掌心向前，右臂屈肘，肘部稍外展且略低于肩，上臂与身体的夹角约为 45 度。

重点提示：铅球的重心固定在食指、中指的指跟或第二指骨处。

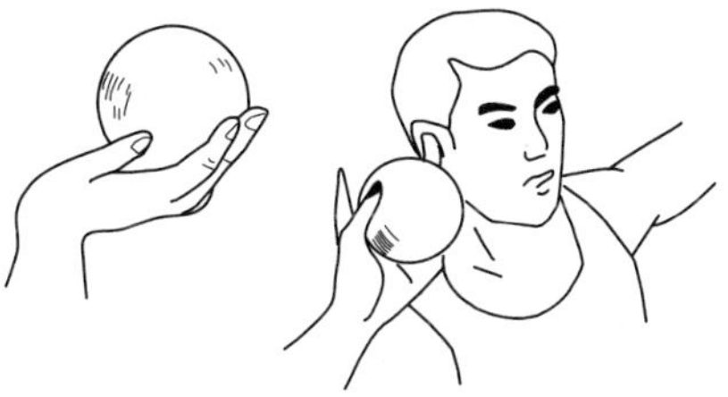
图 6-20　握球和持球

（二）预备姿势

预备姿势是滑步前的准备动作，目的是为协调、平稳地进入滑步创造条件。

1．高姿势。如图 6-21 所示，持球后背对投掷方向，两脚前后开立，相距 20～30 厘米。右脚尖靠近投掷圈后端内沿（脚也可稍向内转），体重主要落在伸直的右腿上；左腿在后自然弯曲，以前脚掌或脚尖着地；上体放松，头部和躯干保持正直，左臂自然上举。

2．低姿势。如图 6-22 所示，持球后背对投掷方向，两脚前后开立，相距 50～60 厘米（根据身高和下蹲的程度而定）。两腿弯曲（弯曲程度视个人力量而定），体重落于右腿。右脚尖贴近投掷圈后端内沿（脚也可稍向内转），左脚在后，以前脚掌或脚尖着地。左臂自然下垂，左肩稍向内扣，上体前屈与地面平行，两眼目视前下方。铅球的投影点在右脚的右侧前方。

（三）滑步

滑步使铅球获得一定的水平方向的预先速度，并使身体形成最后用力的有利姿势。

滑步前可以先做一两次预摆（也可不做），以改变身体的静止状态。预摆时，左腿自然弯曲，大腿用力向后上方摆起，右腿伸直，同时上体前屈，左臂微屈前伸或下垂并稍向内，头与背保持一条直线。当左腿摆至与地面平行时，回收左腿，同时右腿弯曲，形成屈膝团身的姿势（见图 6-23）。

如图 6-24 所示，当左腿回收靠近右腿时，臀部后移。左腿向投掷方向快速摆出，同时右腿用力蹬伸。当右脚蹬离地面后，迅速拉收小腿并向内转动，用前脚掌着地，落于圆心附近。同时左脚积极下落，以前脚掌内侧落在圆圈直径的左侧。两脚着地时间相隔愈短愈好。此时肩轴与髋轴呈扭紧状态，左脚尖与右脚跟约在一条直线上（对投掷方向而言）。

图 6-21　高姿势

图 6-22　低姿势

图 6-23　滑步

图 6-24　滑步技术要领

滑步过程中左臂和左肩保持内扣，头部保持向右后方的姿势，以保证上体处于扭紧状态。

（四）最后用力

最后用力阶段为从左脚落地到铅球出手。

左脚落地瞬间，右腿继续向投掷方向转动并积极蹬伸，转髋转体。同时上体逐渐抬起，左臂向胸前左上方摆动，左肩高于右肩，大部分重心仍落在弯曲而压紧的右腿上，身体成“侧弓状”（见图 6-25）。

随着右腿蹬伸，右髋和右肩前送，身体重心由右腿快速移至左腿（见图 6-26）。随即两腿充分蹬伸，抬头（稍有后仰），屈腕且稍向内转，右臂迅速而有力地将球推出（见图 6-27）。

（五）缓冲

铅球出手后，右腿随势前摆，着地于左脚附近，左腿后摆，两腿交换并弯曲，以降低身体重心，缓冲向前的冲力，维持身体平衡，防止出圈犯规。

图 6-25　最后用力阶段 1

图 6-26　最后用力阶段 2

图 6-27　推出铅球动作

知识链接

掷重圆石比赛

相传，在公元 1150 年左右，希腊雅典举行过一次规模宏大、声势浩大的掷重圆石比赛。

根据规定，大力士们把圆石高高举起投向远方，以投掷距离的远近来决定优劣胜负。这可说是铅球运动的前身。大约在公元 1340 年，希腊开始出现火炮。而炮弹是用圆形铅制成的。为了使得炮手作战时装填炮弹熟练、迅速、敏捷，以提高军队的战斗能力，希腊人就在日常训练中让士兵用同炮弹重量大小相当的石头练习，并进行比赛。后来又用废弃的铅制炮弹代替石头进行模拟训练，这才是现代铅球的直接起源。

五、田赛项目竞赛规则要点

（一）比赛方法

奥运会田赛项目的比赛通常先分两组进行及格赛，通过及格标准的直接进入决赛，如达到及格标准的运动员人数不足 12 人，不足的人数按及格赛成绩递补。远度项目决赛前 3 轮比赛的顺序由抽签决定。决赛前 3 轮比赛结束后，按成绩取前 8 名运动员进行最后 3 轮比赛；第 4、第 5 轮比赛排序按前 3 轮成绩的倒序排列，第 6 轮比赛排序则按前 5 轮成绩的倒序排列，成绩最好的在最后跳（掷）。

（二）有效成绩

除犯规外，跳跃远度项目比赛中，运动员每次试跳的成绩均为有效成绩。除犯规外，高度项目比赛中，运动员每次跳过的高度为有效成绩。投掷项目比赛除犯规以外，当运动员投出的器械完全落在落地区内（不包括落地区边线）才算有效，丈量成绩时从距离投掷区最近的落地点算起。其中标枪必须是枪尖首先触地成绩才算有效。

（三）录取名次

远度项目比赛结束以后，以运动员最好的一次试跳（掷）成绩，包括因第一名成绩相等而进行的决名次赛的成绩，作为最后的决定成绩判定名次，成绩好者列前。如成绩相等，按下列规定解决：在远度项目比赛中，如出现最好成绩相等，则以第二好成绩来确定名次，依此类推，直到最后一个成绩；如果还是相同，除了第一名以外，可以并列；如果涉及第一名成绩相同，必须让这些涉及第一名的运动员继续比赛，直到决出第一名为止。

在高度项目比赛中，如出现最好成绩相等，则按以下规定解决：在出现成绩相等的高度上，试跳次数较少者名次列前；如成绩仍然相等，则在包括最后跳过的高度在内的决赛全部比赛中，试跳失败次数较少者名次列前；如成绩仍相等，当涉及第一名时，进行决名次赛，直到分出名次为止。如成绩不涉及第一名，名次并列。

（四）犯规

跳远、三级跳远有下列情况之一即判犯规：①运动员以身体任何部位触及起跳线之前的地面；②从起跳板两端之外起跳，无论是否超过起跳线的延长线；③触及起跳线和落地区之间的地面；④在落地过程中触及落地区以外的地面，而落地区外的触地点较落地区内的最近触地点更靠近起跳线；⑤离开落地区时，运动员在落地区外地面的第一触地点较落地区内最近触地点和在落地区内因身体失去平衡而留下的任何痕迹更靠近起跳线；⑥在助跑或跳跃中采用任何空翻姿势；⑦还未通知该运动员试跳，而进行试跳，不管是否成功，都应判该次试跳失败；⑧无故错过该次试跳顺序；⑨无故延误时限。比赛时，运动员无故延误时间，即不准参加该次跳，以失败论处。如果在比赛中再次无故延误比赛时间，即取消该运动员的比赛资格，但在此之前的比赛成绩仍然有效。每次试跳的时限为 1 分钟，只有当一名运动员连续两次试跳时，其试跳时限为 2 分钟。在时限只剩最后 15 秒时，计时员举黄旗示意，当时限到时，落下黄旗，主裁判应判定运动员该次试跳失败。如时限到的同时，运动员已开始试跳，应允许其进行该次试跳。当裁判员通知运动员试跳开始后，运动员才决定免跳，当时限已过时，应判为该次试跳失败。

跳高有下列情况之一即判犯规：①使用双脚起跳；②由于运动员的试跳动作致使横杆未能停留在横杆托上；③在越过横杆之前，身体触及立柱前沿垂直面以外的地面或落地区，但如果裁判员认为运动员并没有受益，则不应由此而判该次试跳失败；④无故延误时限；⑤当裁判员通知运动员试跳开始后，运动员才决定免跳，当时限已过时，应判该次试跳失败；⑥试跳时，运动员有意用手或手指把即将从横杆托上掉下的横杆放回；⑦无故错过该次试跳顺序。

撑竿跳高有下列情况之一即判犯规：①试跳后，由于运动员的试跳动作致使横杆未能停留在横杆托上；②在越过横杆之前，运动员的身体或所用撑竿的任何部位触及插斗前壁上沿垂直面以外的地面或落地区；③起跳离地后，将原来握在下方的手移握至上方的手以上或原来握在上方的手向上移握；④试跳时，运动员用手稳定横杆或将横杆放回；⑤无故延误时限；⑥当裁判员通知运动员试跳开始后，运动员才决定免跳，当时限已过时，应判为该次试跳失败；⑦当裁判员根据运动员登记的架距调整好架距后，计时员已开始计时，运动员再提出调整架距，则再次调整架距的时间应计入运动员的试跳时间内，如因此而超出试跳时限，则应判定试跳失败；⑧无故错过该次试跳顺序；⑨试跳中，当撑竿不是朝远离横杆或撑竿跳高架方向倾倒时，如有人接触撑竿，而有关裁判长认为，如果撑竿不被接触，将会碰落横杆，则应判为此次试跳失败。

在投掷项目比赛过程中，运动员如果有下列违反规则的行为，则会被判犯规，成绩无效：①超出时间限制；②投掷铅球和标枪技术不符合规则规定（规则要求铅球和标枪必须由单手从肩上掷出）；③在投掷过程中，身体和器械的任何一部分不得触及投掷圈铁圈上沿或圈外的地面和标枪投掷弧、延长线以及线以外地面任何一部分，包括铅球抵趾板的上面，否则即为投掷失败；④只有当器械落地以后，运动员才允许离开投掷圈或助跑道。标枪运动员在投出的枪落地前，不能在投掷后转身完全背对其投出的标枪，完成投掷后，链球、铁饼和铅球运动员必须从投掷圈后半圈的延长线后面退出，标枪运动员必须从投掷弧以及延长线以后退出；⑤在没有犯规的情况下，参赛者可以中止已开始的试掷动作，将器材放下以后暂时离开投掷区，并重新开始，但是必须在规定的时限内完成投掷；⑥参赛者可以在比赛期间离开比赛区域，但必须由裁判员许可并由裁判员陪伴；⑦比赛过程中，运动员不能在比赛场地使用以下电子设备：摄像机、便携式录放机、收音机、CD 机、报话机、手机、MP3 以及类似的电子设备。

（五）裁判员的旗示

在跳跃项目比赛中，通常有一名主裁判手中持有红、白旗帜各一面，用来示意运动员试跳是否成功。举红旗表示试跳失败，成绩无效；举白旗表示成功，成绩有效。

在投掷项目比赛中，通常有两名主裁判手中持有红、白旗帜各一面，用来示意运动员试投是否成功。举红旗表示试投失败，成绩无效；举白旗表示成功，成绩有效。其中一名站在投掷区附近的称为内场主裁判，主要判定运动员在试投过程中是否犯规；另一名在落地区内的称为外场主裁判，主要判定器械落地点是否有效。

总结案例

奥运项目之田赛

大约在公元前，人们就开始用石头进行投远比赛。后来人们为了统一规格，不用石头，改投金属做的圆球，重量还是 16 磅。早期推铅球没有固定的方式，可以原地推，也可以助跑推；可以单手推，也可以双手推；还出现过按体重分级别的比赛。20 世纪 50 年代，美国运动员奥布赖恩发明背向滑步推铅球技术，该技术被称为“铅球史上的一场革命”。男、女铅球分别于 1896 年和 1948 年被列为奥运会比赛项目。

铁饼的出现更早，古希腊的现实主义雕刻家米隆，于公元前 5 世纪，创作了一座《掷铁饼者》雕像。从这座雕像的投掷者右手握饼姿势推断，投掷者是将握饼的手臂摆动过头部的高度，上体右旋转，头微向后仰，然后利用腿部和躯干的力量，使身体向左旋转将铁饼掷出去。掷铁饼运动在 2400 多年以前就已经得到艺术的体现，其历史源远流长。男、女铁饼分别于 1896 年和 1928 年被列为奥运会比赛项目。

投掷标枪是古老的项目之一。起源于古代人类用长矛猎取野兽的活动，后长矛又发展成为作战的兵器。原始的标枪构造很简单，把石头磨尖装在木杆的一端即为枪头。随着生产力的发展，才改用金属作枪头。有的部落逐渐搞起掷标枪的比赛，比赛中最优秀的人，就被众人推选为部落的领袖。1906 年，为纪念奥运会举办十周年而举行的运动会上，开始有了掷标枪正式比赛。1908 年男子标枪被列为国际正式比赛项目。到 1932 年第十届奥运会上，女子标枪又被列为比赛项目。

链球起源于中世纪苏格兰矿工在劳动之余用带木柄的生产工具铁锤进行的掷远比赛，后逐渐在英国流行。链球的英语词义即铁锤。最初使用的器械是带木柄的铁球，后为便于投掷，将木柄改为钢链，链球由此而来。男子链球于 1900 年被列为奥运会比赛项目，女子链球于 2000 年被列入奥运会比赛项目。

探索与思考

1. 阐述跳高的技术要领。
2. 阐述跳远的技术要领。
3. 阐述三级跳远的技术要领。
4. 阐述推铅球的技术要领。

第三节　径赛项目

导入案例

径赛赛事

径赛是田径运动的一类，以时间计算成绩的竞赛项目，是在田径场的跑道或规定道路上进行的跑和走的竞赛项目的统称。奥运会设有 100 米、200 米、400 米、800 米、1 500 米、女子 3 000 米（第 25 届起取消该项目，增设女子 5 000 米）、5 000 米、10 000 米、马拉松、

3 000 米障碍赛（男子）、100 米栏（女子）、110 米栏（男子）、400 米栏、10 公里竞走（女子）、20 公里竞走、50 公里竞走（男子）、4×100 米接力、4×400 米接力。其中马拉松跑因各地竞赛环境差异较大，所以只有最好成绩，不设奥运会纪录。在径赛的各项比赛中，如果参加人数较多，可先举行预赛、次赛和最后有 8 人参加的决赛，以决赛的成绩作为最后判定名次的成绩。径赛必须沿逆时钟方向（即左手靠近里圈）跑进。道次（或起跑位置）由抽签决定。分道跑项目和接力跑的第一棒起跑时必须使用起跑器（其他各项径赛不得使用），采用“各就位”“预备”和鸣枪 3 个发令信号，部分分道跑和不分道跑项目只用“各就位”一个口令，然后鸣枪。起跑时犯规 1 次即取消比赛资格（在全能比赛中犯规两次取消比赛资格）。在跑进中挤撞或阻挡别人跑进，取消资格。应在分道内跑进的运动员，不是直接受他人所迫而跑出分道者和比赛过程中接受他人援助（伴跑、提供或指导情况），受警告后再犯者，取消资格。各项竞赛到达终点的名次顺序以运动员躯干（不包括头、颈、臂、手、腿、脚）的任何部分触及终点线内沿垂直面的先后为准，以时间计取成绩。

本节介绍了短距离跑、中长距离跑、跨栏跑、接力跑的概况，详细阐述了其技术要领。

竞赛项目包括短跑（Sprint/Dash）、中跑（Middle-distance Race）、长跑（Long-distance Race）、接力跑（Relay Race）、跨栏跑（Hurdle Race）、障碍跑（Obstacle Race）等。位移相同距离，耗时少者名次列前。

一、短距离跑、中距离跑、长距离跑

（一）短跑

短距离跑（简称短跑），包括 400 米及 400 米以下各种距离的赛跑和接力跑，是高速度的极限性运动项目。它能增强呼吸系统和循环系统的能力，提高速度、力量、灵敏性和协调性，培养拼搏、竞争、坚毅、顽强的意志品质。

跑是人类与生俱来的基本能力，几乎每个国家的文献中都有对跑这种比赛形式的描述。现代短跑起源于欧洲，最早的正式比赛始于 1850 年牛津大学运动会。19 世纪末，赛跑距离由码制改为米制。初为职业选手的表演项目，后逐渐扩展到业余运动员。

短跑技术经历了从“踏步式”到“迈步式”再到“摆动式”的演变。起跑技术也从古希腊人的“站立式”起跑发展为“蹲踞式”起跑。

1896 年第一届现代奥运会，设有男子 100 米和 400 米比赛；1900 年第二届奥运会，增设了男子 200 米比赛项目；1928 年第九届奥运会，始设女子 100 米跑；1948 年第十四届奥运会，增设女子 200 米比赛项目；1964 年第十八届奥运会，女子 400 米被列为比赛项目。

短跑全程是由起跑、起跑后的加速跑、途中跑和终点跑 4 个紧密相连的阶段组成。

1．起跑技术

起跑包括起跑前的准备姿势和起动动作。在短跑比赛中，必须用蹲踞式起跑，并使用起跑器。

如图 6-28 所示，起跑器的安装方法有普通式、接近式和拉长式 3 种。前起跑器抵足板与地面的夹角约为 45 度，后起跑器为 60～80 度。安装起跑器的目的在于蹬离时能充分发挥腿部肌肉的最大力量，从而获得向前的最大初速度，起跑后使身体能保持较大的前倾。

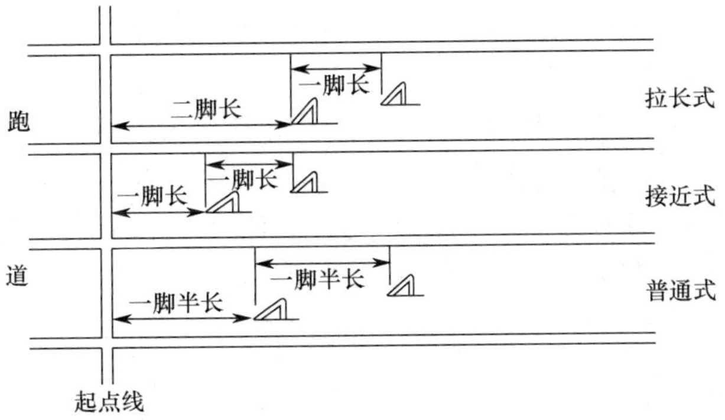

图 6-28 起跑器安装方法

起跑过程包括“各就位”“预备”“鸣枪”3 个环节。

如图 6-29 所示，听到“各就位”口令后，可稍作放松（如深呼吸），然后俯身两手于起跑线后撑地，两脚依次踏在前、后起跑器抵足板上，脚尖触地。将有力的腿放在前面，后膝跪地。两臂伸直约与肩同宽，四指并拢或稍分开和拇指成“人”字形，身体重心稍前移，肩约与起跑线平行。背微弓，颈部自然放松，注意听“预备”口令。

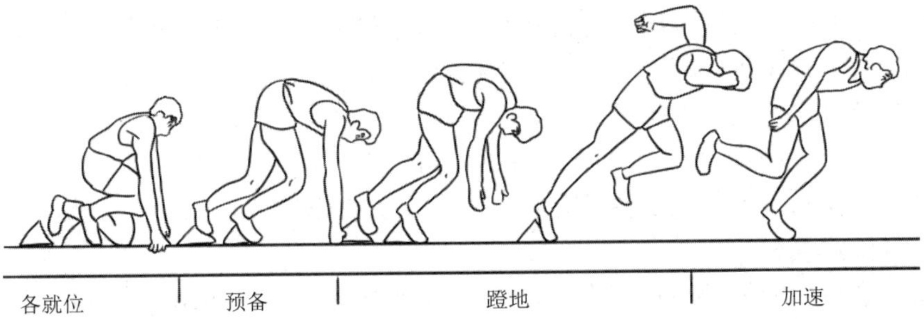

图 6-29 起跑过程

听到“预备”口令后，后膝离地，抬起臀部，使之稍高于肩。重心适当前移，体重主要落于两臂和前腿上。两小腿趋于平行，前腿膝角约为 90 度，后腿膝角约为 120 度，注意力高度集中等候发令枪声。

听到枪声后，两手迅速推离地面，屈肘做有力的前后摆臂，同时两脚用力蹬离起跑器，使身体以前倾姿势向前上方运动，躯干与地面成 15～20 度角。后腿迅速屈膝向前上方摆出，但不宜过高。后腿前摆并积极下压着地的同时，前腿快速蹬伸髋、膝、踝 3 个关节。躯干逐渐抬起，头部也随之上抬，视线逐渐向前移。

2．起跑后的加速跑技术

加速跑的任务是充分利用起跑的初速度，在较短距离内尽快获得最高速度。

起跑后，第一步不宜过大，为 3.5～4 脚长，第二步为 4～4.5 脚长，以后逐渐增大。上体随着步长和速度的增加而逐渐抬起，两脚落点逐渐靠拢人体中线，形成一条直线（在起跑后 10～15 米处）。同时，两臂应积极摆动，上下肢协调配合。加速距离一般为 25～30 米。

3．途中跑技术

一个跑的周期包括两个腾空时期和两个支撑时期（左支撑和右支撑）。单腿均要经历后蹬、摆动、着地缓冲等阶段。

途中跑指从完成加速跑开始，到距终点 10 米左右的这一段距离，其任务是继续发挥和保持最高速度。进入途中跑时，应顺惯性放松跑 2～3 步，以消除肌肉的过分紧张。在百米跑中，途中跑的距离为 65～70 米。

摆臂动作：途中跑时上体稍前倾，两眼平视，颈肩放松，手半握拳，两臂屈肘，以肩关节为轴，用力前后摆动，如图 6-30 所示，前摆时，肘稍向内，肘关节角度变小；后摆时，肘稍向外，角度变大。手和小臂不能摆过身体胸前的中线形成两臂的交叉摆动。正确的摆臂动作能够维持平衡、调节节奏，有利于加快步频和步幅。

图 6-30　途中跑技术动作

摆腿动作：①后蹬伸展阶段，支撑腿从伸展髋关节开始，依次蹬伸膝、踝关节，直到脚掌蹬离地面。后蹬动作中速度极为重要。②折叠前摆阶段，后蹬结束后，摆动腿大小腿尽力折叠，快速积极地向前摆动。同侧髋部随之前移。③下压缓冲阶段，前摆至大腿高抬后，随即积极下压，前脚掌积极“扒地”。着地瞬间小腿与地面接近垂直，迅速屈膝、屈踝缓冲，摆动腿随惯性快速向前摆动与支撑腿靠拢，使身体重心迅速前移，膝踝关节屈曲角度达到最大，转入后蹬待发状态。

支撑腿与摆动腿的蹬摆协调配合是途中跑技术的关键。一般情况下，摆动腿前摆速度快，步频也快，前摆幅度大，步幅亦大。

4．终点跑技术

终点跑包括终点冲刺和撞线，其任务是尽量保持途中跑的高速度直至跑过终点。在距离终点 15～20 米时，上体前倾，以增强后蹬力，同时加大摆臂的幅度和速度，在距离终点线最后一步时，上体达到最大前倾，用胸部或肩部撞线。通过终点后，要调整步频和步幅，逐渐减速。

5．弯道跑技术

如图 6-31 所示，弯道起跑时，为了形成一段直线距离的加速跑，应将起跑器安装在跑道右侧、正对左侧弯道的切点方向。左手撑于起跑线后 5～10 厘米处，身体正对弯道的切点。加速跑距离较短，上体抬起较早，沿切线跑进。

如图 6-32 所示，从直道进入弯道，身体应有意识地稍向圆心方向倾斜。后蹬时，右脚前脚掌内侧用力，左脚前脚掌外侧用力。摆动时，右腿膝关节稍向内，左腿膝关节稍向外。右臂的摆动幅度和力量略大于左臂。尽可能沿跑道内侧前进。

从弯道进入直道，最后几米，应逐渐减小身体内倾程度，惯性跑 2～3 步后转入正常途中跑。

重点提示：200 米跑时，全程都应保持高速度。400 米跑时，大部分采用前后 200 米平均分配速度的节奏跑法，正常情况下后 200 米比前 200 米成绩低 2～3 秒。

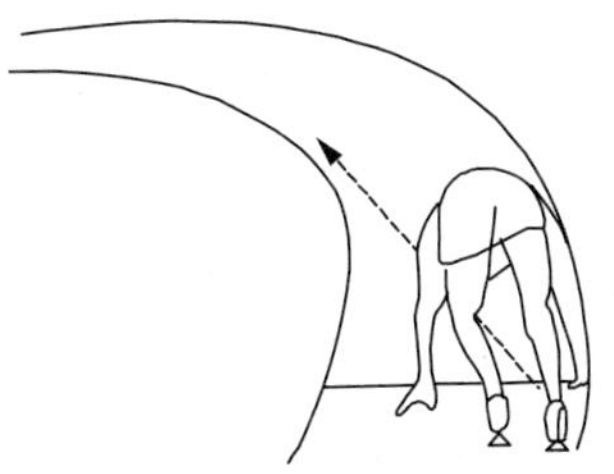

图 6-31　弯道起跑姿势

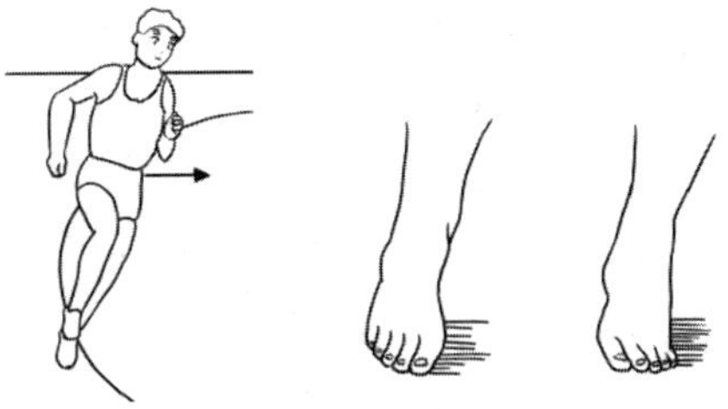

图 6-32　直道进入弯道

（二）中长跑

中长跑是中距离跑和长距离跑的简称，全程为 800～10 000 米。它能有效地改善呼吸系统和心血管系统的功能，促进心肺功能（增强心肌，增厚心壁，增加心脏容积），提高速度和耐力，培养坚韧不拔、吃苦耐劳的意志品质。

中长跑作为一种竞赛项目起源于 18 世纪的英国。奥运会中跑比赛项目男、女均为 800 米跑和 1 500 米跑。男子项目 1896 年（第一届奥运会）列入；女子 800 米跑 1928 年（第九届奥运会）列入，1 500 米跑 1972 年（第二十届奥运会）列入。奥运会长跑比赛项目男、女均为 5 000 米跑和 10 000 米跑，男子项目 1912 年（第五届奥运会）列入；女子 5 000 米跑 1996 年（第二十六届奥运会）列入，10 000 米跑 1988 年（第二十四届奥运会）列入。

现代中长跑各项目因距离不同，在动作技术的速度、幅度等细节方面存在区别，但整体动作结构基本相同，均要求保持较高的速度、积极有效的伸髋和快速有力的蹬摆。

（1）起跑技术。

中长跑的起跑按“各就位”“鸣枪”两个口令进行，起跑姿势有“站立式”和“半蹲踞式”两种。

① “各就位”时，先做一两次深呼吸，“站立式”起跑的运动员两脚前后开立，有力的腿在前，前脚尖紧靠起跑线后沿，全脚掌着地，后脚以前脚掌着地，两脚前后间距约一脚，左右间距约半脚，两膝弯曲，上体前倾（跑的距离越短，腿的弯曲度越大，上体前倾也越大），颈部放松，两臂在体前自然下垂或一前一后，身体重心落于前脚，保持稳定姿势（见图 6-33）。

“半蹲踞式”起跑的动作与“站立式”基本相同，但其前腿的异侧臂的拇指和其他四指成“八”字形撑在起跑线后，两脚均用前脚掌支撑，前后相距约一小腿长，左右间隔约一脚宽，两膝弯曲角略小，体重主要落在前腿和支撑臂上。

② 鸣枪。听到枪声后，后腿用力蹬地后积极前摆，前腿用力蹬伸。两臂配合腿部动作做快而有力地前后摆动，身体向前冲出（见图 6-34）。

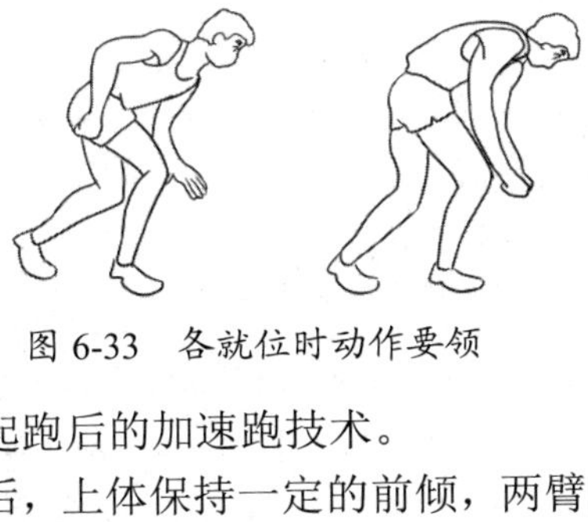

图 6-33　各就位时动作要领

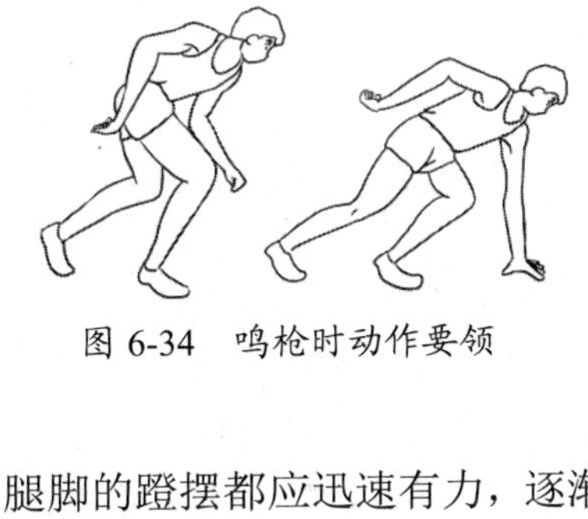

图 6-34　鸣枪时动作要领

（2）起跑后的加速跑技术。

起跑后，上体保持一定的前倾，两臂的摆动和腿脚的蹬摆都应迅速有力，逐渐加速，同时，上体随之抬起，跑向对自己有利的战术位置，然后转入途中跑。加速跑的距离和速度，应根据个人特点、战术要求和临场情况而定。

（3）途中跑技术。

途中跑是中长跑技术中的主要部分，其任务是保持速度，节省体力，讲求节奏，并充分运用战术为获取优异成绩奠定良好基础。

如图 6-35 所示，就途中跑的技术而言，中长跑与短跑实质相同，但由于距离和速度的不同，两者仍存在一定差异。

图 6-35　途中跑技术要领

① 上体姿势。中长跑的途中跑时上体自然伸直或稍向前倾，中跑上体前倾约 5 度，长跑上体前倾 1～2 度。上体前倾的角度小于短跑。

② 腿部动作。后蹬时，角度较短跑稍大，用力程度和蹬伸幅度较短跑稍小。前摆时，大腿上摆的高度较短跑低，大小腿的折叠程度较短跑小。

此外，中长跑的途中跑中，特别强调动作与呼吸的配合，其身体重心的上下波动、弯道跑时摆臂幅度、跑的频率系数（腾空时间与支撑时间的比值）均小于短跑。

（4）终点跑技术。

终点跑是临近终点前一段距离的加速跑。其任务是以顽强的意志，调动全部力量，克服疲劳，加大摆臂速度和幅度，加快步频，冲刺终点。

终点冲刺的距离应根据个人的体力情况、战术要求和临场情况而定，一般中跑为 200～400 米，长跑在 400 米以上。应注意观察对手情况，抢占有利位置，把握冲刺时机。速度占优势的运动员，宜紧跟且晚冲刺，一般在进入最后直道时开始冲刺；耐力占优势的运动员，宜早冲刺。

（5）中长跑的呼吸。

中长跑途中，为了保证机体对氧气的需求，采用口鼻同时进行呼吸的方法。呼吸的节奏应和跑的节奏相配合，并注意加大呼吸的深度（特别是呼气，只有充分地呼出二氧化碳，才能吸入更多的氧气）。一般采用两步一呼，两步一吸（亦有一步一呼，一步一吸；三步一呼，三步一吸等）。

“极点”是一种正常的生理现象，是指中长跑途中，由于氧气的供应落后于机体活动的需要，代谢物质无法及时转移，而出现的胸部发闷，呼吸困难，动作无力，难以继续跑进等感觉。此时要以顽强的意志坚持跑下去，加强呼吸，适当调整步速。经过一段时间后，“极点”现象就会消失或减轻，身体运动能力逐渐提高，出现“第二次呼吸”。

知识链接

中长跑中的呼吸

中长跑的距离长，消耗能量大，对氧气的需求量也大。因此掌握正确的呼吸方法至关重要。中长跑能量消耗大，机体要产生一定的氧债，为了保证机体对氧气的需求，呼吸必须有一定的频率和深度，还必须与跑的节奏相配合，一般采用两步两吸，两步两呼。呼吸时采用口鼻同时呼吸的方法。随着速度的加快和疲劳的出现，呼吸的频率有所增快。

（三）跨栏跑

跨栏跑是在规定距离中，跑的同时跨越一定数量、一定间距和一定高度栏架的径赛项目，也是田径运动中技术较复杂，节奏性较强，锻炼价值较高的项目之一。它能有效地提高中枢神经系统对运动肌群的调控和支配能力，改善呼吸系统和循环系统的机能，各关节活动幅度增大，肌肉和韧带的伸展增强，骨骼增粗，使速度、力量、耐力、弹跳力、柔韧性、灵敏性、协调性、准确性、节奏感等身体素质得到全面发展，培养勇敢顽强、不屈不挠、坚定果断的意志品质。

现代跨栏跑起源于英国，是由牧羊人跨越羊圈栅栏的游戏演变而来。其技术经历了由“跳栏”到“跨栏”再到“跑栏”的演变过程。最初以埋在地下无法移动的木支架或栅栏为栏架，1900 年出现了可移动的倒“T”字形栏架，1935 年“L”形栏架诞生并沿用至今。

奥运会比赛项目设男子 110 米跨栏跑（1896 年列入，当时为 100 米跨栏跑，1900 年改为 110 米跨栏跑）、400 米跨栏跑（1896 年列入）；女子 100 米跨栏跑（1932 年列入，当时为 80 米跨栏跑，1972 年改为 100 米跨栏跑）、400 米跨栏跑（1984 年列入）（见表 6-1）。

表 6-1　奥运会跨栏跑比赛项目及要求

<table>
<tr><th>性别</th><th>项目</th><th>栏间距离（米）</th><th>起点到第一栏距离（米）</th><th>最后一栏到终点距离（米）</th><th>栏高（米）</th><th>栏数（个）</th></tr>
<tr><td rowspan="2">男</td><td>110 米栏</td><td>9.14</td><td>13.72</td><td>14.02</td><td>1.067</td><td rowspan="4">10</td></tr>
<tr><td rowspan="2">400 米栏</td><td rowspan="2">35</td><td rowspan="2">45</td><td rowspan="2">40</td><td>0.914</td></tr>
<tr><td rowspan="2">女</td><td>0.762</td></tr>
<tr><td>100 米栏</td><td>8.50</td><td>13</td><td>10.50</td><td>0.84</td></tr>
</table>

男子 110 米栏的栏架较高，过栏和栏间跑的速度较快，是跨栏跑中技术难度最大的项目。以此为例，讲解跨栏跑技术。

1．起跑至第一栏技术

起跑至第一栏的任务是在固定的距离内用固定的步数完成加速跑，为全程过栏奠定良好的速度和节奏。

其技术与短跑基本相同。起跑采用蹲踞式，一般跑 7～8 步，采用 7 步上栏，应将起跨腿置于后起跑器上；采用 8 步上栏，则应将起跨腿置于前起跑器上。

这一阶段，跨栏跑与短跑动作技术的差异主要表现为：①预备时，臂部抬起相对较高；②起跑后，身体前倾角度较小，上体抬起较早，大约在第 6 步时，基本达到短跑途中跑的姿势；③加速中，后蹬角度较大，步长增加较快。跨栏前倒数第二步达到最大步长，最后一步是短步（比前一步短10～20厘米），起跨腿以前脚掌迅速准确的踏上起跨点。

2．跨栏步技术

如图6-36所示，跨栏步是指从起跨脚踏上起跨点到摆动腿过栏落地的过程，距离为3.30～3.50米。其技术分为起跨攻栏和腾空过栏两个动作阶段。

图6-36 跨栏步技术

（1）起跨攻栏。

起跨攻栏是指从起跨脚踏上起跨点开始至后蹬结束时止的整个支撑时期。起跨的动作质量直接决定过栏速度、下栏时间和栏间跑进，是跨栏步技术的关键。

起跨点距栏架的距离一般为2.00～2.20米。后蹬要求迅猛有力，起跨腿髋、膝、踝关节要充分伸展，并与躯干、头部基本成一条直线，起跨角度（起跨离地时，身体重心与支撑点的连线同地面之间的夹角）约为70度。同时，摆动腿在体后屈膝折叠，足跟靠近臀部，膝向下，并以髋为轴，膝领先，大腿带动小腿充分向前摆超过腰部高度。上体随之前倾，摆动腿异侧臂屈肘向前上方摆出，肘关节达到肩的高度，另一臂屈肘摆至体侧，整个身体集中向前用力，形成良好的“攻栏”姿势。

（2）腾空过栏。

腾空过栏是指从蹬离地面身体转入无支撑阶段起，到摆动腿过栏后落地时止的动作阶段。

身体腾空后，摆动腿随惯性继续向前上方攻摆，膝关节高过栏架后，小腿向前伸展，脚尖勾起。其异侧臂前伸，与摆动腿基本平行，同侧臂屈肘后摆，上体达到最大前倾，角度为45～55度。同时，起跨腿屈膝提拉，小腿收紧抬平，约与地面平行或略高，两腿在栏前形成一个约120度以上夹角的大幅度劈叉动作。

如图6-37所示，摆动腿的脚掌移过栏架后，起跨腿屈膝外展，脚背屈并外翻，以膝领先，经腋下迅速向前上方提拉过栏。两腿在空中完成一个协调有力的以髋关节为轴的剪绞动作。同时，两臂配合积极摆动，起跨腿同侧臂由前伸位置向侧后方做较大幅度的划摆，另一臂屈肘前摆，以维持身体平衡。

图6-37 腾空过栏

摆动腿膝关节过栏瞬间，大腿积极下压，膝、踝关节伸直，以脚前掌扒着地，身体重心处于较高位置。上体保持适当前倾，起跨腿加速向前提拉，至身体正前方，大腿高抬，转入栏间跑。下栏着地点距栏架约1.40米。

3．栏间跑技术

栏间跑是从下栏着地点到下一栏起跨点之间的跑段。其任务是以正确的节奏，继续发挥和保持最快速度，为下一栏的顺利起跨创造有利条件。

栏间跑的技术同短跑的途中跑实质基本相同，但由于受栏间距离和跨栏步的限制，其节奏与短跑明显不同。栏间距离为 9.14 米，除去跨栏步余 5.30～5.50 米，需跑三步。三步步长各不相同，第一步最小为 1.50～1.60 米，第二步最大为 2.00～2.15 米，第三步中等为 1.85～1.95 米。

提高栏间跑的速度主要靠加快步频率和改进跑的节奏，使三步步长比例合理，频率快、节奏稳、方向正、直线性强，身体重心稍高、起伏较小。

4．终点跑技术

类同于短跑的冲刺跑技术，撞线动作与短跑相同。

5．全程跑技术

全程跑中，要合理地将跨栏步技术与栏间跑技术紧密地结合起来。起跑后，首先跨好第一栏并在第二、第三栏继续积极加速，充分发挥出最高速度。第四至第八栏尽量保持速度，并注意控制动作的准确性。第九、第十栏保持跑的节奏并准备冲刺。跨过第十个栏架后，把跨栏节奏调整为短跑节奏，加快步频，加大上体前倾，加强蹬地和摆臂力度，全力以赴冲向终点。

重点提示：全程跑技术状况=110 米栏成绩−110 米跑成绩（数值越小说明技术水平越好）。其他跨栏跑项目基本技术结构与 110 米栏相同，但上体前倾和手臂摆动较小，摆动腿抬起较低，起跨腿前伸幅度稍小，下栏着地点较近，整体动作更接近于短跑。

女子 100 米跨栏跑的起跨点距栏架为 1.95～2.00 米，起跨角度为 62～65 度，下栏着地点距栏架为 1.00～1.20 米，栏间跑三步步长分别为 1.60～1.65 米，1.95 米和 1.80～1.85 米。

400 米跨栏跑，起跑至第一栏的距离为 45 米，男子跑 21～23 步，女子跑 23～25 步。起跨点，男子为 2.10～2.15 米，女子为 1.9～2.0 米。栏间跑距离为 35 米，男子一般跑 15～17 步（部分优秀选手跑 13 步），女子一般跑 17～19 步（部分优秀选手跑 15 步）。弯道过栏时，以右腿起跨较为有利。起跨时，右脚前脚掌内侧蹬地，左腿向左前方攻摆，右臂内侧倾斜向左前上方摆出，上体前倾时略向左转，右肩高于左肩。下栏时，用左腿前脚掌外侧在靠近左侧分道线处着地，右腿提拉过栏时向左前方用力。

知识链接

“亚洲飞人”刘翔

2004 年 8 月 28 日，雅典奥运会男子 110 米栏决赛上，刘翔以 12 秒 91 的成绩打破了奥运会纪录，并平了由英国选手科林·杰克逊创造的世界纪录，夺得了金牌，成为中国田径项目上的第一个男子奥运冠军，创造了中国人在男子 110 米栏项目上的神话。8 月 12 日，在第十届世界田径锦标赛上，刘翔成绩是 13 秒 08 屈居亚军，以 0.01 秒的微弱劣势遗憾错失集奥运会和世锦赛冠军于一身的宝贵机会，但创造了中国男选手在世锦赛历史上的最好成绩。9 月 17 日，上海国际田径黄金大奖赛，刘翔以 13 秒 05 夺冠，并创造了当时个人运动生涯第二好成绩。

2006 年 7 月 12 日，刘翔在国际田联超级大奖赛洛桑站男子 110 米栏的决赛中，以 12 秒 88 的成绩打破了沉睡 13 年之久的男子 110 米栏世界纪录，并夺得金牌，该项目原世界纪录是由刘翔和英国名将科林·杰克逊共同保持的 12 秒 91。2006 年 9 月 9 日，在德国斯图加特举行的国际田联田径大奖赛男子 110 米栏决赛中，刘翔以 12 秒 93 夺得冠军并打破赛会纪录，这也是中国选手第一次夺得国际田联总决赛冠军。

二、接力跑

接力跑是田径运动中唯一的集体项目。以队为单位，每队 4 人，每人跑相同距离。它能有效地发展速度、灵敏等身体素质，培养团结协作的集体主义精神。

接力跑的起源众说纷纭，有古代奥运会祭祀仪式中火炬传递说，有非洲盛行的“搬运木料（搬运水坛）”游戏说，有传递信件文书的邮驿演变说。

目前，奥运会比赛项目分男、女 4×100 米接力跑和 4×400 米接力跑。接力棒为光滑、彩色的空心圆管，由整段木料、金属或其他适宜的坚固材料制成，长度为 20～30 厘米，周长为 12～13 厘米，重量不少于 50 克。

如图 6-38 所示，传棒人必须持棒跑完各自规定的距离，接棒者可以在接力区前 10 米内起跑，两人必须在 20 米的接力区内完成传、接棒。

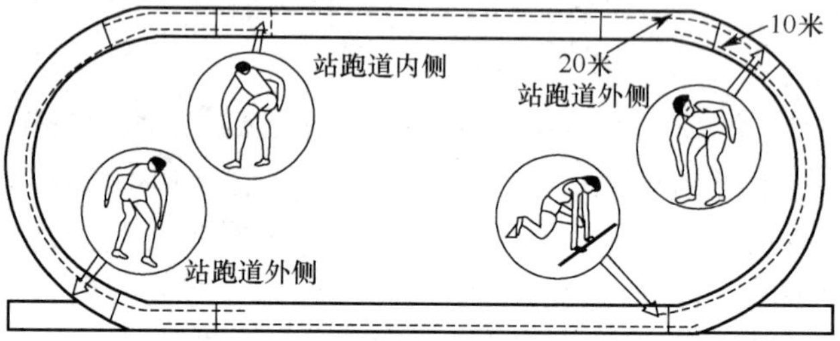

图 6-38　传、接棒位置

接力跑技术包括短跑技术和传、接棒技术。要求各队员在快速跑进的同时，配合默契。接力跑的距离越短，传、接棒技术要求越高。下面以 4×100 米接力跑为例，讲解接力跑技术。

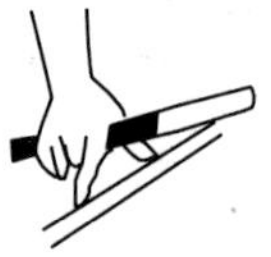
图 6-39　持棒起跑姿势

1．起跑技术

（1）持棒起跑。

第一棒运动员通常采用蹲踞式起跑，其技术和短跑弯道起跑基本相同。如图 6-39 所示，用右手的中指、无名指和小指握住棒的末端，拇指和食指分开撑地，接力棒不得触及起跑线和起跑线前的地面。

（2）接棒起跑。

接棒人选择恰当的起跑姿势，标准有二：第一是否有利于快速起跑和加速跑；第二是否能清楚地看到传棒队员及设定的起跑标志线。

如图 6-40 所示，第二、第三、第四棒运动员可用站立式或一手撑地的半蹲踞式起跑姿势。第二、第四棒运动员应站在跑道外侧，左腿在前（亦可右腿在前），右手撑地，身体重心稍向右偏，头转向左后方，目视传棒队员的跑进和自己的起跑标志线（见图 6-41）。第三棒运动员应站在跑道内侧，右脚在前（亦可左腿在前），左手撑地，身体重心稍向左偏，头转向右后方，目视传棒队员的跑进和自己的起跑标志线（见图 6-42）。

图 6-40　半蹲踞式起跑姿势

持棒运动员保持最快速度，接棒运动员根据持棒者的跑速有控制地进行加速，以便于顺利快速地接棒。

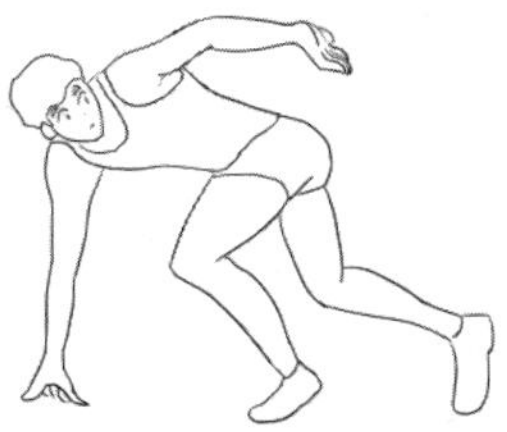

图 6-41　第二、第四棒运动员接棒动作

图 6-42　第三棒运动员接棒动作

2．传、接棒技术

（1）传、接棒的方法。

① 上挑式。如图 6-43 所示，接棒人的手臂自然后伸，与躯干成 40～45 度夹角，掌心向后，拇指与其他四指张开，虎口朝下，传棒人将棒由下向前上方“挑”送入接棒人手中。上挑式动作自然，容易掌握，但第二棒接棒人手握棒的中段，第三、第四棒传接时由于棒的前端部分越来越少而易造成掉棒。

② 下压式。如图 6-44 所示，接棒人的手臂后伸，与躯干成 50～60 度夹角，手腕内旋，掌心向上，虎口朝后，拇指向内，其余四指并拢向外，传棒人将棒的前端由上向前下方“压”入接棒人手中。下压式，各棒次接棒人均能握于棒的一端，但接棒时手腕动作紧张，掌心上向引起身体前倾而影响加速跑。

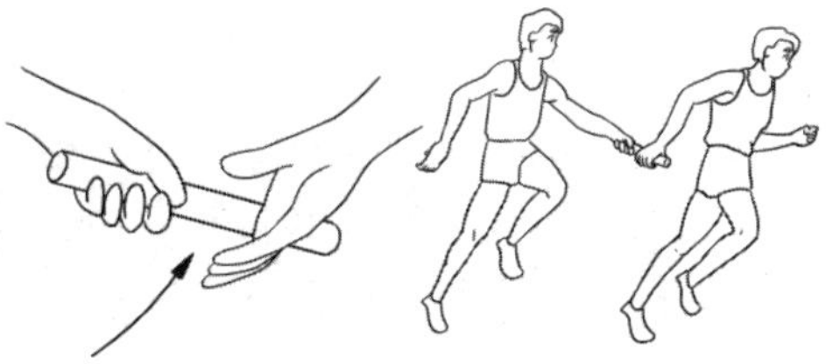

图 6-43　上挑式

图 6-44　下压式

③ 混合式。这种方法综合了上述两种方法的优点。第一、第三棒运动员以右手持棒，沿弯道内侧跑进，用“上挑式”将棒传入第二、第四棒运动员左手中；第二棒运动员左手持棒，沿跑道外侧跑进，用“下压式”将棒传入第三棒运动员右手中。

4×400 米接力跑，多采用换手传、接棒技术。接棒人用左手接棒后，立即换到右手。也可以用右手接棒，跑至最后一个直道时再换到左手传棒（第四棒可免）。

（2）传、接棒的时机。

为了集中精神保持高速度，4×100 米接力运动员均采用听传棒人信号而不看棒的接棒方式。传、接棒运动员在 20 米接力区内，双方均达到相对稳定的高速时，便是传、接棒的最佳时机。此时，一般距接力区前端 3～5 米。

传棒人跑到标志线时，接棒人开始由预跑区内或接力区后端迅速起跑。传棒人跑至接力区内，距接棒人 1～1.5 米时，向其发出“嘿”或“接”等传、接棒信号，接棒人听到后迅速向后伸手接棒（见图 6-45）。

（3）起跑标志线的确定。

起跑标志线与起跑点的距离，是根据传、接棒队员的跑速和传、接棒技术的熟练程度以及最佳传、接棒时机而定的，一般为 5～6 米。起跑标志线要在训练中多次实践反复调整才能准确确定。

图 6-45　传、接棒的时机

重点提示：若接棒人在接力区前 10 米预跑线处起跑，至接力区末端 26 米处传、接棒，两人间距 1.5 米，则起跑标志线到起跑点的距离=传棒人最后 30 米的平均速度×接棒人起跑 26 米所需的时间−（26−1.5）。

（4）各棒队员的分配。

接力跑要求各棒队员之间协调配合，并能够充分运用每个人的特长，保证在快速跑进中精确、默契、迅速地完成传、接棒动作。一般而言，第一棒应起跑好，并善于跑弯道；第二棒应速度快，耐力好，善于传、接棒；第三棒除应具备第二棒的长处外，还要善于跑弯道；第四棒通常是 100 米成绩最好、冲刺能力最强的。

知识链接

接力跑的演变

在十七世纪时，葡萄牙一艘军舰外出，水兵上岸游玩，发现当地居民聚在一起进行一种有趣的游戏。参加者分成若干组，每组 4 人，每组有一人拿着空坛，比赛开始后，持空坛的人迅速跑向 50 米外的水坛，将水倒入空坛，然后拿着空坛跑回交给本组第二人。如此循环往复，直到全组跑完，最先跑完的组获胜。葡萄牙水兵将这种游戏带入欧洲，并加以改变，以木棒代替空坛，很快就成为学校中的一项活动，以后又演变成田径运动中的接力赛。

三、径赛项目竞赛规则要点

（一）短跑、中长跑的名次判定

在田径比赛中，所有赛跑项目参赛者的名次取决于其身体躯干（不包括头、颈、臂、腿、手或足）抵达终点线后沿垂直面为止时的顺序，以先到达者名次列前。在任一赛次中，按成绩录取进入下一赛次时如遇运动员成绩相等，则终点摄像主裁判应考虑有关运动员的 1/1 000 秒的实际成绩。如果成绩依然相等，则有关运动员均应进入下一赛次。如实际条件不允许，应抽签决定进入下一赛次的人选。在决赛中第一名成绩相同，裁判长有权决定是否重赛，若无条件重赛，则并列第一；至于其他名次成绩相同，按并列处理。

（二）短跑及中长跑的起跑

在国际赛事中，所有 400 米或以下的径赛项目，必须采用蹲踞式起跑及起跑器。

发令员口令为“各就位”（on your marks）、“预备”（set），最后发令枪响。在“各就位”及“预备”口令之后，参赛者应立即完成有关动作，否则属起跑犯规。如果有运动员抢跑，发令员就会宣布起跑犯规。对第一次起跑犯规的运动员应给予警告，除了全能项目之外，每项比赛只允许一次起跑犯规而运动员不被取消资格，之后每次起跑犯规的运动员均将被取消该项目的比赛资格。

全能比赛中，如果一名运动员两次起跑犯规，将被取消比赛资格。

除此以外，在“各就位”口令发出后，以声音或动作扰乱他人，也判为起跑犯规。在枪声响起前有任何起跑动作，均属起跑犯规。如因仪器或其他原因而非运动员造成的起跑，应向所有运动员出示绿牌。

400 米以上（不含 400 米）的径赛项目，均采取站立式起跑。发令员口令为“各就位”，当所有参赛者在起跑线后准备妥当静止后，便可鸣枪开始比赛。

（三）分道跑

在分道跑和部分分道跑的径赛项目中，参赛者越出跑道，获得实际利益或冲撞、阻碍其他参赛者，会被取消资格。如果参赛者被推或挤出指定的跑道，只要未获得实际利益也未影响他人，可不取消其参赛资格。同样，任何参赛者在直道中越出其跑道或在弯道中越出其跑道的外侧，只要没有获得实际利益及阻碍他人，均不算犯规。

（四）赛次和分组

径赛一般分为第一轮（round 1）、第二轮（round 2）、半决赛（semi-finals）和决赛（finals）4 个赛次。而赛次的安排和分组，以及每一赛次的录取人数等将根据报名参加比赛的人数决定。预赛分组时要尽可能把成绩好的运动员平均分配到不同的小组中去。在其后的各轮比赛中，分组依据运动员在前一轮的比赛成绩。如果可能，相同国家或地区的运动员应分开。

（五）分道

运动员在所有短跑、跨栏和 4×100 米接力赛中自始至终都必须在自己的跑道里。800 米和 4×400 米接力赛，在自己的跑道里起跑，当运动员通过抢道标志线以后才能离开自己的跑道，切入里道。运动员的跑道由技术代表抽签确定。第二轮开始的各轮比赛，跑道的选择还需依据运动员在上一轮的比赛结果，如排名前 4 位的运动员抽签后分别占据第 3、4、5、6 跑道，后 4 名抽签排定第 1、2、7、8 跑道。

（六）接力赛

4×100 米接力跑是分道进行的，接棒者可以在接力区前 10 米内起跑。

接力赛中，运动员必须在 20 米的接力区内里完成交接棒。“接力区内”的判定是根据接力棒的位置，而不是根据参赛者的身体或四肢的位置。

在 4×400 米接力跑中，第一棒全程及第二棒的第一弯道是分道跑，第二棒运动员要跑至抢道线后方可自由抢道。第一棒的传接必须在参赛者指定的跑道内进行，其余各棒的传接，裁判员根据第二及第三棒运动员通过 200 米起点处的先后，按次序让其第三及第四棒的队友在接力区内，由内至外排列等候接棒。所有接棒者均不可在接力区外起跑。

接力棒必须拿在手上，直到比赛结束为止。完成交接棒后，运动员应留在本队的跑道中以免因影响他人而被取消比赛资格。任何人掉了棒，必须由其本人拾回，而且要在不影响别人的情况下，方可越出自己的跑道以拾回接力棒。

（七）跨栏

各参赛者必须在自己的跑道内完成比赛，当参赛者跨越栏架时，若其腿或足从低于栏架顶的水平线跨越，或跨越并非自己赛道上的栏架，或故意以手或足撞倒任何栏架，均取消其参赛资格。

（八）风速

在 100 米、200 米和 100 米栏、110 米栏比赛中，如果顺风超过 2 米/秒，运动员创造的成绩就不能成为新的纪录。

（九）公路赛

奥运会公路赛包括男、女 20 公里竞走、男 50 公里竞走以及男、女马拉松比赛。

1．起跑。当发令员召集运动员到出发线以后，运动员按抽签排定的顺序排列。发令员枪响以后比赛开始，任何人两次抢跑都会被取消比赛资格。

2．取胜。躯干第一个触到终点线的运动员为优胜者。

3．饮料站。在比赛的起点和终点应提供水和其他饮料，在比赛路线上每隔 5 公里设置一个饮料站。每一个饮料站内分别设有组委会提供的饮料和运动员自己准备的饮料。在两个饮料站之间还要设置饮水用水站，运动员经过时可以取饮用水，还可以取浸了水的海绵为身体降温。除了已经设置的站点之外，运动员不能从比赛线路的其他地方获得饮料，否则将被取消比赛资格。

（十）竞走

竞走比赛有两个核心规则。首先，竞走运动员必须始终保持至少有一只脚与地面接触。其次，前腿从着地的一瞬间起直到垂直位置必须始终伸直，膝关节不能弯曲。

比赛中有 6～9 名专职的竞走裁判员监督运动员。按规则规定，他们不能借助任何设备帮助判断，只能依靠自己的眼睛来判断运动员是否犯规。当竞走裁判员看到竞走运动员的动作有违反竞走技术的迹象时，应予以黄牌警告，并在赛后报告给主裁判。当运动员的行进方式违反竞走技术的规定，表现出肉眼可见的腾空或膝关节弯曲时，竞走裁判员须将一张红卡送交竞走主裁判。当竞走主裁判收到针对同一名运动员的 3 张来自不同竞走裁判员的红卡时，该运动员即被取消比赛资格，并由主裁判或主裁判助理向其出示红牌通知他（她）。

总结案例

田径无处不在

田径与生活密切相关，走、跑、跳、掷是人类生活的基本技能，也是田径运动项目中最基本的运动形式。这些自然动作规范，有助于正确地、较快地掌握田径运动技术。

田径运动既具有个体性，又具有广泛的群众性。田径运动除接力跑外，都是以个人为单位参加比赛的运动项目，团体成绩和名次大都是由个人成绩和名次及接力跑成绩的名次的计分相加决定的。田径运动是体育运动中最大的一个项目，它包括五大类的很多单项，是任何大型运动会中比赛项目最多，参赛运动员最多的项目。

参加田径运动很少受到条件限制。男女老少都可以在平原、田野、草地、小道、公路、河滩、沙地、丘陵、山岗、公园等较宽阔安全的地带从事田径运动。基层田径比赛要从实际出发，因地制宜，“任何坚固、均质、可以承受跑鞋鞋钉的地面均可用于田径竞赛”。使用简易的场地器材和设备也可举行基层田径运动会。

田径运动中各单项和全能项目，对人体形态，主要是身体素质水平和心理机能等有不同的要求，运动员要从个人实际和特点出发，选择运动项目，掌握具有个人特点的先进、合理的运动技术。

探索与思考

1. 阐述短跑的技术要领。
2. 阐述中长跑的技术要领。
3. 阐述跨栏跑的技术要领。
4. 阐述接力跑的技术要领。

第七章　新兴体育运动

模块导读

新兴体育运动，是指在国际上比较流行，但在国内开展不久的，或者国内新创的、深受青少年喜爱并适合在学校开展的运动项目。如轮滑、定向越野、滑冰、滑雪、毽球等。本章主要介绍了这些新兴体育运动基本的理论知识、技术和技能，培养学生对新兴体育运动的兴趣，提高学生运动能力、有氧代谢能力和平衡能力，改善心肺功能，增强四肢和躯干的肌肉力量，促进学生身心全面发展，进一步增强体质，养成良好的体育健身意识，为终身体育奠定基础。

能力目标

1. 了解新兴体育运动的起源与发展。
2. 学习并掌握新兴体育运动的基本技术及其练习方法。
3. 更好地欣赏和参与新兴体育运动。

第一节　轮滑运动

导入案例

轮滑鞋的历史

据说在公元 1100 年的时候，溜冰鞋是当时的猎人为了帮助自己能够在冬天进行打猎游戏而制作的。他们将动物骨头装在长皮靴的鞋掌上，轮滑鞋最早的样子就有了。

历史上第一双溜冰鞋创造于公元 1700 年，出自苏格兰人 Dutchman 之手。他希望自己能够在夏天模拟出冬天溜冰的感觉，于是把敲钉好的线轴长条木附在他鞋子底面。也就是在这一年，在爱丁堡，世界上第一个溜冰俱乐部诞生了。

一、轮滑运动的魅力

（一）轮滑运动概述

轮滑运动原称为“溜旱冰”或“滑旱冰”，是一项融健身、竞技、娱乐、趣味、技巧、艺术、休闲、惊险于一体的体育运动项目。1987 年 1 月 1 日，我国根据国际通用名称，将这一运动正式更名为“轮滑”。轮滑运动可有效地改善和提高运动者的机体中枢神经系统功能，提高呼吸系统、消化系统、血液循环系统等内脏器官的功能，还能够全面协调和综合发展人体的速度、力量、耐力、灵敏等各方面素质，特别是对青少年的身心发展具有积极作用。由于这一运动受气候和场地条件的限制较小，且用具便于携带、技术容易掌握，所以普及程度广泛。轮滑竞赛项目包括速度轮滑、花样轮滑、自由轮滑、轮滑球和极限轮滑。

（二）轮滑运动基本准备

1．轮滑鞋

一般分为外壳和内胆两部分，但速滑鞋和个别的专业平滑鞋是没有外壳和内胆之分的。轮滑鞋中，只有速滑鞋少了一个其他品种轮滑鞋都有的东西，叫 cuff。它的作用是保护脚踝，便于让脚踝的力量很好地发挥出来。内胆是鞋里面那层厚厚的海绵样东西，可以掏出来单独清洗，它的作用是可以缓解脚部和外壳之间的摩擦，最重要的是厚实的内胆棉可以使轮滑鞋的包脚性非常好，从而把轮滑鞋的性能完美地发挥出来，更便于使用者学习轮滑技能。轮滑鞋的刀架即为连接轮子及鞋体之间的金属框架。刀架的材质和结构形式是决定轮滑鞋性能的第二大要点。除了一些成人专业速滑鞋的刀架装有五个轮子和一些非常简单的儿童玩具鞋的刀架只装三个轮子之外，其他的单排轮滑鞋的刀架都装有四个轮子。现今的单排轮滑鞋的轮子一般都是 PU 轮，这种材料的轮子可以适应各种场地和状况。轮子由外面的轮胶和里面硬质的轮毂构成。轮胶的硬度由 80A—85A（A 为硬度标记）不等。数字越大，硬度越大，轮子就越耐磨。而轮子中的轴承安装在轮子的轮毂里面，轮子的两面各安装一个轴承，两个轴承之间装有一个轴承定位套，作用是给轴承定位，不让它在轮毂里有晃动，从而达到轴承转动的理想状态。

2．护具

在轮滑时，人们非常容易忽视护具这一非常重要的装备。轮滑护具包括头盔、护掌、护肘和护膝。不同的轮滑形式的护具也不尽相同，所以在购买护具时，不但要辨别护具的安全性能，还要购买属于自己轮滑形式的护具。戴护具不仅能保护自己，还能保持良好的练习心态，从而更好完成此项运动的各种技术。

二、轮滑运动基本技术

（一）站姿

第一种是普通的平行站立，即将两只脚平行稍窄于肩，双膝微弯以保持重心，以脚踝的力量控制好，不要让脚左右摆动，要保证轮子垂直地面。穿专业平滑鞋平行站立时因为鞋的结构设计影响，两脚会自然地向外压外刃。第二种是应用于非平整地面的丁字形站立（也叫 T 字形站立），即一只鞋的最后一个轮子抵在另一只鞋的第二和第三只轮子之间，双膝微弯，双腿之间稍有间隙，以保持重心，仍然是以脚踝控制鞋子。

（二）起步

从 T 字形站姿起步，让一只脚保持前进姿势，脚尖向前，另一只脚向身体侧后方蹬地推出，就会有向前前进的力量。此时身体的重心应完全放在前脚上，身体稍向前倾（不是驼背），这样后脚的发力收回过程才能顺畅。后脚收回后，换另一只脚向身体侧后方蹬出，重心位置依然放在前脚上。以此类推。

（三）滑行

滑行时为保持较好的平衡，要尽量屈膝弯腰，目的是稳定重心和便于发力。

（四）身体的重心

滑行时身体的重心要始终稍向前倾，随着两脚不断交替，重心要不断转移。当一只脚向侧后方蹬出时，身体重心必须要完全放在另一条腿上，这样才能保证蹬出的腿很顺畅地收回来。当这条腿收回落地时，重心马上转移到这条腿上，再把另一条腿蹬出。切记每次蹬腿时身体重心都要完全放在另一条腿上。如此循环。

（五）滑行姿势

双膝微弯，身体稍向前倾以保持重心。滑行速度越快，屈膝弯腰的幅度越大。标准的速滑姿势为双手自然背后（无摆臂的情况下），背部与地面平行，大腿与小腿弯曲角度不大于120度。

（六）停止

以上述姿势滑行，双脚靠近保持平行，有刹车块的脚稍稍向前，使两脚距离相差约有半个脚，提起脚尖直到刹车块碰触到地面，然后慢慢将重心移到有刹车块的脚，增加压力，直到停下来。

三、轮滑运动基本技术练习方法

（一）直线滑行练习

静蹲姿势准备：首先将身体重心转移至一条腿上，另一条腿用脚内侧向斜后方蹬地，蹬地后迅速收回至静蹲姿势自由滑行，此过程中上身始终保持静蹲姿势不能变。接着重心转移另一侧，换用另一条腿蹬地，左右如此往复练习，要领同上。直线滑行练习，蹬出脚收回至静蹲姿势时不必再保持静蹲姿势自由滑行，而是一条腿蹬出收回后另一条腿马上再蹬出收回，如此循环练习。滑行过程中加入摆臂动作的目的和我们陆地上跑步、走步摆臂的原理是一样的，都是为了更好地保持平衡以达到平稳加速的目的。两臂用力一前一后摆动，摆幅高度为向前摆时手的高度不超过面部，以视线以下为佳；向后摆动时，手要从身体下面过再向上摆动，手臂伸直，尽量向身体内侧收，不要太向外打，摆动高度为尽可能向后摆的一个自由高度。弯道滑行时内侧的手臂自然背后，外侧的手臂用力摆动以保持平衡，此时摆臂的幅度可稍减小。

（二）弯道滑行练习

弯道滑行要克服的难点就是自身体重造成的离心力，由于弯道时的离心力，所以我们的身体就要向弯道内侧倾斜，而且转弯半径越小的弯道，身体倾斜度就得越大。平行转弯是直线滑行的基本转弯。入弯时两脚一前一后平行错开，弯道内侧的脚向前错，弯道外侧的脚向后错，然后身体重心向弯道内侧倒。

（三）滑行停止练习

所谓停止就是滑行中的刹车。最基本的刹车就是T刹，它适用于一般的直线滑行的刹停。而急速的速滑选手则需要进行减速之后再用一种叫“A刹”的刹车方式停止。T刹要领是在向前滑行中，先将重心完全放在一条腿上，该腿膝盖弯曲，同时抬起把另一只脚横放在支撑脚脚后，让两脚脚尖角度为90度，然后后面的脚轻拖地面，减缓滑行速度，直到停止滑行。

此过程中，重心始终放在前面的腿上，上身始终保持正直，后腿的膝盖朝向要和后脚脚尖的朝向一致，两膝盖不可紧挨。

四、赛事观赏

作为观众，应文明观赛。比赛中观众可为运动员鼓劲加油，对精彩表演可当场报以热烈的、长时间的掌声和喝彩声。运动员离场时，观众应报以热烈掌声，条件许可时，观众也可与运动员握手表示祝贺。比赛进入高潮时，为运动员喝彩应整齐而有秩序。体育场上，不能使用污言秽语，不能用歧视性的语言侮辱、谩骂；观众观看比赛时如要拍照不能使用闪光灯。

五、赛事介绍

（一）国内轮滑赛事

国内轮滑赛事包括全国速度轮滑（场地）锦标赛、全国速度轮滑（公路）锦标赛、全国花样轮滑锦标赛、中国速度轮滑公开赛、中国轮滑公开赛、中国公路轮滑马拉松公开赛、全国少年速度轮滑锦标赛等，以上赛事每年举办一次或多次。

（二）国际轮滑赛事

国际轮滑赛事包括世界速度轮滑锦标赛、世界花样轮滑锦标赛、世界轮滑球锦标赛等，以上赛事每年举办一次或多次。

总结案例

天才少女：冯辉的轮滑人生

冯辉从 9 岁开始学习轮滑，16 岁就已经是蝉联五届轮滑世锦赛平地花式青年女子组的冠军，被誉为天才轮滑少女，从 2011 年韩国南原轮滑公开赛中就开始崭露头角，到 2011 年新世界杯上海轮滑大奖赛中一鸣惊人，冯辉的轮滑成就震惊世界。他曾经上过湖南卫视、江苏卫视等各大综艺节目，并且成功与国影传媒签约，成为轮滑圈第一位轮滑明星艺人。她的比赛视频点击量超过 3 000 万，战绩赫赫的冯辉也是一位公益大使，连续 5 年的轮滑公益助学行的足迹遍布高海拔的大西藏。对于自由式轮滑运动而言，冯辉是一个里程碑式的人物，有太多人因为她才了解自由式轮滑这项运动。谈到自己在轮滑上取得的成就，冯辉认为最重要的是兴趣。“我喜欢带轮子的东西，一开始学的时候我就对轮滑的兴趣非常浓厚。现在有空了还会跟爸爸去骑山地车。”冯辉说。此外，在接受了一个月的轮滑启蒙教育后，冯辉便加入当地一个高水平的轮滑俱乐部接受培训。“教练教完后，回家我再自己摸索，所以进步比较快。”冯辉说，“轮滑是学无止境的一项运动，有魔性，可以带给你很多，你可以发明自己的动作。”

探索与思考

1. 轮滑运动如何进行刹车？
2. 弯道滑行练习时应注意什么？

第二节　定向运动

导入案例

世界定向锦标赛

世界定向锦标赛（World Orienteering Championships）从 1966 年开始举办，截至 2003 年以前，每两年举办一届（1977 年和 1978 年比赛除外）。从 2003 年开始，世界定向锦标赛每年举办一届。该赛事由国际定向联合会主办。

定向运动起源于瑞典。最初只是一项军事体育活动。“定向”这两个字在 1886 年首次使用，意思是：在地图和指南针的帮助下，越过不被人所知的地带。真正的定向比赛于 1895 年在瑞典斯德哥尔摩和挪威奥斯陆的军营区举行，标志着定向运动作为一种体育比赛项目的诞生。

定向运动本身作为一种体育项目开展是从本世纪初在北欧开始的。到二十世纪三十年代已在芬兰、挪威、瑞典、丹麦立足。1932 年举行了第一次世界定向运动比赛。1961 年国际定向联合会（IOF）在丹麦哥本哈根成立。国际定联是世界定向运动的行政实体，是国际体育联合会总会之一。定向运动也是国际承认的奥林匹克体育项目。

1966 年，第一届世界定向锦标赛（WOC）在芬兰举行，男、女冠军分别被瑞典人林德克·维斯特和挪威人里斯塔夺得。世界定向锦标赛开始时仅进行个人赛和接力比赛，1991 年，短距离成为在芬兰举行的世锦赛的正式比赛项目。2001 年，在芬兰的世锦赛上增加了超短距离（Sprint-O）项目。

一、定向运动简介

国际定向运动联合会将定向运动定义为一项参赛者借助地图和指北针在尽可能短的时间内到达若干个被分别标记在地图上和实地中检查点的运动。也就是说，参赛者利用一张详细精确的地图和一个指北针，按顺序到定向运动访问地图上所指示的各个点标，并以最短时间到达所有点标者为胜利者。

通常可以这样理解，任何一张普通的地图都可以用来进行定向运动，但就定向运动的比赛而言，需要专用的定向运动地图。专用的定向运动地图标绘的路线称为定向比赛路线，它包括一个起点（等边三角形），一个终点[两个同心圆和若干个带有序号的检查点（单圆圈）]，并从起点开始，用连线将检查点按序号连起来，直到终点。在实地，检查点位于检查点圆圈圆心处的地形特征上，并用一个橘黄色和白色相间的点标旗在这个特征上或特征旁标记出来，这个特征被称为检查点特征。每个检查点都有一个或多个带有唯一编码的打卡器，为参赛者提供到访记录。参赛者手持检查卡，由起点开始，按顺序到访比赛线路上的各个检查点，并在检查卡上留下打卡器的编码，直到终点完成比赛，如图 7-1 所示。

在比赛前，参赛者还会得到一张检查点说明表，是由国际定联制定的一套对检查点位置进行精简说明的通用符号体系。它的应用减少了路线选择的偶然性，使路线选择技能在比赛中变得更加重要。定向运动通常设在森林、郊外和城市公园里进行，也可在大学校园里进行。按照运动模式，国际定联将定向运动分为徒步定向和工具定向。其中徒步定向也被称为定向越野，工具定向分为滑雪定向、山地车定向、残疾人轮椅定向等。下面主要讨论徒步定向（见图 7-2）。

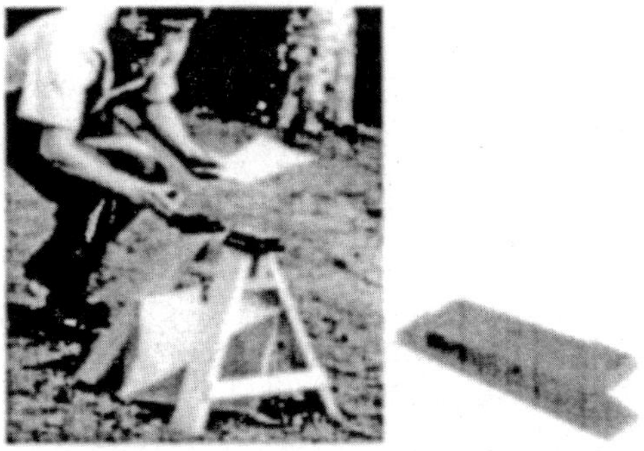

图 7-1 检查点

图 7-2 徒步定向

按照国际定联赛事规则，定向运动按照比赛时间分为日间赛和夜间赛；按照比赛性质分为个人赛、接力赛和团体赛；按照比赛成绩的计算方法分为单程赛、多程赛和资格赛；按照比赛距离分为长距离赛、中距离赛、短距离赛和其他距离赛；按照参赛者性别、年龄，又可以分为男女少年组、青年组、老年组；按照运动等级，还可分为初级组、高级组、精英组等。

二、定向运动的基本技术

（一）识定向地图

地图一般分为普通地图和专题地图。其中普通地图是全面反映地球表面一定区域的自然和社会经济的一般概貌，包括地形图和国家基本地形图。专题地图是以普通地图为基础，根据专业需要，突出反映一种或几种主题要素的地图。

定向地图是专题地图的一种。定向地图是在基本地形地图的基础上，通过专门的制图软件制作，用于定向运动训练和比赛的专用地图。这种地图上的地貌和地物符号要求更准确精细地表示实际地形中的状况，且用各种颜色和符号表示不同的地貌和地物，以及实际地形的可通行状况。它是一种附加了地面妨碍通行信息和易跑性信息，用磁北方向线定向的详细的地形图。

为了能为高速奔跑中的参赛者提供导航帮助，定向地图强调在确保地图清晰易读的前提下，详细描述所有可能影响读图、路线选择及对导航有重要意义的特征，特别是强调描述奔跑时可以观察到的明显特征、妨碍奔跑或通行的特征和植被的易跑性和通视度。因此，定向地图要求对读图和选择路线有影响的因素都表示出来。一张标准的定向运动地图，一般包括比例尺、等高距、地貌符号、地物符号、图例说明、检查点符号说明等内容。

1．定向地图上的比例尺

定向地图中的比例尺是指地图上某一线段的长度与相应实地的水平距离之比，实际上就是指地表现象的缩小程度。其算术表达式为：

地图比例尺=图上距离/实地距离

国际定向联合会规定，定向地图比例尺一般为 1∶15 000。而 1∶10 000 的地图一般用于接力赛和短距离赛，同时也用于年龄较大（≥45 岁）的组别和年龄较小（≤16 岁）的组别，因为年龄较大会看不清地图上的细线条和小符号，年龄小的还不具有识别复杂地图的能力。大比例尺图使地图容纳更多的细节，而且线条尺寸也将扩大 50%。可见，比例尺中的分母越小，地图比例尺就越大，地图上的描绘就越详尽；分母越大，地图上比例尺就越小，地图上描绘的内容就越简略。

（1）在地图上表示的比例尺一般有数字式、文字式和图解式三种形式。

① 数字式：用阿拉伯数字表示，如 1∶1 000 或者 1/1 000。

② 文字式：用文字注解的方式表示，例如“万分之一”。

③ 图解式：用图形加注记的形式表示，如图 7-3 所示。

图 7-3 图解式比例尺

（2）数字比例尺的换算。比例尺 1∶1 000 说明地图上的 1 厘米=实际地形上的 1 000 厘米（10 米）。

当今，大多数森林定向图的比例尺为 1∶10 000，大多数公园定向图为 1∶4 000/5 000。通过比例尺可以了解到地图的精确程度，正如前面提到的，地图比例尺越大，地图上描绘的内容就越详尽，精确度就越高；地图上的比例尺越小，地图上描绘的内容就越简略，精确度就越低。

2．定向地图的地貌符号

定向地图是利用等高线来表示山的形态及起伏状态的。等高线是地球表面上高度相等的各点连接而成的曲线，国家基本地形图和定向地图都采用等高线显示地貌。利用等高线，不仅可以了解地面上各处的高差和地势起伏的特征，还可以根据地图上等高线的密度和图像分析地貌特征。在地物稀少的地方及森林中，地貌就是主要的甚至是唯一的行进参照物。下面介绍有关用等高线显示地貌的原理和相关知识。

（1）等高线按其作用不同分为首曲线、计曲线、间曲线和助曲线四种。

① 首曲线也叫基本等高线，它是一张地图按注截图（Alt+A）所绘的细实线，用以显示地貌的基本形态。

② 计曲线也叫加粗等高线，从规定的高程起算面，每隔五个等高距将首曲线加粗成一条粗实线，以便在地图上判读和计算高程。

③ 间曲线也叫半距等高线，主要用以显示首曲线不能显示的局部地区地形，按 1/2 等高距绘制的细长虚线。

④ 助曲线也叫辅助等高线，用以显示间曲线仍不能显示的局部地区地形，按 1/4 等高距绘制的细短虚线。

（2）等高线显示地貌的特点，如下所列。

① 在同一条等高线上，各点的高度相等，并各自闭合。

② 在同一幅地图上比较，等高线条数较多，山就高；等高线条数少，山就低。

③ 在同一幅地图上比较，等高线间隔大，坡度平缓，等高线间隔小，坡度较陡。等高线的弯曲形状与相应的实地地貌形态相似。

（3）等高距是指相邻两条基本等高线间的实地垂直距离。等高距大小受地图比例尺限制，地图比例尺越大，等高距越小，反之亦然。因此，大比例尺地图表示地貌相对详细，小比例尺地图表示地貌相对简略。我国现有的 1∶10 000 比例尺地图等高距为 5 米，在平坦地形中可以用 2.5 米的等高距，但不允许在同一张地图中使用不同的等高距。

（4）定向地图上基本地貌形态包括山顶、山背、山谷、鞍部、山脊等，如图 7-4 所示。

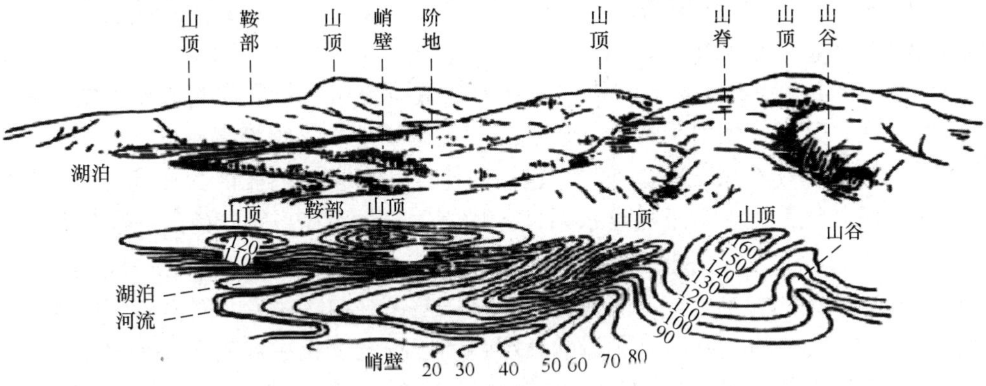

图 7-4　基本地貌形态图

① 山顶：在地图上以等高线形成的小环圈表示，有时在小环圈外侧绘制用示坡线表示的凸出的山顶，若在圈内绘制，则表示如火山口似的凹形山顶。

② 山背：从山顶到山脚凸出的部位，也叫山梁。在地图上以成组的等高线向外凸出的曲线表示山背，这些成组的等高线凸出部位的顶点的连线是分水线。

③ 山谷：相邻两山背之间低凹狭窄的地方。在地图上用等高线表示山谷时，以等高线所围成的闭合曲线的凹入部分表示；成组等高线向内凹入部位等点的连线称为合水线。

④ 鞍部：相邻两山之间的地形如马鞍状的部分。在地图上用一对表示山背的等高线和一对表示山谷的等高线组合来表示鞍部。

⑤ 山脊：山头、山背、鞍部突出的高处连绵相连，如同兽脊凸起的部分。在地图上为山头、山背、鞍部突出的高处连绵相连的曲线为山脊线。

⑥ 洼地：地表面凹下的部分，又称凹地。

⑦ 台地：山坡上平的或接近平的部分，又称阶地。

3．定向地图中的地物符号

（1）符号的分类有以下几种。

① 依比例尺表示的符号。实地面积较大的地物，如城镇、湖泊等，其符号图形的外部轮廓是按比例尺缩绘的。

② 半依比例尺表示的符号。实地线状的地物，如道路、沟渠、电线、围墙等。这类地物符号的长度是按比例尺缩绘的，但宽度不是。因此，在地图上只能量取其长度，而不能取其宽度。

③ 不依比例尺表示的符号。实地面积很小的对定向越野有影响和有方位意义的独立地物，如窑、独立坟、独立树等。大多数独立地物突出地面，明显易跑，有利于运动员概略定向和精确定向。

（2）符号的构成要素如下所述。

① 符号的图形具有图案化和系统化的特点。所谓图案化，就是符号图形有些类似于事物本身的形状。这类图形既形象又简单、规则，因而便于根据符号图形联想实际事物的形态。符号图形系统化，是指各种符号图形具有内在的联系，通过图形的变化，可以把事物的量和质等特征表现出来。

② 符号的大小主要反映事物的重要程度及数量差异。一般来说，表示重要的、数量多的符号大些；反之，则符号小些。

③ 符号的颜色主要表示事物的质量差异、数量差异和区分事物的重要程度。在定向地图上有7种颜色，其中棕色用于描绘地貌和人工铺砌的地表，如等高线表示地表起伏；黑色和灰色用于描述岩石和石头、人造地物，包括磁北线和套印标记在内的技术符号；白色用于描绘开阔易跑的林地；蓝色用于描绘水系，在黑色占较大面积，而蓝色所占面积较小的情况下，也常用蓝色表示磁北线；绿色用于描绘植被，以不同网点疏密的绿色、线条或复色表示植物的疏密和对奔跑的影响度，绿色块越深，线条越密，植物越密，对奔跑影响也越大；黄色用于描绘植被，黄色和绿色结合而成的黄绿色用于描绘禁止进入的居民地和植被区域，以不同网点疏密及花纹图案表示植物与地面开阔、空旷度，黄色越深，通视度和奔跑度越好；紫红色用于描绘比赛线路，多表示越野点标位置、线路方向、禁区等。

4．定向地图中的图注记

定向地图中的图例注记除了比例尺注记和等高距注记外，还有图例说明、检查点说明及图名和出版单位说明等。

（1）图例说明可以帮助定向运动参与者理解地图所表示的事物。它采用的是国际语言符号，所有符号全球通用。根据国际定向联合会的《国际定向图制图规范》，定向地图上的言语符号分为地貌、岩面与石块、水体与湿地、人工地物、植被、技术符号和线路符号7个类别。

（2）检查点说明。一般情况下，检查点说明采取符号化的形式说明，特殊情况可以同时提供符号和文字说明。检查点说明符号是为定向运动参与者提供一种无须语言翻译就能够准确理解检查点说明的可靠方法。其目的是为地图上描绘检查点特征，点标旗与该特征间的位置关系提供更精确的说明。找到一个设置良好的检查点主要依靠读图，而检查点说明只能起到辅助的作用，并且应该尽可能地简短。

5．磁北线

定向地图的方位是上北下南、左西右东。图上绘有的若干条相等距离的、平行的、北端带有箭头的红色细线条就是磁北方向线。磁北方向线所指的方向是地图的北方。可用这条线确定地图的方位、标定地图、量测磁方位角和估算距离等。

6．运动路线

一条完整的定向运动路线由一个起点、若干个检查点和一个终点组成。起点或发图点(假如不在起点)：等边三角形，其一角要指向第一个检查点。检查点：圆圈表示。其尺寸确定受检查点周围细部地形影响，为使某些重要细部更完整，圆圈也可以部分断开。终点：双圆圈表示。三角形或圆圈的中心表示地物的精确位置，但并不肯定就有标志。检查点要依次编号并使字头朝北。遇到重要的细部，连线可以部分断开。必经路线在图上用虚线表示。

（二）读定向地图

地图阅读指读图者通过对地图符号的识别与解释，认知地图所表达的对象的过程，因此也称读图。定向运动中的读图是在行进过程中对定向地图符号进行识别和解释，将在二维平面上表达的特征转换为三维空间中的特征，并与实地特征进行核对的过程。因此在定向运动中，读图是一个由确定站立点—标定地图—识别与解释地图符号—实地核对地图—确定站立点构成的一个动态的循环过程。

1．确定站立点

起点为参赛者提供了一个明确的站立点，因此定向运动中站立点的确定实际上是一个在新的站立点与已知站立点之间联系的过程，这个过程建立在正确的持图方法——折叠地图和拇指辅行的基础上。

（1）折叠地图指将地图折叠成适当大小，以方便运用拇指辅行技术，并使读图时的注意力集中在即将寻找的一两个检查点上的定向技术。折叠地图时要注意以下几点：沿磁北线方向或者沿行进方向平行折叠地图；折叠后的地图大小要适当，既要方便运用拇指辅行技术，又要保证在图上有足够的可视区域。

（2）拇指辅行是运用折叠地图技术，将拇指或拇指指北针前端右侧顶角放在地图上自己能够完全确定的站立点位置后面，并且随着身体在山地中的移动，在地图上移动拇指将新的站立点与已知站立点联系起来，确保随时能够确定自己站立点的技术。为了能方便地运用这一技术，在持图时要掌握一个要点：用手掌托着地图，而不是用指尖拿着地图。

2．标定地图

标定地图就是为了使定向地图的方位与现地的方向相一致。这是使用定向地图的最重要的前提。利用指北针可以方便标定地图，但定向高手通常利用实地的特征来标定地图，只在特征较少或通视度不良的情况下才用指北针标定地图。利用实地标定地图有以下两种情况。

（1）转动地图标定地图。这种情况发生在参赛者沿着选定路线行进时，随着前进方向的改变，同时向身体转动方向相反的方向转动地图，使实地中在身体前方和身体左右侧的特征位在地图上也分别位于拇指指尖的前方和左右侧，地图即被标定。

（2）转动身体标定地图。这种情况发生在参赛者要确定行进方向时。水平持握地图于身体前面正中的位置，高与腰或胸齐，并使地图上的目标位置位于身体前方的正中线上，转动身体，使实地中在身体前方和身体左右侧的特征位在地图上也分别位于拇指指尖的前方和左右侧，地图即被标定。这时身体正前方面对的方向就是目标所在的方向。

（三）使用指北针

指北针是定向运动中最重要的仪器，是定向运动可以使用的唯一合法帮助。常见的定向运动指北针有三种类型：刻度盘指北针、拇指指北针和拇指刻度指北针。其中每类又包括专业型和初学者使用的简易型。

1．拇指指北针的持握方法

读图时用拇指指北针前端右侧顶角压在自己在地图上目前的位置后面，水平持握地图于身体前面正中的位置，高与腰或胸齐，前进方向箭头与身体正中线平行指向身体正前方。

2．标定地图

沿着选定路线行进时，随着前进方向的改变，同时向身体转动方向相反的方向转动地图，当地图磁北线的北端与指北针磁针的红端（北端）一致时，地图即被标定。

3．确定方向

用拇指指北针确定方向可以分两步完成。

第一步：将拇指指北针的右侧顶角放在地图上自己目前的位置上，并使基板上的前进方向线与目前站立点和目标点位置的连线平行。

第二步：水平持握指北针于身体前面正中的位置，高与腰或胸齐。转动身体直到指北针磁针与磁北线平行，磁针的北端（红端）与磁北标定线的北端一致，箭头所指的方向即前进方向或目标所在方向。

（四）实地判定方位

实地判断方位是指在实地辨明方向，了解实地的方位是使用地图的前提。除了在前一节中介绍过的利用指北针帮助判断方位的方法外，还可以利用地物特征、太阳和手表及夜间利用星体来判定方位。

1．利用地物特征判定方位

房屋门一般朝南开，在我国北方尤其如此。庙宇通常也南向设门，尤其是庙宇群中的主要殿堂。树木通常朝南的一侧枝叶茂盛，色泽鲜艳，树皮光滑，向北的一侧则相反。同时，朝北一侧的树干上可能生有青苔。凸出地物，例如墙、地埂、石块等，其向北一侧的基部较潮湿，并可能生长苔类植物。凹入地物，例如河流、水塘、坑等，其向北一侧的边缘（岸、边）的情况与凸出地物相同。

2．利用太阳与手表判定方位

9:00 至 16:00 之间按下面这句话去做，就能较快地辨别出概略的方向："时数折半对太阳，'12'指的是北方。"如在 9:00，应以 4:30 的位置对向太阳；如在 14:00，则应以 7:00 的位置对向太阳，此时"12"字的方向即为北方。为提高判定的准确性，可在"时数折半"的位置上竖一细针或草棍，并使其阴影通过表盘中心，如图 7-5 所示。

图 7-5　利用太阳与手表判定方位

需要注意的是：

（1）"时数"是按一日 24 小时而言的，如 13:00 时，就是 13 时。

（2）在判定方向时，时表应平置（表面向上）。图 7-5 利用太阳与手表判定方位。

（3）此方法在南、北纬度 20° 30'之间地区的中午前后不宜使用。

（4）要注意时差的问题。即要采用"以标准时的经线为准，每向东 15° 加 1 小时，每向西 15° 减 1 小时的方法将标准时间换算为当地时间"。

3．夜间利用星体判定方位

（1）利用北极星。北极星位于正北天空，观察时，其距离地平面的高度约相当于当地的纬度。寻找时，通常要根据北斗七星（即大熊星座）或 W 星（即仙后星座）确定。北斗七星是 7 个比较亮的星，形状像一把勺子，将勺头甲乙两星连一直线向勺口方向延长，约为甲乙两星间隔的五倍处，有一颗略暗的星，即北极星。当地球自转看不到北斗七星时，则可利用 W 星寻找。W 星由五颗较亮的星组成，形状像个 W 字母，向 W 字缺口方向延伸约为缺口宽度的两倍处，就是北极星。

（2）利用南十字星。在北纬23°30'以南的地区，夜间有时可以看到南十字星，它也可以用于辨别方向。南十字星由四颗较亮的星组成，形同十字。在南十字星的右下方，沿甲乙两星的连线向下延长约该两星的四倍半处（无可见的星），就是正南方。

（五）标定地图

标定地图是使地图和实地保持一致，它是定向运动的基本技能之一。通过标定地图，可以帮助我们迅速查看地图，了解实地地物的分布和地貌的起伏及它们之间的关系，还可以帮助我们根据地图上的路线选择具体的实地运动路线。常见的标定地图的方法有概略标定、利用指北针标定和利用地物标定。

1．概略标定

如果已知实地方位和站立点的图上位置，只要将地图正置，使地图上方（即磁北方向）与实地北方向保持一致，地图就被标定了。越野图上的方位是：上北、下南、左西、右东。当我们在现地正确地辨别了方向之后，只要将越野图的上方对向现地的北方，地图即已标定。这种方法简便迅速，是定向越野比赛中最常用的方法。

2．指北针标定

使指北针的北方向与地图北方向保持一致，地图即被标定。先使透明式指北针圆盒内的定向箭头“↑”朝向地图上方，并使箭头两侧的平行线与越野图上的磁北线重合（或平行），然后转动地图，使磁针北端对正磁北方向，地图即已标定。

3．利用地物标定

（1）利用明显地貌、地物的点标定。利用地图、实地对应的明显地貌或地物作为参照点标定地图。例如，作为地貌参照点的有：山头、鞍部、山凸、山谷等。作为地物参照点的有：塔、桥、独立房等。

利用地貌和地物参照点标定地图的前提是：必须知道实地站立点在地图上的位置，以及地图上和实地都有明显的同一地貌或地物。

（2）利用地貌、地物的线标定。利用线状的地貌或地物作为参照物标定地图。可作为线状地貌参照物的有：山脊、分水线、长形陡崖、长堤等；作为线状地物参照物有：江河、沟渠、道路、围墙、电力线等。

（3）利用明显面状地物标定。如利用池塘标定地图，只要将图上池塘与实地池塘外形轮廓对应，即图上池塘与实地池塘概略重合，地图就被标定。

（4）利用直长地物标定。利用直长地物（如道路、土垣、沟渠、高压线等）标定地图，首先应在图上找到这段直长地物，对照两侧地形，使图与现地各地形点的关系位置概略相符，然后转动地图，使图上的直长地物与现地的直长地物方向一致，地图即已标定。

（六）图地对照，确立站立点和目标点

图地对照就是将地图与相应实地的地物、地貌进行逐一对照。确定站立点，就是在实地确定自己站立点在地图上的相应位置。

1．确定站立点

（1）直接确定。当自己所处位置是在明显地形点上时，只要从图上找出该地形点。站立点即可确定。这是一种在行进中，特别是奔跑中最常用的方法。但是，采用直接确定法的困难在于在紧张的进程中，怎样才能很快地发现可供利用的明显地形点？当同一种明显的地形点互相靠近的时候，怎样才能够正确地区别它们，防止“张冠李戴”？因此，需要记住一些可以称得上是明显地形点的地物和地貌，如现状地物的拐弯点、交叉点（呈十字形）、交汇点（呈丁字形）和端点；面状地物的中心或者有特征的边缘；山地、鞍部、洼地；特殊的地貌形态，如陡崖、冲沟等；谷地的拐弯。交叉和交会点；山脊、山背线上的转折点和坡度变换点。

（2）利用位置关系确定。当站立点位于明显地形点附近时，可以采用位置关系法。利用位置关系法确定站立点主要依据两个要素，一是站立点至明显点的方向，二是站立点至明显点的距离。在地形起伏明显的地方，还可以结合高差情况进行判定。

（3）利用交会法确定。当站立点附近无明显地形点时，可以利用交会法确定站立点。按不同情况，它又可以具体分为 90° 法、截线法、后方交会法和磁方位角交会法。这些方法的优点是：不需要判断或测量距离也能确定出较为准确的站立点位置，这对于初学者学习和巩固使用定向地图的训练是很有意义的。但是，它们中的一些方法，要么只能在某些特定的条件下才能运用，要么就是步骤烦琐，费时费力，因此在定向越野比赛中一般较少使用。

2．确定目标点

确定目标点就是确定实地某一目标在地图上相应的位置。在进行地图与实地对照训练时，以及在运动途中需要明确运动方向和运动的具体路线时，都需要确定目标点的图上位置。主要用分析法确定，即在已知的站立点标定地图，以站立点为准，向目标点瞄准，根据站立点到目标点的距离，依据比例尺确定目标点的图上位置。利用此法确定明显目标点的精度较高，但确定一般目标点时，由于站立点到目标点的距离不容易确定，容易失误。因此，重要的是在此基础上，根据目标点所在的实地的细部地形特征，进行分析比较确定其图上的位置。在快速奔跑时，可用目测瞄准，然后根据目标点所在实地位置的细部特征确定。

图地对照、确定站立点和目标点，三者互为条件，有密切联系。通过对照地形，可以确定站立点与目标点；知道站立点或某个目标点的图上位置，可以提高图地对照的速度和精度。同时，知道站立点的图上位置，可以确定目标点，知道了目标点的图上位置，可以确定站立点。在三者中，虽然重点是站立点的确定，但由于互为条件，因此，图地对照、确定站立点和确定目标点没有固定的先后顺序，可根据具体情况而定。

（七）路线选择

当了解了地图和指北针后，定向运动参与者必须在两个点标之间选择一条最佳行进路线。首先，要考虑所选择的路线的难度及安全性。什么才是最快的路线？什么才是最安全的路线？选择安全的路线是保证选择出最快路线的一个基本前提。沿直线方向前进的不一定是最快、最好的路线选择。

路线选择所需要考虑的速度因素。在不同地貌上的运动速度是不同的，表 7-1 粗略地指出在不同的地形上行进每公里所需要的分钟数。如果走在丘陵起伏，树木遍布的乡间，绕道的距离可能比走公路的 2 倍还多。当然，上面提供的时间数是可变化的。在早春，穿越湿草地所花的时间当然会比在盛夏走干草地的时间要长。

表 7-1　行进在不同的地形上每公里所需要的分钟数　　单位：分

速度	大路	小径	森林	较难通行的林地
步行	12	17	22	27
慢跑	6	8	10	14
快跑	4	6	8	10

知识链接

路线选择遵循的原则

1. 尽可能节省时间

在定向运动中，遇到地形起伏不定、空阔的原野、草地、可通行的沼泽地、树林稀疏和树木下面空阔可跑等地域，坚持“选近不选远”的原则，可以选择直接越野的方法。

选择越野路线，首先应该在确定好运动方向的前提下，认真分析地图，仔细观察实地地形，充分利用地图和指北针，把握好运动方向和运动路线，查看分析定向竞赛彩色地图。一般白色或浅黄色区域为可跑地域，应选择直接越野；黄色区域为半空旷地域，要认真分析地图，仔细观察地形，确认直接越野的可行性和可靠性。越野的办法可根据实际情况，选择实地目标方向明显的地貌或地物作为参照物定向越野。实地目标点不可见，且目标点方向无明显参照物时，也可以利用指北针定向越野，同时估量出站立点到目标点间的实地距离。实际应用时，第一要把握好运动方向，第二要把握好实际奔跑的路程。

2. 尽可能节省体力

在定向运动中，坚持“有路不越野”的原则，利用道路奔跑，既省时又省力。在利用道路时，应该根据实际情况仔细查看地图，以便分析地形并充分合理地利用道路。查看分析定向运动竞赛彩色地图，如要穿越绿色不可通行的区域，如有道路应该充分利用道路。翻越高山峻岭或跨越深沟宽河，若有道路也应该首选道路。在运动中若有多条道路可选，应该仔细查看地图分析地形，弄清楚各道路的走向和下段路程的连接点，比较它们的路程距离等，选择快捷、省力的最佳运动道路。在定向运动中，还应该学会利用地图上未标注的山间小径，因合理利用这些小径将会获益匪浅。

3. 仔细读图，综合考虑

在定向运动中，要求运动员充分利用地图和指北针，仔细分析地图，判定地形，确定正确的运动方向和运动路线。在前进的道路上遇到大的障碍时，坚持“统观全局，提前绕行”的原则，最好不要采用先抵达大的障碍物或穿越障碍途中发现难以通行再走回头路的做法。这样不但浪费时间消耗体力，有时还可能发生意外事故。在前进大道路上遇到大的障碍时，应该提前作出判断和选择，遇到大的难以逾越的障碍物时，选择最佳的迂回路线，提前绕行。

（八）基本运动方法

1．沿线运动法

沿线运动法也称导线法。当站立点距离检查点较远，途中地形又很复杂时，可以采用此法。“线”是指道路、沟渠、高压线等，运动员依靠线状地物控制运动方向。行进过程中，要多次利用各个明显地形点，确保前进方向与路线的正确性。但需注意，切勿将相似的地形点用错。

2．分段运动法

这是初学者平时训练和比赛时最理想的运动方法。它能使你正确把握运动方向，随时明确站立点在图上的位置，并能减少看图时间，提高运动速度。

3．连续运动法

由于“分段运动法”必须在检查点和各个辅助目标作短暂的停留用来进行对照地形，选择辅助目标与具体运动路线。所以对于有一定基础的参赛者来说，就显得作用不大，浪费时间。连续运动法是在分段运动法的基础上提高一步。采用此方法，可把在各辅助目标要做的工作提前，即从某一检查点到达第一个辅助目标之前在奔跑过程中边跑边进行图上分析，分析下一段通视地域内的地形，并在图上选择好下一个辅助目标及下一个目标点运动的具体路线。到第一个辅助目标后，如果观察到的地形与到达之前的从地图上分析的地形一致，即可不在此停留而做连续的运动，如此类推到检查点。到达检查点前，同样可分析检查点之后的路线，到达检查点后，只需“做记”即可迅速向下一个检查点运动。这就需要参赛者必须做到“人在实地走，心在图前移”。

4．一次记忆运动法

此方法供技术全面、经验丰富的参赛者在连续运动的基础上采用。这种方法是在出发点把在地图上选择的从出发点到第一号检查点的最佳路线，一次性地记在脑子里，运动中按记忆的路线运动。通过记忆，应该使自己具备这样一种能力：实地的情景能够不断地与记忆的内容叠影、印证。

5．依点运动法

点是指明显的地物地貌点。具体方法同“分段运动法”和“连续运动法”，即用“点”控制运动方向。

三、定向运动部分规则

1．规则

定向运动规则为：必须按顺序到访指定路线上的所有点标；在起点处领取 IC 指卡，在所到点标处打卡，在终点处将 IC 指卡交回，并记录下时间，领取成绩单。指北针的红色指针应时刻与地图上指明北方的红色箭头及红色竖线保持平行。这样就不会迷失方向，时刻知道自己身在何处。

2．注意事项

（1）在森林中运动时，最好穿长袖和长裤运动服，以免划破肌肤。

（2）在跑行进路线中，一定按序号顺序跑动，否则成绩无效。

总结案例

定向运动赛事

（1）O-Ringen：瑞典五日。世界最大规模的定向运动赛事，每年吸引世界各国 15 000 名男女老少定向运动员。

（2）世界定向越野锦标赛；世界滑雪定向锦标赛。

（3）定向越野世界杯赛；滑雪定向世界杯赛。

（4）世界青年定向越野锦标赛；世界青年滑雪定向锦标赛。

（5）世界老年定向越野锦标赛；世界老年滑雪定向锦标赛。

探索与思考

1. 试述定向地图颜色所代表的含义。

2. 如何结合定向地图合理使用指北针？

3. 定向运动的基本运动方法有哪些？

第三节　滑冰运动

导入案例

悬疑丛生中国女队痛失冬奥银牌

2018 年 2 月 20 日的韩国平昌，短道速滑女子 3 000 米接力赛正在进行。谁都没料到这场比赛有着充满争议的结局。中国、韩国、加拿大三支强队参与的这场决赛，充满了悬疑和刺激：韩国队第一个冲过终点拿到冠军，而第二个冲过终点的中国队被判犯规，没能站上领奖台。根据电视画面回放，中国队并没有明显的犯规动作，反倒是韩国队在倒数第五圈时交接棒有人摔倒，影响到了旁边加拿大队的交接棒。然而就在四位中国姑娘已经披好国旗，准备庆祝这枚来之不易的银牌时，中国队和加拿大队双双被判犯规、取消比赛成绩。中国短道速滑队主教练李琰赛后与裁判长进行沟通，并表示已提出申诉，而国际滑联有关负责人驳回了中国队的申诉，理由是提交申诉的截止时间是比赛结束后的 30 分钟，而中国队的申诉提交时间超时。

一、滑冰运动的缘起和发展

滑冰运动起源于荷兰。11—12 世纪的荷兰、英国、瑞士一些国家就有脚绑兽骨，手持带尖木棍支撑冰面向前滑行的记载。13 世纪中叶，荷兰出现一种镶嵌在木板上的铁制冰刀。1572 年苏格兰人发明全铁制冰刀。17 世纪后，这种最初的冰上运输形式逐渐发展成为一种运动项目。19 世纪末和 20 世纪初，一些冰雪运动如滑雪、滑雪橇、滑冰、冰球等项目在欧美国家逐渐得到普及和发展。1861 年挪威成立了世界上第一个滑雪俱乐部。1892 年加拿大成立了世界上第一个冰球协会。1892 年国际滑冰联盟在荷兰成立。1893 年，在阿姆斯特丹举行了首届男子速度滑冰锦标赛。1908 年，法国成立了世界范围的国际冰球联合会。在冰雪运动日益普及的情况下，现代奥运会创始人顾拜旦建议单独举办冬季奥运会。

1908 年第 4 届夏季奥运会上增加了花样滑冰项目。1920 年第 7 届夏季奥运会上增加了冰球项目。花样滑冰和冰球加入奥运会后引起了观众的极大兴趣。正式的冬季奥林匹克运动会始于 1924 年。当时，在法国的夏蒙尼市承办了当时被称为“冬季运动周”的运动会，两年后国际奥委会正式将其更名为第 1 届冬季奥林匹克运动会。目前滑冰运动主要包括速度滑冰、花样滑冰和短道速度滑冰三种。

二、滑冰运动项目种类

滑冰运动是指运动员以冰刀为用具，以竞速或者技巧展现为目的，在人工或天然冰面上进行滑行动作的运动，包括速度滑冰、花样滑冰和短道速度滑冰三个项目。

（一）速度滑冰（Speed Skating）

速度滑冰简称速滑，是滑冰运动中历史最为悠久、开展最为广泛的项目。1763 年 2 月 4 日在英国首次举行 15 公里速度滑冰赛，从 19 世纪 80 年代开始举办国际性的比赛，并于此时进入中国，北方的普通民众开始在冰面上开展多种速滑项目以及各种速滑表演节目。1889 年在荷兰的阿姆斯特丹首次举办世界冠军赛，1892 年，15 个国家的代表在荷兰的席凡宁根成立了国际滑冰联盟（The International Skating Union，ISU），现在总部位于瑞士的达沃斯，主要负责花滑与速滑等项目的推进，这是所有冬季项目的第一个组织。国际滑冰联盟建立了国际标准化的制度和章程，并组织国际化的冰上运动比赛，1893 年它主办了第 1 届世界男子速滑锦标赛，对加强各国冰上运动的联系起到了重要的作用。在国际滑冰联盟成立后，速度滑冰的发展也由此进入了新的时代。

男、女速滑分别于 1924 年、1960 年被列为冬奥会比赛项目。现比赛项目有男子 500 米、1 000 米、1 500 米、5 000 米、10 000 米；女子 500 米、1 000 米、1 500 米、3 000 米、5 000 米共 10 个小项。

（二）花样滑冰（Figure Skating）

花样滑冰起源于 18 世纪的英国，后在德国、美国、加拿大等欧美国家迅速开展。1863 年，被誉为“现代花滑之父”的美国人杰克逊·海因斯（Jackson Haines）将滑冰运动与舞蹈艺术融为一体，在欧洲巡回表演，丰富了花样滑冰的内容和形式。1868 年，美国的丹尼尔·梅伊（Daniel Mey）和乔治·梅伊（Geerge Mey）首次表演了双人滑。1872 年，奥地利首次举办了花样滑冰比赛。1896 年，首次世界男子单人花样滑冰锦标赛在俄国彼得堡举行。1906 年，首次世界女子单人花样滑冰锦标赛在瑞士达沃斯举行；1924 年被列为首届冬季奥运会的比赛项目，目前设有包括男、女单人滑，双人滑和冰上舞蹈 4 个比赛项目。

滑冰在中国有悠久的历史，《宋史》已有关于“冰嬉”的记载。元朝以后，冰嬉更为盛行。清代《帝京岁时纪胜》中有“冰床、冰擦”的记载，都是指在冰冻的江河湖泊上做滑冰游戏。清乾隆年间，画家沈源的一幅《冰嬉赋》图中有大蝎子、金鸡独立、哪吒探海等姿势。清末，专为慈禧观赏的北京北海花样滑冰表演中，已有双飞燕、蝶恋花等双人动作和朝天镫、童子拜佛等单人动作。那时民间的冰上表演有猿猴抱桃、卧鱼、鹞子盘云、凤凰展翅、摇身晃等动作。1930 年前后，西方花样滑冰传到中国，北京、天津、哈尔滨、长春、沈阳等城市的学校，有些学生参加了花样滑冰运动。1935 年，在北京举行的滑冰比赛会上，进行了花样滑冰表演赛。1942 年冬，在延安的延河上举行了冰上运动会，表演了花样滑冰的图形和自由滑。1953 年 2 月在哈尔滨举行了第一次全国冰上运动大会，花样滑冰被列为比赛项目。1979 年 10 月，中国花样滑冰运动员参加了在日本举行的 NHK 杯国际邀请赛，1980 年 2 月参加了第 13 届冬季奥林匹克运动会的花样滑冰比赛，1980 年 3 月参加了第 70 届世界花样滑冰锦标赛。1992 年，陈露先后夺得冬奥会第 6 名、世锦赛第 3 名，在世界舞台全面展示了中国花滑运动的新形象。此后几年，陈露在世锦赛上不断摘金夺银，1994 年、1998 年两届冬奥运连续夺得第三名，为中国花滑运动在世界赛场争得一席之地。从此中国选手成为世界花滑界的主要力量。2010 年温哥华奥运会成为中国花滑选手夺金的见证地，申雪/赵宏博、庞清/佟健，这两对征战多届冬奥会的老将分别包揽了冠亚军，共同创造了中国冰雪运动的新辉煌。

（三）短跑道速度滑冰（Short Track Speed Skating）

短跑道速度滑冰简称短道速滑，起源于加拿大。19 世纪 80 年代，加拿大修建室内冰球场，一些速度滑冰爱好者经常到室内冰球场练习。及至 90 年代中期，加拿大的蒙特利尔、魁北克、温尼伯等城市相继出现室内速度滑冰比赛。1905 年加拿大首次举行全国短道速滑锦标赛，后逐渐在欧美国家广泛开展。1969 年加拿大在第 33 届国际滑冰联盟代表大会上，向与会代表散发了《短跑道速度滑冰规则》，1975 年国际滑冰联盟成立短跑道速度滑冰技术委员会。1976 年首次在美国伊利诺伊州的尚佩思举行国际短道速滑赛，1981 年起举办世界短道速滑锦标赛。现有男子 500 米、1 000 米、1 500 米、5 000 米接力，女子 500 米、1 000 米、1 500 米、3 000 米接力共 8 个比赛项目。

短道速滑是所有滑冰项目中最为激烈、精彩的项目。相对于速度滑冰，短道速滑属于短距离的竞技选手之间的比赛在同一个赛道上进行，会出现抢位、碰撞、摔倒等现象，除了对运动员的身体素质有较高的要求外，同时也需要运动员具有很好的起跑技术、抢位技术以及局势判断的能力。

三、滑冰前基本准备

（一）选择适合的装备

在滑冰运动竞技比赛项目中，不同项目所需装备不尽相同。作为初学者，可根据天气、场地、活动量、活动目的等不同选择适合自己的装备。主要包括冰刀、服装和护具 3 大类。

1．冰刀的选择

冰刀根据结构和运动特点大致可分为速滑冰刀、花样冰刀和冰球冰刀三类。其中速滑冰刀分为大跑道冰刀和短跑道冰刀，分别对应速度滑冰项目和短道速滑项目；花样冰刀根据冰上动作和刀齿及刀体形状又分为自由花样冰刀、规定图形花样冰刀和冰上舞蹈花样冰刀，以适应不同比赛内容要求；冰球冰刀分为守门员冰球刀和球员冰刀，其中球员冰刀针对比赛时球员急停、急转和加速滑行的需要进行了针对性涉及，十分适合滑冰运动初学者的需求。虽然三类冰刀有不同之处，但滑行时蹬冰原理基本相似，就冰刀的结构特点来说，冰球冰刀和花样冰刀相对容易被初学者所掌握，速滑冰刀能够满足对滑行速度的追求，因此初学者可根据实际情况和自身需求自由选择适合自己的冰刀。

2．服装的选择

在滑冰竞技比赛中，对各项目比赛服装有专门规定。其中速度滑冰个人比赛项目中要求运动员身穿专门的尼龙连体比赛服进行比赛；在速度滑冰集体出发、团体追逐比赛项目和短道速滑全部比赛项目中，要求运动员穿戴专用头盔、专用防切割比赛服、塑料或防切割材料护腿、防切割或皮质手套、防切割护颈和护踝、防护眼镜等专门装备。在花样滑冰比赛中，男子选手必须穿长衣长裤，不得穿露胸无袖上衣和紧身裤，女选手必须穿连衣裙或紧身长裤，但是不得穿上下分开的服装，前后裙子的长度要可以遮盖住臀部。所有项目运动员都可以在比赛服装中穿着起保暖作用的衣物，但是要求必须紧贴皮肤，不得遮挡住比赛服装或影响比赛服装的整体协调性。比赛中不得佩戴围巾、腰带等有可能对运动员带来不安全因素的物品。

对于初学者，以保暖、舒适和安全为原则。根据运动的场地环境，选择适合自己的服装即可。需要注意的是不要选择过于肥大的衣物，影响滑冰技术动作的发挥，也不要佩戴过长的围巾、过于坚硬的装饰物等有安全隐患的服饰。

3．护具的选择

在竞技比赛中，针对可能出现的危险因素对运动员护具的穿戴进行了专门的规定。作为初学者，可根据实际情况，以保证安全，不过度浪费原则，选择适合自己的护具。一般的建议是配备头盔、护腕、护肘和护膝作为基本护具。

（二）树立基本安全意识

滑冰运动在坚硬的冰面上进行，参与者穿着锋利的冰刀进行滑行，相对于其他运动项目而言危险性较大，因此需要初学者必须树立安全意识，防止意外的发生。

第一，上冰前要佩戴好安全护具，夏季应穿着长裤，身上不佩戴尖锐物品，以免摔倒后划伤。

第二，检查冰鞋是否穿着正确并系好冰鞋带，防止运动过程中发生冰鞋脱落等意外情况，造成自身和他人的危险。

第三，做好热身运动，使身体充分伸展，防止运动过程中发生挫伤、扭伤、拉伤等运动伤害。

第四，初学者在练习时当意识到要跌倒时，应尽量使自己身体向前面或是侧面跌倒从而避免摔伤后脑。

四、滑冰的基本技术

（一）技术准备

1．站立练习

两脚略分开约与肩同宽，两脚尖稍向外转形成小“八”字，两腿稍弯曲，上体稍向前倾，两臂伸向侧前方与腰同高，目视前方。站立时，身体重心要通过两脚平稳均匀地压到刀刃上，踝关节不得向内侧或向外倒。

2．平衡练习

初学者可先在陆地上、后在冰上进行基础练习。练习中，手扶栏杆或在同伴的扶持下，慢慢站直身体，使身体重心尽量落在两脚冰刀之间，保持两脚不左右扭动，做好站立姿势。然后放开栏杆，逐渐体会身体重心在两脚冰刀上维持好平衡的感觉，再做一些原地提踵和原地踏步练习。

3．小步走练习

冰上站立，两脚分开比肩稍窄，向前迈步。以脚上的冰刀内刃向侧后方蹬冰向前行，步子开始要小一点，慢点走，然后逐渐加快速度前行。小步走时，眼向前看，两臂稍分开放在体前侧，上体稍左右晃动，练习移动重心并体会维持身体平衡的感觉。如果双脚能借助惯性前滑，这说明身体已经逐渐适应了滑行状态，初步具有了在冰上滑行条件下控制自身平衡的能力。

通过以上 3 项专门的适应性练习，初学者可基本学会使用冰刀实现基本的技术准备，接下来便可以开始学习基本滑行技术。

（二）向前滑行技术

1．双足向前滑行

上体直立姿势，目视正前方，手心向下，两臂向侧前方伸展，双足稍分开，与肩同宽，两只冰刀平行站立。在蹬冰时，首先双膝微屈，然后将重心移至右足，用右足刃前半部分向侧方蹬冰。在完成蹬冰动作后，迅速将蹬冰足收回原位置，将重心放在双足之间，形成双足向前滑行动作，然后再换另一足蹬冰，做同样双足滑行动作。如此反复交替，至比较熟练。

2．单足蹬冰，单足向前滑行

在比较熟练地掌握了单足蹬冰、双足向前滑行动作后，可以进行单足蹬冰、单足滑行的练习。其准备姿势同前，只是在蹬冰时，身体重心要确实移到滑足上，在蹬冰结束后，要保持重心不变和单足向前滑行姿势，此时蹬冰足应尽快放在滑足足跟后，以保持重心平稳。初练时可以一拍蹬冰一拍滑行，双足交替进行练习。经过一段练习，重心保持较稳后，可以做一拍蹬冰、二拍滑行或三拍滑行。最后可以做一次蹬冰，尽量坚持一次滑行的长度，这样做既可以提高身体保持平衡的能力，也可以练习增加蹬冰力量。

3．双足向前弧线滑行

以右足蹬冰，双足向左前弧线滑行为例进行说明。双足呈丁字形站立于冰面上，左足在前，右足在后，双膝微屈，用右足冰刀内刃前部做蹬冰动作，此时身体重心稍向前移至左足外刃一侧，蹬冰后右足尽快回到左足内侧，呈双足滑行姿势，用左前外刃和右前内刃双足向左呈弧线滑行。在滑行中身体重心应稍偏于左足，右足前内刃起支撑协助滑行作用。身体纵轴稍向左倾，两臂自然伸向身体两侧，左臂稍向后，右臂稍向前，这样便于向左呈弧线滑行。用同样的方法，相反的姿势和动作，做左足蹬冰，双足向前右侧弧线滑行。

在练习以上滑行动作时，要注意身体不能转动过急，身体纵轴倾斜角度不能过大，在练习中要充分体会双足内外刃的用力和重心移动，以便为下一个技术动作打下一个基础。初练时，速度不能过快，伴随着技术的熟练，可以适当加速，加大倾斜角度和弧线的曲度。初学者弧线的曲度以圆的直径为5～7米为宜。

4．单足向前弧线滑行

准备姿势和技术动作与单足蹬冰，双足向前弧线滑行相同，不同之处在于：在蹬冰后应立即将重心移至滑行足，蹬冰足应尽快放在滑足足跟后，足尖向下，呈单足向前弧线滑行姿势。由于是单足滑行，身体重心完全落在滑足冰刀上，身体倾斜要比双足弧线滑行大一些，两臂应发挥调解平衡的作用，切忌转体过急，造成重心不稳，两侧交替进行练习。练习熟练后，可以在逐步熟练的基础上适当加大单足滑行的时间和距离，为单足半圆滑行打好基础。

5．前交叉步滑行

前交叉步分左前外—右前内交叉步和右前外—左前内交叉步。以前者为例，双足平行站在冰上，首先用右足前内刃蹬冰，在前外刃滑行，身体向左倾斜，左臂在后，右臂伸向前，然后将右足经左腿前交叉放在左足前方，同时重心由左足移至右足，呈右前内刃滑行，并用左前外刃向右后侧方蹬冰，右腿屈曲，左腿伸直，两腿呈交叉状，如此反复蹬冰和滑行便形成了左前外—右前内交叉步滑行。

（三）向后滑行技术

1．双足向后滑行

在练习双足向后滑行时，首先要双足平行站在冰上，由左足或右足内刃做原地向后蹬冰练习，蹬冰动作要与臀部和腰部的摆动协调配合，然后再练习向后双足滑行动作。双足平行站立，用左后内刃蹬冰，重心稍向右足移动，用腰部、臀部及两臂的摆动配合滑行，然后再用右后内刃蹬冰，做相反的动作向后做双足滑行。如此交替蹬冰和向后滑行，便形成了两条平行的曲线。

2．单足向后滑行

准备姿势同单足蹬冰，双足曲线向后滑行，蹬冰方法和动作也完全相同，只是在完成蹬冰动作后，立即将身体重心移至滑行足，蹬冰足立即抬离冰面，放在滑足前方线痕之上，形成单足向后滑行动作，两臂在身体两侧协助保持平衡，两足交替上述动作，便形成单足交替蹬冰和滑行动作。

3．双足向后弧线滑行

左后外刃蹬冰后，双足靠近呈右外刃，左后内刃双足滑行，身体向右倾斜，右臂向右，左臂向左，左臂在前，头转向右后方。用同样的方法，相反的动作和姿势，做右后内刃蹬冰，双足（右后内刃，左后外刃）向右后呈弧线滑行。

4．单足向后弧线滑行

用左后内刃蹬冰，并立即将身体重心放到右足后外刃上，形成右后外刃单足弧线滑行，此时，蹬冰足应尽快抬离冰面，放到滑足前滑线之上，右臂向后，左臂向前，头向右侧，滑腿微屈。用同样的方法，相反的动作和姿势，做右后内刃蹬冰，左后外刃弧线滑行。也可以用在后内刃蹬冰，身体向左倾斜，右臂向后，左臂左前，形成右后内刃弧线滑行，蹬冰后蹬冰足应尽快抬离冰面，放到滑线之上滑足的前方。

5．单足蹬冰，单足向后弧线滑行

用左后内刃蹬冰，并立即将身体重心放到右足后外刃上，形成右后外刃单足弧线滑行，此时，蹬冰足应尽快抬离冰面，放到滑足前滑线之上，右臂向后，左臂向前，头向右侧，滑腿微屈。用同样的方法，相反的动作和姿势，做右后内刃蹬冰，左后外刃弧线滑行。

也可以用在后内刃蹬冰，身体向左倾斜，右臂向后，左臂左前，形成右后内刃弧线滑行，蹬冰后蹬冰足应尽快抬离冰面，放到滑线之上滑足的前方。

（四）停止技术

1．“8”字停止法

在获得一定的向前滑行速度后，两脚平行分开滑冰，随后脚尖内转，两脚以内刃柔和地压紧冰面，同时两腿弯曲，上体稍前倾，臀部后坐，两臂前伸，维持身体平衡，这样就会逐渐减速至停止。

2．T 形停止法

单脚向前滑行开始，浮足在滑行脚的后跟处成“T”形放好后，用浮足内刃放在冰面上柔和地压紧冰面，减缓滑行速度至停止。

3．双脚急停法

在向前滑行时，两脚同时做顺时针（或逆时针）一方向急转，左脚以内刃、右脚以外刃与滑行方向成 90 度角压紧冰面，同时身体向右急转，重心移至右腿上两膝弯曲，两臂前侧伸，即可使身体停止下来。

4．向后滑行急停法

由于花样滑冰鞋底的冰刀前缘有刀齿，所以在向后滑行的过程之中，只要抬起脚跟做提踵动作，冰刀的刀齿就会起制动性摩擦冰面的作用，从而达到降低滑行速度停下来的目的。做刀齿摩擦冰面的同时，注意身体要稍前倾，两臂侧举维持平衡。

总结案例

用实力让黑手“无从下手”

2018 年 2 月 22 日晚，平昌冬奥会短道速滑男子 500 米决赛上演，中国选手武大靖一骑绝尘，1/4 决赛即打破世界纪录的他，顶住重重压力，没有给韩国队任何机会，以 39 秒 584 的成绩再次刷新自己刚创造的世界纪录和奥运会纪录，获得冠军，为祖国拿下该届冬奥会首块金牌！这个冠军赢得没有一点瑕疵，让所有对手和观众心服口服，让幕后操纵者“无计可施”。中国队，用实力说话，用实力夺冠！

探索与思考

1. 初学者如何选择滑冰运动器材？
2. 几种冰刀在滑行中有哪些区别？

第四节　滑雪运动

导入案例

北京冬奥会上中国雪上项目取得新突破

北京冬奥会前，“冰强雪弱”一直是中国冰雪运动的一个标签。2018 年韩国平昌冬奥会，中国队取得了 1 枚金牌、6 枚银牌、2 枚铜牌，共 9 枚奖牌的成绩。其中冰上项目取得了 1 金 3 银 1 铜的成绩，雪上项目仅仅取得 3 银 1 铜的成绩。除了在奖牌数量上不如冰上项目外，在奖牌分布面上也不如冰上项目。2022 北京冬奥会中国队一共获得 15 块奖牌，包括 9 金 4 银 2 铜。列奖牌榜第 3。其中冰上项目获得 4 金 1 银 1 铜，雪上项目拿到 5 金 3 银 1 铜，在多项指标上均创造新的历史，圆满完成北京冬奥会的比赛任务。

一、滑雪运动的缘起和发展

（一）滑雪运动的缘起

关于古代滑雪运动的起源，目前有两种主流观点。一种观点是世界雪坛（特别是欧洲）不少人把挪威称为“滑雪的故乡”；另一种观点认为中国的阿勒泰地域是人类滑雪运动的发源地。

无论哪种观点，都一致认为最早的滑雪活动是人们为了利用雪、征服雪而作为行走、狩猎、运输、战争等内容的手段，大约开始于公元前 2500 年以前。滑雪的踪迹最早可以在西伯利亚贝加尔湖以南的阿勒泰地域的历史记载中见到。在挪威的山洞岩石上也发现了穿滑雪板的人体雕刻。最早的滑雪器具可能是人们把“雪踏”形状的器具用皮条绑在脚上，这主要是为了不陷进雪中，进而作为在雪面上走滑的用具。

公元前 4 世纪，希腊历史学家在小亚细亚旅行时，见到有关记载说，亚美尼亚山民穿着原始的雪靴，就如同在马脚上扎上布袋一样在雪上走滑。在中国古代地理书《山海经》的第十八卷《海内经》中曾有如下记载“有丁令国，其民自膝以下有毛，马蹄善走”，这是有关中国滑雪的最早论述，所谓丁令国，即在贝加尔湖以南直至阿勒泰山一带从事游牧的我国北方的一个民族。此外，在中国的古籍《魏志·卷三十五》的末尾曾指出“北丁令有马胫国，其人严似雁鹫，自膝以上身首为人，膝以下有毛，有马胫、马蹄，不骑马而能奔驰，驭马更快，为人勇猛善战”。这段文字也清晰地描绘了奔驰雪上的古代人形象。

（二）现代滑雪运动的发展情况

现代滑雪运动被公认为起源于欧洲。20 世纪初叶，伴随人类社会的进步，经济科技的发展，滑雪运动冲开了原有的局限，经过近代哺乳，跳跃式登上了现代的历程。现代滑雪运动在场地建设、器材设备的研制、技术理论的探讨、参与的人口等各领域得以全面发展，竞技滑雪、滑雪旅游在近几十年处于突飞猛进的扩展之中。当代滑雪的重心在欧洲，大众参与程度可谓达到登峰造极的高度，其次是北美的美国、加拿大及亚洲的日本，目前世界五大洲都开展了滑雪运动。

（三）我国滑雪运动的发展情况

我国的近代与现代滑雪运动发展缓慢，近代滑雪是 20 世纪二三十年代从俄罗斯及日本传入，并在部分地区零星开展。1957 年我国组织了第一次全国性的滑雪比赛，从此拉开了新中国近代滑雪运动的序幕，以东北地区为代表陆续开展了滑雪运动。由于受到自然条件和经济不发达的制约，滑雪运动发展速度缓慢，而且多局限于竞技滑雪领域。我国于 1980 年第 13 届冬奥会才首次参加冬奥会，就此开始实现现代滑雪的起步。

改革开放以来，群众性的旅游休闲滑雪自 20 世纪末期逐步开展，中国的滑雪产业已成为朝阳产业，1996 年之后的不足十年间，滑雪场的数量与滑雪人口迅猛增加。目前全国有 20 余个省级行政区域开展了大众滑雪运动并且以迅猛速度发展。

目前，中国的竞技滑雪运动除空中技巧项目已获得冬奥会银牌及多次世界杯冠军，冬季两项除女子成绩突出外，其他诸多滑雪项目及滑雪领域较国外滑雪运动水平先进的国家存在着很大的差距。

二、滑雪运动的分类

滑雪运动是指人们以各类雪板为用具，以竞速或者技巧展现为目的，在人工或天然雪面上进行滑行动作的运动。

（一）滑雪运动的分类

按照滑雪的目的和功能可将滑雪运动分为实用滑雪、冒险滑雪、竞技滑雪和娱乐滑雪四类。

1．实用滑雪

实用滑雪是滑雪最初的功能，作为一种运输方式和手段与人类社会生产密切联系，目前已经被竞技滑雪、大众滑雪和冒险滑雪所替代。

2．冒险滑雪

冒险滑雪也称为探险滑雪、特殊滑雪，是部分狂热的爱好者为了超越自我、征服大自然而开发的一种特殊滑雪运动。包括极限滑雪、定向滑雪、登山滑雪等。

3．竞技滑雪

竞技滑雪以竞赛为目的，是现代滑雪发展的产物，作为冬奥会项目，形成了完善的体系。包括高山滑雪（国外称阿尔卑斯滑雪）、越野滑雪、跳台滑雪、北欧两项、自由式滑雪、单板滑雪、冬季两项、登山滑雪等冬奥会和非冬奥会项目。

4．娱乐滑雪

娱乐滑雪是以健身和娱乐为目的的群众性滑雪运动，也称为休闲滑雪或者大众滑雪，以高山滑雪、单板滑雪和越野滑雪为主。

三、滑雪运动的场地、设施和装备

（一）滑雪运动场地

滑雪场地根据项目不同，可以分为滑雪道、跳台、U 形池和单板公园等不同种类、不同类型，大型的滑雪场可能囊括所有的滑雪场地类型，中小型可能包含一种或几种场地类型。目前世界上数量最多的是高山滑雪场地，一般是由初、中、高级雪道组成。我国也以高山滑雪场地为主。

（二）滑雪运动设施

1．索道

在滑雪场，人们通过索道往返于各种类型场地之间。索道是滑雪场的必备设备，每个滑雪场的雪道之间都由索道连接，根据不同的坡度和长度，可配置传动式索道、拖牵式索道、吊椅式索道以及吊箱式索道。

乘坐索道时，要注意以下几点。一是乘坐夹腿式拖牵时，双腿要夹紧身体，略微后仰，使身体重量直接作用在把杆上，在到达终点后，一定要先松开把手，再离开索道。二是乘坐托臀式拖牵时，上体和腿要伸直，身体略微后仰，使身体重量直接作用在拖杆上。三是在乘坐吊椅式索道过程中，应保持身体平稳，不能晃动，防止雪板或雪仗脱落，在下吊椅时，利用雪杖的撑动，迅速离开索道，以免被运行中的吊椅刮倒，同时也给后面的乘坐者让出下索道的位置。

2．造雪机和压雪车

造雪机是水经过高压喷射雾化后，通过外界冷空气的作用，将水雾变成雪的人工造雪机器，利用造雪机可以保证雪道雪量充足。

压雪车是修整滑雪场的专用车辆，具有平、推、压雪的功能，是保证滑雪的舒适性、安全性的机械。

（三）滑雪运动装备

1．滑雪板

不同项目所使用的滑雪板各不相同，可以分为高山滑雪、越野滑雪、自由式滑雪、单板等类型滑雪板。滑雪板由板头、板腰和板尾构成，滑雪板两端翘起，两侧由板刃包裹。滑雪板的长度、宽度、弧度、硬度决定了滑雪板的性能，雪板越长，滑行速度越快，越难控制，相反雪板越短，滑行速度越慢，越容易控制。

2．固定器

固定器是连接滑雪板和滑雪鞋的装置，一般由金属材质构成，首要作用是将滑雪鞋固定在滑雪板上，次要作用是在滑雪者摔倒时可以使滑雪板自动脱落，避免人员受伤。固定器由前、中、后三个部分组成，前部和后部可以将滑雪板与滑雪鞋固定为一体，固定器可在横向外力过大，也就是侧摔时自动脱开，使雪板和雪鞋分离，以避免造成滑雪者的伤害。

3．滑雪鞋

滑雪鞋对脚和踝关节有固定保护、保暖等作用，滑雪鞋的种类很多，从功能上可以分为竞技滑雪鞋和休闲滑雪鞋，都设有调整松紧的卡子和调整前倾角度的装置，用以连接滑雪板。

挑选滑雪鞋的号码，应根据脚的大小、技术水平和个人爱好等因素决定。穿鞋时要打开鞋面的夹子，穿完鞋后用脚跟踏地穿实，然后依次固定扣紧夹子及加固带，适度调节松紧穿。脱掉雪鞋时，先清除鞋面的覆雪，然后松开夹子和加固带，将脚从鞋内抽出，将鞋上夹子和加固带扣好即可。

4．滑雪头盔和滑雪镜

滑雪头盔是硬质材质注塑而成的，款式多种。头盔的作用是当滑雪者失控跌倒后，保护头部不致被雪面或其他物体撞伤。在参加比赛快速滑行及在树林中穿行时必须佩戴头盔。

滑雪镜一般有两种，一种是太阳镜，另一种是封闭式防风专用高山滑雪镜。滑雪镜主要有防止冷风对眼睛的刺激、防止紫外线对眼睛的伤害（直射或雪面反射）、保证滑雪者的视线正常、跌倒后不会刺伤眼睛和脸部、在光线暗淡条件下起到增光的作用等功能。

5．滑雪杖

滑雪杖的功能是支撑、加速、维持平衡、引导转变（点杖）。滑雪杖的杖杆部分由轻铝合金材料制成，上粗下细，有鞘度；其上端有握柄和握革，便于手握和防止雪杖脱落；其下端有杖尖，防止雪杖在硬雪撑插时脱滑，杖尖以上有圆形或雪花形雪轮，限制雪杖过深插入雪面。滑雪杖在选用时其高度应大致与肘部同高或略低些，初学者可再高一点，以便限制上体过分前弯曲。滑雪杖越轻越好，握革环的大小可根据持杖者手的大小调节。

6．滑雪服

滑雪服具有保暖防风防水、吸汗耐磨等作用，选择滑雪服应注意，不能选择太大或太紧的服装，应选耐磨、防风防水的材料，内层应选保暖透气的材料，从颜色上看，最好选用与雪色反差较大的醒目颜色。

7．帽子和手套

大众滑雪者选择佩戴滑雪帽，它起到头部的保温作用，避免耳部冻伤，预防感冒，可根据气温的冷暖变化情况选择厚或薄的滑雪帽。由于经常要用手去整理滑雪器材和持握雪杖，因此滑雪手套是滑雪者的必备用品，应当选择尽量宽大的滑雪手套，手套腕口要长，最好能将袖口套住，滑雪手套要保暖防水，并可以保护手部安全。

四、滑雪运动基本入门技术

从当前滑雪运动发展现状分析，高山滑雪作为娱乐滑雪的主要形式，同时也是竞技滑雪的主要项目，受到几乎所有滑雪爱好者的欢迎，无论从人数、器材、场地及设施等各个角度来看，都是滑雪运动的主体。因此，高山滑雪基本技术成为滑雪运动的入门技术。

（一）前导练习

1．不着雪板的练习

穿上雪鞋后，由于雪鞋的鞋勒较高，踝关节的可动性很小，活动受限，为了尽快适应雪鞋及提高对雪的兴趣，可进行不持雪杖只穿着滑雪鞋的各种游戏。通过各种游戏及活动，使练习者在不知不觉中提高了对雪鞋的适应性，增强了对雪的兴趣。在此基础上两手持雪杖进行有支撑的走或慢跑的练习，体会雪杖与运动的配合。

2．着雪板的练习

（1）站立练习。

穿雪板站立姿势是滑雪者进入雪场后应持的基本体态姿势，分为平地站立姿势与斜坡站立姿势。

平地站立练习：身体放松自然站立，双雪板平行，间距不超过胯宽，双雪板放平，共承体重，重心居中，压力均匀，双雪杖起立插于固定器前部的外侧，目视相关方向。

斜坡站立练习：在平地站立姿势的前提下，加进雪板的立刃及身体的小反弓形姿势，形成左右不对称。双雪板平行横在山坡上，与滚落线垂直，山上板较山下板位置略高，山上侧腿微曲，可稍前于山下侧腿半脚距离，双膝微微向山上侧倾斜，山下板立内刃承担主要体重，刻住雪面；山上板立外刃刻住雪面，重心向山下侧偏移，上体微微向山下侧与立刃的雪板对应横倾和转向，形成微小的反弓反向姿势。

（2）穿雪板原地改变方向练习。

原地变向是指滑雪者在平地或坡面上处于非滑行的“静态”状态下改变方向。初学者只有掌握了原地改变方向之后才能比较自如地进行各种练习。

踏步式变向：无论板尖展开变向还是板尾展开变向都要注意雪杖的位置，板尖展开变向时雪杖支撑位置应在体前。初练时雪板一次展开距离不宜过大，随着对雪板的适应再逐渐加大展开的角度与距离。在展开雪板时，身体重心要明显地放在支撑腿上，移动要快。展开雪板时，要保持身体的平稳站立姿态。

180 度变向（向后转）：呈穿板站立姿势，雪板与滚落线垂直；双雪杖稍前移至体前两侧支撑，左板后部提起向后预摆；右板承重，左板向前上踢呈起立状态；将直立的左板以板尾为轴心向左侧下方转动约 180 度，在右板内侧着地并承重，左雪板转动的同时，上体跟着左转约 90 度；体重移至左腿，右板抬起从左腿后侧通过并力争也转动 180 度，放到与左板同一方向并平行的位置上，上体随同右板再左转约 90 度；双板同时承重，达到了向后转体的目的；两雪杖在体侧根据转向情况顺势支撑，维持平衡、协助后转，雪杖不要影响雪板的动作；滑雪杖妨碍雪板转动和雪板不垂直滚落线，后转是不可能进行的。

（3）着雪板移动练习。

着单板练习：一只脚穿雪鞋、另一只脚穿雪板，通过穿雪鞋脚的蹬动及穿雪板脚的支撑及滑进，循序渐进地提高对雪板和雪板着雪感觉的体会及支撑平衡能力。练习内容包括平地行走、单板撑杖滑行、各种蹬坡。

着双板练习：在平坦场地进行，其目的是进一步适应雪板、雪鞋及雪杖，达到人与器材的协调一体，练习方法包括走、滑行、双杖推进滑行及双杖推进滑行到停止。

（二）登坡技术

登坡技术是指滑雪者穿着雪板从山下向山上移动。登坡因技术水平、雪质、坡度和滑雪者自身体力的不同而采用不同的登坡方法。

1．双板平行蹬坡

可适用于各种坡面，蹬坡者侧对垂直落下线，可用雪杖协助蹬坡。双板平行蹬坡可用于直蹬坡，也可用于斜蹬坡。其动作要领如下：向上迈出的板步幅不要太大，迈出时保持双板平行，重心随之向上移动，可用雪杖协助支撑；用上侧板外刃刻住雪面后重心随之移到上侧板上，接着下侧腿向上侧腿靠拢，并用内刃刻住雪面；下侧板内刃刻住雪面后，再进行第二步的蹬行。

2．八字登坡

一般用于缓、中坡。蹬坡者应面对蹬坡方向，垂直向上蹬行。其动作要领如下：面对山坡，用两板内刃刻住雪面，身体前倾，向前上方依次迈出雪板，步子不宜过大，防止板尾交叉，同侧的雪杖协助支撑，可用手握住雪杖握把的头。在向上蹬坡时重要的是板内刃刻住雪面后重心移动。

（三）停止、安全摔倒与站起

1．停止

减速或停止是通过对雪板的控制使雪板与前进方向成一定的角度或完全横对前进方向的同时，增大立刃的程度以加大摩擦力来完成的。初学者主要采取犁式停止法。其动作要领如下：在滑降中使雪板呈犁式状态，重心稍后移，形成稍后坐姿势的同时两板尾蹬开，使立刃、两侧内刃逐渐加大刮雪力量；逐渐加大板尾向外侧的立刃和蹬出力量直至停止。

2．安全摔倒

安全摔倒指在滑降过程中，通过主动摔倒的方式分解冲力，避免撞击，化解险情。其动作要领如下：跌倒前急剧下蹲，降低重心；臀部向后侧方坐下，臀部一侧触及雪面，头朝上向山下滑动。防止头部触地或向前摔倒；可能时双脚举起、双臂外展，尽可能使雪板、雪杖离开雪面；不要挣扎，顺其自然下滑，严防滚翻；没停止之前或受伤后，不要盲目乱动。

3．站起

在山坡上摔倒后，首先要弄清自己的头朝什么方向，然后再移动身体使头朝山上、雪板朝山下方向，形成侧卧状态。然后是抬起上体形成侧坐，收双板时使双板横对山下侧，尽量使双板靠近臀部并用山上侧板外刃刻住雪面，再用手或雪杖支撑站起。

（四）滑降技术

高山滑雪滑降是基本顺着滚落线由上向下的滑行，通常是只靠重力自动加速的滑行。滑降技术是高山滑雪的基础技术，是滑行速度最快的技术，应用于高山滑雪，乃至其他滑雪项目诸多技术领域。

1．滑降的基本姿势

高山滑雪滑降（滑雪）的基本姿势是最基础的姿势，是在“穿雪板自然站立”姿势的基础上增加几个简单的人体动作，被视为滑雪实际技术的第一位，几乎应用于滑雪技术全领域，对高山滑雪各种技术有着决定性、长久的影响。

2．基本姿势的动作要领

（1）呈“平地穿雪板站立姿势”，身体放松，双雪板平行放平，受力均匀，两板距离约同胯宽。

（2）双脚或双脚弓处承担体重，并结实地将雪板踩住，做到脚下不发虚，重心不落后和“下沉”，两侧居中。

（3）双膝前顶，使其具有万向接头的功能、有弹性地调整姿势。

（4）臀部适度上提，收腹，上体微前倾。

（5）提起双雪杖，肩放松，双手握杖置于固定器前部外侧，与腰部同高，微外展，杖尖不拖地。

（6）目视前方 10～20 米的雪面。

（7）进入学习转弯点杖阶段，在进入中级水平之后，基本姿势应适度压缩，便于上下肢配合，适应快速滑行。

3．滑降技术的种类

（1）直滑降。

直滑降指雪板呈平行状态，雪板底面与雪面吻合，与滚落线方向相同，自上而下滑行。直滑降的技术重点是用腿部的屈伸调节并保持正确的滑行姿势。包括双板平行直滑降、犁式直滑降等类型。

（2）斜滑降。

斜滑降指与滚落线形成一定角度，向斜下方滑行的方式。斜滑降技术是高山滑雪基本功练习的主要内容。包括双板平行斜滑降、犁式斜滑降等类型。

（3）横滑降。

横滑降是指双雪板横在山坡上，与滚落线大致垂直，沿着滚落线的方向，自上而下的滑降。横滑降呈“坡面穿雪板站立姿势”，两板尽量平行靠近，山上板也可稍前；身体侧对滚落线方向，与斜滑降比较上体有更大的向山下扭转的感觉；双腿基本直立，由双雪板山上侧立刃刻住雪面，通过调整雪板立刃角的大小及放平来增减下滑的速度。加大立刃时减速，放平雪板时速度增快；滑雪杖基本不用，当横滑速度太慢时，可用雪杖放于上侧推助或支撑；雪板前部用力大些，雪板向前下方滑动；雪板后部用力大些，雪板向后下方滑动。

（五）转弯技术

转弯也称为“回转”，指利用相适应的动作方式使滑雪板不时地改变方向的滑降即为滑雪的转弯。转弯时雪板在雪面上运行的板迹是连续的“S”形曲线。转弯是高山滑雪技术的重点、关键和精华。

按转弯时雪板的板型及动作结构的不同分类有犁式转弯、犁式连续转弯、半犁式转弯、半犁式连续转弯、踏步式转弯、绕山急转弯、登冰式转弯、双板平行转弯、双板平行连续转弯、双板平行摆动转弯、登跨式转弯、跳跃式转弯、卡宾式转弯技术。

1. 犁式转弯

犁式转弯是高山滑雪转弯的重要基础技术。犁式转弯是在犁式直滑降的基础上，向一侧雪板移动重力（或增大一侧雪板的立刃或加强一侧腿部蹬转力，改变雪板迎角）的方式，左、右轮换地强化主动板的作用，达到左右转弯。

犁式直滑降状态中向一侧雪板移动体重（横移重心），促使该雪板成为主动板，便形成犁式的自然转弯。在犁式直滑降状态中加大一侧雪板的立刃，使其产生较大的雪面阻力，促使该雪板成为主动板，便形成犁式的转弯。在犁式直滑降状态中，强化一只雪板的蹬转力，改变该雪板形成迎角变为主动板，实现犁式转弯。

2. 卡宾转弯

当代卡宾滑雪板的出现，使滑雪技术较传统板型技术又增添了新的特点。

增宽双板间的距离，一般为肩宽，特别是在陡坡、斜坡、硬雪中的滑行更不能收窄，应尽量在合理范围内增大支撑面积；双雪板始终趋于在雪面上滑行，简化了引伸及“提并板”过程，双雪板基本是“原地变刃”进行转弯；腰部以上的躯体稳定，增加了上体对转弯的倾过及导向功能；身体重心通常总处于中间，而不是向前点或向后点都可以；转弯的动作更向下肢胯部集中；双雪板负重比例差缩小，根据实际情况调整两只雪板间的重力比例。

总结案例

小花绽放，中国滑雪未来可期

2019 年 2 月 24 日下午，宫乃莹在国际雪联单板滑雪平行项目世界杯崇礼站的平行回转项目决赛中战胜瑞士选手佐格。二人一路紧咬，直到最后三个旗门才见分晓，宫乃莹最终以 0.35 秒的优势摘金。

一天前，这位 20 岁的中国单板滑雪选手仅仅跻身大回转项目 16 强。面对记者时，她感叹自己发挥不够好，用力不够。一天后，宫乃莹在这条为 2022 年冬奥会新建的赛道上斩获冠军。中国队的臧汝心和宫乃莹进入平行回转比赛的 16 强。在八分之一决赛中，臧汝心被佐格淘汰，宫乃莹则战胜了波兰选手克鲁尔。在四分之一决赛中，宫乃莹战胜了新西兰选手萨宾娜。在半决赛中，面对德国名将约尔格，宫乃莹以 0.16 秒的优势涉险挺进决赛并最终战胜佐格夺冠。颁奖仪式前后，宫乃莹一直身披国旗，嘴唇有些颤抖。“今天比的是平行回转（非奥项目），奥运会上比的是平行大回转，我希望在北京冬奥会的平行大回转上取得前四名的成绩吧。”她说。期待我国滑雪运动取得新的突破。

探索与思考

1. 雪杖在滑雪运动中的作用重要吗？
2. 如果可能的话，你希望成为哪个雪上项目的选手代表中国队参加冬奥会，为什么？

第五节　毽　球

导入案例

“毽球第一人”张铁林的奥运梦

在第 8 届全国少数民族传统体育运动会的毽球比赛上，来自广东中山市小榄镇的张铁林带领广东毽球队获得了网毽男女团体和花毽 3 枚金牌。他是全国乃至亚洲毽球运动最出色的教练，堪称“毽球第一人”。

2002 年张铁林带领小榄镇毽球队在镇政府的支持下经过上级批准，成立了中国毽球训练中心，张铁林担任中心主任。2002 年 2 月以来，张铁林和他的毽球队先后 5 次参加世界毽球锦标赛，获得 10 项世界冠军、16 项世界亚军、5 项世界季军，在全国大赛上共获得了 70 项全国冠军、47 项全国亚军、48 项省级比赛冠军。5 年多的时间里拿了 128 个大大小小的冠军，平均每年超过 25 个冠军。

张铁林告诉记者，他希望有一天也能让毽球入奥运，“这是一个远景规划，需要很长很长的时间，也许我们这一代人都看不到了。”张铁林说，首先要做的是把毽球推向亚洲和欧洲，让世界的毽球协会组织达到奥运会规定的数量，才能具备进入奥运会的资格。

一、毽球运动概述

据历史文献和出土文物证明，踢毽子起源于我国汉代，盛行于六朝、隋、唐。唐朝《高僧传》二集卷十九《佛陀禅师传》中记载：有一个叫跋陀的人到洛阳去，在路上遇到了十二岁的惠光，在天街井栏上反踢毽子，连续踢了五百次，观众赞叹不已。跋陀是南北朝北魏人，为河南嵩山少林寺的祖师，他非常喜欢惠光，并将他收为弟子。另外，宋朝高承在《事物记源》一书中，对踢毽子有较详细的记载：“今时小儿以铅锡为钱，装以鸡羽，呼为毽子，三四成群走踢，有里外廉、拖抢、耸膝、突肚、佛顶珠等各色。”明、清时期，踢毽子进一步发展，关于踢毽子的记载也就更多了。明代进士、散文学家刘侗在《帝京景物略》中写道：“杨柳儿青放空锺，杨柳儿死踢毽子。”至清末踢毽子已达到鼎盛时期。参加的人越来越多，不仅用它来锻炼身体，而且还把踢毽子和书画、下棋、放风筝、养花鸟、唱二黄等相提并论。现如今民间仍广泛流行着踢毽运动。以北京为例，街头巷尾或花园、广场、空地，常常会遇到热闹的踢毽人。每逢城乡庙会，各路能手观摩、比赛，甚是热闹。

毽球是从我国古老的民间踢毽子游戏演变而来的，英文名字叫 Shuttlecock，是中国民族传统体育宝库中的一颗灿烂的明珠。在花毽的健身性、趣味性、观赏性基础上，毽球增加了对抗性，集羽毛球的场地、排球的规则、足球的技术为一体，是一种隔网相争的体育项目。其场地、器材简便，深受人民群众的喜爱，同时也是很好的学校体育选择项目。

二、毽球基本功

对于初学者来讲，要把毽球踢好，首先具备的一项必要条件是扎实的基本功练习。

1．脚内侧颠球（以右脚为例）

（1）技术要点。

左脚为支撑脚，脚尖内扣 45 度，屈膝，同时抬起右腿，小腿与大腿的夹角 90 度为适宜，膝关节外展，脚踝向上翻使足弓端平，踢球时，右脚足底与出球方向平行，如表 7-2 所示。

表 7-2　脚内侧颠球技术要点说明

准备姿势，单手持毽	手心朝上用食指、中指夹起毽球，毽球羽毛朝下进行抛球，目视来球	抬起右腿，足弓端平，用足弓正中间击球的下部	支撑腿屈膝，击球的同时支撑腿重心移到前脚掌上	踢球时，支撑脚要移动到位，调整动作准备击球，击球腿随击球同时向上摆

（2）练习方法。

1）无球练习。

① 原地摆脚型，如表 7-3 所示；

表 7-3　原地摆脚型练习方法说明

准备姿势，选择好出球方向，以出球方向为参照物	支撑脚脚尖向前外扣 45 度，重心下降	支撑腿屈膝，同时抬起右腿膝关节外展，足弓端平	动作完成后右腿自然下落	还原成准备姿势

② 左右移动摆脚型（移动距离 1～3 米范围），如表 7-4 所示；

表 7-4　左右移动摆脚型练习方法说明

准备姿势，双脚开立与肩同宽，双手张开	身体重心下降，利用侧滑步或交叉步向右移动	抬起右脚、足弓端平，支撑腿屈膝	以站立点为中心，身体重心下降，利用侧滑步或交叉步向左移动	抬起左脚、足弓端平，支撑腿屈膝，回到中心点还原

③ “十”字形移动摆脚型（移动距离 1～2 米范围），如表 7-5 所示。

表 7-5 “十”字形移动摆脚型练习方法说明

准备姿势，双脚开立与肩同宽，双手张开	以站立点为中心，身体重心下降向前移动抬右脚摆脚型	从前退回到中心点，再向后移动抬起左脚摆脚型	从后回到中心点，再向右移动抬起右脚摆脚型	从右回到中心点，向左移动抬左脚摆脚型，回到中心点还原

2）有球练习（以右脚为例）。

① 每人一球自抛自踢。选好出球方向，脚内侧颠球踢一个用手接住，循序渐进增加次数，连续踢两个、三个、四个……

② 两人一球练习。两人准备姿势面对面站立，一人抛球另一人踢球。踢球者目视来球，身体重心下降，抛球者将球抛向踢球者的身前；踢球者面对来球，做脚内侧击球动作，将球踢回抛球者身体前。注意踢回的球要有高度。重复练习。

2．正足背颠球（以右脚为例）

（1）技术要点。

选好击球方向，右脚脚背绷直，抬起右腿，大腿与小腿形成小于 90 度的角度固定、正面击球，如表 7-6 所示。当掌握熟练技术后，可抖动脚踝发力击球，击球部位为脚趾跟与正足背最高点之间。正足背颠球有两种：一种是练习球性，近似足球运动中的脚背颠球；另一种是毽球比赛中用到的正足背击球方法。

表 7-6 正足背颠球技术要点说明

准备姿势，单手持毽	手心朝上用食指、中指夹起毽球，羽毛朝上进行抛球，目视来球	右脚脚背绷直，抬起右腿，大腿带动小腿上提	支撑腿微屈，调整好与球的距离	足背与踝关节绷紧平伸击球，击球后右腿做随球上提动作

（2）练习方法（以右脚为例）。

1）每人一球自抛自踢。选好出球方向，正足背颠球踢一个用手接住，循序渐进增加次数，连续两个、三个、四个……

2）两人一球练习。两人准备姿势面对面站立，一人抛球另一人踢球。抛球者将球抛掷踢球者的身前，踢球者身体重心下降，支撑脚调整好与来球的距离，面对来球做正足背击球动作，将球踢回抛球者身体前。注意踢回的球要有高度。击球时膝关节放松，足背与来球方向垂直，加强左右脚交换练习。重复练习。

3．脚外侧颠球（以右脚为例）

（1）技术要点。

选好击球方向，一只单脚支撑身体重心，另一只脚由大腿带动小腿自然外旋外展，勾脚尖，用脚外侧踢球，如表 7-7 所示。

表 7-7　脚外侧颠球技术要点说明

准备姿势，单手持毽	手心朝上托或捧毽球，随即抛球，目视来球	抬起右腿，足弓端平用足弓正中间击球的下部	支撑腿屈膝，右腿大腿带动小腿自然外旋外展，勾脚尖	踢球时，支撑脚多移动调整击球位置，击球后同时向上随摆

（2）练习方法（以右脚为例）。

1）每人一球自抛自踢。选好出球方向，脚外侧颠球踢一个用手接住，循序渐进增加次数，两个、三个、四个……

2）两人一球练习。两人准备姿势面对面站立，一人抛球一人踢球。抛球者将球抛掷踢球者的身前，踢球者身体重心下降、身体侧向来球，做脚外侧击球动作，将球踢回抛球者身体前。注意膝、踝关节紧张，髋关节放松，踢回的球要有高度。重复练习。

4．触球

在人体膝关节以上部位的踢球都称为触球。可以分为大腿触踢球、腹部触踢球、胸部触踢球和头部触踢球。

（1）大腿触踢球。

1）技术要点。

触踢球时，抬起大腿正面迎球，放松小腿，用大腿正面前段也就是膝关节向上 10 厘米左右处击球。

2）练习方法（以右脚为例）。

① 单腿颠球练习，如表 7-8 所示。

② 双腿颠球练习，如表 7-9 所示。

表 7-8　单腿颠球练习方法说明

准备姿势，单手持毽	手心朝上用食指、中指夹起毽球，羽毛朝上进行抛球，目视来球	单腿支撑身体重心，大腿带动小腿自然弯曲上提，髋、膝关节紧张	屈膝正面对球，用力上提将球击起	击球时，支撑脚多移动调整击球位置，完成动作后腿自然下落

表 7-9　双腿颠球练习方法说明

准备姿势，单手持毽	手心朝上用食指、中指夹起毽球，羽毛朝上进行抛球，目视来球	左腿支撑重心，右腿大腿带动小腿自然弯曲上提击球，完成后腿自然下落	右腿支撑重心，左腿大腿带动小腿自然弯曲上提击球，完成后腿自然下落	双腿交替大腿颠球，支撑腿调整击球位置

（2）腹部、胸部、头部触踢球。

1）技术要点。

触球时，腹部、胸部或头部稍向前去主动迎接球，尽量让毽球向上有一定的高度，给自己充足的时间来调整步伐，并且控制球落在自己的前方，随即用脚将球踢出。在教学中我们主要以胸部触球练习为主，腹部、头部触球给大家简单介绍。

2）练习方法。

① 胸部触踢球练习，如表 7-10 所示。

② 腹部触踢球练习，如图 7-6 所示。

③ 头部触踢球练习，如图 7-7 所示。

表 7-10　胸部触踢球练习方法说明

准备姿势，两人面对面站立，一人抛球一人踢球	踢球者身体重心下降目视来球，抛球者将球抛至击球者身前	身体正面主动迎球，用胸部触球，双手张开	让毽球向上翻转，将其控制在自己身前，调整好步伐准备击球	用脚内侧或正足背将球传出

（a）腹部触踢球练习准备

（b）腹部触踢球练习

图 7-6　腹部触踢球练习示例

（a）头部触踢球练习准备

（b）头部触踢球练习

图 7-7　头部触踢球练习示例

三、毽球专项技术

专项技术包括：传球技术、接球技术、发球技术、扣球技术，根据不同位置运动员所担当职责的不同，进行有针对性的专项技术训练。对于初学者来说，在具备扎实的基本功练习基础之上，可进一步选择适合自身特点的专项技术练习。

1．传接球

传接球是比赛中进攻前的重要环节，一定要扎扎实实、循序渐进地练习。

（1）两人传接球。

1）技术要点。

两人面对面站立，选好出球方向，在规则允许的情况下利用脚内侧、正足背等部位传球，两人互相传接球。

2）练习方法。

① 脚内侧传接球练习，如表 7-11 所示。

表 7-11　脚内侧传接球练习方法说明

准备姿势，两人面对面站立	一人抛球，另一人脚内侧颠球	用脚内侧将球缓缓传出	将球踢回抛球者身体前，注意踢回球要有高度	两人互相用脚内侧传接球

② 正足背传接球练习，如表 7-12 所示。

表 7-12　正足背传接球练习方法说明

		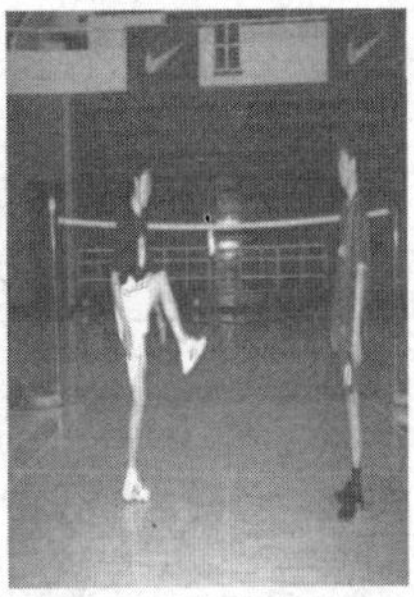		
准备姿势，两人面对面站立	一人抛球，另一人正足背颠球	用正足背将球缓缓传出	将球踢回抛球者身体前，踢回球要有高度	两人互相用正足背传接球

（2）多人传接球。

1）技术要点。

多人传接球练习时，无球队员注意保护，一定注意自己的步伐移动要到位，然后做传接球动作。传球可以不按照站位顺序传接球，或者按照站位顺序顺时针或逆时针传接球。

2）练习方法。

多人传接球练习，如表 7-13 所示。

2．发球

发球由抛球和踢发球组成。

（1）正足背发球（以右脚为例），如表 7-14 所示。

表 7-13 多人传接球练习方法说明

准备姿势，多人围成圆形站位	一人抛球，一人可以用其他颠球部位接球，然后将球传给下一人	传球人将球准确地传到下一位身前，传球要有高度	接球人主动接球，其他人在身旁做保护补位	可以按顺序踢球，也可以就近原则传接球

表 7-14 正足背发球练习方法说明

准备姿势，单手持毽	将毽球抛向身体的侧面，支撑腿屈膝	看准球的下落点，用正足背击球	支撑腿微屈，调整好与球的距离	正足背与踝关节绷紧平伸击球，击球后右腿做随球上提动作

（2）脚内侧发球（以右脚为例），如表 7-15 所示。

表 7-15 脚内侧发球练习方法说明

	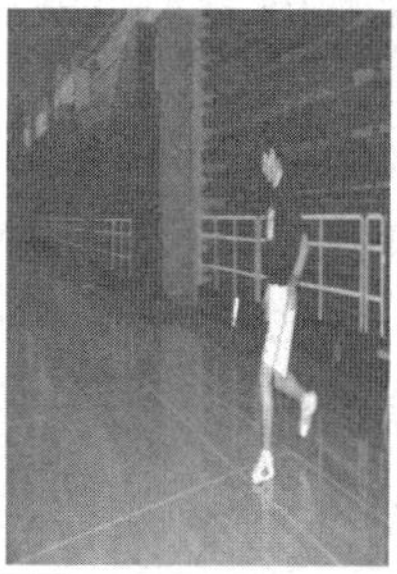			
准备姿势，单手持毽	将毽球抛向身体的侧面，支撑腿屈膝	看准球的下落点，用脚内侧击球	支撑腿微屈，调整好与球的距离	踝关节绷紧平伸、足弓击球，击球后右腿做随球上提动作

发球，是在规则允许的情况下，运动员在底线利用脚内侧、正足背、脚外侧将球踢到对方场地内的一项技术。技术要求，发球者面向对方场地，重心下降，支撑腿屈膝，将球向上抛起，大腿带动小腿，小腿摆动将球击出。

3．扣球

扣球是毽球比赛中最直接、最有效的得分手段。它包括脚底踏球、凌空倒勾扣球、腾空转体扣球。对于初学者来说，以学习脚底踏球技术为主，其他扣球技术简单了解。

脚底踏球（以右脚为例），如表 7-16 所示。

表 7-16　脚底踏球练习方法说明

准备姿势，单手持毽	将毽球抛向身体正面与球 1～2 米距离	看准球下落点，抬腿到最高点、勾脚尖做正踢腿动作	支撑腿挺直，右腿大腿带动小腿，踝关节迅速下压用脚底击球	右腿击球后做随摆动作

当正面直腿踏球熟练后利用髋关节和大腿的柔韧性可做左右变线踏球。另外，扣球技术动作对人身体的柔韧性、协调性、弹跳力等素质要求很高。注意加强辅助身体素质练习。

四、毽球基本战术

战术是技术在实践中的组合与运用。当一支毽球队在掌握了一定基本技术后，就应进行相关的基本战术训练。毽球的基本战术包括进攻战术和防守战术两方面。在通常情况下，一侧场地队员有 3 人，对于初学者，多采用基本的站位，即两人在前、一人在后呈倒三角形进行接发球，并组织进攻。

1．进攻战术

毽球的进攻战术包括“一攻二传”“二攻一传”“三攻”，如图 7-8 所示。

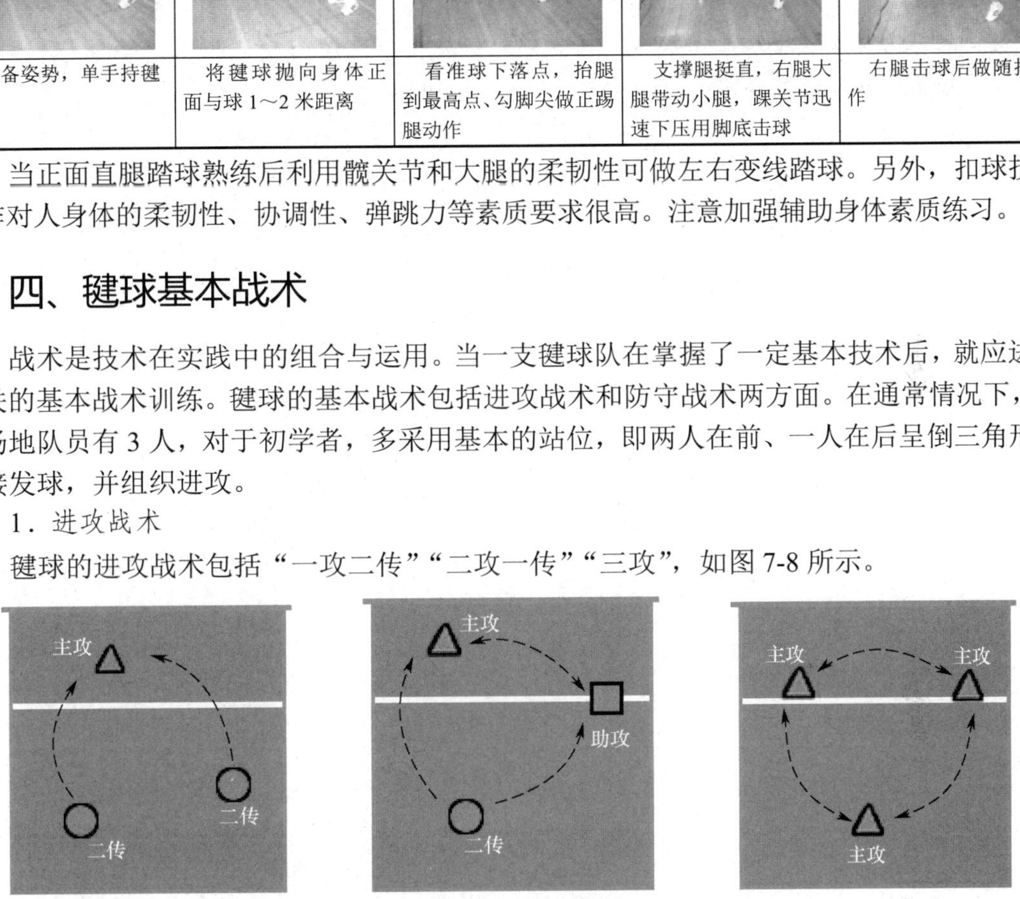

（a）一攻二传　（b）二攻一传　（c）三攻

图 7-8　毽球的进攻战术

2．防守战术

毽球的防守战术包括“弧形防守”“一拦二防”“二拦一防”和“拦一堵一防”等，如图 7-9 所示。

毽球是一项集体运动项目，它讲究团队相互协作、互相配合，能增进同学们之间的感情，培养团队精神。毽球不受场地的限制，一人可单踢，双人可对踢，多人可围成圈踢。青少年踢毽球，不仅可以锻炼身体、提高身体素质，同时也可以发展心理素质，培养完整人格。

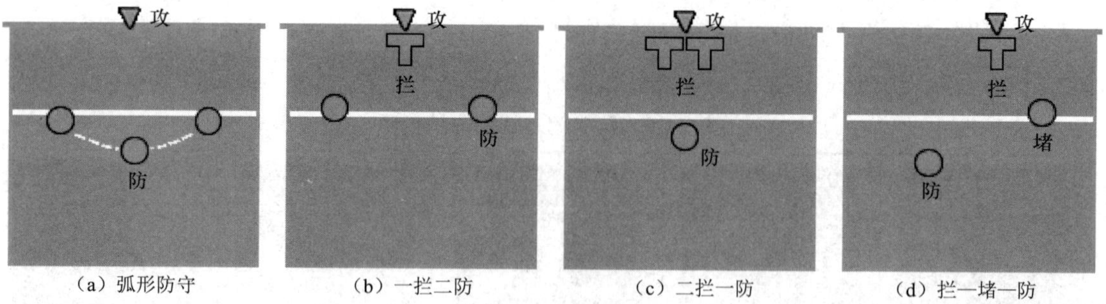

图 7-9　毽球的防守战术

探索与思考

1. 毽球的基本踢法和足球颠球有何异同？
2. 毽球比赛是否适合推行专业化职业化道路？

第八章　其他民族传统体育项目

模块导读

民族传统体育是中华民族传统、固有体育活动的总称，可以分为走跑类、跳跃类、投掷类、对抗类、负重类、娱乐表演类、杂艺助兴类、集中注意力类、放松类、室内类等十类游戏活动。民族民间的体育文化遗存积淀深厚，具有丰厚的传统文化底蕴和超凡技巧，体现了中华民族自身的特征、内涵和价值取向，是东方文化的典型代表，是我国体育事业的重要组成部分，更是中华民族的文化瑰宝。几乎所有的运动项目都是原汁原味地来自民间的休闲活动。它们经过挖掘整理，制定规则后成为竞赛项目，像跳绳、射箭、秋千、健身气功等，一般占用场地不大，没有成本和花费，健身效果非常好，能够吸引广大人民群众参与。

民族传统体育不仅具有很强的健身价值，而且还有很高的艺术价值和丰富的娱乐、教育功能，同时还具有较强的体育特性，它历史悠久，源远流长，具有广泛的群众基础且简便易行、绿色环保，几乎没有开销，便于开展，所以深受广大人民群众的喜好。民族民间体育具有鲜明的特点，技术简单，易于创编；具有较高的安全性；项目简捷实用，便于组织比赛，易于传播；具有趣味性和有效性。

通过学习民族传统体育项目，有助于在运动中体验运动乐趣和成功的感觉，同时表现良好的体育道德和合作精神。

能力目标

1. 了解我国民族传统体育的特点。
2. 了解健身气功、跳绳、荡秋千的技术要求。
3. 掌握健身气功、跳绳、荡秋千的技术要点。

第一节　跳　绳

导入案例

跳绳起源

跳绳，是一人或众人在一根环摆的绳中做各种跳跃动作的运动游戏。这种游戏唐朝称“透索”，宋称“跳索”，明称“跳百索”“跳白索”“跳马索”，清称“绳飞”，清末以后称作“跳绳”。作为一种古老的汉族民俗娱乐活动，南宋以来，每逢佳节都跳绳，家家户户都要比赛。

跳绳活动源远流长。当女娲“乃引绳在泥中，举以为人”时，绳子便伴随着人类一起生活了。古人拿绳子来记事，也用它来捆扎收获的农作物，或拴牛马、捆绑猎物等等，绳子成了人类生活中的重要工具。因此，跳绳可能源于原始的农事、狩猎或军事活动。

跳绳是以下肢部分为中心的全身运动，是一种非常有效且古老的有氧娱乐运动。

一、跳绳的历史发展

跳绳运动在中国已有数千年的历史，唐、宋、明、清各朝古籍都有记载。唐朝称跳绳为“透索”、宋称“跳索”、明称“白索”、清称“绳飞”，民国以后才称“跳绳”。在唐朝，五月初五的端午节也被称为跳绳节。在明清两代，“跳百索”游戏多在正月十五的元宵佳节举行。跳绳游戏至今广为流传，并被演绎、创新出上百种跳法，给这项古老的游戏活动增添了无穷的魅力。现在花样跳绳作为一项新兴的运动项目开始被越来越多的人所认识与喜爱，且在一些学校中成为特色体育项目。它改善了传统跳绳的单一功能，加入了许多新兴的元素，如：街舞、武术、杂技、体操、集体组合互动等，是一项非常炫、具有观赏性和比赛性的项目。花样跳绳的花样繁多，使学习者能在快速掌握更多技术的同时，不失乐趣，受到各种年龄层次人群的喜欢。

二、基本技术

1．单人跳短绳

（1）握绳方法。

握有把（柄）的绳，手自然握住；握无把的绳，要把跳绳两端绕在手心和手背上，用拇指与食指第一、第二关节握住跳绳。

（2）量绳方法。

跳绳的长短可用双脚开立（不应大于肩）或一脚踏在跳绳中间部位，两手握绳的两端，两臂屈肘与体侧成直角，然后拉直跳绳即可。

（3）摇绳方法。

1）正摇绳：两手握绳，两臂自然屈曲，将绳置于体后，两手腕、手臂协调一致用力，将绳向上、向前抡起，当绳抡至头以上位置时，两手臂不停顿继续向下、向后抡绳，使绳绕身体周而复始地抡动。开始时，以两肩为轴，双臂双手腕同时用力，手臂抡绳动作比较大。技术熟练后，手臂抡绳动作可逐渐减小幅度，以两肘为轴，用两前臂和手腕配合摇绳。十分熟练后，可仅以两手腕的动作来摇绳。

2）反摇绳：动作与正摇绳相同，只是方向相反。

（4）停绳方法。

当跳绳由后向前摇转时，一脚向前伸，脚跟着地，脚尖抬起，使跳绳中段停在脚掌下。

2．双人跳短绳

（1）一人带一人跳。

被带人与摇绳人面对或同向站立。摇绳人两手各握绳的一端，将绳放于体后。摇绳人发出“预备—跳”指令后，向前摇绳，两人同时并脚跳起，绳从两人脚下依次摇过，连续跳数次。

（2）双人同摇一绳向前跳。

两人并肩站立，各用外侧手握绳的一端，将绳放于体后，其中一人喊“预备—跳”指令后，两人立即同时向前摇绳，同时并脚跳起，连续跳数次。

（3）双人同摇一绳向后跳。

两人并肩站立，各用外侧手握绳的一端，将绳放于体前，其中一人喊“预备—跳”指令后，两人立即同时向后摇绳，同时两脚跳起，连续并脚或两脚交换跳数次。

（4）二人摇绳一人并脚跳。

跳绳人左（右）手握绳，将绳放于体后，摇绳人面向跳绳人左（右）站立，手握绳。其中一人喊“预备—跳”后，两人同时摇绳，当绳摇至跳绳人脚下时立即跳起，继续进行，连续跳数次。

（5）一正一反跳。

两人并肩、方向相反站立，各用外侧手握绳端，将绳放在一侧，其中一人喊“预备—跳”后，两人立即同时摇绳，同时一人向前而另一人自然向后并脚或两脚交换跳，连续跳数次。

3．跳长绳

（1）握绳方法。

两人可单手或双手各握跳绳一端，如绳长可在拇指与其他四指间适当绕几圈更好。

（2）摇绳方法。

两位摇绳人面对面而立，两人的身高接近为宜。两人向同一方向摇绳，动作要协调一致。

1）原地并脚和单脚交换跳长绳。

站在跳绳的中间，由静止的侧立姿势开始。在绳摇过头顶接触地面的一瞬间，原地并脚向上起跳，绳从脚下穿过后轻巧落地；连续数次。单脚交换跳要求靠近绳的一腿向侧跨跳，另一腿上提依次越过，轻巧落地。

2）正面、斜面（侧面）跑入跳长绳。

面对或侧对绳圈来的方向，把跳绳打地声音当作“跑”的启动信号，一打地就跑入。在摇转的绳子着地瞬间及时跳起。连续跳 1～3 次（可并脚跳、单脚交换跳或并脚加垫跳），从反面跑出。

① 侧面进入，鱼贯“8”字形跑过。学生站成一路纵队，站在一摇绳人的一侧。两摇绳人向同侧方向正摇绳，在摇转的绳子着地瞬间排头先跑入，跳起一次后从反面跑出，绕过一侧的摇绳人，站在绳的同侧另一端。全队依次轮流跳完，再从另一端开始。

② 两侧跑入交叉“8”字跳绳。将学生分成甲、乙两组，各站成一路纵队，分别站在绳子同侧两端。两摇绳人向同侧方向正摇绳。甲队第一跳绳人在摇转的绳子着地瞬间立即跑入，跳起一次后从反面跑出，绕过异侧摇绳人，站在乙队排尾；乙队第一人在甲队第一人跑出后，立即跑入，跳起一次后从反面跑出，绕过异侧摇绳人，站在甲队排尾。依次轮流跑完。上绳之前往前站，绳子打地往里钻，跑到中间往上蹿，路线跑直别拐弯。

4．跳双绳

（1）短绳套长绳，单摇跳。

长短绳交叉，短绳套长绳，2 人摇长绳，跳绳人在长绳下摇短绳，短绳随长绳同时摇转，一摇一跳长短绳。

（2）短绳不套长绳，单摇跳。

长短绳不交叉，2 人摇长绳，跳绳人在长绳下摇短绳，一摇一跳长短绳。可以跳“死绳”，或跳“活绳”（短跳绳人持绳跑入后再摇绳跳）。

（3）一人跳两条长绳。

2 人面对面站立，手持两条平行的长绳，分别握绳两端，跳绳同学站在先摇起绳的一侧。当先起的绳子摇过跳绳同学的头顶时，另一条绳子摇起，先起的绳子在打地的一瞬间用单脚交换跳或并脚跳的方式跳跃。跳过之后，立刻跳跃后起的绳子。连续数次。这种跳法属于跳“死绳”。跳“活绳”指跳绳同学侧对或正对来绳，当绳摇至一绳在上、一绳在下时，跳绳人从正面或斜面跑至绳的着地点附近，用单脚交换跳或并脚跳的方式跳跃。

三、要领及特点

要领：侧身斜跳、单脚屈膝跳、分腿合腿跳、双臂交叉跳、绕旋跳、侧脚跳。

特点：时间自由灵活，简单易行，锻炼多种脏器，运动全身，同时还能促进血液循环以及拇指穴道通畅，有健脑的作用，对预防阿尔茨海默症有非常好的作用。

第二节　秋　千

导入案例

秋千（Swing）可以说是一种游戏用具。将长绳系在架子上，下挂蹬板，人随蹬板来回摆动便是秋千运动。秋千是中国古代北方少数民族创造的一种运动。春秋时期传入中原地区，因其设备简单，容易学习，故而深受人们的喜爱，很快在各地流行起来。汉代以后，秋千逐渐成为清明、端午等节日进行的民间习俗活动并流传至今。1986 年，全国少数民族体育运动会将“荡秋千”列为表演项目，后来又被列为比赛项目。到 1999 年第六届全国少数民族运动会，秋千已发展为包括 6 个单项的较大项目。秋千这种有着几千年历史的民俗活动，至今仍保持着旺盛的生命力。它活跃了人们的生活，也为民俗工作者提供了蕴含丰富内容的文化和体育标本。

一、历史发展

秋千的起源，可追溯到几十万年前的上古时代。那时，我们的祖先为了谋生，需要上树采摘野果或猎取野兽。在攀缘和奔跑中，他们往往要抓住粗壮的蔓生植物，依靠藤条的摇荡摆动，上树或跨越沟涧，这是秋千最原始的雏形和功用。至于后来绳索悬挂于木架、下拴踏板的秋千，春秋时期在我国北方就有了。后来逐渐演变成游戏运动的用具，也衍生出各种秋千的运动形式。大概在唐宋以后，随着城市经济的发达，市民阶层的大量涌现，荡秋千演变成节日中广场的狂欢节目。

磨担秋的玩法是，取一根长 1～2 米，直径约 15 厘米的硬木固定竖于场地上，顶端削细作轴；另选一根长约 10 米、直径与木柱相当的木杆，中间凿凹，横置于立柱顶上，即搭成磨担秋。木杆两端骑坐对等人数，骑坐者用脚蹬地略跑数步后，即迅速骑上木杆或匍匐杆头，木杆即像磨盘一般旋转，两端上下升沉，又似挑担时扁担的上下起伏，故称磨担秋千或风车秋千。随着木杆的旋转起伏，落地的一方用脚蹬地，增加动力，使杆弹起，这样，木杆两端交替上下，旋转不止。磨担秋以云南、贵州、广西等地区的傣、景颇、苗、壮、哈尼、布依、仡佬族为盛，其中哈尼族最为典型。这种秋千一般以表演为主，力量不支、运动失准、不能达标的一方即输掉比赛。

除了最为常见的吊秋千之外，一些民族还有许多秋千的变种。

二、比赛规则

秋千比赛规定，只限女子参加，分设单人、双人和团体赛，项目分高度比赛和触铃比赛。高度比赛以在规定的试荡次数内荡达的最高点来计算成绩，触铃比赛是以在规定的高度上和时间内运动员触铃的次数来计算成绩。

比赛场地通常为长 20 米、宽 8 米的长方形平坦地面，秋千架高 12 米，起荡台高 1.3 米。在高度比赛中，选手均有 6 次试荡机会，而在触铃比赛中则只限 1 次。

三、特点

秋千运动不仅是一项精彩的竞赛运动，更能够锻炼人的意志，培养勇敢精神。同时，它对人体生理机能的健康发展也十分有益。如对腿的蹬力、腹肌的力量、手臂的力量等，均有锻炼。

四、技巧

在荡秋千时，如果人站在秋千上不动，荡秋千的运动类似于单摆的运动。在秋千从最低点荡到最高点的过程中，重力做负功，系统的动能转化为系统的势能，当秋千从最高点荡回到最低点时，系统的势能又转化为系统的动能，整个过程机械能守恒，秋千将做等幅摆动。如果要让秋千越荡越高，就必须借助外力，自己荡秋千，则根本没办法借助外力。只有通过荡秋千的人自己与绳子的内力做功将自己的内能转化为系统的机械能，而人的内力做功又只能靠人在秋千上站起或蹲下来实现。但当人荡到平衡位置时，双手用力拉绳，则绳以相同大小的反作用力拉人。此力克服人的重力做功使人突然起立，人在此时重心将上移，系统的重力势能增加。此时速度未变即动能未变，系统的机械能增加。在秋千从最低点荡到最高点的过程中慢慢下蹲，相比于站立，重力对重心的做功会少一些，减少势能的消耗。当人升至最高点时再迅速站起，使重力势能增大。当秋千由最高点荡回到最低点时慢慢下蹲，使其重心下降，此时重心的位置下降，此过程重力仍然做正功。因此在一个周期中重力始终做正功。这样，荡秋千的人就可以将自身的内能转化为秋千的机械能。

荡秋千的人应在秋千运动到最低点时迅速站起，然后慢慢下蹲，当秋千荡到最高点时，再猛然站起，过了最高点后再慢慢下蹲，到了最低点时再猛地站起，不断重复上面的动作，即可使秋千越荡越高。

第三节　健身气功

导入案例

健身气功在国内外广泛推广

健身气功是国家体育总局推广的第 62 个体育项目，自 2003 年以来，已传播到世界 30

多个国家和地区，健身站点遍及全国 31 个省、区、市和新疆生产建设兵团。健身气功作为一项民族传统体育，既彰显时代特征，又具有独特的文化内涵。一方面，健身气功所特有的传统文化特征形成了健身气功的发展动力，另一方面，健身气功的推广普及又丰富了自身的文化内涵。

文化是健身气功的根基，也是健身气功发展的内在动力。健身气功的文化特征，以人体运动为载体，体现在朴素自然的哲学特征、东方气韵的美学特征方面，表现为天人合一的整体观、阴阳平衡的辩证观、势运道圆的中和观，以及简洁飘逸的服饰之美、流动和谐的音乐之美、优雅流畅的形韵之美。健身气功作为一项民族传统体育运动，承载了传播体育精神与文化的双重功能。在世界范围内推广健身气功，既丰富了健身气功的文化内涵，又使这一体育项目得到良好的发展。

健身气功作为民族传统体育项目，具有鲜明的时代特征和广泛的群众基础，在全民健身活动中发挥着不可替代的作用。

一、健身气功的概念

气功是中华民族的瑰宝，具有悠久的历史和深厚的文化底蕴。它作为一种独特的身心锻炼方法，在中国养生学中占据着十分重要的地位。在 20 世纪 80 年代，“气功”在社会上一度风行，群众性气功锻炼活动空前活跃，一些不良现象也在滋生蔓延。为使社会气功纳入科学化、规范化、法制化管理的轨道，保证气功活动健康有序地发展，中共中央宣传部、国家体委和原卫生部等七部委于 1996 年 8 月联合下发了《关于加强社会气功管理的通知》，第一次提出了什么是社会气功，什么是健身气功，什么是气功医疗。

2000 年 9 月，国家体育总局颁布的《健身气功管理暂行办法》，对健身气功概念做了进一步的界定，指出“健身气功是以自身形体活动、呼吸吐纳、心理调节相结合为主要运动形式的民族传统体育项目，是中华悠久文化的组成部分”。2006 年 11 月，国家体育总局颁布的《健身气功管理办法》，继续沿用了这一概念。

二、健身气功的特点

健身气功是以自身形体活动、呼吸吐纳、心理调节相结合为主要运动形式的民族传统体育项目。它与其他体育锻炼相比，有其鲜明的健身特点。

1．注重整体锻炼

人的生命是精神与肉体的统一，人与一般动物的根本区别在于具有特有的精神活动——意识活动。如果从形、气、神三位一体的人体生命整体观出发，健身气功调身、调息、调心的综合锻炼，正是区别于其他肢体运动锻炼的关键所在。健身气功锻炼的特性就在于其主动地、内向性地运用意识，通过调整人体内在潜力，从而改善和增进人的整体功能，达到强身健体的目的。

2．运动风格绵缓

柔和绵缓是健身气功运动的一个显著特征。它不仅表现在肢体外形和动作演练上不拘不僵、轻松自如、舒展大方、轻飘徐缓，而且在呼吸调控上也应做到深、细、匀、长，就是在意念的运用上要求精神放松、意识平静、用意要轻、似有似无。这种动作圆活、心意慢运的行功节奏，体现了低强度、长时间阈值下的运动特点，可避免大强度运动后给人体生理带来的各种负效应，有利于在节能的情况下均匀地提高机体的各种生理功能。

3．养生作用明显

健身气功锻炼时，强调放松机体、平衡呼吸、安静大脑，它可直接作用于中枢神经及植物神经系统，缓冲不良情绪对大脑的刺激，降低大脑的应急性反应，从而维持人体内环境的相对稳定，即可达到抵御外邪、祛病强身的目的。

三、健身气功的要领

1．松静自然

所谓“松”，包括形体的放松和精神的放松。形体的放松主要是指把肌肉、肌腱、韧带、关节乃至内脏等都要放松，使相抗衡的肌肉、肌腱处于相对稳定、松弛状态。精神的放松主要是指解除情绪上的紧张烦躁，使心理处于平和状态。习练健身气功时放松身心，既有利于机体内气血的自然循环，减少机体的负担和能量消耗，降低基础代谢率；还可以降低机体的兴奋程度，减少内、外环境对大脑皮质的干扰，有利于诱导大脑入静。所谓“静”，是指练功时思想和情绪要平稳安宁，排除一切杂念。从本质上讲，人体生命活动的每一瞬间都是在不断运动中变化着的，因此练功时的静是相对于动而言的，是通过内向性的意识运用，把没有秩序的、散乱的意念活动变成有规律的、单一意念活动的过程。所谓“自然”，“自”是指自身，“然”是指规律，“自然”就是指自身运动的固有规律。健身气功要做到松静自然，就是要把练功的姿势、呼吸和意念等都按照生命活动的规律进行锻炼。

2．动静相兼

动静相兼是指健身气功锻炼中“动”与“静”的有机结合，它既包括功法锻炼中的动静结合问题，也包括动功、静功的练法及其结合问题。练动功时，要做到外动内静，动中求静；练静功时，要做到外静内动，静中求动，以进一步把动静的锻炼有机地融合在一起，才可收到事半功倍的效果，使身体强健，体质增强。

3．练养结合

“练”是指形体运动、呼吸调整与心理调节有机结合的锻炼过程。“养”是指通过调身、调息和调心的锻炼，使练功者身体出现的一种轻松舒适、呼吸柔和、心神宁静的静养状态。练与养在功法锻炼过程中，往往是相互并存的，不能截然分开。健身气功是养生术，但习练健身气功者也要注重日常生活的调养，保持“饮食有节、起居有常”和乐观的生活情绪，这无疑有助于增强练功效果。

4．循序渐进

健身气功动作虽然简单，但要掌握纯熟，仍需通过一段时间才能逐步达到。练好气功，不能急于求成，不要设想几天之内就能运用自如，必须由简到繁，循序渐进，逐步掌握全套功法。我们倡导习练功法一步一个脚印，打好基础，勤于动脑，善于总结，不骄不躁，这是确保功效早日显现的重要保证。

5．持之以恒

同是健身气功习练者，但取得的功效差别很大。原因很多，如习练不当，杂念太多，外部干扰等，但不能持久是最容易出现而又难以克服的毛病。持之以恒的锻炼是来自习练者内心的行为表现，一旦习练者自己偏离习练的法则，或操之过急，或时练时停，或巧取捷径，习练将半途而废。要把持之以恒贯穿到习练健身气功的全过程中，并以此进行意志磨炼。

四、健身气功——八段锦

八段锦的“八”字，不是单指段、节和八个动作，而是表示其功法有多种要素，相互制约，相互联系，循环运转。“锦”字，是由“金”“帛”组成，以表示其精美华贵。除此之外，“锦”字还可理解为单个导引术式的汇集，如丝锦那样连绵不断，是一套完整的健身方法。

八段锦究竟为何人、何时所创，尚无定论。八段锦在北宋已流传于世，并有坐式和立式之分。由于立式八段锦更便于群众习练，流传甚广，如图 8-1 所示。新中国成立后，党和政府对民族传统体育项目非常重视。20 世纪 50 年代后期，人民体育出版社先后出版了唐豪、马凤阁等人编著的《八段锦》，后又组织编写小组对传统八段锦进行了挖掘整理。由于政府的重视，习练八段锦的群众逐年增多。

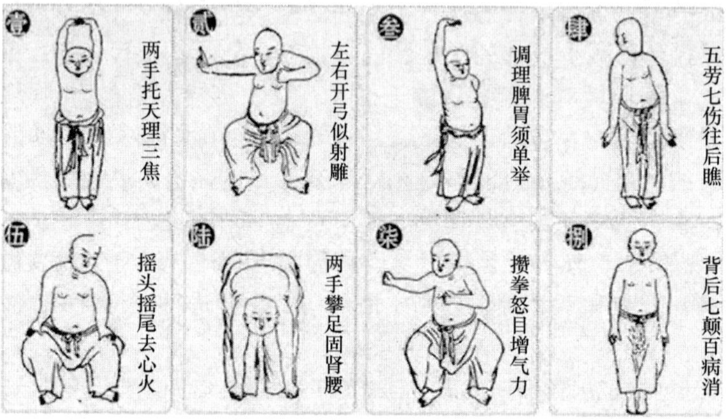

图 8-1　古代立式八段锦

八段锦基本手形如下：

（1）拳形：大拇指抵掐无名指根节内侧，其余四指屈拢收于掌心。

（2）掌形：掌形之一，五指微屈，稍分开，掌心微含；掌形之二，拇指与食指竖直分开成八字状，其余三指第一、第二指节屈收，掌心微含。

（3）爪形：五指并拢，大拇指第一指节与其余四指第一、第二指节屈收扣紧，手腕伸直。

八段锦基本步型：开步站立，两脚间距约为本人脚长的 3 倍，屈膝半蹲，大腿略高于水平线，即马步。

八段锦口诀：两手托天理三焦，左右开弓似射雕。调理脾胃须单举，五劳七伤往后瞧。摇头摆尾去心火，两手攀足固肾腰。攒拳怒目增气力，背后七颠百病消。

1．预备式

动作一：两脚并步站立；两臂自然垂于体侧；身体中正，目视前方。

动作二：随着松腰沉髋，身体重心移至右腿；左脚向左侧开步，脚尖朝前，约与肩同宽；目视前方。

动作三：两臂内旋，两掌分别向两侧摆起，约与髋同高，掌心向后；目视前方。

动作四：上动不停。两腿膝关节稍屈；同时，两臂外旋，向前合抱于腹前呈圆弧形，与脐同高，掌心向内，两掌指间距约 10 厘米；目视前方。

功理与作用：宁静心神，调整呼吸，内安五脏，端正身形，从精神与肢体上做好练功前的准备。

2．两手托天理三焦

动作一：接上式。两臂外旋微下落，两掌五指分开在腹前交叉，掌心向上；目视前方。

动作二：上动不停。两腿徐缓挺膝伸直；同时，两掌上托至胸前，随之两臂内旋向上托起，掌心向上；抬头，目视两掌。

动作三：上动不停。两臂继续上托，肘关节伸直；同时，下颏内收，动作略停；目视前方。

动作四：身体重心缓缓下降；两腿膝关节微屈；同时，十指慢慢分开，两臂分别向身体两侧下落，两掌捧于腹前，掌心向上；目视前方。

本式托举、下落为 1 遍，共做 6 遍。

3．左右开弓似射雕

动作一：接上式。身体重心右移；左脚向左侧开步站立，两腿膝关节自然伸直；同时，两掌向上交叉于胸前，左掌在外，两掌心向内；目视前方。

动作二：上动不停。两腿徐缓屈膝半蹲成马步；同时，右掌屈指成“爪”，向右拉至肩前；左掌成八字掌，左臂内旋，向左侧推出，与肩同高，坐腕，掌心向左，犹如拉弓射箭之势；动作略停；目视左掌方向。

动作三：身体重心右移；同时，右手五指伸开成掌，向上、向右划弧，与肩同高，指尖朝上，掌心斜向前；左手指伸开成掌，掌心斜向后；目视右掌。

动作四：上动不停。重心继续右移；左脚回收成并步站立；同时，两掌分别由两侧下落，捧于腹前，指尖相对，掌心向上；目视前方。

动作五至动作八：同动作一至动作四，唯左右相反。

本式一左一右为 1 遍，共做 3 遍。

第 3 遍最后一动作时，身体重心继续左移；右脚回收成开步站立，与肩同宽，膝关节微屈；同时，两掌分别由两侧下落，捧于腹前，指尖相对，掌心向上；目视前方。

4．调理脾胃须单举

动作一：接上式。两腿徐缓挺膝伸直；同时，左掌上托，左臂外旋上穿经面前，随之臂内旋上举至头左上方，肘关节微屈，力达掌根，掌心向上，掌指向右；同时，右掌微上托，随之臂内旋下按至右髋旁，肘关节微屈，力达掌根，掌心向下，掌指向前，动作略停；目视前方。

动作二：松腰沉髋，身体重心缓缓下降；两腿膝关节微屈；同时，左臂屈肘外旋，左掌经面前下落于腹前，掌心向上；右臂外旋，右掌向上捧于腹前，两掌指尖相对，相距约 10 厘米，掌心向上；目视前方。

动作三、四：同动作一、二，唯左右相反。

本式一左一右为 1 遍，共做 3 遍。

第 3 遍最后一动作时，两腿膝关节微屈；同时，右臂屈肘，右掌下按于右髋旁，掌心向下，掌指向前；目视前方。

5．五劳七伤往后瞧

动作一：接上式。两腿徐缓挺膝伸直；同时，两臂伸直，掌心向后，指尖向下，目视前方。然后上动不停。两臂充分外旋，掌心向外；头向左后转，动作略停；目视左斜后方。

动作二：松腰沉髋，身体重心缓缓下降；两腿膝关节微屈；同时，两臂内旋按于髋旁，掌心向下，指尖向前；目视前方。

动作三：同动作一，唯左右相反。

动作四：同动作二。

本式一左一右为 1 遍，共做 3 遍。

第 3 遍最后一动作时，两腿膝关节微屈；同时，两掌捧于腹前，指尖相对，掌心向上；目视前方。

6．摇头摆尾去心火

动作一：接上式。身体重心左移：右脚向右开步站立，两腿膝关节自然伸直；同时，两掌上托与胸同高时，两臂内旋，两掌继续上托至头上方，肘关节微屈，掌心向上，指尖相对；目视前方。

动作二：上动不停。两腿徐缓屈膝半蹲成马步；同时，两臂向两侧下落，两掌扶于膝关节上方，肘关节微屈，小指侧向前；目视前方。

动作三：身体重心向上稍升起，而后右移；上体先向右倾，随之俯身；目视右脚。

动作四：上动不停。身体重心左移；同时，上体由右向前、向左旋转；目视右脚。

动作五：身体重心右移，成马步；同时，头向后摇，上体立起，随之下颏微收；目视前方。

动作六至动作八：同动作三至动作五，唯左右相反。

本式一左一右为 1 遍，共做 3 遍。

做完 3 遍后，身体重心左移，右脚回收成开步站立，与肩同宽；同时，两掌向外经两侧上举，掌心相对；目视前方。随后松腰沉髋，身体重心缓缓下降。两腿膝关节微屈；同时屈肘，两掌经面前下按至腹前，掌心向下，指尖相对；目视前方。

7．两手攀足固肾腰

动作一：接上式。两腿挺膝伸直站立；同时，两掌指尖向前，两臂向前、向上举起，肘关节伸直，掌心向前；目视前方。

动作二：两臂外旋至掌心相对，屈肘，两掌下按于胸前，掌心向下，指尖相对；目视前方。

动作三：上动不停。两臂外旋，两掌心向上，随之两掌掌指顺腋下向后插；目视前方。

动作四：两掌心向内沿脊柱两侧向下摩运至臀部；随之上体前俯，两掌继续沿腿后向下摩运，经脚两侧置于脚面；抬头，动作略停；目视前下方。

动作五：两掌沿地面前伸，随之用手臂带动上体起立，两臂伸直上举，掌心向前；目视前方。

本式一上一下为 1 遍，共做 6 遍。

做完 6 遍后，松腰沉髋，重心缓缓下降；两腿膝关节微屈；同时，两掌向前下按至腹前，掌心向下，指尖向前；目视前方。

8．攒拳怒目增气力

接上式。身体重心右移，左脚向左开步；两腿徐缓屈膝半蹲成马步；同时，两掌握固，抱于腰侧，拳眼朝上；目视前方。

动作一：左拳缓慢用力向前冲出，与肩同高，拳眼朝上；瞪目，视左拳冲出方向。

动作二：左臂内旋，左拳变掌，虎口朝下；目视左掌。左臂外旋，肘关节微屈；同时，左掌向左缠绕，变掌心向上后握固；目视左拳。

动作三：屈肘，回收左拳至腰侧，拳眼朝上；目视前方。

动作四至动作六：同动作一至动作三，唯左右相反。

本式一左一右为 1 遍，共做 3 遍。

做完 3 遍后，身体重心右移，左脚回收成并步站立；同时，两拳变掌，自然垂于体侧；目视前方。

9．背后七颠百病消

动作一：接上式。两脚跟提起；头上顶，动作略停；目视前方。

动作二：两脚跟下落，轻震地面；目视前方。

本式一起一落为 1 遍，共做 7 遍。

10．收势

动作一：接上式。两臂内旋，向两侧摆起，与髋同高，掌心向后；目视前方。

动作二：两臂屈肘，两掌相叠置于丹田处（男性左手在内，女性右手在内）；目视前方。

动作三：两臂自然下落，两掌轻贴于腿外侧；目视前方。

五、健身气功——五禽戏

五禽戏的起源可以追溯到我国远古时代。据史料记载，当时中原大地江河泛滥，湿气弥漫，不少人患了于关节不利的“重腿”之症，为此，“乃制为舞”“以利导之”。具有“利导”作用的“舞”，正是远古中华气功导引的一种萌芽。《吕氏春秋 • 古乐篇》也有类似记载。这种“舞”与模仿飞禽走兽动作、神态有关，我们可以在考古文物和历代文献中找到依据。

五禽戏的动作编排按照《三国志 • 华佗传》的记载，顺序为虎、鹿、熊、猿、鸟。动作简便易学，数量沿用了陶弘景《养性延命录》的描述，为 10 个动作，每戏 2 个动作。动作素材来源于传统，在古代文献的基础上，汲取精华，加以提炼、改进。动作设计考虑与形体美学、现代人体运动学有机结合，体现时代特征和科学健身理念功法，符合中医基础理论、五禽的秉性特点，配合中医脏腑、经络学说，既有整体的健身作用，又有每一戏的特定功效。动作仿效虎之威猛、鹿之安舒、熊之沉稳、猿之灵巧、鸟之轻捷，力求蕴含五禽的神韵，形神兼备，意气相随，内外合一。

五禽戏的基本手形如下：

（1）虎爪。五指张开，虎口撑圆，第一、二指关节弯曲内扣。

（2）鹿角。拇指伸直外张，食指、小指伸直，中指、无名指弯曲内扣。

（3）熊掌。拇指压在食指指端上，其余四指并拢弯曲，虎口撑圆。

（4）猿钩。五指指腹捏拢，屈腕。

（5）鸟翅。五指微拢伸手打开，拇指、食指、小指向后向前尽量张开，中指、无名指向前向内尽量伸直。

1．虎戏

（1）虎举。

两脚并拢站立，两手自然下垂，如图 8-2（1）所示；左脚向左横开一步，与肩同宽，两手掌心向下，十指撑开，再弯曲成虎爪状，目视两掌，如图 8-2（2）所示；随后，两手外旋，由小指先弯曲，其余四指依次弯曲握拳，两拳沿体前缓慢上提，如图 8-2（3）所示；至肩前时，十指撑开，举至头上方再弯曲成虎爪状，目视两掌，如图 8-2（4）所示；两拳下拉至肩前时，变掌下按，如图 8-2（5）所示；沿体前下落至腹前，十指撑开，掌心向下，目视前方，如图 8-2（6）所示；重复三遍后，两手自然垂于体侧，目视前方，如图 8-2（7）所示。

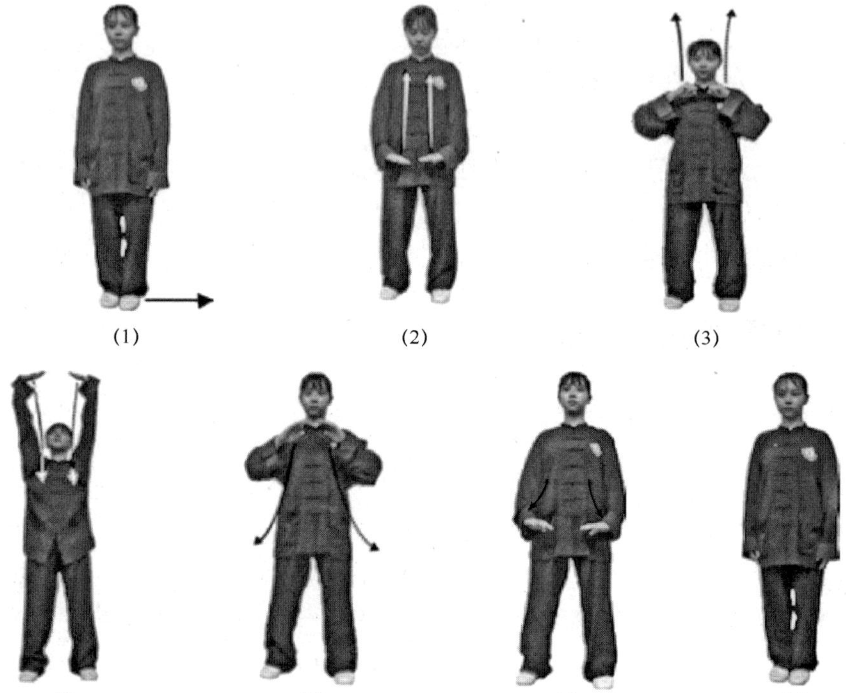

(1) (2) (3) (4) (5) (6) (7)

图 8-2　虎举

（2）虎扑。

左脚向左横开一步，与肩同宽，如图 8-3（1）所示。两掌按于腹前，掌心向下，两臂伸直，如图 8-3（2）所示。两手握空拳，沿身体两侧上提至肩前上方，如图 8-3（3）所示。两手向上、向前画弧，十指弯曲成“虎爪”，掌心向下，同时上体前俯，挺胸塌腰，目视前方，如图 8-3（4）所示。两腿屈膝下蹲，收腹含胸；同时，两手向下画弧至两膝侧，掌心向下，目视前下方，如图 8-3（5）所示。随后，伸膝，送髋，挺腹，后仰；同时，两掌握空拳，沿体侧向上提至胸侧，目视前上方，如图 8-3（6）所示。左腿屈膝提起，两手上举，如图 8-3（7）所示。左脚向前迈出一步，脚跟着地，右腿屈膝下蹲，成左虚步；同时上体前倾，两拳变“虎爪”向前、向下扑至膝前两侧，掌心向下，目视前下方，如图 8-3

（8）所示。随后上体抬起，左脚收回，开步站立，两手自然下落于体侧，目视前方，如图 8-3（9）所示。左右两式动作相同，唯左右相反，如图 8-3（10）至图 8-3（13）所示。整式动作完成一遍，两掌向身体侧前方举起，如图 8-3（14）所示。两掌与胸同高，掌心向上，目视前方，如图 8-3（15）所示。两臂屈肘，两掌内合下按，自然垂于体侧，目视前方，如图 8-3（16）所示。

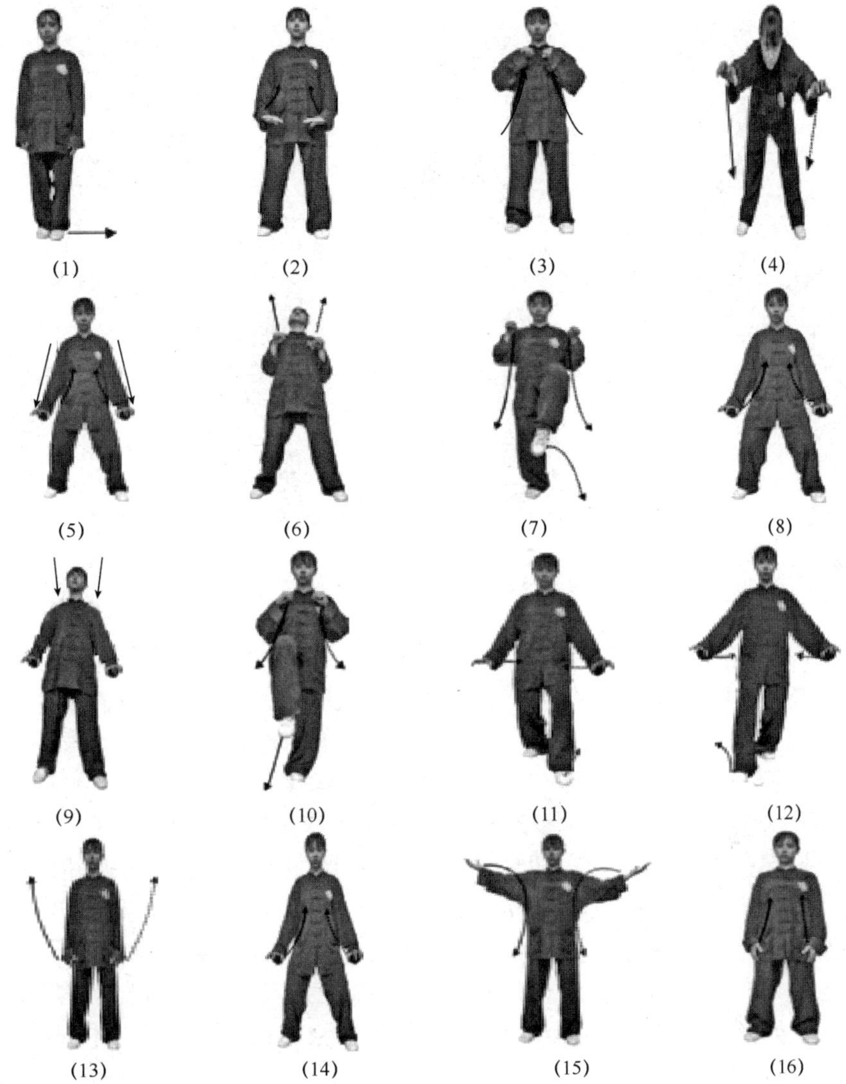
(1) (2) (3) (4) (5) (6) (7) (8) (9) (10) (11) (12) (13) (14) (15) (16)

图 8-3 虎扑

2．鹿戏

（1）鹿抵。

动作接虎扑，如图 8-4（1）所示。两腿微屈，身体重心移至右腿，左脚经右脚内侧向左前方迈步，脚跟着地；同时，身体稍右转；两掌握空拳，向右侧摆起，拳心向下，高与肩平；目随手动，视右拳，如图 8-4（2）所示。身体重心前移；左腿屈膝，脚尖外展踏实；右腿伸直蹬实；同时，身体左转，两掌成“鹿角”，向上、向左、向后画弧，掌心向外，指尖朝后，左臂弯曲外展平伸，肘抵靠左腰侧；右臂举至头前，向左后方伸抵，掌心向外，指尖朝后；目视右脚跟，如图 8-4（3）所示。随后，身体右转，左脚收回，开步站立，同时两手向上、向右、向下画弧，两掌握空拳下落于体前；目视前下方，如图 8-4（4）所示。左右动作要领相同，唯左右相反，如图 8-4（5）至图 8-4（7）所示。

(1)　(2)　(3)　(4)　(5)　(6)　(7)

图 8-4　鹿抵

（2）鹿奔。

动作接鹿抵，如图 8-5（1）所示。左脚向前跨一步，屈膝，右腿伸直成左弓步；同时，两手握空拳，向上、向前画弧至体前，屈腕，高与肩平，与肩同宽，拳心向下，目视前方，如图 8-5（2）所示。身体重心后移；左膝伸直，全脚掌着地；右腿屈膝；低头，弓背，收腹；同时，两臂内旋，两掌前伸，掌背相对，拳变“鹿角”，如图 8-5（3）所示。身体重心前移，上体抬起；右腿伸直，左腿屈膝，成左弓步；松肩沉肘，两臂外旋，“鹿角”变空拳，高与肩平，拳心向下；目视前方，如图 8-5（4）所示。左脚收回，开步直立；两拳变掌，回落于体侧；目视前方，如图 8-5（5）所示。左右动作要领相同，唯左右相反，如图 8-5（6）至图 8-5（9）所示。整式完成后，两掌向身体侧前方举起，与胸同高，掌心向上，目视前方，如图 8-5（10）所示。屈肘，两掌内合下按，自然垂于体侧，目视前方，如图 8-5（11）所示。

3．熊戏

（1）熊运。

动作接鹿奔。两掌握空拳成“熊掌”，拳眼相对，垂手于下腹部，目视两拳，如图 8-6（1）所示。以腰、腹为轴，上体做顺时针摇晃；同时，两拳随之沿右肋部、上腹部、左肋部、下腹部画圆；目随上体摇晃环视，如图 8-6（2）至图 8-6（5）所示。左右动作要领相同，唯左右相反，上体做逆时针摇晃，两拳随之画圆，如图 8-6（6）至图 8-6（9）所示。做完最后一个动作，两拳变掌下落，自然垂于体侧，目视前方，如图 8-6（10）所示。

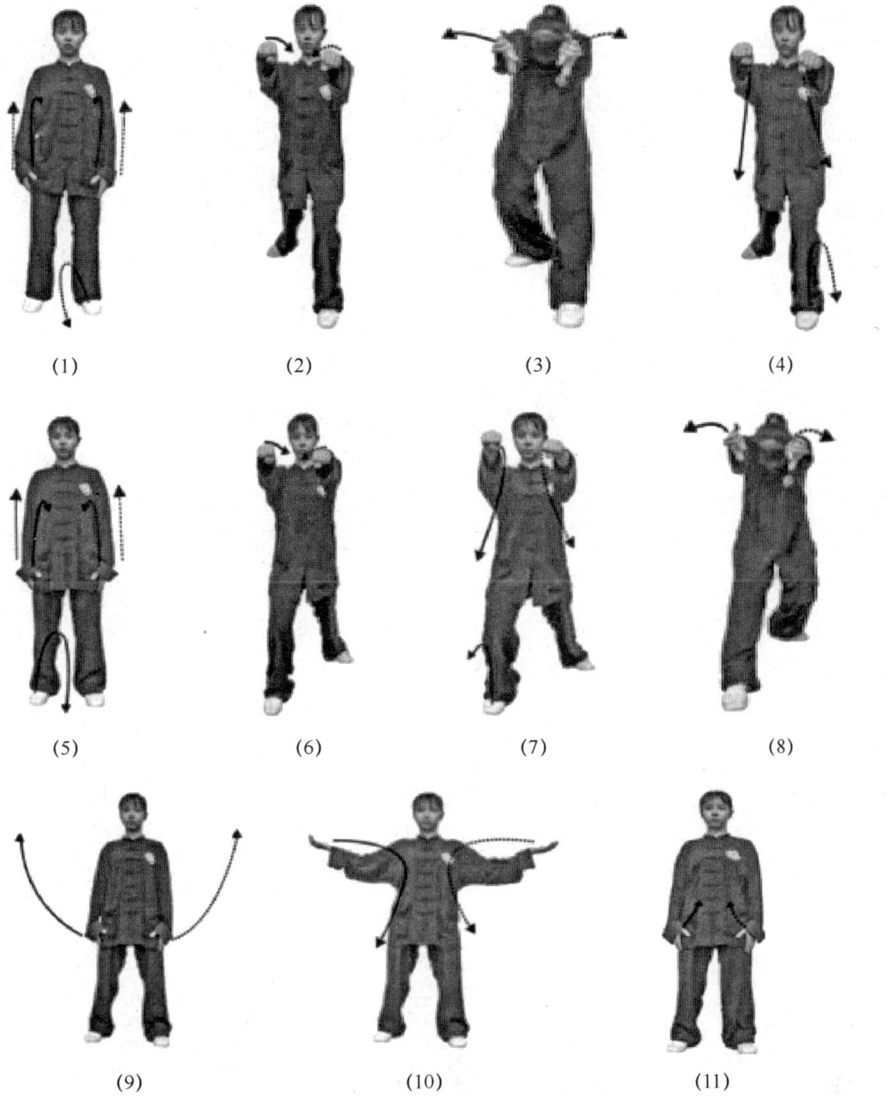

图 8-5　鹿奔

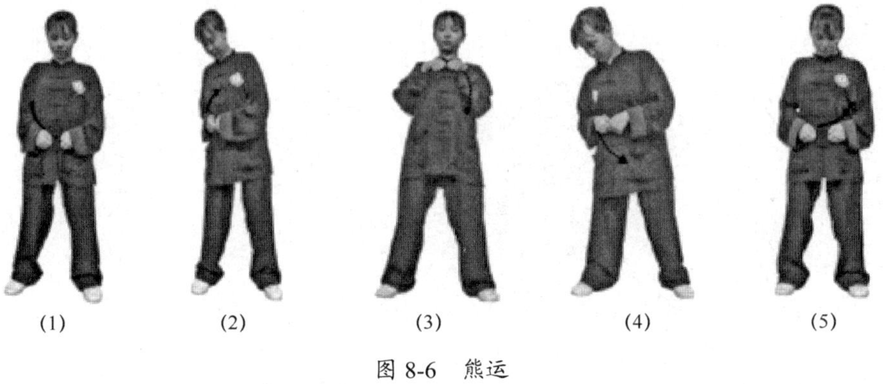

图 8-6　熊运

(6) (7) (8) (9) (10)

图 8-6 熊运（续）

（2）熊晃。

动作接熊运，如图 8-7（1）所示。身体重心右移，左髋上提，牵动左脚离地，再微屈左膝；两掌握空拳成“熊掌”，目视左前方，如图 8-7（2）所示。身体重心前移；左脚向左前方落地，全脚掌踏实，脚尖朝前，右腿伸直；身体右转左臂内旋前靠，左拳摆至左膝前上方，拳心朝左；右掌摆至体后，拳心朝后；目视左前方，如图 8-7（3）所示。身体左转，重心后坐；右腿屈膝，左腿伸直；拧腰晃肩，带动两臂前后弧形摆动；右拳摆至左前上方，拳心朝右；左拳摆至体后，拳心朝后；目视左前方，如图 8-7（4）所示。身体右转，重心前移；左腿屈膝，右腿伸直；同时，左臂内旋前靠，左拳摆至左膝前上方，拳心朝左；右掌摆至体后，拳心朝后；目视左前方，如图 8-7（5）所示。左右动作要领相同，唯左右相反，如图 8-7（6）至图 8-7（9）所示。整式完成两遍后，左脚上步，开步站立，同时，两手自然垂于体侧，如图 8-7（10）所示。两掌向身体侧前方举起，与胸同高，掌心向上，目视前方，如图 8-7（11）所示。屈肘，两掌内合下按，自然垂于体侧，目视前方，如图 8-7（12）所示。

(1) (2) (3) (4) (5)

(6) (7) (8) (9)

图 8-7 熊晃

(10)　　(11)　　(12)

图 8-7　熊晃（续）

4．猿戏

（1）猿提。

动作接熊晃。两掌在体前，手指伸直分开，如图 8-8（1）所示。屈腕撮拢，捏紧成“猿钩”，如图 8-8（2）所示。两掌上提至胸，两肩上耸，收腹提肛；同时，脚跟提起，头向左转；目随头动，视身体左侧，如图 8-8（3）所示。头转正，两肩下沉，松腹落肛，脚跟着地；“猿钩”变掌，掌心向下；目视前方，如图 8-8（4）所示。两掌沿体前下按落于体侧，目视前方，如图 8-8（5）所示。左右动作要领相同，唯头向右转，如图 8-8（6）至图 8-8（9）所示。整式动作完成后，两手自然下垂落于大腿外侧，如图 8-8（10）所示。

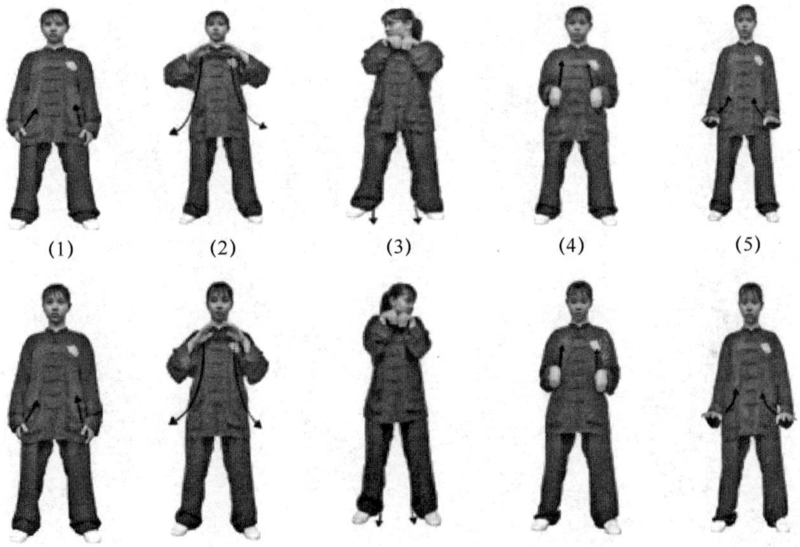

(1)　　(2)　　(3)　　(4)　　(5)

(6)　　(7)　　(8)　　(9)　　(10)

图 8-8　猿提

（2）猿摘。

动作接猿提，如图 8-9（1）所示。左脚向左后方退步，脚尖点地，右腿屈膝，重心落于右腿；同时，左臂屈肘，左掌成“猿钩”，收至左腰侧；右掌向右前方自然摆起，掌心向下，如图 8-9（2）所示。身体重心后移；左脚踏实，屈膝下蹲，右脚收至左脚内侧，脚尖点地，成右丁步；同时，右掌向下经腹前向左上方画弧至头左侧，掌心对太阳穴；目先随右掌动，再转头注视右前上方，如图 8-9（3）所示。右掌内旋，掌心向下，沿体侧下按至左髋侧，目视右掌，如图 8-9（4）所示。右脚向右前方迈出一大步，左腿蹬伸，身体重心前移；右腿伸直，左脚脚尖点地；同时，右掌经体前向右上方画弧，举至右上侧变“猿钩”，稍高于肩；左掌向前、向上伸举，屈腕撮钩，呈采摘势；目视左掌，如图 8-9（5）所示。身体重心后移；左掌由“猿钩”变为“握固”；右手变掌，自然回落于体前，虎口朝前，如图 8-9（6）所示。随后，左腿屈膝下蹲，右脚收至左脚内侧，脚尖点地，成右丁步；同时，左臂屈肘收至左耳旁，掌指分开，掌心向上，呈托桃状；右掌经体前向左画弧至左肘下捧托；目视左掌，如图 8-9（7）所示。左右动作要领相同，唯左右相反，如图 8-9（8）至图 8-9（13）所示。左脚向左横开一步，两腿直立，同时，两手自然垂于体侧，如图 8-9（14）所示。两掌向身体侧前方举起，与胸同高，掌心向上，目视前方，如图 8-9（15）所示。屈肘，两掌内合下按，自然垂于体侧，目视前方，如图 8-9（16）所示。

图 8-9　猿摘

5．鸟戏

（1）鸟伸。

动作接猿摘，如图 8-10（1）所示。两腿微屈下蹲，两掌在腹前相叠，如图 8-10（2）所示。两掌向上举至头前上方，掌心向下，指尖向前；身体微前倾，提肩，缩项，挺胸，塌腰；目视前下方，如图 8-10（3）所示。两腿微屈下蹲；同时，两掌相叠下按至腹前；目视两掌，如图 8-10（4）所示。身体重心右移；右腿蹬直，左腿伸直向后抬起；同时，两掌左右分开，掌成“鸟翅”，向体侧后方摆起，掌心向上；抬头，伸颈，挺胸，塌腰；目视前方，如图 8-10（5）所示。左右动作要领相同，唯左右相反，如图 8-10（6）至图 8-10（9）所示。左脚下落，两脚开步站立，两手自然垂于体侧，目视前方，如图 8-10（10）所示。

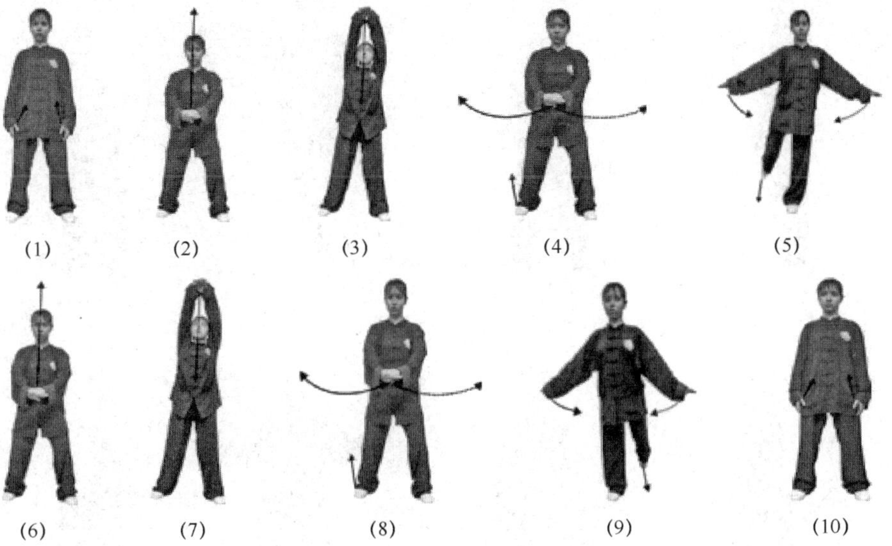

图 8-10　鸟伸

（2）鸟飞。

动作接鸟伸，如图 8-11（1）所示。两腿微屈；两掌成“鸟翅”合于腹前；目视前下方，如图 8-11（2）所示。右腿伸直独立，左腿屈膝提起，小腿自然下垂，脚尖朝下；同时，两手呈展翅状，在体侧平举向上，稍高于肩，掌心向下；目视前方，如图 8-11（3）所示。左脚下落在右脚旁，脚尖着地，两腿微屈；同时，两掌合于腹前，掌心相对；目视前下方，如图 8-11（4）所示。右腿伸直独立，左腿屈膝提起，小腿自然下垂，脚尖朝下；同时，两掌经体侧，向上举至头顶上方，掌背相对，指尖向上；目视前方，如图 8-11（5）所示。左脚下落在右脚旁，全脚掌着地，两腿微屈；同时，两掌合于腹前；目视前下方，如图 8-11（6）所示。左右动作要领相同，唯左右相反，如图 8-11（7）至图 8-11（10）所示。两掌向身体侧前方举起，与胸同高，掌心向上，目视前方，如图 8-11（11）所示。屈肘，两掌内合下按，自然垂于体侧，目视前方，如图 8-11（12）所示。

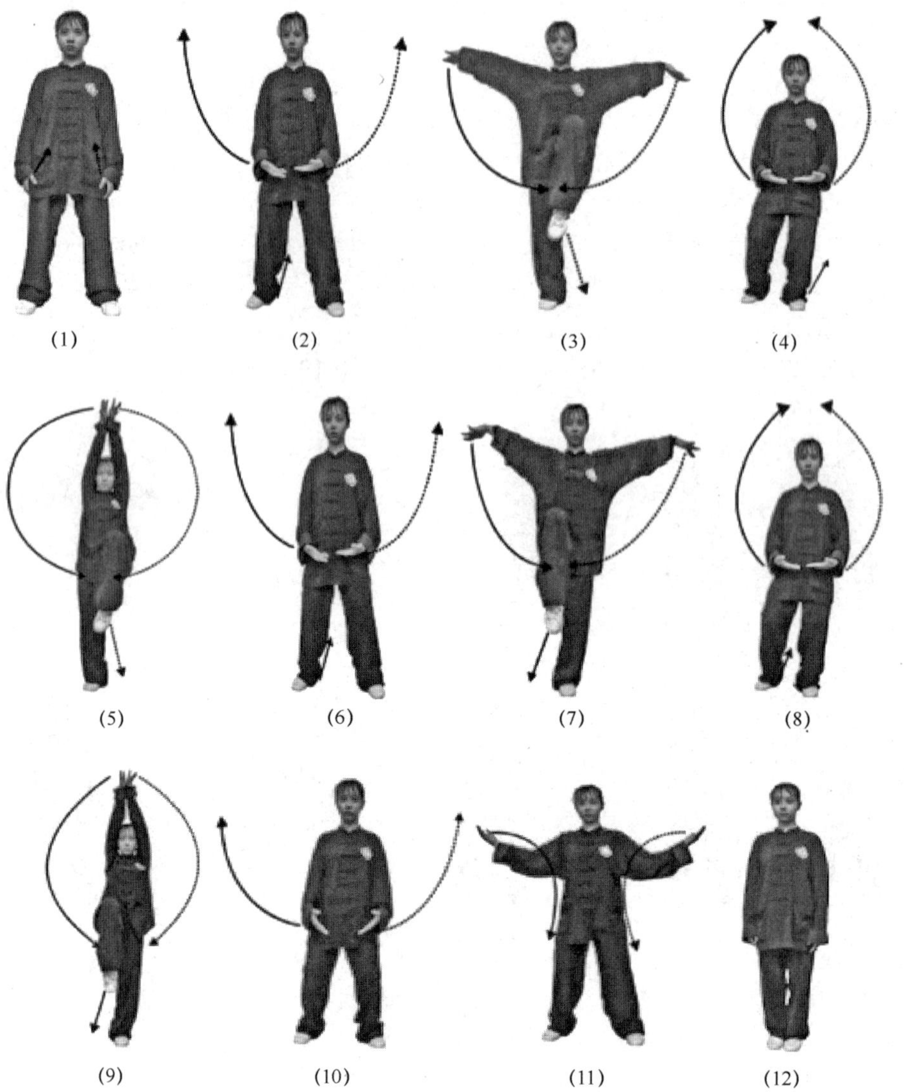

图 8-11　鸟飞

总结案例

健身气功对人体有诸多益处

健身气功是以自身形体活动、呼吸吐纳、心理调节相结合为主要运动形式的民族传统体育项目，具有鲜明的时代特征和广泛的群众基础，在全民健身活动中发挥着不可替代的作用。国家体育总局健身气功管理中心在挖掘、整理优秀气功功法的基础上，组织新编了易筋经、五禽戏、六字诀和八段锦四种功法。新功法的编创适应了广大群众日益增长的多元体育需求并有助于开展健康文明的健身气功活动。从生理和心理两方面的研究显示，健身气功对人体有诸多健身价值。

近年来，许多研究人员对新编健身气功的生理效应进行了大量的观察和实验，研究方法也从简单的生理指标扩展到综合的生理指标，并采用了一些生化、免疫等指标进行综合研究，使我们能够从生理的角度来了解新编健身气功对健康的影响。新编健身气功主要是通过意、气、形的全面锻炼，来调节人体各系统的平衡，使各器官的功能得到正常发挥，从而对人体产生一系列的积极影响。

习练新编的健身气功不仅对人的身体健康产生影响，而且对心理状态也有良好优化作用。相关研究表明，参加八段锦锻炼的人群，身体价值感、强迫症状、人际关系和 PMOS 指数等指标在实验前后差异显著，健身气功的各种锻炼可以起到促进心理健康的效果。健身气功属于中小强度的有氧运动，练习有助于提高持久力和耐力，可以增强自我控制能力，有助于修身养性，调整心态，促使大学生心境向积极的方向发展。参加健身气功锻炼可以使青年、中年人减缓压力，帮老年人排遣孤独和寂寞。

探索与思考

1. 中国民族传统体育项目都有哪些？
2. 习练健身气功时有哪些要领需要注意？

附　　录

大学生体质健康标准及其测试办法

一、国家学生体质健康标准

国家一直非常关心和重视广大学生的身体健康，原国家教委、原国家体委等有关部门从鼓励和推动学生积极参加体育锻炼、增强学生体质的目的出发，在不同时期先后制定了《准备劳动与卫国体育制度》（简称劳卫制）、《国家体育锻炼标准》、《大学生体育合格标准》等一系列制度，并于 2002 年开始在全国试行《学生体质健康标准》。为了更好地实施《国家中长期教育改革和发展规划纲要（2010—2020 年）》等文件，根据全国学生体质状况，2014 年 7 月 18 日，教育部印发了《国家学生体质健康标准（2014 年修订）》（下称《标准》），要求各学校每学年开展覆盖本校各年级学生的《标准》测试工作，并根据学生学年总分评定等级。只有达到良好及以上的学生，才能参加评优、评奖。这些制度的制定和实施对于增强学生体质、推进学校体育工作具有积极作用。

新修订的《标准》适用于全日制普通小学、初中、普通高中、中等职业学校、普通高等学校的学生，将学生按照年级划分为不同组别，身体形态类中的身高、体重，身体机能类中的肺活量，以及身体素质类中的 50 米赛跑、坐位体前屈为各年级学生的共性指标。《标准》规定了体测的等级标准，分为优秀、良好、及格、不及格四个等级，学生测试成绩评定达到良好及以上者，才能参加评优与评奖。此外，《标准》对学生因特殊情况暂缓或免予执行《标准》的测试也作了规定。

（一）说明

1.《国家学生体质健康标准》是国家学校教育工作的基础性指导文件和教育质量基本标准，是评价学生综合素质、评估学校工作和衡量各地教育发展的重要依据，是《国家体育锻炼标准》在学校的具体实施，适用于全日制普通小学、初中、普通高中、中等职业学校、普通高等学校的学生。

2. 本标准的修订坚持健康第一，落实《国家中长期教育改革和发展规划纲要（2010—2020 年）》、《国务院办公厅转发教育部等部门关于进一步加强学校体育工作若干意见的通知》（国办发〔2012〕53 号）和《教育部关于印发〈学生体质健康监测评价办法〉等三个文件的通知》（教体艺〔2014〕3 号）有关要求，着重提高《标准》应用的信度、效度和区分度，着重强化其教育激励、反馈调整和引导锻炼的功能，着重提高其教育监测和绩效评价的支撑能力。

3. 本标准从身体形态、身体机能和身体素质等方面综合评定学生的体质健康水平，是促进学生体质健康发展、激励学生积极进行身体锻炼的教育手段，是国家学生发展核心素养体系和学业质量标准的重要组成部分，是学生体质健康的个体评价标准。

4．本标准将适用对象划分为以下组别：小学、初中、高中按每个年级为一组，其中小学为6组、初中为3组、高中为3组。大学一、二年级为一组，三、四年级为一组。

5．小学、初中、高中、大学各组别的测试指标均为必测指标。其中，身体形态类中的身高、体重，身体机能类中的肺活量，以及身体素质类中的50米赛跑、坐位体前屈为各年级学生共性指标。

6．本标准的学年总分由标准分与附加分之和构成，满分为120分。标准分由各单项指标得分与权重乘积之和组成，满分为100分。附加分根据实测成绩确定，即对成绩超过100分的加分指标进行加分，满分为20分；小学的加分指标为1分钟跳绳，加分幅度为20分；初中、高中和大学的加分指标为男生引体向上和1000米赛跑，女生1分钟仰卧起坐和800米赛跑，各指标加分幅度均为10分。

7．根据学生学年总分评定等级：90.0分及以上为优秀，80.0～89.9分为良好，60.0～79.9分为及格，59.9分及以下为不及格。

8．每个学生每学年评定一次，记入《〈国家学生体质健康标准〉登记卡》。特殊学制的学校，在填写登记卡时可以按规定和需求相应地增减栏目。学生毕业时的成绩和等级，按毕业当年学年总分的50%与其他学年总分平均得分的50%之和进行评定。

9．学生测试成绩评定达到良好及以上者，方可参加评优与评奖；成绩达到优秀者，方可获体育奖学分。测试成绩评定不及格者，在本学年度准予补测一次，补测仍不及格，则学年成绩评定为不及格。普通高中、中等职业学校和普通高等学校学生毕业时，《标准》测试的成绩达不到50分者按结业或肄业处理。

10．学生因病或残疾可向学校提交暂缓或免予执行《标准》的申请，经医疗单位证明，体育教学部门核准，可暂缓或免予执行《标准》，并填写《免予执行〈国家学生体质健康标准〉申请表》，存入学生档案。确实丧失运动能力、被免予执行《标准》的残疾学生，仍可参加评优与评奖，毕业时《标准》成绩需注明免测。

11．各学校每学年开展覆盖本校各年级学生的《标准》测试工作，《标准》测试数据经当地教育行政部门按要求审核后，通过“中国学生体质健康网”上传至“国家学生体质健康标准数据管理系统”。测试和数据上传时间由教育行政部门确定。

12．本标准由教育部负责解释。

（二）单项指标与权重（大学各年级）

附表1　单项指标与权重（大学各年级）

测试对象	单项指标	权重（%）
大学各年级	身高体重指数（BMI）	15
	肺活量	15
	50米赛跑	20
	坐位体前屈	10
	立定跳远	10
	引体向上（男）/1分钟仰卧起坐（女）	10
	1000米赛跑（男）/800米赛跑（女）	20

注：体质指数（BMI）=体重（kg）÷身高^2（m）。

二、进行学生体质健康测试的意义

1.《国家学生体质健康标准》是《国家体育锻炼标准》的一个组成部分，是《国家体育锻炼标准》在学校中的具体应用。《国家学生体质健康标准》测试的目的是贯彻落实第三次全国教育工作会议提出的“学校教育要树立健康第一的指导思想”的精神，促进学生积极地参加体育锻炼，上好体育课，增强学生的体质和提高健康水平，把学生培养成为德、智、体、美全面发展的高素质人才。对于贯彻落实《体育法》《全民健身计划》《健康中国 2030 纲要》和《学校体育工作条例》，促进和保证体育课教学，以及早操、课间操、课外体育活动的开展起到重要的作用。

2. 通过《国家学生体质健康标准》的测试，可以使学生清楚地了解自身的体质与健康状况，还可帮助学生监测自己的体质与健康状况的变化程度。这样就有助于学生有针对性地制定专门的锻炼方案，选择合适的方式和途径进行锻炼，从而提高自己的健康水平。

3. 通过这些标准的测试和评价，有效地促进了学校体育工作的开展，对于体育教学和体育活动也起到了指引和导向作用，是学校体育总体评价的重要内容。

三、大学生体质健康测试与锻炼方法

大学生体质健康测试项目共有 8 项：身高、体重、肺活量、50 米赛跑、坐位体前屈、立定跳远、引体向上（男）/1 分钟仰卧起坐（女）、10000 米赛跑（男）/800 米赛跑（女）。

（一）身高

1. 测试目的：测量学生身高，与体重测试相结合，评定学生的身体匀称度，评价学生生长发育的水平及营养状况。

2. 测试方法：身高测量采用身高计（机械或自动），受试者赤足，立正姿势站在身高计的底板上，上肢自然下垂，足跟并拢，足尖分开成 60 度。足跟、骶骨部及两肩胛区与立柱相接触，躯干自然挺直，头部正直，两眼平视前方，耳屏上缘与眼眶下缘呈水平位。记录数据以厘米为单位，精确到小数点后一位。测量误差不得超过 0.5 厘米。

3. 注意事项：①身高计应选择平坦靠墙位置。②严格掌握“三点靠立柱”“两点呈水平”的测量姿势要求，如不是自动读数的，测试人员读数时两眼一定要与压板等高。③水平板测量时，压板与头部接触，松紧要适度、压实，妨害测量的发辫、发结要放开，饰物要取下。④读数完毕，水平板要轻轻推向安全高度。

（二）体重

1. 测试目的：测试学生的体重，与身高测试相配合，评定学生的身体匀称度，评价学生的生长发育水平及营养状况。

2. 测试方法：采用电子体重计或杠杆秤，误差不超过 0.1%。不允许使用弹簧式体重秤。受试者穿短衣裤，站在秤台中央，保持身体平衡。记录数据以千克为单位，精确到小数点后一位，测量误差不超过 0.1 千克。

3. 注意事项：①体重计应放置在平坦的地面上。②测量体重前受试者不得进行剧烈体育活动或体力劳动。不要大量饮水。③受试者站在秤台中央，上下秤的动作要轻。④每次使用杠杆秤时均需校正。测试人员每次读数前都应校对砝码标重以避免差错。

（三）肺活量

1．测试目的：测试学生的肺通气功能。

2．测试方法：用电子肺活量计测量。房间通风良好，使用干燥的一次性吹嘴（非一次性吹嘴，则每换测试对象需消毒一次，每测一人后将吹嘴朝下倒出唾液并注意消毒，必须使其干燥）。肺活量计主机放置于平稳桌面上，检查电源线及接口是否牢固，按工作键，液晶屏显示“0”即表示机器进入工作状态，预热5分钟后测试为佳。

受试者不必紧张，并且要尽全力，以中等速度和力度吹气效果最好。令被测试者面对仪器站立、手持吹气吹嘴，面对肺活量计站立试吹1至2次，首先看仪表有无反应，还要试吹嘴或鼻处是否漏气，调整吹嘴和用鼻夹（或自己捏鼻孔）；学会深吸气（避免耸肩提气）。受试者进行一两次较平日深一些的呼吸动作后，更深地吸一口气，屏住气向吹嘴处慢慢呼出至不能再呼为止，防止此时从吹嘴处吸气，测试中不得中途二次吸气。吹气完毕后，液晶屏上最终显示的数字即为肺活量毫升值。每位受试者测三次，每次间隔15秒，记录三次数值，选取最大值作为测试结果。以毫升为单位，不保留小数。

3．注意事项：①电了肺活量计的计量部位的通畅和干燥是仪器准确的关键，吹气筒的导管必须在上方，以免口水或杂物堵住气道。②每测试10人及测试完毕后用干棉球及时清理和擦干气筒内部。严禁用水、酒精等任何液体冲洗气筒内部。③尽全力以中等速度和力度吹气，禁止补气。

4．锻炼方法：经常运动的人比一般人的肺活量要大，呼吸次数、呼吸深度、肺活量和肺通气量这四个指标都会出现良好的变化。长跑、游泳、健美操、跳绳、跑楼梯、上下台阶、长距离竞走、篮球和足球等项目的锻炼都是提高人体肺活量的有效方法。

（四）50米赛跑

1．测试目的：测试学生速度、灵敏素质及神经系统灵活性的发展水平。

2．测试方法：受试者至少两人一组测试。站立起跑，受试者听到“跑”的口令后开始起跑。发令员在发出口令的同时要摆动发令旗。计时员视旗动开表计时，受试者躯干部到达终点线的垂直面停表。以秒为单位记录测试成绩，精确到小数点后一位，小数点后第二位数按非零进1原则进位，如10.11秒记录成10.2秒。

3．注意事项：①秒表使用前，应用标准秒表校正，每分钟误差不超过0.2秒。标准秒表选定，以北京时间为准，每小时误差不超过0.3秒。②受试者在测试时最好穿运动鞋或平底布鞋，赤足亦可。但不得穿钉鞋、皮鞋、塑料凉鞋。③发现有抢跑者，要当即召回重跑。④如遇风时一律采用顺风跑。

4．锻炼方法：

（1）小步跑：体会前脚掌快速扒地的动作和上下肢的放松、协调配合。高抬腿跑：提高大腿高抬的幅度，增强腿部力量，提高动作频率。后蹬跑：体会、纠正后蹬用力不充分和“坐着跑”等缺点，增强腿部力量。

（2）小步跑转入加速跑，50～60米；高抬腿跑转入快速跑，50～60米；后蹬腿跑转入快速跑，50～60米。

（3）顶风跑、顺风跑、上坡跑、下坡跑。

（4）30米、50米计时跑。

（5）重复跑 60～80 米：以中等速度反复练习，还可采用负重练习，以增强腿部力量。方法参照立定跳远项目的锻炼方法。

（五）800 米赛跑（女）、1000 米赛跑（男）

1．测试目的：测试学生耐力素质的发展水平，特别是心血管呼吸系统的机能及肌肉耐力。

2．测试方法：受试者至少两人一组进行测试，站立式起跑。当听到“跑”的口令后开始起跑。计时员看到旗动开表计时，当受试者的躯干部到达终点线垂直面时停表。以分、秒为单位记录测试成绩，不计小数。

3．注意事项：①测试人员应告知受试者在跑完后应继续缓慢走动，不要立刻停下，以免发生意外。②受试者不得穿皮鞋、塑料凉鞋、钉鞋参加测试。③对分、秒进行换算时要细心，防止差错。

4．锻炼方法：

（1）匀速跑 800～1 500 米：全程都以均匀的速度跑。

（2）中速跑 500～1 000 米：要跑得轻松自然、动作协调，放开步子跑。

（3）重复跑：反复跑几个段落（如 200 米、400 米或 800 米等），中间休息时间较长。跑的距离、次数、速度、强度都可根据自己的情况而定，发展速度耐力。

（4）加速跑 40～60 米：反复跑，中间有较短时间的间歇。

（5）变速跑 1500～2 500 米：要求快跑与慢跑结合，如采用 100 米慢跑、100 米快跑或 100 米慢跑、200 米快跑等方法交替进行，发展速度耐力。

（6）越野跑：利用自然地形条件练习，如在公路、田野或山坡（上、下坡跑）上练习，可以发展耐力、灵敏性、弹跳力等素质。

（7）跑台阶、跑楼梯练习。

（8）篮球、足球等项目的比赛。

（六）立定跳远

1．测试目的：测试学生下肢肌肉力量及身体协调能力的发展水平。

2．测试方法：受试者两脚自然分开站立，站在起跳线后，脚尖不得踩线（最好用线绳做起跳线）。两脚原地同时起跳，不得有垫步或连跳动作。丈量起跳线后缘至最近着地点后垂直距离。每人试跳三次，记录其中成绩最好的一次。以米为单位，保留两位小数。

3．注意事项：

（1）发现犯规时，此次成绩无效。三次试跳均无成绩者，应允许再跳，直至取得成绩为止。

（2）可以赤足，但不得穿钉鞋、皮鞋、塑料凉鞋参加测试。

4．锻炼方法：

采用快速力量的各种跳跃练习以及负重练习，能够有效地发展腿部肌肉力量和肌肉速度，提高弹跳能力。

（1）蹲跳：全蹲下去，双脚同时用力向上跳起，连续做。

（2）单脚跳：用左脚连续向上或向前跳一定的次数，再换右脚连续跳。

（3）级跨步跳：连续以最少的步数跨出最远的距离。

（4）多级蛙跳：屈膝半蹲，上体稍前倾，双脚同时用力蹬地，充分伸直髋关节、膝关节、踝关节。同时两臂迅速上摆，身体向前跃出，双腿屈膝落地缓冲后再接着向前跳。

（5）跳台阶：原地双脚起跳，跃上台阶或其他物体，然后再跳下，反复进行。

（6）跳绳：各种方式、方法的跳绳练习。

（7）身体负重（肩负杠铃或沙包、腰和腿绑沙袋、身穿沙衣等）做各种跳跃练习。

（七）引体向上（男）

1．测试目的：测试学生的上肢肌肉力量的发展水平。

2．测试方法：受试者跳起双手正握杠，两手与肩同宽成直臂悬垂。静止后，两臂同时用力引体（身体不能有附加动作），上拉到下颌超过横杠上缘为完成一次。记录引体向上次数。

3．注意事项：①受试者应双手正握单杠，待身体静止后开始测试。②引体向上时，身体不得做大的摆动，也不得借助其他附加动作撑起。③两次引体向上的间隔时间超过 10 秒停止测试。

4．锻炼方法：

（1）引体向上凡是能完成一个以上的学生，应以练习引体向上为主。按自己完成最大量为指标练习一次，稍休息后再练习。如只能完成一个，则需反复多做，以 6～10 次为宜。

（2）正握或反握悬垂，向前或向侧移动。平梯移行是在平梯上做移行，每次手向前移动一个横杠，两手交替行进。移动一个横梯长为一次，练习 4～5 次。

（3）悬垂：屈臂悬垂练习者站于凳上，两臂全屈反握横杠，两手与肩同宽，使横杠位于颏下，然后双脚离凳做静止用力的悬垂姿势，但下颏不得挂于杠上。为了加大握杠力量，可以做负重悬垂。为了发展力量耐力，可逐渐延长悬垂臂，悬垂时，手要握紧，身体放松，呼吸自然，练习 2～4 次。

（4）斜身引体：要求两手与肩同宽正握杠，身体要挺直，两脚前伸蹬地，使两臂与躯干呈 90 度的斜悬垂，脚不得移动，由同伴压住两脚，做屈臂引体，使下颌触到或超过横杠，然后伸臂复原算一次。不能利用臀部上下摆动的力量。30～45 次为一组，练习 3～4 组。如无单杠，可利用树干或木桩。

引体向上的练习，对尚不能完成者要先争取零的突破，然后再追求完成的次数和质量。

（八）坐位体前屈

1．测试目的：测量学生在静止状态下的躯干、腰、髋等关节可能达到的活动幅度，主要反映这些部位的关节、韧带和肌肉的伸展性和弹性及学生身体柔韧素质的发展水平。

2．测试方法：受试者两腿伸直，两脚平蹬测试纵板坐在平地上，两脚分开 10～15 厘米，上体前屈，两臂伸直前，用两手中指尖逐渐向前推动游标，直到不能前推为止。测试计的脚蹬纵板内沿平面为 0 点，向内为负值，向前为正值。记录以厘米为单位，保留一位小数。测试两次，取最好成绩。

3．注意事项：①身体前屈，两臂向前推游标时两腿不能弯曲。②受试者应匀速向前推动游标，不得突然发力。

4．锻炼方法：

（1）正压腿：一腿直立，另一腿举起放于高度适当的物体上，身体正对高腿，上体向前尽量用胸部贴腿，双膝不得弯曲，复原姿势后连续再做。

（2）压腿：一腿直立，另一腿举起放于高度适当的物体上，身体侧对高腿，上体尽量侧屈，用头的一侧贴腿。不要前倾或后仰，复原姿势后连续再做。

（3）正踢腿：直立，两臂平举，左脚向前迈出一小步，右腿绷脚面伸直，急速有力地向上踢腿，落下时要适当控制。两腿交替练习。

（4）腿体前屈：两腿并立，上体前屈，两手触地，上体与腿尽量贴近，复原后连续再做。

（5）两腿左右开立（大于肩宽），上体前屈，臀部自然后移，双膝伸直，两手先向左腿外侧摸地面，复原姿势后再向右腿外侧摸地面，连续做。

（6）双腿伸直坐于垫上或床上，上体前屈，两臂向前伸，尽力用双手触脚尖，膝关节不得弯曲，复原姿势后连续再做。

（九）仰卧起坐（女）

1．测试目的：测试学生的腹肌耐力。

2．测试方法：受试者仰卧于垫上，两腿稍分开，屈膝成 90 度左右，两手指交叉贴于脑后。一同伴压住其踝关节，以固定下肢。受试者坐起时两肘触及或超过双膝为完成一次，仰卧时两肩胛必须触垫。测试人员发出“开始”口令的同时开表计时，记录 1 分钟内完成的次数。1 分钟到时，受试者虽已坐起但肘关节未达到双膝者不计该次数，精确到个位。

3．注意事项：①如发现受试者借用肘部撑垫或臀部起落的力量起坐时，该次不计数。②测试过程中，观测人员应向受试者报数。③受试者双脚必须放于垫上。

4．锻炼方法：

（1）垫上练习。

直腿仰卧起坐：仰卧于垫上，双腿并排伸直，两臂上举。上腹用力，使上体坐起，两臂前伸，用手触脚。然后复原姿势连续做。

仰卧团身：两手上举仰卧于垫上，两腿并拢屈膝，双膝往上提，臀部随之离地，两臂抱腿，头尽量碰膝，仅腰部贴地。复原姿势后再连续做。

仰卧起坐：两手抱头仰卧于垫上，双腿屈膝（大小腿成 90 度）。左膝往上提，同时收腹夹肘起身，尽力用右肘碰左膝。复原姿势后，再将右膝往上提，同时收腹夹肘起身，尽力用左肘碰右膝。连续做。

仰卧举腿：直体仰卧于垫上，用两手抓住垫子，连续做向上直腿、举腿的动作。

（2）垫上负重和其他器械练习。

斜板仰卧起坐：两臂上举，仰卧在稍有高度的斜板上，脚朝上，头朝下，将双脚固定。当上身起坐时，两手尽量往脚尖伸去。复原姿势，再连续做。

支撑举腿：两臂伸直，支撑在双杠或其他物体上，身体保持正直，两腿并拢后，快速收腹举腿，使大腿与上体成 90 度，保持几秒后，复原姿势再做。

悬垂举腿：双手正握单杠或肋木（背向肋木）呈悬垂，双腿伸直，最大限度地向上举起。放下还原后再做。

仰卧双腿举重物：仰卧于垫上，双手抓住固定物体，双脚夹重物或踝关节绑沙袋向上举起后放下。连续做数次或数十次。

负重仰卧起坐：仰卧于垫上，双腿伸直，双手在头后持重物，腹肌迅速收起并前屈，然后再慢慢躺倒还原。反复练习。

四、大学生《国家学生体质健康标准》测试评分表

附表 2　体重指数（BMI）单项评分表　　（单位：千克/米²）

等级	单项得分	大学男生	大学女生
正常	100	17.9～23.9	17.2～23.9
低体重	80	≤17.8	≤17.1
超重		24.0～27.9	24.0～27.9
肥胖	60	≥28.0	≥28.0

附表 3　大学男生各测试项目评分表　　（大一、大二适用）

等级	单项得分/分	肺活量/毫升	50 米跑/秒	坐位体前屈/厘米	立定跳远/厘米	引体向上/次	耐力跑 1000 米/分·秒
优秀	100	5040	6.7	24.9	273	19	3′17″
	95	4920	6.8	23.1	268	18	3′22″
	90	4800	6.9	21.3	263	17	3′27″
良好	85	4550	7.0	19.5	256	16	3′34″
	80	4300	7.1	17.7	248	15	3′42″
及格	78	4180	7.3	16.3	244		3′47″
	76	4060	7.5	14.9	240	14	3′52″
	74	3940	7.7	13.5	236		3′57″
	72	3820	7.9	12.1	232	13	4′02″
	70	3700	8.1	10.7	228		4′07″
	68	3580	8.3	9.3	224	12	4′12″
	66	3460	8.5	7.9	220		4′17″
	64	3340	8.7	6.5	216	11	4′22″
	62	3220	8.9	5.1	212		4′27″
	60	3100	9.1	3.7	208	10	4′32″
不及格	50	2940	9.3	2.7	203	9	4′52″
	40	2780	9.5	1.7	198	8	5′12″
	30	2620	9.7	0.7	193	7	5′32″
	20	2460	9.9	−0.3	188	6	5′52″
	10	2300	10.1	−1.3	183	5	6′12″

附表 4　大学男生各测试项目评分表　　（大三、大四适用）

等级	单项得分/分	肺活量/毫升	50 米跑/秒	坐位体前屈/厘米	立定跳远/厘米	引体向上/次	耐力跑 1000 米/分·秒
优秀	100	5140	6.6	25.1	275	20	3′15″
	95	5020	6.7	23.3	270	19	3′20″
	90	4900	6.8	21.5	265	18	3′25″
良好	85	4650	6.9	19.9	258	17	3′32″
	80	4400	7.0	18.2	250	16	3′40″
及格	78	4280	7.2	16.8	246		3′45″
	76	4160	7.4	15.4	242	15	3′50″
	74	4040	7.6	14.0	238		3′55″
	72	3920	7.8	12.6	234	14	4′00″

（续表）

等级	单项得分/分	肺活量/毫升	50米跑/秒	坐位体前屈/厘米	立定跳远/厘米	引体向上/次	耐力跑1000米/分·秒
及格	70	3800	8.0	11.2	230		4′05″
	68	3680	8.2	9.8	226	13	4′10″
	66	3560	8.4	8.4	222		4′15″
	64	3440	8.6	7.0	218	12	4′20″
	62	3320	8.8	5.6	214		4′25″
	60	3200	9.0	4.2	210	11	4′30″
不及格	50	3030	9.2	3.2	205	10	4′50″
	40	2860	9.4	2.2	200	9	5′10″
	30	2690	9.6	1.2	195	8	5′30″
	20	2520	9.8	0.2	190	7	5′50″
	10	2350	10.0	−0.8	185	6	6′10″

附表5 大学女生各测试项目评分表 （大一、大二适用）

等级	单项得分/分	肺活量/毫升	50米跑/秒	坐位体前屈/厘米	立定跳远/厘米	1分钟仰卧起坐/次	耐力跑800米/分·秒
优秀	100	3400	7.5	25.8	207	56	3′18″
	95	3350	7.6	24.0	201	54	3′24″
	90	3300	7.7	22.2	195	52	3′30″
良好	85	3150	8.0	20.6	188	49	3′37″
	80	3000	8.3	19.0	181	46	3′44″
及格	78	2900	8.5	17.7	178	44	3′49″
	76	2800	8.7	16.4	175	42	3′54″
	74	2700	8.9	15.1	172	40	3′59″
	72	2600	9.1	13.8	169	38	4′04″
	70	2500	9.3	12.5	166	36	4′09″
	68	2400	9.5	11.2	163	34	4′14″
	66	2300	9.7	9.9	160	32	4′19″
	64	2200	9.9	8.6	157	30	4′24″
	62	2100	10.1	7.3	154		4′29″
	60	2000	10.3	6.0	151	26	4′34″
不及格	50	1960	10.5	5.2	146	24	4′44″
	40	1920	10.7	4.4	141	22	4′54″
	30	1880	10.9	3.6	136	20	5′04″
	20	1840	11.1	2.8	131	18	5′14″
	10	1800	11.3	2.0	126	16	5′24″

附表6 大学女生各测试项目评分表 （大三、大四适用）

等级	单项得分/分	肺活量/毫升	50米跑/秒	坐位体前屈/厘米	立定跳远/厘米	1分钟仰卧起坐/次	耐力跑800米/分·秒
优秀	100	3450	7.4	26.3	208	57	3′16″
	95	3400	7.5	24.4	202	55	3′22″
	90	3350	7.6	22.4	196	53	3′28″
良好	85	3200	7.9	21.0	189	50	3′35″
	80	3050	8.2	19.5	182	47	3′42″
及格	78	2950	8.4	18.2	179	45	3′47″
	76	2850	8.6	16.9	176	43	3′52″

（续表）

等级	单项得分/分	肺活量/毫升	50米跑/秒	坐位体前屈/厘米	立定跳远/厘米	1分钟仰卧起坐/次	耐力跑800米/分·秒
及格	74	2750	8.8	15.6	173	41	3′57″
	72	2650	9.0	14.3	170	39	4′02″
	70	2550	9.2	13.0	167	37	4′07″
	68	2450	9.4	11.7	164	35	4′12″
	66	2350	9.6	10.4	161	33	4′17″
	64	2250	9.8	9.1	158	31	4′22″
	62	2150	10.0	7.8	155	29	4′27″
	60	2050	10.2	6.5	152	27	4′32″
不及格	50	2010	10.4	5.7	147	25	4′42″
	40	1970	10.6	4.9	142	23	4′52″
	30	1930	10.8	4.1	137	21	5′02″
	20	1890	11.0	3.3	132	19	5′12″
	10	1850	11.2	2.5	127	17	5′22″

附表7　大学生加分指标测试项目评分表一　　（单位：次）

加分	引体向上（男）		1分钟仰卧起坐（女）	
	大一、大二	大三、大四	大一、大二	大三、大四
10	10	10	13	13
9	9	9	12	12
8	8	8	11	11
7	7	7	10	10
6	6	6	9	9
5	5	5	8	8
4	4	4	7	7
3	3	3	6	6
2	2	2	4	4
1	1	1	2	2

注：引体向上（男）、1分钟仰卧起坐（女），均为高优指标，学生成绩超过单项评分100分后，以超过的次数所对应的分数进行加分。

附表8　大学生加分指标测试项目评分表二　　（单位：分·秒）

加分	1000米跑（男）		800米跑（女）	
	大一、大二	大三、大四	大一、大二	大三、大四
10	−35″	−35″	−50″	−50″
9	−32″	−32″	−45″	−45″
8	−29″	−29″	−40″	−40″
7	−26″	−26″	−35″	−35″
6	−23″	−23″	−30″	−30″
5	−20″	−20″	−25″	−25″
4	−16″	−16″	−20″	−20″
3	−12″	−12″	−15″	−15″
2	−8″	−8″	−10″	−10″
1	−4″	−4″	−5″	−5″

注：1000米跑（男）、800米跑（女）均为低优指标，学生成绩低于单项评分100分后，以减少的秒数所对应的分数进行加分。

参 考 文 献

[1] 孙民治. 体育院校通用教材 篮球运动教程[M]. 北京：人民体育出版社，2007.
[2] 全国体育院校教材委员会. 现代足球[M]. 北京：人民体育出版社，2000.
[3] 全国体育院校教材委员会. 排球运动[M]. 北京：人民体育出版社，2000.
[4] 朱建国. 羽毛球运动教学与训练教程[M]. 北京：清华大学出版社，2019.
[5] 刘建和. 乒乓球[M]. 北京：人民体育出版社，2006.
[6] 刘建国. 田径运动[M]. 3 版. 北京：高等教育出版社，2016.
[7] 李建臣，王永安，文世林. 田径运动教程[M]. 北京：化学工业出版社，2018.
[8] 游泳运动教程编写组. 游泳运动教程[M]. 北京：北京体育大学出版社，2000.
[9] 朱笛，温宇红. 游泳运动教程[M]. 北京：高等教育出版社，2000.
[10] 周超彦，韩照岐，陈慧佳. 游泳运动身体训练指南[M]. 北京：人民邮电出版社，2020.
[11] 侯雯. 二十四式太极拳[M]. 郑州：河南科学技术出版社，2019，1.
[12] 陈炳. 正宗陈氏太极拳[M]. 南京：江苏科学技术出版社，2016，5.
[13] 吴维叔. 武术基础拳[M]. 北京：北京时代华文书局，2020，4.
[14] 杨祥全. 中国武术思想史[M]. 太原：山西科学技术出版社，2017，11.
[15] 何波，徐润基. 实用毽球运动指南[M]. 广州：广东高等教育出版社，2015，10.
[16] 赵发田. 毽球运动[M]. 青岛：中国海洋大学出版社，2000，1.
[17] 朱磊. 运动营养学[M]. 北京：科学出版社，2020，4.
[18] 阿斯克・约肯德鲁普. 运动营养实践指南[M]. 北京：人民邮电出版社，2017，4.
[19] 张晔. 全民膳食营养全书[M]. 北京：中国纺织出版社有限公司，2019，12.

微课视频

篮球 01 篮球的移动技术

篮球 02 原地单手肩上投篮

篮球 03 进行间单手低手投篮

篮球 04 运球急停跳投

篮球 05 双手胸前传球

篮球 06 单手肩上传球

篮球 07 单手体侧传球

篮球 08 反弹传接球

篮球 09 接球后急停

篮球 10 摆脱接球

篮球 11 身前换手变换方向运球

篮球 12 胯下运球

篮球 13 后转身运球

篮球 14 运球急停急起

篮球 15 抢篮板球

篮球 16 一传一切配合

篮球 17 空切配合

篮球比赛的概况 01

篮球比赛的概况 02

篮球比赛的概况 03

微课视频

篮球犯规的知识 01

篮球犯规的知识 02

篮球犯规的知识 03

篮球违例的知识 01

篮球违例的知识 02

篮球违例的知识 03

羽毛球 01 正手握拍技术

羽毛球 02 反手握拍技术

羽毛球 03 正手发高远球

羽毛球 04 正手发网前球

羽毛球 05 反手发网前球

羽毛球 06 接高远球处理技术

羽毛球 07 接网前球处理技术

羽毛球 08 反手击高远球

羽毛球 09 扣杀球技术

羽毛球 10 反手放网前球

羽毛球 11 上网步法

羽毛球 12 两侧移动步法